바보 어른으로 성장하기

바보 어른으로 성장하기

GROWING UP

부조리한 사회에서 생존한다는 것

ABSURD

Paul Goodman

폴 굿맨

한미선 옮김

글항아리

일러두기
- 이 책은 미국에서 1960년에 출간된 것으로 오늘날의 사람들이 볼 때 여성 폄하적 관점이 몇 몇 등장한다. 가령 '남자의 일man's work'이라 일컬어 '여자의 일'과 구분 짓는 것이 그렇다. 이 점은 동시대인인 수전 손택 역시 추천사에서 지적해두고 있다.
- 원서에서 이탤릭체로 강조한 것은 고딕으로 표시했다.
- 본문 하단 각주는 옮긴이 주다.

폴 굿맨을 추억하며

수전 손택

여기는 파리. 가로 4미터, 세로 10미터의 길쭉한 작은 방 안, 정원이 내다보이는 창가에 놓인 타자기 테이블을 앞에 두고 나무 의자에 앉아 이 글을 쓰고 있다. 내 등 뒤로는 간이 침대 하나와 협탁이 하나 있다. 바닥과 테이블 밑에는 원고 뭉치, 수첩 몇 개, 그리고 책 두세 권이 있다. 물론 처음부터 계획한 것은 아니지만, 내가 이렇게 작고 휑한 공간에서 1년 넘게 생활하고 작업했다는 사실이 내 머릿속에 새로운 공간을 마련하는 한편 거추장스러운 것을 벗어버릴 필요가 있었음을 분명하게 말해준다. 내가 있는 이곳에는 책도 거의 두지 않고, 글쓰기 작업에 오랜 시간 매달려 있는 바람에 다른 사람들과 이야기를 나눌 여유도 없다. 이곳에서 나는 한동안 틀어박혀서 내가 의존할 수 있는 최소한의 자본만을 가지고 새로운 출발을 해보려고 애쓰는 중이다.

지금 살고 있는 이곳 파리, 오늘날의 파리가 19세기의 수도, 1960년대 후반까지 예술과 사상의 발원지였던 위대한 파리와 상관없듯이, 내가 있는 파리는 오늘날의 파리와 상관없으며 미국은 먼 나라 중에서 가장 가까운 나라. 행복한 낮과 밤이 여러 날 계속되면서 잠자러 갈 때 빼고는 타자기를 떠나고 싶은 생각이 전혀 들지 않았던 지난 몇 개월 동안, 심지어 한동안 밖에 전혀 나가지 않을 때조차 매일 아침, 누군가 나에게 파리판 『헤럴드 트리뷴』지를 가져다준다. 그 신문에는 이 먼 곳에선 그 어느 때보다 낯설게 보이며 압축되고 일그러진 미국에 대한 어처구니없는 '뉴스'가 무수히 실려 있다. B-52기 베트남에 융단 폭격, 상원의원 토머스 이글턴의 역겨운 사퇴, 체스의 대가 바비 피셔의 편집증, 우디 앨런의 압도적인 부상, 아서 브리머의 일기 발췌본, 그리고 지난 주 폴 굿맨의 부고까지.

나는 그의 이름조차 정확히 쓸 줄 모른다는 걸 깨달았다. 물론 우리는 만날 때마다 서로를 '폴' '수전'이라고 불렀다. 하지만 내 기억 속에서도, 그리고 다른 사람들과의 대화 속에서도 그는 단 한 번도 '폴' 혹은 '굿맨'이었던 적이 없다. 그는 언제나 '폴 굿맨'이었고, 이름과 성까지 붙여서 부르는 호칭이 함축하고 있는 친숙함과 모호한 감정이 담겨 있었다.

우리가 비록 친구 사이는 아니었지만, 몇 차례 같은 공간에서 함께한 적이 있었기 때문에 폴 굿맨의 죽음은 더욱 비통하다. 우리가 처음 만난 것은 20년 전인데, 당시 나는 열아홉 살의 하버드 졸업생이었고, 뉴욕에서의 삶을 꿈꾸고 있었다. 주말 여행으로 뉴욕에 갔을 때, 당시 폴 굿맨의 친구였던 지인의 손에 이끌려 23번가의 한 옥탑

방에 가게 됐다. 거기서 아내와 함께 자신의 마흔 번째 생일을 축하하던 폴 굿맨을 만났다. 그는 술에 취해서 거기 모인 모든 사람에게 자신의 성적 편력에 대해 큰소리로 떠들어댔고, 약간 무례하다 싶을 만큼 오랜 시간 동안 나를 붙들고 이야기했다. 그로부터 4년 후 우리는 리버사이드 드라이브에서 열린 파티에서 두 번째로 만났다. 그때 폴 굿맨은 다소 기분이 가라앉은 것처럼 보였고 냉정하게 자기 생각에 몰두해 있는 것 같았다.

1959년 나는 뉴욕으로 거처를 옮겼고, 그때부터 1960년대 후반까지 우리는 자주 만났다. 물론 두 사람이 공통적으로 아는 친구의 파티에서나 패널 토론과 베트남 전쟁 관련 토론회, 시위나 행진과 같은 공적인 자리에서 만난 게 전부였지만. 매번 그를 만날 때마다 나는 용기를 내어 말을 걸어보려고 애썼다. 나는 폴 굿맨에게 그의 책들이 내게 얼마나 중요한 의미를 지니는지, 내가 그에게서 얼마나 많은 것을 배웠는지를 직간접적으로 이야기해주고 싶었다. 하지만 그럴 때마다 그는 그런 나를 모른 체했고, 나는 포기해야만 했다. 폴 굿맨을 잘 아는 다른 친구로부터 그가 예외적으로 좋아했던 아주 소수를 제외하고 실제로 여성을 좋아하지 않는다는 말을 들었다. 그런 가정이 다소 천박한 듯해 나는 내가 할 수 있는 한 아주 오랫동안 못들은 체했지만 끝내 포기하고 말았다. 그의 글을 통해서 그가 여성을 정말 좋아하지 않는다는 사실을 감지했다. 미국 젊은이들이 겪고 있는 어려움에 대해서 이야기하고 있는 『바보 어른으로 성장하기』의 가장 큰 결함은 젊은이가 마치 십대 소년과 어린 남자로만 이뤄져 있는 것처럼 가정한다는 점이다. 그래서 우리가 다시 만났을 때 나는 더 이상 폴 굿맨에게 마음을 열 수가 없었다.

지난해, 폴 굿맨과 내가 잘 아는 이반 일리치가 멕시코 중부 쿠에르나바카로 나를 초대했는데, 같은 시기 폴 굿맨도 거기서 세미나를 하고 있었다. 그래서 나는 이반에게 폴 굿맨이 떠난 뒤에 그때 가는 게 좋겠다고 말했다. 이반은 나와 여러 차례 대화를 나눴기에 내가 폴 굿맨과 그의 작품을 얼마나 존경하는지 알고 있었다. 나는 폴 굿맨이 미국 어딘가에서 건강하게 살아 있고 또 글을 쓰고 있다고 생각할 때마다 격한 기쁨을 느꼈는데, 동시에 내가 그와 같은 공간에 있으면서 최소한의 친분도 맺지 못할 때마다 나의 무능함을 확인하며 고통스러웠다.

아주 엄밀한 의미에서 폴 굿맨과 나는 친구도 아니고 나는 그를 좋아하지도 않는다. 그의 생전에 내가 종종 이유를 댔듯이 그가 나를 좋아하지 않는다고 느꼈기 때문이다. 그런 반감이 얼마나 한심하고 그저 형식적인 감정에 불과한 것인지를 항상 알고 있었다. 폴 굿맨이 죽었기 때문에 갑자기 이러한 사실을 뼈저리게 느낀 것은 아니다.

오래전부터 폴 굿맨은 나에게 영웅이었기에 그가 갑자기 유명해졌을 때 그다지 놀라지 않았지만 오히려 늘 사람들이 그의 존재를 당연하게 여기는 듯해 다소 의아했다. 내가 처음 읽었던 그의 책은 뉴디렉션스 출판사에서 출간된 『우리 캠프의 붕괴The Break-up of Our Camp』라는 단편집이었다. 1년 만에 나는 그의 작품을 모조리 찾아 섭렵했고, 그 이후부터는 신간이 나올 때마다 읽었다. 그의 글은 주제가 무엇이든 상관없이 가능한 한 빨리 읽고 싶은 호기심을 유발했는데, 현존하는 그 어떤 미국 작가에게도 그런 호기심을 느낀 적이 없다. 그가 생각하는 바에 대체로 동의해서 그런 게 아니었다. 나와 의견이 비슷한 작가는 몇몇 있지만, 폴 굿맨만큼 내 충성심을 바친 작가는 없었다. 나를 매료시킨 것은 작가로서의 그의 목소리였다. 직설적이고, 솔직하고, 독선적이며, 관대한 미국인의 목소리.

영어로 작품을 쓰는 많은 작가는 작품에 작가 특유의 목소리가 배어들게 해야 한다고 주장한다. 노먼 메일러가 그가 속한 세대 중 가장 뛰어난 작가라면, 분명 그의 목소리에 담긴 권위와 독특함 때문일 것이다. 하지만 나는 늘 메일러의 목소리가 지나치게 장식적이고 다소 조작적이라고 생각했다. 나는 작가로서 메일러를 존경하지만 진정으로 신뢰하지는 않는다. 반면, 폴 굿맨의 목소리는 진짜다. D. H. 로렌스 이후로 그렇게 설득력 있고, 진실하며, 특별한 목소리를 낸 작가는 없었다. 폴 굿맨의 목소리는 그가 쓰고자 하는 모든 것, 강력함과 흥미로움, 대단히 매력적인 작가 특유의 확신과 어색함을 건드린다. 그의 글은 딱딱한 구문과 절묘한 어휘의 어울림이 대범하게 결합된 결과물이다. 그는 놀랄 만큼 순수한 양식과 생기 있는 언어로 문장을 만들 수 있었다. 또한 적당히 얼버무리듯 서툴게 쓸 수 있는 능력도 갖추고 있었기에 사람들은 그가 무슨 의도가 있어서 그렇게 썼을 것이라고 확신하곤 했다. 하지만 그건 크게 중요하지 않았다. 다시 말하지만, 그의 목소리, 지성, 그 지성이 결집된 시정詩情이 언제나 나를 충실하고 열성적인 중독자로 만들었다. 그는 작가로서 종종 품위를 잃곤 했지만, 그의 글과 정신은 언제나 품위를 유지했다.

미국인은 많은 것을 시도하는 사람에게 끔찍하고 사악한 적개심을 표출한다. 따라서 폴 굿맨이 시, 희곡, 소설을 썼을 뿐만 아니라 사회 비평도 하고, 도시 계획, 교육, 문학 비평, 정신의학 등과 같이 학계와 전문가 집단이 지키고 있는 지적인 전문 분야에 관한 책을 썼다는 사실이 그에게 부정적으로 작용했다. 그는 빈대 같은 학자이자 무면허 정신과 의사로 보였지만, 대학과 인간 본성에 대해 뛰어난 통찰력을 내비치면서 많은 사람의 심기를 불편하게 만들었다. 지금도 그렇고 과거에도 그렇고, 놀랍게도 사람들은 항상 배은망덕한 행동을 한다. 폴 굿맨 역시 이에 대해 종종 불평을 늘어놨다는 사실을 알고 있다. 그는 『5년Five Years』이라는 제목으로 출간된, 1955년과 1960년 사이에 쓴 일기에서 그런 서운한 심경을 드러냈는데, 이것이 나를 가장 가슴 아프게 만들었다. 거기서 폴 굿맨은 자신이 유명하지 않다는 사실, 자신이 인정받지 못하고 충분히 보상받지 못한다는 사실을 한탄하고 있다.

그 일기는 폴 굿맨이 오랜 무명생활을 끝낼 무렵에 쓴 것이다. 1960년 『바보 어른으로 성장하기』를 출판하면서 그는 마침내 유명해졌고, 이후 그의 작품들은 높은 판매고를 올렸다. 심지어 많은 사람이 읽고 널리 그의 이름을 언급하지 않은 채 폴 굿맨의 아이디어가 반복 재생되기도 했다. 1960년부터 그는 가치를 높이 인정받고 돈을 벌기 시작했으며, 많은 젊은이가 그의 말에 귀를 기울였다. 이러한 모든 상황이 만족할 만했지만, 그는 여전히 자신이 그다지 유명하지 않고, 충분히 많은 독자가 자신의 작품을 읽어주지 않으며, 제대로 평가받고 있지 않다고 불평했다.

결코 만족을 모르는 병적인 자기중심주의자와 달리, 받을 만한 관심을 충분히 받지 못했다는 폴 굿맨의 생각은 옳았다. 지금 여기 파리에서 받아보고 있는 대여섯 개의 미국 일간지와 잡지에 실린 그의 부고를 보면 그 생각이 틀리지 않았음을 확인할 수 있다. 사망 기사에서 그는 흥미로운 이단 작가 이상으로 다루어지지 않는다. 폴 굿맨은 지나치게 여러 분야를 집적거렸고 이렇다 할 업적이 없는 작가, 『바보 어른으로 성장하기』의 저자, 1960년대 반항기 많은 미국 젊은이들에게 큰 영향을 미친 작가, 무분별한 성생활을 즐긴 작가로 소개되어 있었다. 네드 로렘Ned Rorem이 쓴 감동적인 부고 기사가 내가 읽은 기사 중 유일하게 폴 굿맨의 중요성을 어느 정도 제대로 평가하고 있었다. 이 부고 기사는 폴 굿맨이 살던 지역민 대다수가 구독하는 일간지 『빌리지 보이스Village Voice』 17페이지 단 한 면에 실렸다. 그가 사망했기 때문에 여러 평가가 나오고 있지만, 그 속에서 그는 별 볼일 없는 인물로 다뤄지고 있다.

단 한 번도 폴 굿맨이 마셜 매클루언이나 헤르베르트 마르쿠제만큼 엄청난 대중적 스포트라이트를 받기를 바란 적은 없다. 이런 대중적 관심은 작가의 실질적인 영향력이나 그의 책이 얼마나 많은 사람에게 읽히고 있는지 등에 관한 사실은 전혀 말해주지 않는다. 내가 불만스럽게 생각하는 것은 폴 굿맨의 추종자들마저 그의 진정한 가치를 깨닫지 못한다는 사실이다. 대부분의 사람은 그가 얼마나 비범한 사람이었는지 제대로 인식하지 못하고 있는 것 같다. 그는 못 하는 것이 거의 없었으며 작가로서 할 수 있는 일은 모두 해보려고 노력했다. 비록 그의 소설은 점차 교훈적이고 산문적으로 변해가긴 했지만, 폴 굿맨은 시류에 편승하지 않는 감수성을 가진 시인으로서 계속해서 성장했다. 사람들은 언젠가 그가 얼마나 훌륭한 시를 썼는지 알게 될 것이다. 폴 굿맨의 에세이에서 사람, 도시, 삶의 느낌에 대해 언급한 말 대부분은 진심이었다. 소위 말하는 폴 굿맨의 아마추어리즘과 그의 천재성은 일치한다. 아마추어리즘으로 인해서 그는 교육, 정신의학, 시민권에 관한 문제들에 대해 비범하고 냉정한 통찰력을 발휘할 수 있었으며, 실질적인 변화를 상상할 자유를 누릴 수 있었다.

내가 그에게 얼마나 빚을 진 기분인지 일일이 다 열거하기는 어렵다. 지난 20년 동안 폴 굿맨은 나에게 가장 중요한 미국 작가였다. 그는 우리의 사르트르이고 장 콕토다. 폴 굿맨은 사르트르처럼 탁월한 이론적 지식을 갖추지도 않고, 장 콕토가 다양한 예술 분야에서 내보인 열광적이고 불투명한 환상의 원천을 단 한 번도 경험해보지 못했지만, 그에게는 사르트르도 콕토도 갖지 못한 재능이 있었다. 인간의 삶에 대해 까다롭지만 관대한 도덕적 열정에 대해 그는 진심으로 다가갔다. 활자화된 종이 위에서 그는 지금까지 어떤 작가도 내지 못했던 친숙하면서 사랑스럽고, 화가 치밀어오른 듯한 그런 진짜 목소리를 냈다. 종종 '문학'작품에서 그러한 것처럼 나는 그의 삶 속에서보다 그의 작품 속에 더 품위 있는 인간이 존재한다고 생각한다. (때론 그 반대로 실제 삶 속에서의 인물이 책 속의 인물보다 더 고상한 경우도 있다. 마르키 드 사드처럼 책 속의 인물과 실제 삶의 인물 사이에 아무런 관련이 없을 때도 있다.)

나는 언제나 폴 굿맨의 글에서 힘을 얻었다. 살아 있거나 작고한 작가 가운데 내게 작가가 되는 것의 가치를 심어주고, 내 작품을 평가할 때 기준으로 삼는 몇몇이 있는데, 그는 그 작가 중 한 사람이다. 아주 개인적인 신전에 나는 살아 있는 유럽 작가를 몇 명 모셔두었지만, 살아 있는 미국 작가는 폴 굿맨이 유일했다.

그가 종이 위에 한 모든 일은 나를 기쁘게 했다. 그가 고집을 부릴 때, 거북하게 굴 때, 수심에 차 있을 때, 심지어 잘못을 했을 때조차 나는 그의 글을 좋아했다. 나는 그의 자기중심적인 태도에 정이 떨어지기보다 오히려 감동했다. 그의 근면함, 기꺼이 봉사하겠다는 그의 태도, 여러 방면에서 드러난 그의 용기를 존경했다. 그런 용기 있는 행동 가운데 하나는 자신의 저서 『5년』에서 동성애 성향을 솔직하게 밝힌 것이었다. 이 때문에 그는 뉴욕 지성인 사이에서 이성애자 친구들로부터 엄청난 비난을 받았다. 불과 6년 전, 마침내 동성애자 해방 운동이 공론화되기 전의 일이었다. 나는 폴 굿맨이 자신의 이야기를 하면서 자신의 슬픈 성적인 욕망과 통치에 대한 욕망을 연관시키는 것을 좋아했다. 여러모로 그와 견줄 만한 앙드레 브르통처럼 폴 굿맨은 자유, 환희, 즐거움의 감식가였다. 나는 그의 글을 읽으며 자유와 환희, 즐거움 이 세 가지에 대해 많은 것을 알게 됐다.

이 글을 쓰기 시작한 오늘 아침, 나는 창가에 있는 테이블 밑에서 타이핑 용지 몇 장을 꺼냈다. 그리고 원고 더미에 깔려 있는 책 두세 권 중 하나가 폴 굿맨의 『신종교개혁New Reformation』이라는 것을 알게 되었다. 1년 동안 책을 읽지 않고 버텨보려 노력하고 있지만, 어쨌든 이렇게 시선이 가는 책이 몇 권 있다. 내 내면의 목소리를 잘 들어보기 위해서, 그리고 내가 정말로 무엇을 생각하고 느끼고 있는지 알아내기 위해서 노력하고자 책을 금지한 이 작은 방에서조차 여전히 폴 굿맨의 책이 한 권 돌아다닌다는 게 전혀 어색하지 않았다. 그도 그럴 것이 지난 20년간 살았던 집의 서가에는 어김없이 폴 굿맨이 쓴

책 대부분이 꽂혀 있었기 때문이다.

그의 책이 있든 없든 나는 계속 그의 영향을 받을 것 같다. 그가 살아서 더 이상 책을 통해 이야기할 수 없다는 것, 우리는 폴의 호통을 들을 수 없고, 모든 것에 대한 그의 침착하고 두서없이 긴 설명도 듣지 못하며, 폴이 제시한 본보기 없이 우리가 서로 도와 무엇이 진실인지 알아내고, 서로의 어리석은 행동과 잘못을 저지를 권리를 존중하면서 의젓한 시민의식을 도야하기 위해 서툰 발걸음을 내디뎌야 한다는 사실에 나는 계속해서 가슴 아파할 것이다.

1972년 9월 21일

추천사

청년이 주목받는 사회는 문제적이다

엄기호(『이것은 왜 청춘이 아니란 말인가』 저자)

교육 현장에서 지금 무엇이 가장 큰 문제냐고 물어보면 다수의 사람
은 '무기력'이라고 말한다. 한편에는 생존하기 위해 발버둥치는 사람
들이 있지만, 다른 한편에서는 '아무것도 하고 싶어하지 않는', 혹은
'아무것도 할 수 없다고 생각하는' 무기력한 사람들이 대량으로 나타
나고 있기 때문이다.

이 무기력은 생존 경쟁이 전쟁이 된 시대의 특징일까? 이 책을 읽
다보면 전혀 그렇지 않다는 것을 알 수 있다. 일자리가 넘쳐나는 것처
럼 보이던 '풍요'의 시대에도 하고 싶은 일이 '아무것도 없다'고 말하는
청년들이 대량으로 양산되고 있음을 이 책이 보여주기 때문이다. 일
자리가 많은 듯해도 빈곤이나 양극화는 심각한 사회 문제이기 때문
에 생존은 여전히 빈곤층에게 중대한 사안이며 동시에 사회에서 뿌
리 뽑힌 이들뿐만 아니라 시스템에 순응을 잘한 이들 역시 존재감의

위기를 겪지 않을 수 없다.

그 결과는 '반항'하는 쪽이나 '순응'하는 쪽 둘 다에서 나타난다. '사회에 순응하는 청년들은 대부분 무신경해지고, 낙담하거나 냉소적이 되며 쓸모없어진다'고 말한다. 쓸모없고 냉소적인 두 발 달린 동물로 변해간다. '반항'한다고 달라지지 않는다. '비행 청소년'에 대해 굿맨은 '평범한 아이들이 천재적으로 일탈하리라 기대할 수 없다'고 말한다. 그들이 '일탈거리'를 찾고 고안해내지만 그것들 대부분은 '바보 같으며 종종 대실패'로 끝나고 만다.

또 하나, 이 사안은 왜 늘 청년들의 문제로 설정되는 것일까? 사실 결론에서 굿맨이 통찰하듯이 '청년'이 통째로 주목받는 사회는 이미 그 자체로 문제가 있음을 고백하는 것이나 다름없다. 청년을 문제시하는 순간 '소속감'과 '사회화'라는 대안이 바로 등장하기 때문이다. 특히 '비행 청소년'들에게 필요한 일은 '소속감'을 주는 것이고 그를 통해 '사회화'하는 것이다. 그러나 굿맨은 이 주장을 완전히 반대로 뒤집는다. 이들에게 '사회화'라는 메시지가 전달되지 않은 것이 아니다. 오히려 이 메시지가 이들에게 의미가 없고 쓸모도 없기 때문에 받아들여질 수 없었다는 점이다.

나는 이에 대해 '무기력한 사람들'을 연구해 몇 권의 책에서 비슷한 주장을 한 바 있다. 현재 사람들이 무기력한 것은 생존에 실패했기 때문이 아니라 생존을 위해 채택한 전략이라고 말이다. 즉 기력을 차리고 살아남기 위해 '노오력'하다가는 무리수를 두는 무리를 하다 죽게 된다. 혹은 잘해봤자 소진되거나 냉소적인 존재가 될 수밖에 없으므로 '차라리' 무기력해진다고 말이다.

사정이 이렇다면 무기력한 사람에게 일자리를 주고 기력을 차리라고 말하는 것은 그리 좋은 처방이 되지 못한다. 이 책을 읽는 의의는 여기에 있다. 일자리라는 처방이 제대로 먹힌다고 하더라도 그 결과는 앞서 이야기한 것처럼 지금과 크게 달라지지 않기 때문이다. 입사와 동시에 퇴사를 희망한다는 말이 괜히 나온 게 아니다. 이 책의 가장 큰 통찰은 현재 우리가 경험하고 있는 것이 자본주의가 잘 안 돌아가서 생기는 문제가 아니라 자본주의가 잘 돌아갈 때도 비슷하게 생기는 문제임을 일깨워준다는 점이다. (물론 이 말로 우리는 이 둘의 고통이 본질적으로 같다고 말해서는 안 된다. 「미생」에서 말한 것처럼 회사 바깥은 지옥이기 때문이다. 고통의 강도와 결의 차이를 함부로 '본질화'하여 '동질화'하는 것은 사회를 읽는 데도 실패하게 만든다.)

따라서 그렇게 무리수를 두며 무리하지 않더라도 생존할 수 있고, 동시에 목표를 가진 삶이 가능한 사회를 만들어야 한다. 이 책에서는 공동체적인 것에서부터 소규모의 아나키즘적인 여러 대안을 제시한다. 그게 현실 가능한 대안인지 아닌지에 대해서는 또 다른 비판과 판단이 필요하다. 그러나 적어도 하나는 같은 질문 위에 기초한다. '비행 청소년'들에 대해 '소속감'과 '사회화'를 대책으로 내세우는 것을 다시 질문하는 것이다. 이 사회는 소속감을 가지고 사회화할 만한 가치를 지녔는가?

사실 그가 제시하는 무정부주의적이며 동시에 '문화적으로 보수적인' 대안 역시 바로 이 점에 근거해서 바라볼 필요가 있다. 이 책 전반에 지독하게 깔려 있는 남성 중심주의적 대안으로 만들어지는 사회는 과연 '소속감을 가지고 사회화될 만한' 가치가 있는가? 전혀 아니다. 그렇다고 이 책을 읽을 가치가 없는 것은 결코 아니다. 굿맨이 제시하는 질문은 그 자신에게도 들이댈 수 있는 칼이기 때문이다.

2017년 10월 30일

폴 굿맨, 무정부주의자이자 애국자
크리스 레니어를 추모하며

케이시 넬슨 블레이크

1.

폴 굿맨은 『바보 어른으로 성장하기』에서 "현재 조직화된 시스템의 가장 나쁜 점은 우리가 일을 할 때 목표를 모호하게 만드는 것"이라고 지적했다. 관계 당국은 교육이나 의미 있는 직업, 민주적 자치가 가능한 지역 공동체 등과 같은 '대중의 절박한 필요'에 관해서는 직접적으로 언급하지 않는다. '모두 좋은 말만 할 뿐' 다들 알고 있는 사실을 공론장에서 논의하기를 거부한다. 그 결과 젊은이들은 '누군가에게 굉장히 중요한 문제를 마치 없는 것처럼 취급하는 사회'에서 성장했다. 젊은이들은 '일찌감치 체념하고' 그렇게 살아간다.

이렇게 모호한 공식적인 발언에 맞서기 위해 폴 굿맨은 잔인할 정도로 솔직하게 말하려 했다. 그는 15년간 논객이자 비평가로 왕성하게 활동한 경험을 담아 생생한 구어체로 이 책을 썼다. 1960년 미국에서 출간된 이 책은 쉬운 언어로 쓰고 소책자 형식으로 펴내는 영미 문화에 동참한다. 『바보 어른으로 성장하기』는 베이비붐 세대가 대학에 입학하던 시기에 출판되었고, 마침 냉전 문화의 굴레에 진절머리가 난 젊은이들 사이에서 하루아침에 엄청난 인기를 얻었다. 폴 굿맨은 윌리엄 코빗, 토머스 페인, 윌리엄 제임스나 포퓰리스트the Populists를 연상시키는 직설적인 화법을 사용해 미국 문화를 비판했다.

폴 굿맨이 자신의 마지막 시선집 중 하나에 붙인 제목대로 이 책은 '세련되지 않은 오트밀 그레이' 같다. 워낙 글을 빨리 쓰는 편이어서 때로는 매끄럽지 못한 산문을 남발해 비웃음을 사기도 했지만, 그의 글은 순진해 보일까 봐 독자들이 감히 입 밖으로 꺼내지 못했거나 혹은 조직화된 시스템이 얼마나 우리를 실망시켰는지를 인정할 수 없었기 때문에 말하지 못했던 단순한 진실을 담았다. 굿맨은 자신이 순진하거나 감상적으로 보이는 것을 괘념치 않았다. 뉴욕 지식인들 가운데 폴 굿맨 이외에 진지함을 미덕으로 생각하는 이는 드물다. 굿맨은 사람들에게 만족스런 직업, 사교성, 사는 곳에 대한 애정, 세상이 그들의 노력에 응답하리라는 믿음이 필요하다고 생각했다. 이처럼 이상주의자가 되거나, '걱정 없이 친구를 사귈 수 있는' 사회를 구현하려면 용기가 필요하다. 나아가 일상의 문제들에 관해 '우직한' 해결책을 내놓는 데는 훨씬 더 큰 용기가 필요하다. 예를 들면 흰색 유니폼에 풀을 먹이기 위해 다림질을 하느라 몇 시간을 허비해야 했던 간호사들을 위한, 세탁이 편하고 다림질할 필요가 없는 무명천의 보급, 맨해튼 도심 한복판에서 자동차 운행의 금지, 소규모 공립 학교의 예산 일부로 운영되는 작은 동네 학교 등을 해결책으로 제안하는 책들이 꼬리에 꼬리를 물고 출간됐다. 굿맨에게 이러한 일상의 해결책은 사람들이 수긍할 수 있고, 당장 추구할 수도 있는 상식적인 프로젝트였다. 이렇게 스스로의 가능성에 자신감을 얻게 된다면, 시민들은 직장에서의 민주화나 세계 평화를 위한 핵무기 감축도 단행할 수 있다. 문학비평가 어빙 하우는 1962년 「파르티잔 리뷰Partisan Review」에서 "폴 굿맨은 사람들의 생각을 바꾸는 게 여전히 가능한 것처럼, 아마도 그 수는 많지 않겠지만, 여전히 말의 힘을 믿는 몇몇 사람을 바꿀 수 있다는 듯" 계속해서 글을 쓰고 있다고 논평했다.

지금까지도 폴 굿맨의 『바보 어른으로 성장하기』가 독보적으로 자리매김한 이유는 이 책에 무정부주의적 이상주의와 노골적인 문화적 보수주의가 독특하게 어우러져 있기 때문이다. 출판 직후 많은 비평가는 이러한 조합에 다소 당혹스러워했지만, 이 책이 보수주의 학생운동 단체인 자유청년연합Young Americans for Freedom과 베트남 전쟁을 반대한 진보적 학생운동 단체 민주사회학생연합Students for a Democratic Society을 창설한 세대 모두의 관심을 끈 것은 분명하다. 이 책은 저자 폴 굿맨이 1972년 60세를 일기로 심장마비로 사망할 때까지 약 50만 부가 판매됐다.

굿맨은 1950년대 후반, 미국의 건국자들과 소규모 생산자 사회를 중요시하는 제퍼슨주의자들의 비전을 심도 있게 연구했고, 사회비평을 할 때 이를 언급했다. 그는 『바보 어른으로 성장하기』를 집필할 당시 자신의 일기에 다음과 같이 썼다. "나는 성공하지 못한, 혹은 동력을 잃은 목표를 모아 리스트로 만들고, 이를 행동으로 옮길 계획을 세운다……. 타협했거나 달성되지 않은 근대 혁명의 목표들을 요약하다 보면 사회를 안정되게 했던 '잃어버린 공동체성'을 발견할 수 있다." 이런 전략은 "결과적으로 현재 상황에 대한 나의 극심한 거부감을 사회적, 그리고 심리적으로 훨씬 더 보수적으로 보이게 한다. 사실 나는 보수주의자다." 실제로 그는 보수주의자였다. 그는 조지 워싱턴의 회보를 읽고 이 책을 쓸 용기를 얻었다. 그는 출판사에 이 책의 원고를 마지막으로 넘기면서 휘파람으로 "성조기여 영원하라The star-spangled banner"를 불렀다.

하지만 폴 굿맨을 20세기의 위대한 문화 보수주의자 가운데 한 명이라고 한다면 많은 이가 어처구니없어 할 것이다. 굿맨은 게슈탈트 치료법*의 시초가 되는 문헌을 공동 집필했으며, 신프로이트파**에 반대하는 빌헬름 라이히를 지지했다. 그는 사실혼 관계를 두 번 맺었고, 뉴욕 인근의 해안가에서 마주친 거의 모든 젊은 남자에게 수작을 걸면서도 자신의 아이들을 살뜰히 보살폈다. 그리고 자신이 양성애자임을 공개한 이후 강의할 기회를 잃고, 블랙 마운틴 칼리지를 포함한 모든 곳에서 쫓겨났다. 1950년대 어느 날 저명한 정신과 의사의 아파트에서 열린 파티에서 굿맨은 개에게 프렌치키스를 하기도 했다.

---

* 게슈탈트 치료는 1940년대 형태주의 심리학 이론을 기반으로 프리츠 펄스와 그의 아내 로라 펄스에 의해 창시된 후 여러 사람들이 발전시킨 현상학적-실존적 치료 형태다. 설명과 해석보다는 내담자와 치료자 두 사람 모두의 즉각적인 경험을 더 신뢰하고 중요하게 취급하며, 자각을 증진시키는 데 초점을 둔다. 또한 상담 내용(무엇이 논의되고 있는가)보다는 과정(무엇이 일어나고 있는가)이 더 중요하다. 지금-여기서의 자각에 초점을 맞춰 치료자와 내담자의 상호 작용이 '나-너'관계라는 존재 방식 안에서 다루어진다.

** 신프로이트 학파는 퍼스낼리티에 대한 사회·문화적 영향을 강조하고 생물학적 요인의 역할은 중요시하지 않는다. 이들은 프로이트 이론의 일부, 즉 본능과 성의 역할을 강조하는 것을 시대에 뒤떨어진다고 간주하고, 오이디푸스 콤플렉스나 여성의 열등감에 대한 증거는 문화적 힘의 표현을 제외하고는 찾아볼 수 없다고 한다. 이들에 따르면 신경증은 문제가 있는 개인 관계의 결과이며, 건강한 퍼스낼리티는 사회적 산물이다.

손님들에게 그들의 동물적 본성을 인식시키려는 충격을 주기 위한 그로테스크한 시도였다. 파티의 주최자가 개를 떼어내어 침실에 가두 자 폴 굿맨은 강하게 항의했지만 굿맨에게 돌아온 대답은 "폴, 이 개 의 주인은 나요"였다. 조너선 리의 2011년 다큐멘터리 「폴 굿맨, 내 인생을 바꾸다Paul Goodman Changed My Life」에서는 스스로 동성애자임 을 선언하는 일이 스톤월 기습 사건* 이전 시대에 동성애자들에게 얼 마나 중요했는지를 보여준다. 그리고 굿맨은 1930년대 표트르 크로 폿킨**의 책을 읽고 나서 무정부주의자가 되었다. 그는 열정적인 마르 크스주의자도, 냉철한 사회민주주의 운동가도, 진보적인 '현실주의자' 도 아닌 그저 무정부주의자였다. 폴 굿맨은 제2차 세계대전과 냉전 을 비롯한 모든 전쟁에 반대했고, 랜돌프 본***과 마찬가지로 "전쟁은 국가를 건강하게 한다"고 생각했다. 1945년에는 동료 반전 운동가들 을 지지하기 위해 「메이 팸플릿May Pamphlet」에 무정부주의자의 변화 에 대한 글을 간결하게 썼다. "자유사회는 단순히 구질서를 '신질서'로 대체한다고 이뤄지지 않는다. 자유사회는 자유로운 행동 영역이 사회 생활 전반으로 확장되는 것이다."

이와 같은 행보를 볼 때 폴 굿맨의 삶은 근대화를 비판하는 보수

---

* 스톤월 기습 사건은 1969년 6월 28일 새벽, 미국 경찰이 뉴욕 그리니치빌리지에 소재한 동 성애자들의 단골 술집 스톤월 인Stonewall Inn을 불법적으로 기습해 동성애자들을 체포하 려 하자 동성애자들이 저항하면서 시작됐다. 경찰의 과잉 단속이 이어지자 동성애자는 물론 시민들까지 가세해 일주일간 저항했다. 이는 현대 동성애 해방운동의 시발점이 되었고, 미국 을 비롯한 전 세계 주요 도시의 동성애자들은 6월의 마지막 주를 '긍지의 주Pride Weekend' 로 기념하고 있다.
** 러시아 출신의 지리학자, 무정부주의 운동가, 철학자.
*** 미국의 문학비평가, 수필가, 반전주의적인 글을 발표하면서 제1차 세계대전 직전에 성년 이 된 급진주의 청년들을 대변했다.

주의자와 결코 결부시킬 수 없다. 하지만 이 책이 다루는 도덕적 주제나 직업, 애국심이나 신념과 같은 내용은 T. S. 엘리엇이나 미국 남부의 토지균분론자마저 동의할 만한 전통주의자의 실패와 자원 낭비에 대한 한탄을 담고 있다. 미국인은 '남자다운' 일자리를 얻지 못하고, 국가와 고향을 사랑하지 않는 데다 자신이 그 자체만으로 창조적인 삶을 살 수 있는 피조물임을 감사하지 못한 채 허우적거리며 살았다. 국가 권력에 의해 애국심은 변질되었고, 성년에 접어든 젊은이들은 무능력자로 전락했다. 애국심을 고취시키는 문화에서 어린아이들이 조국과 자신의 잠재성에 대해 확신하며 영웅적 시민정신에 대한 이야기를 배운 반면, 지금의 젊은이들은 그러한 '애국심을 발휘할 기회'를 갖지 못한 채 '과학, 예술, 인류, 그리고 신으로 이루어진 인문학적인 문화에 대해 치명적인 공허함'을 느끼게 되었다. 폴 굿맨은 일기에 "나는 무정부주의자이면서 애국자다. 참으로 기이한 일이 아닐 수 없다"라고 쓰기도 했다.

서문에서부터 그는 현재의 풍요로운 사회에 대해 문제의 핵심을 찌르며 격렬히 비난한다.

풍요로운 사회에는 성인 남자가 할 일이 충분하지 않다. 솔직하게 공적인 발언을 하지 않으며 사람들을 진지하게 대우하지도 않는다. 실질적인 기회도 부족하다. 게다가 재능을 꺾으며 대중을 어리석게 만들고 꾸밈없는 애국심과 순수예술을 타락시킨다. 풍요로운 사회는 과학 발전을 방해하고 본능적인 열정을 둔화시킨다. 의로움이나

천직에 대한 종교적 신념을 가로막기도 하며 천지 창조에 관한 의
식을 약화시킨다. 명예도 없고, 공동체도 없다.

굿맨은 자신의 저서에서 사회의 병폐를 지적했지만, 이것이 여자아
이나 성인 여성의 삶과는 무관하다는 점에 관해서는 깊이 생각하지
않았다. 이는 그의 보수주의가 보여주는 또 다른 면이다. 그는 문자
화된 모든 말이 중요하다는 점과 그 중요성이 점차 약해지면서 많은
미국인이 깊은 슬픔에 빠졌다는 사실을 강조하는 데는 적극적이었
다. "전통은 무너졌지만 이를 대신해 내세울 만한 새로운 기준이 아
직 마련되어 있지 않다. 문화는 절충되기도 하고, 선정적이기도 하며
혹은 속임수가 되기도 한다."

2.

지금은 한풀 꺾였지만 『바보 어른으로 성장하기』는 출간되자마자 엄
청난 성공을 거두었다. 1970년대까지 대학가나 경제적으로 풍요로운
도시에 거주하는 지식인 및 전문직에 종사하는 청년들의 소장 도서
중 하나였다. 근대적 통치 체제의 근간과 그에 저항하는 데 필요한 도
구에 대해 알고 싶어하는 독자들은 전후 '페이퍼백 혁명' 덕택에 손
에 넣을 수 있었던 다른 책들과 함께 이 책을 선반에 올려두었다. 당
시 젊은이들의 서가에는 한나 아렌트의 『예루살렘의 아이히만』과 『혁
명에 대하여』, 노먼 브라운의 『죽음에 맞서는 삶』, 알베르 카뮈의 『시
시포스의 신화』와 『이방인』, 월터 코프먼의 실존주의 작품집, 에리히

프롬의 『자유로부터의 도피』, 마르크스가 젊은 시절에 쓴 저서 등이 쌓여 있었다. 신학 교육을 받은 젊은이들은 라인홀트 니부어, 폴 틸리히, 마르틴 부버의 저술도 책꽂이 한켠에 꽂아뒀다. 선진 자본주의에 대해 좀더 날카로운 비판을 원하던 좌파 성향 젊은이들의 책꽂이는 헤르베르트 마르쿠제, 라이트 밀스, 놈 촘스키 등의 책이나 제임스 볼드윈의 『다음번의 불』, 베티 프리단의 『여성의 신비』와 『맬컴 엑스의 자서전』 등으로 채워지기 시작했다. 그러다 1980년대 들어 이런 책들은 프랑스 구조주의자들의 번역서로 대체됐고, 이후에는 서구 마르크스주의자들의 번역서로, 이어서 미셸 푸코와 자크 데리다, 그리고 주디스 버틀러의 저서들이 그 자리를 차지했다. 폴 굿맨과 그 시기의 책은 먼지로 뒤덮인 책장처럼, 50년 만에 완전히 잊혔다.

굿맨의 책이 성공할 수 있었던 배경에는 제2차 세계대전 이후, 1930년대 구좌파의 경제 이데올로기와 결별한 인문주의 좌파 지식인들의 부상이 자리하고 있다. 『이데올로기의 종언』에서 대니얼 벨이 주장한 대로 전후의 많은 사회주의자는 평범한 시민들을 가장 크게 위협하는 요인인 '비인간화dehumanization'가 착취를 대체하면서 이전의 정치적 범주를 더 이상 쓸모없는 것으로 만들어버렸다고 생각했다. 급진주의자들의 임무는 잔혹함에도 상처 입지 않을 인간 본성의 핵심을 찾아내고 새로운 정치 토대로 삼는 것이었다. 드와이트 맥도널드는 1946년 에세이 「뿌리는 인간이다」에서 앞으로 일어날 일을 예상하며 다음과 같이 썼다. "인간의 자유를 쟁취하기 위한 투쟁의 가장 확고한 근거는 구좌파가 목표로 삼았던 역사가 아니라 마르크스가 사회주의자들 사이에서 낡아빠진 것으로 만들어버린 진실, 정의,

사랑과 같은 비역사적 가치라는 걸 우리는 느끼고 있다." 이처럼 의미 있는 삶을 추구하는 건 경제 계획만큼이나 중요했다. 어쩌면 더 중요했을지도 모른다. "우리는 감정, 상상력, 도덕적 감정, 인간 개개인의 우수성을 강조해야만 한다. 지난 200년간 과학의 비대한 발전으로 인해 깨진 균형을 회복해야만 한다." 알베르 카뮈 역시 「피해자도 아니고 가해자도 아니다」라는 에세이에서 인간의 품위를 향상시키는 것은 정치적 행위의 전제 조건이자 목표라고 주장했다. 그에 따르면 우리가 해야 할 일은 "역사 그 자체를 본령으로 삼는 게 아니라 인간의 일부인 역사로부터 인간의 품위를 지켜내기 위해 역사 안에서 싸우는" 것이었다.

이처럼 인간성을 지켜내려는 움직임은 초기 신좌파의 선언문에서도 뚜렷하게 나타났다. 『리베라시옹Liberation』에 실린 「시대에 관한 소논문」과 민주사회를 위한 민주학생 연합Students for Democratic Society이 채택한 「포트휴런 선언Port Huron Statement」에서는 톰 헤이든과 동료 대학생들이 이야기한 것처럼 "개개인에게 진짜 의미 있는 삶"을 추구하기 위해 직접민주주의를 부활하게 하려는 움직임에 동참했다. 버클리 대학의 자유언론운동의 지도자 마리오 사비오는 학생들에게 시스템의 기어를 멈추기 위해 온몸을 던지라고 외친 한 유명한 연설에서 급진적 휴머니즘을 주장하기도 했다. 사비오는 1964년 버클리 대학 스프롤 홀 밖의 시위 현장에 모인 학생들을 향해 "우리는 지식 산업의 '원재료'가 아니라 '인간'이다!"라고 소리쳤다.

마리오 사비오는 당시 모든 신진 급진주의자가 그랬듯이 폴 굿맨의 『바보 어른으로 성장하기』를 분명히 알고 있었고, 굿맨과 똑같이 인본주의적인 언어를 구사했다. 당시 사회과학자들은 문화라는 미명 아래 인간 본성의 개념을 폐기하고, 청소년의 재능을 낭비하면서 진정한 성장을 방해하는 '사회화socialization'라는 체제를 떠넘겼다. "대체 뭘 사회화하라는 거지?" 폴 굿맨은 의문을 품었다. 이에 굿맨은 사회과학자들의 견해에 반론을 펴며 '조직화된 시스템에서의 청년 문제'를 탐구하기 시작했다. 학교, 기업, 정부 관료 체제에 만연한 무관심과 냉소주의를 사회화하라는 것인가? 그가 보기에 당시 미국 사회의 자화상은 한복판에서 '쥐 경주rat race'*가 벌어지고 있는 '완전히 폐쇄된 방'의 모습이었다. 젊은이들의 불만을 적절히 분출할 창구를 찾아야 한다는 말 속에는 더 이상 대안이 없다는 메시지가 담겨 있었다. 그에 따르면, "젊은이들을 충분히 사회화하지 못하는 이 조화로운 시스템이 혹시 인간 본성에 어울리지 않거나 본성 그 자체에 반하는 것은 아닐까"라는 물음을 던질 때가 됐다".

3.

아무도 읽지 않는 책을 집필하는 데 10년을 보낸 뒤, 굿맨은 작은 출판사에서 청소년 범죄에 관한 책을 쓰기로 하고 계약금을 받았다. 수년 동안 거의 빈곤 상태로 살아온 사람에게 크라이테리온북스가 보내온 500달러짜리 수표는 결코 적은 돈이 아니었고, 주제 또한 그에게 딱 맞는 것이었다. 폴 굿맨은 거리에 버려진 아이들과 뉴욕 핸드

---

* 이 책에서 자주 사용되는 비유로, 격심하지만 무의미한 생존 경쟁을 가리키는 표현이다.

볼 코트에서 게임을 즐기는 청소년 갱 조직원을 많이 알고 있었다. 제 2차 세계대전 이후 정신과 의사들과 경찰은 청소년 범죄를 사회 현상으로 등장시켰고, 이에 사람들은 히스테리(상원의원 키포버가 주도한 만화책에 관한 청문회)나 강박(「이유 없는 반항」, 「웨스트사이드 스토리」), 혹은 그 둘(「위험한 질주」)을 동시에 느꼈다. 굿맨은 10월 말에 원고를 완성했으나 출판사로부터 거절당했다. 원고는 결국 그의 친구 노먼 포드호리츠의 추천으로 다른 출판사인 랜덤하우스의 편집자 손에 들어갔다. 노먼 포드호리츠는 나이 서른에 이미 『코멘터리Commentary』의 편집장이 된 인물이었다. 포드호리츠는 폴 굿맨의 책을 출간하기에 앞서서 세 챕터를 『코멘터리』에 연재했고, 이를 통해 이 잡지가 사회 비평의 포럼으로서 부활하게 되었다. 훗날 노먼 포드호리츠는 이렇게 회상했다. "내가 볼 때 『바보 어른으로 성장하기』는 우리 잡지 『코멘터리』가 새롭게 태어나는 데 필요한 모든 것, 아니 그 이상을 갖고 있었다. 폴 굿맨의 책은 마치 내 마음을 읽은 듯 내가 이 세상에서 작동하기를 기대했던 새로운 정신을 고스란히 재현하고 있었다."

굿맨은 매우 열정적으로 청소년 범죄에 관해 글을 썼지만, 『바보 어른으로 성장하기』는 청소년 범죄 그 이상의 것을 담고 있었다. 비행 청소년을 다룬 사회학 서적을 기대한 독자들은 미국의 정신적 황폐함을 통렬하게 담은 보고서와 마주했다. 폴 굿맨은 특유의 통찰력으로 조직화된 사회는 조직 내 인간의 주체성을 상실하게 하고, 비행 청소년, 그리고 '떠도는' 자유분방한 모험가 모두의 고유한 능력을 억압하기 때문에 그들은 인간으로서 고통 받는다고 지적했다. 직장에서 급여를 많이 준 덕분에 소비가 증가하면서 미국의 모든 계층에 비도덕적 냉소주의가 만연하게 되었다. 겉보기에는 전혀 다를지 몰라도 회사 중견 간부와 폭력조직원, 그리고 비트족*은 역할놀이가 인간관계의 전부를 구성한다는 주장에 동의했다. '평판과 같은 조직화된 시스템'은 청소년들에게 이전 세대에서 물려받은 것을 숙달할 뿐만 아니라 이를 능가하도록 요구했다. 이에 젊은이들은 '실재하며 변화 가능한 세상이 존재한다'는 개념 자체를 잃어버렸다. '엿새간의 천지 창조가 존재했다는 확신, 임의적인 사회 규칙으로 이루어진 체계가 아닌 진짜 세상이 존재한다는 확신'을 잃어버린 것이다.

그럼에도 이 책이 당시 다른 사회비평과 공유하고 있는 부분은 다소 진부하게 보일 수 있다. 데이비드 리스먼의 『고독한 군중The Lonely Crowd』, 윌리엄 화이트의 『조직인The Organization Man』, 존 케네스 갤브레이스의 『풍요한 사회The Affluent Society』 그리고 밴스 패커드의 『숨은 설득자들The Hidden Persuaders』은 전후 경기 호황의 최대 수혜자인 화이트칼라의 순응주의와 소비지상주의에 대한 비판을 대중화했다. 이러한 책들과 마찬가지로 『바보 어른으로 성장하기』 역시 전후 경제 번영을 과장하고, 대량생산 경제가 자본주의 발전의 필연적인 종착점이라고 보는 포드주의적 관점을 견지하고 있다. 굿맨의 설명을 빌리자면, 조직화된 시스템의 문제는 그 시스템이 무수한 사람을 궁핍에 빠뜨리기 때문이 아니라 너무 잘 작동한다는 데 있었다. 굿맨은 너무 성급하게 노동조합을 비우호적으로 판단했고, 사이비 포퓰리스트적

---

* 1950년대 전후 미국의 물질적인 풍요 속에서 보수화된 기성질서에 반발해 저항적인 문화와 기행을 추구했던 젊은 세대. 이들은 출세나 교육, 도덕과 같은 전통적인 개념에 도전했고 중산층의 라이프스타일에 매우 적대적인 태도를 보였다. 또한 허무주의에 빠지기도 했고 동방적 신비주의, 재즈, 시, 문학, 약물 등에 집착했다.

인 우파가 기승을 부리며 결집한 세력을 과소평가하기도 했다. 사실 이러한 세력은 이미 닉슨 및 매카시와 함께 10년 전부터 고개를 쳐들고 있었다. 그리고 굿맨은 종교적 구도자였고 여러 차례 부버나 노자老子에게 귀의했지만, 빌리 그레이엄의 복음주의나 세를 불려가던 가톨릭 좌파 등 그의 주변에서 다양한 형태로 진행되던 기독교의 부흥을 감지하지는 못했다.

　다시 말해, 폴 굿맨의 몇몇 의견은 시대착오적이다. 인간의 방어 본성이 필요한 건 남성이라고 보는 견해가 대표적이다. 그는 이 책 서문에서 여자아이에게는 의미 있는 천직이 주어졌기 때문에 여성은 무능한 인간으로 자라나지 않는다고 주장했다. "여성은 앞으로 자녀를 낳게 될 텐데, 다른 자연적 행위나 창조적 행동과 마찬가지로 출산은 자신을 정당화하는 일이다." 그럼에도 젊은 남자들이 겪는 고충은 젊은 여성에게도 굉장히 큰 관심사라고 밝혔다. 그의 말에 따르면 "남자아이들이 성인 남자로 성장할 수 없다면, 그녀들은 남편이 될 남자를 어디에서도 만날 수 없기 때문"이다. 미국 역사상 가장 눈에 띄는 양성애자인 폴 굿맨마저 '여성화된' 화이트칼라 남성에 대한 공포를 이용했다. "만약 남편이 조직화된 시스템의 쥐 경주에 참가한다면, 자녀에게 훌륭한 아버지가 되어줄 수 없을 것이다"라고 굿맨은 경고한다. 그런 다음 그는 이 문제에 대해 입을 다물었다. 이후 어린 여자아이들과 성인 여성에 관한 언급을 하지 않은 이유를 원고 최종 교정지에 억지로 끼워넣었는데, 이는 이 책을 출간할 당시 시대상에 관해 시사하는 바가 매우 크다. 나아가 그를 지지했던 남성, 그리고 여성 다수가 당시 폴 굿맨이 여성 문제를 주시하지 않고 그냥 넘어갔다는 점을 1960년대 들어 당혹스러워했다는 것도 알 수 있다.

폴 굿맨의 책이 당대의 다른 사회비평서와 차별화되는 부분은 '실패하고 타협한 혁명들'에 대한 분석을 포함하여 그의 글에 역사적 안전 장치를 제공하고 있다는 점이다. 그는 마지막 장에서 근대가 도래한 이후 실패한 혁명 목록─천직에 대한 기독교적 이상과 공화주의적 자치, 농지개혁운동에서부터 도시 기능주의, 노동자들의 생산에 대한 통제, 진보주의적 교육에 이르기까지─을 제시하고 있다. 특히 그는 진보주의적 교육의 타락을 개탄했는데, 이는 왜곡된 계몽운동의 축소판으로서 그의 모든 사회 비평에서 굉장히 중요한 부분을 차지했다. 굿맨은 존 듀이를 관리직급에 진출한 진보주의자들에게 배신당한 급진주의자로 여겼고, 존 듀이의 민주주의 이론은 기존의 사회적 역할에 젊은이들을 '끼워 맞추기' 위한 전략으로 재구성됐다고 보았다. 이 논리를 따르면 윌리엄 제임스의 도구주의instrumentalism는 테크노크라트*의 지배 이념으로 해석할 수 있다. 굿맨 자신도 본인이 추구하는 급진적인 계획들이 일관성 없고 서로 충돌하기도 하며, 각 계획에 어느 정도 결함이 있음을 인정했다. 그러나 이제 "그것들을 모두 달성해야 하는" 때가 왔다. "우리는 돌아갈 방법이 없다. 돌아갈 곳도 없으니까."

폴 굿맨은 역설이자 과제를 맞닥뜨렸다. 비록 돌아갈 곳이 없었지만, 보수주의자 굿맨은 돌아가기를 원했다. '근대의 정신'을 실현하고, 급진적인 어젠다 전체를 즉시 실현한다면 조직화된 시스템에 의해 유

---

* 과학적 지식이나 기술을 소유함으로써 사회 또는 조직의 의사결정에 중요한 영향력을 행사할 수 있는 사람.

린된 전통적인 커뮤니티를 회복할 수도 있다. 굿맨이 영웅으로 여긴 크로폿킨이나 윌리엄 모리스는 상호 유대, 수공 기술, 지방 자치와 같은 문화를 회복하기 위해 급진적 분권주의를 수단으로 삼았다. 자본주의 이전의 과거로 회귀하려는 이 영웅들의 노력은 숙련된 기능인의 공화주의적 윤리를 근대적인 표현으로 바꿔놓으려는 듀이, 소스타인 베블런, 루이스 멈퍼드보다 앞선 것이었다. 그러한 사상은 굿맨이 아마 탐탁지 않게 여겼을지도 모르는 동시대인들, 에드먼드 윌슨, 도로시 데이, 제인 제이컵스와 그들의 작품에 영향을 주었고 이반 일리치나 맥도널드 등과 같은 무정부주의자에게도 지속적으로 영향을 미쳤다. 이런 사상가 중 몇몇은 세속적이고 범세계주의적인 현대 미국의 문화를 폴 굿맨보다 좀더 강하게 몰아붙였다. 일부는 종교적 정통성을 좇거나 혹은 계획이나 전문 기술에 대한 진보주의적 신념을 맹렬하게 거부하기도 했다. 이와 같은 움직임은 18세기 이후 서구사회가 걸어온 노선에 대해 폴 굿맨이 우려를 표명했던 것보다 훨씬 더 강도가 셌다. 폴 굿맨은 무정부주의자이자 애국자였듯이 근대주의자이면서 보수주의자이기도 했다. 그에게 중요한 사안은 실패한 근대 혁명을 모두 달성하면서 어떻게 앞으로 나아갈지 하는 문제와 동시에 과거로 돌아가는 방법이었다.

4.

폴 굿맨은 정신 치료, 도시 계획, 교육 개혁 및 직업 윤리에 대해 제퍼슨주의적이고 무정부주의적 전통을 따랐으며 그의 오랜 경력은 굿맨이 이 문제를 풀기 위해 지속적으로 노력한 증거다. 1945년 「메이 팸플릿」의 '혁명적인 프로그램'에 '집단 심리치료'를 포함시켰다. 2년 뒤 그와 건축가인 그의 형 퍼시벌은 유토피아적 도시화의 선언문과도 같은 『코뮤니타스Communitas』를 공동으로 출간했다. 유토피아적 도시화란 "병든 사회에서 공동체 생활을 하는 것은 지속적인 집단 심리치료로 간주한다. 공동체 생활을 통해서 함께 살아가는 것에 대한 두려움과 긴장감이 긍정적인 요소로 작용하여 사람들을 변화시키고 새로운 에너지를 발산할 수 있기 때문"이다. 뉴욕 지식인들 가운데 몇 안되는 폴 굿맨의 지지자 중 한 사람인 해럴드 로젠버그는 폴 굿맨이 교육자이자 치료사라는 것을 잘 알고 있었다. 사실 『학자의 세계The Community of Scholars』에서 폴 굿맨이 제안한 새로운 대학 커리큘럼은 '졸업반을 위한 집단 치료 강좌'에서 그 정점을 찍었다. '졸업반을 위한 집단 치료 강좌'는 19세기 초 대학 총장들이 강의했던 윤리철학의 필수과목을 대신할 수 있는 것이었다. "나는 열 명 이하의 학생들로 구성된 그룹에 매주 두 시간짜리 치료 세션을 운영하는 것을 상상했다. 물론 그런 강의를 절대 '심리학'이라고 부를 수는 없겠지만 인문학 수업 과정에 포함시키면 좋겠다고 생각했다. 실제로 그것은 인문학에 해당된다"라고 폴 굿맨은 독자들에게 말했다.

굿맨이 '집단 치료'에 전념했다는 사실이 크게 눈에 띄지는 않지만, 어쨌든 이 책에서 그는 사회화를 공격하는 데 심리 치료에 대한 이론과 자신이 실질적으로 개입했던 사례를 교묘하게 이용하고 있다. 현재까지 폴 굿맨에 대한 최고의 연구서로 손꼽히는 테일러 스토에의 『히어 나우 넥스트Here Now Next』는 1951년 폴 굿맨이 게슈탈트 요법

해제 폴 굿맨, 무정부주의자이자 애국자

에 관해 프리츠 펄스 및 랠프 헤퍼린과 공동 저술한 서적이 이후 발생한 모든 일과 관련해서 상당히 중심적인 역할을 수행했음을 입증해준다. 폴 굿맨은 게슈탈트 치료의 이론적 체계를 수립하는 데 주도적인 역할을 했으며 윌리엄 제임스의 심리학을 연상시키는 자아의 상호작용 모델을 세부적으로 구축했다. 가장 좋은 상태에서 인간의 경험은 지속적이고 역동적으로 작용하며, 그 속에서 개인은 자신과 환경을 분리하는 경계를 탐색하고 확장한다고 주장했다. 치료사와 환자가 현재 상황에서 일어날 수 있는 가능성을 인지하는 능력을 기르고, 개인의 자율성을 확장할 수 있는 실질적인 방법들을 함께 고민하여 찾아낸다는 점에서 게슈탈트 치료 자체는 경계를 테스트하는 훈련이었다. 폴 굿맨은 "인지적 자아는 고정된 경계를 갖고 있지 않다"고 설명했다.

스토에의 말에 따르면, 폴 굿맨은 "정치적 통일체에 대한 사회적 치료사"의 입장에서 어린아이들을 기존의 사회적 역할에 '적응시키려는' 조작적인 전략들을 맹비난하고 역할놀이 문화를 한탄했다. 1950년대 미국의 비극은 "내가 살고 있는 사회는 내 것이다"라는 의식을 가진 시민들이 거의 없었다는 점이다. 굿맨은 '내가 살고 있는 사회는 내 것이다'를 공직자들에게 보내는 공개 서한집의 제목으로 삼았다. 어른들은 청소년들에게 구체적인 임무를 수행하고 그들이 원하는 세계를 만들어갈 기회를 제공할 의무가 있었다. 이는 청소년들이 현실의 역할놀이와 대조적인 '실재하면서 변화 가능한 세상'이 존재한다는 사실을 알 수 있는 방법이었다. 그는 이 주제에 관해서 『학자의 세계』에서 상세하게 설명했다. "문화의 일부가 원래부터 청소년의 것이며, 청소년들이 자유 시민으로 자라나기 위해서는 문화를 스스로 사용할 수 있다는 사실을 발견하는 것 외에 다른 방법은 없다."

물론 오로지 폴 굿맨만이 선진화된 산업사회에서 심리적 요인이 지배적인 영향을 미친다는 사실을 정확하게 진단한 것은 아니었다. 일례로 노먼 브라운과 마르쿠제는 마르크스주의와 심리분석을 한데 엮어서 상충적인 해석을 내놓았다. 신좌파, 반문화, 여성해방운동 모두 사적인 삶과 공적인 삶이 동시에 변해야 한다는 것을 역설했다. 다만 굿맨은 집단 치료를, 공동체적인 무정부주의를 자연스럽게 보완해줄 장치 정도로 생각했다는 점에서 이들과는 거리가 있었다. 그의 비평에 따르면 집단 치료는 현대판 고대 아테네의 아고라, 중세 대학, 뉴잉글랜드 타운 미팅*과 같은 위치를 차지했다. 집단 치료사가 보기에 이러한 과거의 면대면 공동체에서는 간과됐던 인간의 정서적, 본능적 욕구에 대한 통찰력이 있었다. 집단 치료는 부버의 직접적인 '나—너'의 관계**가 활성화될 수 있는 하나의 장이었으며, 실험적 자아 형성과 효과적인 행위에 전념한다는 점에서 무정부주의의 정신적—영적 유사체였다.

그러나 폴 굿맨이 추구했던 건강한 시민 생활과 개인의 심리적인 욕구를 다룬 실제 치료 과정 사이에는 긴장이 존재했다. 굿맨이 찬양했던 전근대적인 제도들이 작동되었다면, 이 제도들이 갖고 있는

---

* 뉴잉글랜드 지역에서는 주민 전체가 한자리에 모여 토론을 한 후 투표를 통하여 예산안·공무원선출·조례 제정 등 지역의 법과 정책, 행정 절차에 대한 결정을 내리곤 했다. 이 전통을 이어받아 미국 참여민주주의의 토대인 타운홀 미팅이 생겨났다.
** 부버는 『나와 너Ich und Du』에서 우리가 세계를 대하는 근원적인 태도로 '나—너' 관계와 또 '나—그것'의 관계를 꼽았다. 그에 따르면 '나—너'의 관계에서 나는 모든 인격을 기울여 너와 마주 대하고, 후자의 '나—그것' 관계에서는 상대를 대상으로 경험한다.

배제적 성격, 즉 참여자들이 공적인 논의를 하는 자리에서는 개인적이고 감정적인 사안을 한쪽으로 미뤄두는 경향 때문에 제도들이 정확하게 작동했을 것이다. 시민 생활의 영역에서 그들은 환자 혹은 치료사가 아니라 시민, 학자, 이웃이기 때문이었다. 굿맨은 심리 치료가 사람들이 자치를 할 수 있도록 기능한다고 주장했을지 모른다. 하지만 공공 생활은 대중의 복리를 위해서 '나'는 '너'의 의견에 따를 것을 요구하곤 한다. 심리 치료를 통해 그런 규율을 배울 수 있는 것은 아니다. 굿맨 개인의 삶에서도 이는 여실히 드러난다. 1950년대 후반 그의 일기를 묶은 『5년』에서 충족시킬 수 없는 궁핍으로 인해 많은 친구가 그에게서 등을 돌린 상황이 상세히 기록되어 있다. 로젠버그는 이 책의 서문을 쓰면서 그의 일기를 섹스, 인식, 공동체, 그리고 초월에 대한 '굶주림의 연대기'라고 표현했다. 굿맨은 "이 일기 가운데 과연 몇 편이 '나 자신'이 아닌 다른 사람에게도 해당될까?"라는 제목으로 출판하기 위해서 자신의 기록을 다시 정리했는데, 로젠버그는 이를 유감으로 여겼다.

집단 치료의 심리적 이점이 무엇이든 간에 굿맨의 정치적 기대의 무게를 견딜 수 없었다. 치료 집단과 달리 아고라와 타운홀 미팅은 어쨌거나 명백한 정치 제도다. 아고라나 타운홀 미팅은 당파적 논쟁과 논의를 위한 장이며, 사회적 갈등과 경쟁이라는 좀더 큰 지형에서 군대나 교회, 왕 그리고 상인, 농노가 공존하며 운영됐다. 완고한 반대파와 맞서 싸우며 '자유 행위의 영역이 사회생활의 대부분을 차지할 때까지' 영역을 확대하기 위한 무정부주의적 프로그램으로서 집단 치료는 부족할 따름이었다.

1970년에 마지막으로 출간된 사회 비평서에서 굿맨은 직업 윤리를 용감하게 옹호하고 있지만, 이 역시 마찬가지였다. 초기 신좌파들의 민주주의 약속이 '혁명'과 '무력 저항'과 같은 원색적 수사로 변질된 후 쓰인 『신종교개혁』에서는 한때 그가 자신의 '열광적인 젊은 동반자들'이라며 감싸 안았던 젊은이들에게 넌덜머리를 내며, 끝도 없는 항의와 연설에 지쳤을 뿐 아니라, 『바보 어른으로 성장하기』의 성공 이후 대중에게 노출된 삶으로 인해 기진맥진한 한 남자의 모습을 보여줬다. 그는 학생들이 이전의 성토 대회나 자유언론운동의 정신과는 판이하게 1960년대 후반 교양 교육을 멸시하는 태도를 보이자 크게 상심했다. "그런 학생들에게 지식이란 없었다. 오직 지식사회학sociology of knowledge만 있을 뿐이다"라고 결론 내렸다.

더 이상 자신에게 승산이 없음을 안 폴 굿맨은 마지막으로 과거의 공동 가치를 부활시키기 위해 근대적 프로젝트를 되살리려 했다. 그는 기존 질서를 혁명적으로 전복하는 것이 아니라 기독교적 원칙에 호소하여 로마 가톨릭을 비판하던 루터에 필적하는 방식으로 현대성에 대한 '종교개혁'을 이루고자 했다. 굿맨은 오래전부터 베블런의 신념에 동조하여 진실한 전문 직업의식은 유한계급의 소비지상주의적 충동을 막아낼 방어벽이 되어줄 거라고 믿고 있었다. 그리하여 전문 직업인들에게 세속적이고 과학적인 문화를 현 상태에서 구해줄 것을 요구했다. 굿맨이 보기에 전문 직업인들은 천직에 충실하면서 기업이나 군의 어젠다에 종속되기를 거부하고 그들의 일이 소속된 공동체에 유용하게 쓰이도록 해야만 했다. 책을 내려놓고 혁명에 가담해야 한다는 목소리 역시 무시해야 했다. 폴 굿맨은 전문 직업인들이 무정부주의 운동 당시 기능공과 소작농 단체가 수행했던 역할을 해주길 바랐던 것이다. 이 단체는 20세기의 농업협동조합과 동업자조합 역할을 수행하면서 권력에 매혹된 사회에서 기준을 높이고 상호 원조할 수 있는 토양이 되었는지도 모른다.

사실 폴 굿맨이 전문 직업인들에게 원했던 것은 과거 중산층의 윤리였다. 언젠가 그는 과거 중산층의 '자주성, 주도성, 양심적인 솔직함, 성실성, 유용성, 견실한 학식에 대한 존중'을 극찬한 바 있었다. 하지만 봉급을 받는 전문 직업인으로 이루어진 새로운 계급은 완전히 다른 집단이었다. 이 새로운 계급은 그러한 미덕을 중앙집권화된 조직의 요구에 맞추다 보면 나오는 사회적 부산물로 보았다. 대신 이들 대부분은 전문화된 지식에 대해 독점권을 요구했고, 이는 굿맨이 비난했던 기업과 정부 기관의 기술관료적 주장과 유사했다. 전문 직업인을 개혁하기 위해서는 권력, 전문 지식, 교육의 얽히고설킨 결합에 대해 좀더 엄중히 조사할 필요가 있었다.

굿맨은 직업인의 도덕성을 강조하면서 공공 지식인으로서의 경력을 고결하게 마무리 지었다. 교사는 '진심을 다해' 교육하기를 원했고, 과학자들은 사심 없이 연구하기를 바랐으며, 건축가들은 그들이 설계하는 기능주의적 디자인의 윤리적 전제를 깊이 생각해보기를 기대했다. 굿맨은 마치 구시대의 문인처럼 쉽지만 품위 있게 말하려고 노력했고 전문 직업인들도 자신처럼 하기를 기대했다. 그러나 폴 굿맨 스스로도 잘 알고 있었듯이 『신종교개혁』을 다 읽더라도 이는 쉽지 않은 일이었다. 『바보 어른으로 성장하기』의 저자 굿맨은 자신을 '실망하긴 했지만 체념하지는 않은 성난 중년 남자로 묘사했다. 그리고

10년 후 그의 실망은 더욱 깊어졌다.

굿맨의 말년엔 체념이 이어졌다. 하이킹 사고로 아들을 잃은 후 그는 완전히 무너졌다. 급진적인 학생들은 성급하게 개혁으로 치달은 그를 무시했다. 격동의 1960년대는 문학가로서의 그의 경력을 망가뜨렸다. 최고의 시를 쓰긴 했지만 소설 집필은 포기했다. 그의 건강은 점차 나빠졌고, 결국 심장마비로 사망했다. 폴 굿맨이 사망한 후 출간된 한 에세이는 그가 품었던, 인간의 삶을 '견딜 만한 것'으로 만드는 세계에 대한 '무모한 희망'을 담고 있다. "정치적으로 내가 원하는 것은 오로지 우리 아이들이 밝은 눈을 갖는 것, 강이 깨끗해지는 것, 식량과 섹스에 대한 접근이 용이해지는 것, 아무도 차별대우를 받지 않는 것뿐이다."

5.

폴 굿맨을 통해 우리는 1950년대 미국의 지식인 문화의 가장 중요한 몇 가지 단면을 알 수 있다. 이를테면 급진적 프로그램을 운영할 때 휴머니즘을 활용한 점, 문화와 개인의 삶을 정치적인 변화와 연관지었고 당시 수많은 운동에 이례적으로 도덕적·정서적 감동의 책임을 지게 한 점, 그리고 그 시대 지식인들이 시민의 양심을 대변하는 목소리로서 주도적인 역할을 했다는 점이다. 굿맨은 스스로를 일으켜 세우는 일과 사회를 재건하는 일이 긴밀히 연결되어 있다는 믿음을 심어주었다. 이러한 믿음은 듀이, 본, 멈퍼드의 생각과 일맥상통했다. 대다수 사안에 대해서는 서로 의견이 달랐던 이들 사상가가 한목소리를 낸 핵심적인 생각이 있다면 바로 로버트 웨스트브룩이 '민주적인 자아실현'이라 일컬은 것이었다. 개인의 진정한 성장은 다른 시민들과 대화를 시작하고 공개 토론이나 예술로 자신의 의사를 표현하며, 종국에는 함께 누리는 시민 문화를 창조함으로써 사적인 삶과 공적인 삶을 좀더 인간적으로—좀더 개인적으로—만들 때 이뤄진다. 루이스 멈퍼드는 한 성명서에서 1930년대의 세대들이 나아갈 방향을 아주 잘 요약하며 이렇게 말했다. "나는 인간의 개성과 공동체 모두를 원만하고 균형 있게 발전시키는 것이 가능하다고 믿는다."

굿맨 역시 그렇게 믿었다. 하지만 그는 불과 몇십 년 전 듀이와 그의 동시대인들이 설계했던 시스템을 개혁한다는 것이 결코 쉬운 일이 아님을 알고 있었다. 좌파의 몰락, 제2차 세계대전, 매카시즘, 그리고 소비자 문화의 강화 등 이 모든 것이 합쳐져서 역사적인 기억을 단절시켰고, 그 결과 20세기 중반에 이르러 듀이나 멈퍼드의 가르침은 알아들을 수 없게 되었다. 1968년에 폴 굿맨은 "젊은이들은 문제를 인지하고 있고 이는 존중받을 만하지만, 그들은 아무것도 모른다. 우리가 그들에게 아무것도 가르치지 않았기 때문이다"라고 썼다. 그는 젊은 독자들에게 자기 재건과 사회 재건이라는 진보적인 언어를 가르치려고 애썼다. 하지만 그가 내세운 논거는 이전의 사상가들이 들으면 당혹스럽고 불쾌할 법했다. 그는 역사주의에 반하여 시대를 초월한 인간의 욕구, 그리고 게슈탈트 심리학에 호소했는데, 이는 다른 사상가들이 정치적 프로그램이나 사회 프로그램에는 잘 맞지 않는다고 여기는 것들이었다. 멈퍼드의 경우 전후 상황에서 허용된 것보다 좀더 전체적인 문화와 통합된 자아를 가정했다. 그리고 폴 굿맨은 그러한 멈퍼드의 신조를 계속 지지했지만, 자신의 작품에서는 정신분석, 고정된 성 역할로 인한 불안함, 그리고 '인증된' 존재 방식을 위한 탐색이 유행하는 것을 목격한 심리적 동요를 내비쳤다. 1980년대 듀이의 실용주의가 다시 미국 지식인의 삶에서 중요한 위치를 회복할 때까지 민주적 자아실현에 대한 생각은 별다른 진전을 보지 못한 상태였다. 리처드 로티는 저서 『우연성, 아이러니, 연대성Contingency, Irony, and Solidarity』에서 공익과 개인적 욕구를 분명히 구분할 것을 주장했는데, 듀이는 그의 이런 주장을 결코 지지하지 않았을 것이다. 어찌됐든 로티의 정치학은 듀이 세대의 사람들을 자극했고, 전후 폴 굿맨이 쟁취하기 위해 투쟁했던 공동체적인 헌신이나 인민주의보다는 뉴딜 자유주의*에 더 가까웠다. 종합해보면 폴 굿맨의 자아는 듀이, 본, 멈퍼드의 전체론과 로티가 말하는 자유주의적이고 풍자적인 유토피아주의의 분열되고 임시적인 자아의 중간에 자리하고 있는 것처럼 보인다.

굿맨의 분명하고 완강한 목소리는 지식의 기반이 이동하고 있던 1960년대의 상당 기간에 그의 독자들을 붙잡아놓는 데 한몫했다. 수많은 전후 급진주의자가 강력히 표명했던 '인간'에 호소하는 방식은 굿맨의 대중적 인기가 절정에 달했던 때조차 이미 그 힘을 잃어가고 있었다. 급진주의자들이 구조주의자와 마르크스주의 이론을 수용

---

* 1940년대와 1940년대 초까지 뉴딜 자유주의가 국가 개입을 통하여 자본주의가 야기한 문제를 완화시키는 개혁적인 성격을 띄었던 것에 반해 1940년대 중반에는 국가가 자본주의의 문제를 보완하는 역할을 하도록 변모했다. 뉴딜 자유주의자들은 점차 국가와 경제의 광범위한 개혁보다는 개인과 집단의 권리에 관심의 초점을 맞추기 시작했다. 소위 '권리에 기반을 둔 자유주의'가 등장한 것으로 이러한 자유주의적 담론 안에서는 이전의 개혁 지향적 자유주의자의 노력은 흔적을 찾기 어려웠다.

했고, 학자들은 미셸 푸코의 초기 작품을 완벽하게 소화하기 시작하면서, 대중 예술이나 미니멀리스트 예술은 빠르게 좌파 문화를 집어삼키며 반인본주의의 조짐을 보였다. 1970년대에 진입하면서 처음에는 급진적인 페미니즘이, 이어 여타 사회운동들이 인간성의 평등을 주장하는 인본주의에 대해 강한 의문을 제기했다. 1972년 굿맨이 사망하기 전에도 근대주의와 보수주의를 결합한 굿맨의 독특한 시도는 와해되고 있었다. 한때 그의 노골적인 윤리주의적 발언에 열광하던 많은 이가 그에게서 등을 돌렸다.

굿맨이 대중적인 지식인으로 부상한 지는 반세기가 지났지만 새로운 독자들과 조우할 가능성이 있다. 2011년 월가 점령 시위를 주도한 운동가들은 굿맨의 무정부주의적 공동체주의와 동일한 '수평적' 정치학을 실천하고 있다. 그들뿐만이 아니다. 지난 10년간 등장한 다른 사회운동에서 우리는 폴 굿맨이라면 분명히 신중하게 탐구했을 윤리적인 시민의 의무를 찾을 수 있다. 유기농법에 대한 젊은 층의 열띤 관심, 탈공업화된 중심 도시들의 폐허에 지속 가능한 소규모 공동체들을 개척하려는 노력, 공동주택에 대한 실험, 부모들이 진행하는 자녀 홈스쿨링, 고등교육 기관의 교과과정 결정에 시민들의 참여, 복음주의자들의 잠정적 환경결정론 수용에 이르기까지 모든 것이 일상적인 좌파-우파의 범주들을 뒤죽박죽으로 만들고, 사람들이 자신만의 목적을 위해서 '실재적이고 변화 가능한 세상'을 손에 넣을 수 있다고 믿게 만든다. 최근 학계의 경향 또한 폴 굿맨적인 분위기를 띤다. 인문학과 사회과학 분야의 대학원생들이나 박사 학위 소지자들은 나지도 않을 정년 교수직 자리를 기다리는 대신 브루클린

브레이너리*Brooklyn Brainery와 같은 학교나 다른 독립적인 '학자 공동체'를 조직하고 있다. 2008년 버락 오바마 대통령 당선 초기의 도취감이 오랫동안 뇌사 상태이던 정치로 인해 무너지면서, '뉴인쿼리The New Inquiry' 혹은 '프런트 포치 리퍼블릭Front Porch Republic'과 같은 블로그를 중심으로 활동하는 젊은 작가들은 영감을 얻기 위해서 정치에 무관심한 사상가들 쪽으로 눈을 돌렸다. 이들 대부분은 미국의 사회 및 문화 비평의 견실한 전통으로 되돌아가는 길을 닦고 있다. 사회 및 문화 비평은 폴 굿맨 사망 이후 수십 년간 미국 대학에서 거의 종적을 감췄다. 그러한 전통을 되살리기 위해 굿맨의 글에 주목하면서도 그의 의견을 취사선택했다. 폴 굿맨에 동의하면서 적극적인 시민이 되기 위한 방법으로 심리 치료를 활용해야 한다는 제안을 받아들이지는 않았다. 『바보 어른으로 성장하기』는 게슈탈트 성명서여서라기보다는 좌파 혹은 우파 놀음에서 벗어난 사회 비평 작품으로서 이들의 상상력을 사로잡았을 가능성이 더 높다. 한편, 대중 토론에서 '상위' 지식 문화를 활용하거나 자기 치유법이 결합되면서 급진적인 어조로 비평하는 굿맨의 레토릭은 붕괴된 아카데미와 전통적인 저널리즘의 잔해 속에서 새롭게 떠오르는 대중문화에 어울렸다. 그러한 수사적 스타일을 사용하는 사람들은 일상적인 구어로 글을 쓰고 싶어한다. 그들의 언어 속에는 한창때의 폴 굿맨을 연상케 하는 열정과 절박함이 묻어 있다. 아마도 굿맨의 '열광적인 젊은 동반자들'은 굿맨이 생각한 것보다 한 세대 늦게 도착했는지도 모른다.

---

* 뉴욕에서 지식 나눔을 목적으로 소규모 강의를 여는 곳.

6.

"모두들 좋은 말만 한다." 폴 굿맨이 『바보 어른으로 성장하기』에서 불만을 토로했다. 이어 그는 "기껏해야 약간의 난행 및 침묵 시위나 이도 아니면 기권만 있을 뿐이다"라고 이야기한다. 그의 진단과 달리 1960년 이후 통제할 수 없는 난행은 더 늘어났고, 사회운동이 폭발했을 때, 폴 굿맨은 어디서나 원하는 유명 인사가 되어 있었다. 정부의 주요 인물들은 그가 굉장히 중요한 토론회에서 '젊은이들의 문제'에 대해 이야기하기를 원했고, 유명 잡지나 신문은 그에게 원고를 청탁했다. 그는 텔레비전에 출연했으며 대학에서 강의를 했고, 학교 이사회에서 진술하기도 했으며, 연이어 집회에 참여하기도 했다. 유명인들은 엉뚱한 초대장을 그에게 보내기도 했다. 이 중 하나는 국가안보산업협회에서 보낸 것이었다. 무기 제조업체들의 컨소시엄인 이 협회는 굿맨에게 '1970년대의 연구 개발'이라는 주제로 1967년 10월 워싱턴에서 개최될 심포지엄에 연사로 나서줄 것을 요청했다. 한 반전 시위대가 워싱턴에 집결했을 때 이 심포지엄이 개최되는 촌극이 벌어졌다. 문밖에서 그의 동료들이 피켓을 들고 시위할 때, 그는 자신을 초대해준 사람들을 미국 민주주의의 적으로 규정하고 그들에게 맹비난을 퍼부었다. "당신들은 미국의 군수업자이며, 현재 지구상에서 가장 위험한 사람들로 이루어진 단체요. 왜냐하면 파괴적인 정책을 이행하고 있을 뿐만 아니라 이 정책들을 지지하는 거대한 압력단체이기 때문이오. 또한 당신들은 인재, 자원, 노동의 오용을 확대·강화하고 있으며, 그 결과 변화는 어려워지고 있소." 굿맨은 당혹감으로 침묵하고 있는 객석을 향해 계속해서 일갈했다. "당신들이 할 수 있는 최고의 봉사는 빠르게 단계적으로 당신들의 영향력을 줄여나가면서 관련 지식을 더 나은 자격을 갖춘 사람들에게 양도하거나 혹은 후원자와 약속을 새롭게 결성하여 완전히 다른 집단으로 거듭나는 것이오. 다르게 생각하고 느끼는 방법을 배울 수 있도록 말이오. 당신들이 현재 연구 개발의 대부분을 진행하기 때문에, 우리는 당신들 없이는 안 되지만 지금의 당신들과는 함께할 수 없소." 그러자 여기저기서 박수 소리와 함께 웃음과 야유가 터져나오기 시작했다. 하지만 굿맨은 멈추지 않았다. 그 자리에 모인 네이팜과 폭탄 제조업자들은 자신들이 미국의 생활 방식을 지켜내고 있다고 주장했다. "하지만 우리가 볼 때 그 생활 방식은 불필요하고 추하며, 비미국적이오." 청중 속에서 고함 소리가 터져나왔다. 굿맨은 힘주어 이렇게 말했다. "'우리'가 누구냐면, 우리는 나와 저 밖에 있는 사람들이오. 우리는 현재 당신들의 사업을 용납할 수 없소이다. 그런 사업은 없어져야 하오."

무정부주의자, 애국자, 보수적 도덕주의자, 근대의 옹호자였던 폴 굿맨은 좋은 말만 늘어놓는 사람이 아니었다.

• 이 에세이는 『라리탄Raritan』 2012년 여름호에 게재됐다. 이 글을 쓰는 동안 내게 아낌없는 도움을 준 테일러 스토에, 사라 레오나드, 팀 바커에게 감사한다.

차
례

서문

1

일간지에 이 책에서 언급한 두 가지 주제가 동시에 기사로 실렸다. 그 중 하나는 정부, 준독점 기업, 광고주 등 조직화된 시스템에 관한 악평이고, 다른 하나는 자라나는 세대의 불만에 관한 것이다. 둘 다 뉴스거리가 될 만큼 불미스러운 일이라 수년 동안 이를 다룬 기사는 점점 늘어났고, 점점 더 빠르게 대중에 알려졌다. 그런데 신문에서 이 둘 사이의 관련성이 다뤄지지 않고 있다는 게 이상하다. 시스템의 어리석음 또는 자본의 무절제를 꼬집거나 조직에 철저히 순응할 것을 요구하는 책들이 쏟아지고 있는데도 조직화된 시스템 속에 있는 젊은이들의 문제를 다룬 책은 단 한 권도 없다니 말이다.

불만에 찬 자신의 생각을 분명하게 표현할 줄 아는 젊은이들, 예를 들어 비트족이나 앵그리 영맨*은 이 둘의 연관성을 상당히 명확하게 이해하고 있다. 그들은 공조하기를 거부하는 '시스템'을 주요 주제로 삼기 때문이다. 그들은 '좋은' 일자리는 사기나 속임수이며, 조직 내 인사 부서가 좌우하는 삶의 방식은 견딜 수 없다고 말할 것이다. 아내에게 사준 쓸모없는 냉장고 할부금을 갚기 위해서 일하는 이는 바보라고 말할 것이며, 영화, 텔레비전, 북오브더먼스 클럽**은 무시할 가치도 없고 루스*** 계열의 출판물을 보면 욕지기가 난다고 할지도 모른다. 그리고 회사 내 '전형적인' 중견 간부의 냉소적 태도와 권모술수 등에 관해 정확하게 묘사할 것이다. 그것이야말로 그들이 시스템과의 관계를 끊어야 하는 이유이자 명분이라고 생각하기 때문이다.

당연히 기성세대는 비트족과 비행 청소년을 우려하면서 학교 시스템을 비판의 대상으로 삼고 있다. 다른 나라에 추월당하지 않기 위해 인적 자원을 보존해야 한다는 내용으로 공식적인 논의를 하기도 한다. 그러나 어른들이 왜 젊은이들처럼 좀더 냉정하게 문제를 진단하지 못하는지 의아하다. 지배력이 날로 커지고 있는 미국의 사회 구조가 개인의 재능과 남자다움의 성장에 치명적인 악영향을 미친다는 것을 많은 사람이 알고 있는데도 왜 그러한 사실을 공개적으로 말하고 변화를 시작하지 않을까? 이는 중요한 질문이지만 그에 대한 답은 형편없을 것이다. 현재 모든 게 복잡하게 뒤얽혀 있고, 사람들은 기업이나 정치가 돌아가는 방식에 완전히 넋이 나가 다른 대안을 생각할

---

* 제2차 세계대전 후 영국의 젊은 세대들이 일으킨 문학운동. 전후 현실에 분노와 반감을 가지고 있던 영국의 젊은이들은 기존의 모든 허식적·보수적인 세력과 제2차 세계대전이 인류에게 준 반인류적인 파괴와 절망에 대해 반발했는데 이를 작품에 반영한 작가들을 앵그리 영맨이라고 한다.
** 1926년에 설립된 미국의 북 클럽. 회원제에 의한 도서 보급을 목적으로 하는 이익단체.
*** 『타임』, 『포춘』, 『라이프』 지 등을 소유한 출판 제국을 건설했으며, 미국 언론사상 가장 큰 영향을 미친 인물 가운데 한 사람.

수 없다. 우리는 시급한 욕구를 충족시키는 데 빠져 변화를 기획할 줄 아는 타고난 재능을 상실한 것 같다.

하지만 이 같은 대중의 무감각은 조직화된 네트워크의 부정적인 영향으로 인해 불가피하게 생겨났다. 이 시스템이 가용 가능한 수단과 자본을 선점했기 때문이다. 시스템은 최대한 많은 인재를 매수하고 반대 의견을 가진 이들의 목소리는 들리지 않게 만든다. 그런 다음 다른 대안이 없기 때문에 그것이 존재 가능한 유일한 사회라고 주장한다. 두 가지 사례를 들어 이 시스템이 어떻게 작동하는지를 보여주겠다. 라디오 방송국과 TV 방송국이 찰스 디킨스 소설 속 정 많은 주인공인 피크위크처럼 반독점 방식으로 경쟁하면서 한 지역의 모든 방송국과 방송 채널을 통제하고, 자본을 축적하며 통신위원회 위원들에게 여러 형태로 뇌물을 제공하고 있다고 가정해보자. 그리고 방송인들은 광고주 및 검열 기관의 요구 사항과 겉만 번드르르한 편향적인 입맛, 그리고 청취자의 광범위한 취향에 맞게 방송 내용을 조정한다고 생각해보자. 사실 그렇게 해도 기분이 상할 사람은 아무도 없다. 방송사 측은 자신들이 제공한 잡스러운 것들을 원한 건 바로 대중이며, 사실 그 방송 이외에 만들어진 것은 아무것도 없다고 주장할 것이다. 물론 그들의 말대로 미디어의 잘못은 아니다. 아니면 흔히 있는 일은 아니지만 이런 경우도 생각해보자. 대학에서 신탁 이사나 정치적으로 임명된 운영위원들이 자신들에게 '안전한' 사람들로만 교수를 채용하고, 이 교수들은 학생들에게 모든 학위, 수료증 및 꼭 필요한 자격을 부여한다. 그렇게 운영하는 대학만 재단이나 정부로부터 연구 기금을 받을 수 있고, 후원자들 그리고 정책에 의해 연구에 필요한 인력 역시 마찬가지다. 그들은 자신들이 선택한 사람들 외에 다른 사람이 강의실 혹은 고가의 장비를 사용하는 것을 허용하지 않는다. 그러고 나서 다른 지원자들 중에는 학문적·전문적 능력을 갖춘 사람이 없다고 주장할 것이다. 자기 색깔이 분명한 교수에 대해서는 학문의 기반이 '견실하지' 않다고 주장할지도 모른다. 또한 공적인 연구 프로젝트는 과학이 주가 되어야 한다고 주장하면서 진보주의적 교육은 실패했다고도 말할 것이다. 그리고 마지막으로 제임스 코넌트 박사의 고등학교 교육에 관한 보고서를 인용하면서 전체 청소년 가운데 어려운 과목을 배울 수 있을 만큼 '학문적으로 재능이 뛰어난' 이들은 15퍼센트에 불과하다고 주장할 것이다. 이와 같이 조직이 수단과 인재를 선점하고 체제에 순응하지 않는 사람들을 배제할 경우, 머크 앤드 컴퍼니의 사례처럼 망상에 빠질 수도 있다. 이 제약 회사의 사장은 마치 벨기에 해부학자 베살리우스나 프랑스 세균학자 루이스 파스퇴르의 탐구 정신이 머크 앤드 컴퍼니의 재정 지원 덕분에 빛을 보게 된 것인 양 의약품에 대해 의회가 기업을 대상으로 부당 이득을 조사할 때 과학적인 탐구 노력을 방해할 수 있다고 경고했다.

하지만 이런 환경에서 사람들은 '대안이 없기 때문에' 이 시스템을 참고 견딘다. 그리고 사람들은 할 일이 생각나지 않으면, 곧 생각하는 것 자체를 접는다.

현재 조직화된 시스템이 안고 있는 가장 큰 문제점은 목표를 불분명하게 만드는 간접성이다. 거주지나 교육 등과 같이 대중에게 꼭 필요한, 충족해야 할 욕구를 직접적으로 해결하려는 시도나 이를 위해 우리의 막대한 잉여 자원을 활용한다는 생각은 절대 환영받지 못한다. 왜냐하면 기업 간에 얽히고설킨 시스템에서 사람들은 일을 맡고 거기에 몰두하는 것이 아니라 직급, 역할놀이, 정년 보장 등에 의지해 살아가기 때문이다. 시스템은 유용성이나 대중의 불편 등은 개의치 않고 이윤이나 신용, 혹은 유권자의 표를 최대한 끌어올리기 위해서 돌아간다. 오늘날 자동차가 너무 많아 사람들이 불편을 겪을 지경이 되었지만 자동차 회사에서는 계속 자동차를 생산하고, 대중에게는 그 자동차를 사라고 설득한다. 한 도시개발 기업의 부사장이 말한 논리에 따르면, 도시 계획에서 필수적인 전제 조건은 기획자의 투자에 대한 "적절한 장기적 수익을 창출하는" 것이다. 그가 젊은 도시개발자들이 참석한 회의에서 한 말을 그대로 옮기자면 이렇다. "우리는 앞으로 일부 개발자가 수익을 낼 수 있다고 판단한 프로젝트만 진행할 것이다." 사람들에게 주택을 공급하는 일이나 도시의 편의 혹은 아름다움을 제고하는 일에는 관심이 없고, 오로지 그의 관심사는 훌륭한 부사장 역할을 하는 것뿐이다. 부사장직은 특권이긴 하지만 유용한 목표는 아니다. 이상주의적인 젊은이라면 그런 어른이 되고 싶지는 않을 것이다.

또 다른 예를 하나 더 들어보자. 정직하고 진보적인 몇몇 정치인이 '연방 기금을 교육에 할당하는 한편 교육과정이나 교육에는 개입하지 않을 방법'에 대해 고민하고 있다. 교사가 교육이라는 기능을 존중하고 높게 평가한다면, 당연히 아무도 개입할 수 없고 감히 그럴 용기도 내지 못할 것이다. 하버드 대학이 매카시즘을 캠퍼스 밖으로 축출한 것이 한 예다. 일을 좀더 쉽게 처리하기 위해 관리 기능을 도입했지만, 미국에서는 교사가 자신의 본분인 교육보다 관리자나 자본가를 만족시키는 일에 힘을 쏟아야 하는 역설적인 상황이 연출되고 있다. 그리고 널리 존경받는 교사가 교육을 방해할 수 있는 행정 명령에 복종하지 않았다는 이유로 해고당한다(부록 A 참조). 앞서 언급한 정치인들이 '민영 TV 방송국을 검열하지 않고 질 낮은 프로그램 제작을 막을 수 있는' 방법을 고민하는 상황을 가정해보자. 이 정치인들의 문제점은 널리 퍼뜨릴 필요가 있는 것을 방송하는 데 주안점을 두는 게 아니라 네트워크와 채널의 존재가 중요하다고 전제하고 있다는 것이다. 하지만 방송에서 중요한 것은 프로그램 자체와 프로그램을 송신할 수 있는 방송국의 능력 둘 다이다. 현재 방송국에 허가를 내주는 유일한 근거는 이 송신 기능 때문이기도 하다. 어쨌든 방송위원회가 방송국에 프로그램 제작을 맡겨놓고는 제작자들이 검열을 두려워해 질 낮은 프로그램을 만들 수밖에 없도록 하는 것만큼 어리석은 일은 없다.

이러한 상황이 이어질 때 우리는 목표, 기능, 프로그램, 주어진 임무, 욕구에는 점점 더 관심이 사라지고, 역할, 절차, 명예, 그리고 이윤에만 혈안이 된 시스템에서 살게 된다. 우리에게는 어떤 피난처나 가르침도 제공되지 않을 것이다. 그런 일에 관심을 갖는 사람들이 충분하지 않기 때문이다. 당연히 이 시스템은 무능력하고, 간접 비용이 많이 들 수밖에 없으며, 사람들이 자신들에게 주어진 임무를 열정적으로 혹은 즐겁게 완수하는 일은 드물 것이다. 왜냐하면 이러한 미덕은 진짜 목표에 몰입했을 때만 나타나는 자질이기 때문이다. 임무가 주어져도 전혀 이행되지 않기도 한다. 그리고 주어진 임무에 최선을 다하려는 사람들은 냉소주의자나 체념론자가 된다.

2

이 글을 쓰고 있는 시점은 1959년에서 1960년으로 넘어가는 겨울이
고, 뉴스에는 연방통신위원회, 타이틀 원Title One,* 제약업계에 대한
폭로가 이어지고 있다. 최근 광고업계, 정부, 그리고 기업들에 대한
충격적인 폭로는 당황스럽다기보다는 오히려 고무적이다. 폭로된 상
황은 새로울 것이 없지만 이제 대중의 의구심과 혐오감은 점점 더 증
폭되고 있다. 그리고 수사관들이 처음 의도했던 것보다 수사 범위가
훨씬 더 넓게 확대되고 있는 실정이다. 지금껏 나는 이 시스템이 위
선적으로 운영되고 있다는 사실과 그것이 불러올 불가피한 위험성을
밝히려 해왔다. 오늘날 많은 사람이 시스템을 신성 불가침적으로 여
기거나 혹은 필수 불가결하게 생각하는 경향이 바뀔 것이다. 그것은
'대민 홍보'의 붕괴를 의미한다.

  사람들이 자신에게 익숙한 것보다 훨씬 더 높은 기준에 맞춰 현
상태를 측정하게 되면, 대안이 없다는 주장은 더 이상 설득력을 지
니지 못한다. 더 나은 판단을 하고 난 뒤에는 어쩔 수 없이 기본적인
질문들을 던질 수밖에 없다. 일에서 의미와 명예를 찾는 것이 가능
한가? 어떻게 가능할까? 돈을 정말 유용하게 쓸 수 있을까? 부끄럽
지 않고, 질적으로 높은 생활 수준을 누리는 것이 가능할까? 사회로
부터 치욕적으로 외면당했던 약자가 사회 정의를 구현할 수 있을까?

---

* 저소득층 자녀 비율이 높은 공립 초중등학교에 대한 연방정부의 재정 지원 프로그램.

효과적으로 여가를 즐기는 게 가능할까? 시류를 거스른 채 독자적으로 살아온 사람들, 다소 구식인 것처럼 보이는 가치를 고수하며 삶을 이어온 사람들은 여전히 존재하며 그들의 존재에는 의의가 있다. 이를 발견한다면 조직화된 시스템의 구성원들은 시스템의 문제점을 비판하는 서적을 낼 것이다.

이러한 변화가 일어날 것이라 믿는다. 일단 미국인들이 최면 상태에서 벗어나 정치적 무관심을 떨쳐버릴 수 있다면, 우리의 상황은 다행스럽게 바뀔 것이다. 우리에게 급진적인 변화가 필요하며 이를 통해 거의 모든 사람이 번영을 누리도록 사회를 바꿀 것이기 때문이다. 그 변화들은 실천에 옮길 수 있는 것이다. 갤브레이스의 말처럼 단순히 '사회적 균형'을 회복하는 것으로 요약할 수 있다. 미국 사회는 국가의 부가 일방적으로 악용되는 걸 허용해왔는데, 현재 잉여 생산성이 굉장히 높기 때문에 젊은이의 능력을 끌어낼 만한 일자리를 찾을 수 있다. 인적 자원의 낭비를 막는 것이 가능하다. 또한 우리는 노동자들에게 생산과 관련된 발언권을 돌려줄 방법을 찾아낼 수 있다. 그래서 용기 있는 젊은이들의 자립에 도움을 줄 수 있다. 여가 시간을 보내지 못하는 문제를 해결한다면 사람들이 원하는 활동을 하면서, 열정적이고 자발적으로 투신할 수 있고, 그 결과에 자부심을 느낄 것이다. 흉물스럽게 변한 마을을 아름답게 꾸미는 것처럼 꼭 필요한 공동체 사업도 고려할 만하다. 변화의 결과 우리는 다시 문화라는 것을 만들 수 있을지도 모른다. 기술, 자본, 노동력을 보유하고 있는 우리가 왜 살기 좋은 도시를 갖지 못한단 말인가? 여전히 영양 결핍과 열악한 주거 환경을 견디며 그 어느 때보다 더 소외된 삶을 살고 있는

30퍼센트의 시민들을 사회로 되돌아오게 하는 것이 힘든 일일까? 우리는 명확하고 객관적인 욕구를 직접 해결하고, 활용 가능한 자원을 이용해서 그러한 욕구를 충족시켜야만 한다. 다른 이유를 막론하고 우리가 할 수 있고, 수행할 가치가 있다는 이유만으로 그 일들을 하는 것이다. 정치적으로 실행에 옮기고 싶은 새로운 프로그램을 구상하는 어른이 공직 후보로 나설 수 있고, 우리는 그 프로그램이 정말 이점이 있을지 또 그가 그것을 실천하기에 가장 적임자인지를 판단한 후 그를 선출하여 정부를 구성하길 원한다. 이것이 그렇게 이상한 일일까?

3

현재 교육에 대한 대개의 관심사는 표면적으로만 보면 냉전과 관련 있다. 즉, 러시아 과학자들과의 경쟁에서 뒤지지 않는 것이다. 당신의 자녀와 이야기를 해본 적이 있다면 알겠지만, 아이들은 부모 세대로부터 물려받아 살아갈 세상을 불편해하고 때론 수치스러워한다. 세상은 완전하지 못하고 충분히 진실하지도 않다. 어른이라면 편의상 체제에 순응하는 자신에 대해 냉소적이거나 체념할 수도 있지만, 자신의 아이에 관해서는 이야기가 다르다. 모든 사람은 다음 세대가 살아갈 세상에 자신에게 익숙한 기준보다 좀더 높은 기준을 적용한다. 그 기준은 돈과 계급이 아닌 인생의 가치에 대한 것이다. 성실한 활동과 성취로 행복을 얻을 수 있는 것처럼 대부분의 인생의 가치도 마찬가지다.

이 책에서 취하는 전략은 간단하다. 젊은이들이 성장하기 위해서는 좀더 가치 있는 세상이 정말로 필요할 터이므로 그들이 경험하고 있는 세상과 정말로 필요한 세상을 대조해서 이야기를 전개하려 한다. 이상과 현실이 다르다는 것, 바로 이것이 젊은이들이 겪고 있는 어려움의 원인이다. 그러한 불균형을 해소하는 것이 우리의 일이다. 우리는 할 수 있다. 우리의 유산인 막대한 생산성은 일종의 영역별 시스템이 선점하여 분배해버렸다. 하지만 얼핏 확고해 보이고 실속 없이 큰 봉건주의는 진실한 공격에 취약한 법이다. 각계각층에서 만 명가량의 사람이 일어나 자신의 생각을 이야기하고 끈질기게 요구한다면, 우리의 조국을 되찾아올 수 있을 것이다.

'인간 본성'과 조직화된 시스템

1

다른 동물들이 무리 속에서 성장하며 습성이 형성되듯이, 한 인간이 태어나 성장하면서 '인간 본성'도 문화에 동화되고, 문화가 본성을 완성한다. 하지만 오늘날 사회학자나 인류학자들은 이 과정에 관해 말을 아끼며, 이런 방식으로 이야기하지도 않는다. 가장 유능한 작가들조차 '인간 본성'에 대해서 그다지 언급하지 않는다. 본성에 대한 소극적 태도는 과학적인 면에서 일리가 있다. 왜냐하면 우리가 관찰하는 모든 것, 그것들을 관찰하는 방법이 이미 하나의 문화이자 문화 양식이기 때문이다. 이미 문화에 종속되어 있기에 인간 본성을 관찰할 수 없는데 그것을 언급하는 것이 무슨 의미가 있단 말인가? 원시 부족민 혹은 어린아이들이 인간 본성에 좀더 가깝다는 순진한 생각은 시대에 뒤떨어진 것이라고 평가받으며 도외시된다. 그리고 오늘날 인류학자들은 인간은 무엇인가라는 전형적인 인류학적 질문을 하지 않는다. 대신 그들은 자연 인류학에 관한 주제로 시작해 이후 주제를 완전히 잊어버리고 계속해서 문화에 대해서만 이야기한다.

이런 관점에서 어른이 되는 것은 때로 문화에 적응하는 것과 동일하게 취급된다. 인디언 부족이 백인 문화를 받아들이는 것처럼 한 문화를 포기하고 다른 문화를 선택하는 과정과 어른이 되는 것을 동일시한다. 그래서 자연 상태의 아기는 자신의 '개인주의적인' 관습과 사상, 예를 들어 이기심이나 마술적 상상력 또는 무한한 힘을 포기하고, 사회라는 부족에 합류한다. '사회화'된 것이다. 즉, 인간은 백지상태에서 시작해 마침내 '사회화'되고 교화된다. '교화된다' 또는 '사회 집단에 적응한다'는 말은 모두 동의어로 간주된다. 만약 '사회화' 혹은 '소통'이 가능하도록 제대로 가르치면 무엇이든 적응하게 만들 수 있다. '인간 본성'의 본질은 변화 가능성이 상당히 무궁무진하다는 것이다. 라이트 밀스가 말한 대로 인간은 특정한 시대에 기반을 둔 특정 사회에 맞춰진 존재다.

철학자들이나 할 법한 이런 운명론적인 사고는 지난 수십 년 사이에 정설이 된 듯하다. 예를 들어 기계 생산으로 고도로 조직화된 시스템과 그에 상응하는 대인관계로 이뤄진 생산 시스템에 '직업 지도'라는 방식으로 사람을 끼워넣는 것이 관례가 되었다. 그리고 시스템에서 생산한 상품을 모두 소진할 필요가 있을 때마다 '광고'로 사람들에게 그것들을 소비하도록 부추기는 식이다. 이런 작동 방식은 효과가 있다. 어떤 일자리에서도 적응할 수 있는 사람이 있는가 하면 사실 일자리 수는 그다지 많지 않고, 그럼에도 상점에 놓인 물건들은 거의 항상 잘 팔려나간다. 또한 독일, 러시아, 중국 등 고도로 조직화된 정치 및 산업 시스템에서는 대중을 원하는 대로 조련하기도 한다. 사회과학자들은 시스템을 현실이라고 판단하고, 현실을 공고히 하기 위한 이론과 기술을 고안한다. 사회과학자들 역시 고도로 조직화된 시스템의 일부이다.

2

하지만 실질적으로 인간과 직접 접촉하는 전문가들의 의견은 전혀 다르다. 이 전문가들은 통계적 수치가 아닌 작은 집단에 속한 사람들과 접촉하는 이들, 즉 부모나 교사, 의사나 심리치료사, 경찰이나 교도관, 상점 매니저나 고충처리 위원으로 조직적 목표보다는 사람들에게 관심을 기울인다. 이 전문가들은 '인간 본성'이 존재한다는 생각을 절대 버리지 않을 것이다. 사실 사람에게 뭔가를 가르치거나 어떤 방향으로 바꾸기는 힘들다. 그런데도 이를 계속 고집한다면 곧 어려움에 봉착하게 될 것이다. 반대로, 우리가 아무것도 제공하지 않으면 인간은 그 공백을 엉뚱한 대체물로 메울 것이다.

이는 뭔가 잘못되어가고 있을 때 자명해진다. 예를 들어, 아직 눈 근육이 발달되지 않은 어린아이는 읽는 법을 배울 수 없다. 하지만 우리가 계속해서 가르치려 들면, 이 아이는 움츠러들거나 요령을 부릴 것이다. 이는 물리적인 예시라 좀더 명백하다. 더 중요한 사례로 아이의 조기 배변 훈련과 같은 문화적 관습 그리고 이에 상응하는 일체의 문화적 양식을 익히는 과정을 들어보자. 구체적인 행동이나 그의 행동 전반total behavior에서 에너지, 품위, 식별력, 지력, 감정이 감소하기도 한다. 지나치게 순응적으로 변할 수 있고 진취성이 부족하거나 쓸데없이 신중해지거나 예민해질 우려가 있다. 변비와 같은 '심신 질환'으로 이어질 수도 있다. 훨씬 어린 나이에 겪을 수 있는 예를 하나 더 들어보면, 태어나서 처음 6개월 동안 특정한 양육자의 보살핌을 받지 않고 시설에서 양육되는 유아의 경우 비정상적으로 성장하지는 않지만, 첫돌이 될 때까지 혹은 첫돌 후 얼마 동안 개인적인 보살핌을 받지 못한다면, 나중에 이 아기는 정서적인 면에서 여러모로 냉정하고 무심해질 것이다. 이는 일부 기능이 발달하지 않았거나, 크게 좌절했거나 고통스러워서 이를 애초에 차단했기 때문이다. 이와 같은 예에서 볼 때 힘이나 품위 그리고 감정이 약화되는 현상은 후천적 문화 습성이 자유로운 외향적 에너지를 촉발시키지 않고, 정상적인 것에 어긋나도록 하며, 어린이들의 요구와 성향에 맞지 않는다는 증거로 보인다. 그러므로 이러한 문화 습성은 잘못 적응된 것이며 동화되지 않은 것이다.

이러한 관점에 기초해서 교육이 '인간 본성에 반하는' 것이며, 이를 고집한다면 위험을 무릅쓰는 것과 같다는 주장을 펴기 위해서 인간 본성이 무엇인지 일일이 이야기할 필요는 없다. 실제로 성장과 그 성장을 가로막는 장애물들에 대해 다루는 교사나 심리학자들은 '인간 본성'이라는 용어를 한 번도 입에 담지 않을지도 모른다. 사실 그들에게는 선험적인 생각이 너무 많지 않은 편이 더 낫다. 하지만 이들은 아이에게 발달 단계마다 아직 교화되지는 않았지만 백지상태는 아닌

서론 '인간 본성'과 조직화된 시스템

발달 잠재력이 존재하며, 그리고 그것이 문화를 받아들이는 것을 가능케 한다는 가정에 집요하게 매달린다. 우리는 그 잠재력을 끌어내야 하고, 기회를 제공해야 하며, 불가항력적인 이유만 아니라면 이 과정을 방해해서는 안 된다. 다소 불분명하지만, 이 발달 잠재력을 적합한 환경에서 이끌어냈을 때, 에너지, 품위, 식별력, 지력, 감정을 가진 행동을 할 수 있다. 교육은 하나의 예술과 같기에 이러한 모호함은 교육에 적합하다. 훌륭한 교사라면 신중하게 일을 진행하면서 아이의 반응을 기다릴 것이다.

3

현대에 들어서 '인간 본성' 개념은 정치적으로 다채로운 역사적 변화를 겪었다. 이 역사를 추적해보면 현재 '인간 본성'이라는 개념을 두고 어떻게 의견 차이가 나는지 알 수 있다.

18세기, 이성주의와 초기 낭만주의 운동은 '인간 본성'을 강조했다. 이때 인간 본성이란 인간의 천부적인 동정심, 소통 능력, 그리고 양도할 수 없는 존엄을 의미한다. 대표적인 사상가 임마누엘 칸트는 이러한 자질들을 영원히 결합시킬 철학을 생각해냈다. 이러한 인간 본성은 왕족과 계급, 빈곤과 굴욕에 맞서는 혁명적인 투쟁에 많이 동원되었다. 그리고 진보적인 교육을 고안해내기 시작했다. 인간 본성은 자유, 평등, 박애의 정신과 모든 인간이 철학자이자 시인이 될 것을 분명하게 요구했다.

프랑스 대혁명의 계승자인 카를 마르크스는 인간 본성 개념을 매우 중시했다. 동정심이 연대의 개념으로 바뀌었지만 말이다. 존엄과 지성은 어쩌면 요원한 문제였을 것이다. 하지만 마르크스는 중요한 본질적 요소를 새롭게 발견했다. 인간은 본래 생산자이기에 이 본성을 발휘하지 않으면 불행해진다는 주장을 펼쳤던 것이다. 마르크스의 주장 역시 인간에게 자신의 도구를 되돌려줄 혁명적인 프로그램을 필요로 했다.

하지만 19세기에 들어서 '인간 본성'은 보수 정치, 심지어는 반동주의 정치와 결합하게 되었다. 후기 낭만주의자들은 역사에 관심을 두었고, 그 결과 인간의 천부적인 면은 바뀌지 않는다는 것을 깨달았다. 다윈의 이론은 몇십 년이 지난 뒤 편협하게 해석되어 자본주의 기업을 지지하는 데 이용되었다. 그리고 제국주의와 지배 계층은 인종과 신체에 대한 이론을 이용해서 이익을 증대했다. 그래서 자연이 강조됐고, 인간은 의심스런 존재가 되었다. 사회과학자들이 '인간 본성'에 대해 확신을 잃기 시작한 때가 바로 이 19세기 후반부터였다. 왜냐하면 정치적으로 그들은 적자생존이라는 '자연'의 이치가 암시하는 변화와는 다르게 근본적인 사회 변화를 추구했기 때문이고, 과학적으로는 명백하게 문화적이라 말할 수 있는 많은 인류학적 사실을 인간 본성으로 받아들였기 때문이다. 대부분의 사회과학자는 개혁을 달성하기 위해서 무엇보다 정치 조직을 강조하기 시작했다. 그럼에도 크로폿킨과 같이 과학 교육을 받은 무정부주의자들은 '인간 본성'을 서로 도우려 하며 기사도 정신이 있고, 숙련된 기능공이 되려는 성격으로 생각했기에 본성은 여전히 혁명의 편에 서 있다고 주장했다.

1920년대와 1930년대 이후 사회과학자들은 인간 본성에 대해 확신할 수 없는 또 다른 이유를 발견했다. 그들의 눈에 '인간 본성'은 '사회적이지 않은' 것으로 비쳤고, 사회보다 앞선 어떤 것, 고립된 개인에 속하는 어떤 것과 관련 있는 것처럼 보였다. 사회과학자는 본성 개념에 프로이트의 영향을 받은 개인심리학Individual Psychology이 지나치게 강조되고 있으며, 정치 개혁을 위해 사람들을 조직화하는 것을 방해한다고 여긴다. 결국 이러한 관점에서 성장은 불특정 부류의 동물을 사회화하는 과정으로 해석되며, '사회화'는 그러한 동물에게 문화를 가르치는 행위와 동의어로 사용된다.

4

논의할 문제에 점차 다가가고 있기에 우리는 이제 좀더 신중하게 나아갈 필요가 있다. 어떤 사회든 상관없이 '사회화한다는 것'이 어른이 되어간다는 것, 그리고 인간 문화에 동화된다는 것과 같은 의미일까? 그렇다면 우리가 사회화될 사회는 그 자체로 훌륭한 완성품이어야만 한다.

사회라는 말에는 세 가지 개념이 존재한다. 이 개념은 때로 동일해 보이지만 뚜렷이 구별된다. 첫째, 사회적 동물이자 인간관계로서의 사회, 둘째, 사회에 의해 전달되는 인간 문화, 셋째, 미국 사회처럼 고유한 문화적 양식과 제도들에 의해 형성되며, 구성원들이 그 사회에 사회화되고 적응하는 특정 사회를 가리킨다.

일상적이고 정적인 환경에서, 특히 한 사회의 지배적인 시스템이 잘 조직화되어 굉장히 융성할 때 이 사회에서의 사회화는 가치 있는 문화를 제공하는 것처럼 보인다. 하지만 근본적인 사회 변화에 대해서 생각해보면 우리는 사람들이 매우 제한적인 유형의 인간사회에 적응하는, 다른 의미의 '사회화된' 양상을 떠올릴 수 있다. 그리고 '인간 문화'라는 개념은 관습적인 기준보다 우월한 것으로서 오래되거나 이국적인, 심지어 원시적인 모델로까지 확대된다. 예를 들어 사회에 대해 불만이 많은 미국의 어느 집단에서는 일본인 혹은 사모아인이나 트로브리안드 군도 사람들을 대단히 높이 평가하는 것과 같다. 그렇게 되면 변화의 필요성을 증명하는 데 곧바로 '인간 본성'을 다시 사용한다. '인간 본성'이 지배적인 시스템에 의해서 방해받고 모욕당해왔기 때문이다. 지배적인 시스템이 인간을 충족시켜주지 못한 상황에서, 더 이상 인간을 그 시스템에 어울리는 것으로 정의할 수 없다.

많은 사회학자가 논리적으로 오류를 범하고 있다고 생각한다. 문화는 후천적인 것이므로 사회가 유일한 문화의 매개체인 것은 분명하다. 하지만 사회화와 교화가 동의어라고 할 수는 없다. 인류를 관찰해보면 어느 사회에서나 문화가 굉장히 두드러지게 나타난다는 점에서 사회적 특징들은 타고난 '인간 본성'을 형성하는 데 절대적으로 중요하며, 따라서 실제로 '고립된 개체'로서의 개인은 문화의 산물이라고 말할 수 있다.

물론 이는 프로이트가 견지하던 관점이다. 개인 심리학과는 거리가 멀었던 프로이트는 신생아의 사회적 특성을 자신이 속해 있는 사회의 미리 형성된 특징으로 해석해서 이를 과장하는 경향이 있었다. 유아기 때부터 나타나는 모방 행위, 대등해지려고 애쓰는 것, 사랑, 소통을 위한 노력, 경쟁, 배타성과 질투, 처벌, 무의식적으로 받아들인 권위, 동일시, 존경하는 인물 닮기, 체제 순응의 안전성 깨닫기 등과 같은 특징은 '인간 본성'을 구성하는 상충하는 근본적인 기능이며, 이러한 기능들은 자라면서 문화로 변한다. 그리고 프로이트는 놀라운 독창성을 발휘하여 이 특징들의 상충성 때문에 인간이 문화를 흡수하는 것이 가능해진다는 논리를 펼쳤다. 또한 사회적 동물만이 교화될 수 있고, 교육의 각 단계는 어려운 사회적 갈등을 해결하는 과정이다. 예상했던 대로 인간 본성에 관한 이 같은 격양된 이론에서 다채로운 정치적 함의들이 도출됐다. 공동체 및 성 개혁을 위해 어떤 이들은 페렌치나 라이히처럼 근본적인 사회 변화를 원했다. 또 다른 이들은 종교를 구하기 위해 칼 융이나 쥘 라포르그와 같은 극단적 전통주의자가 되었다. 사회과학자들이 주장했던 것처럼 전통적인 정신분석을 하는 이들은 정적주의자 quietist였다. 사회과학자들은 놀랍게도 생각을 바꾸어 현대 심리학을 활용하기 시작했고, 그들은 현대 심리학에서 사회라는 조직화된 시스템에 조화롭게 귀속될 수 있는 방법을 찾아냈다!

흥미로운 일이 하나 벌어졌다. 과거 150년가량 사회과학자들이 근본적인 사회 변화에 관심을 가졌던 것과 달리 오늘날의 사회과학자들은 대부분 그렇지 않다. 그들은 현재 제도적 발전의 정점에 도달했기에 사회과학자와 응용인류학자에게 남은 건 문제거리를 잘 처리하는 일이라고 여기는 듯하다. 사회과학자들은 논란의 소지가 다분한 프로이트의 인간 본성 이론의 핵심에는 관심이 없다. 라이히의 이론과 같은 좀더 낙관적인 이론에도 전혀 관심이 없다. 그들은 서두에서 언급한 바 있는 이론, 적절한 방법을 사용한다면 사람들을 어디에나 적응시킬 수 있다는 이론을 우연찮게 떠올렸다. 현시대 사회과학자들은 고도로 조직화되어 대체로 원활하게 굴러가고 있는 사회에 너무나 익숙해진 나머지 '사회적 동물'이 '조화로운 귀속'과 동일한 의미라고 생각하기 시작했다. 그들은 싸움을 걸고 반대 의견을 제기하는 것이 본연의 사회적 기능이 아니며, 반항하기와 근본적인 변화 주도하기 역시 사회적 기능이 아니라는 생각을 고집한다. 오히려 그들은 무언가가 원활하게 돌아가지 않을 때, 사회화가 잘못되었다고 말한다. 그리고 소통에 실패했다고 생각한다. 본래 인간의 한 부분이었던 동물적인 면은 거의 언급하지 않는다. 만약 골치 아프게도 그런 면이 드러난다면 그 역시 적절하게 사회화되지 않은 탓으로 돌린다.

5

지배적인 사회에 불만을 품은 청소년과 청년 집단은 분명히 존재한다. 이 청소년과 청년은 한마디로 **비행 청소년**이다. 이 집단은 그 수가 적지 않으며 점점 더 늘어날 것이다. 그들이 고통을 겪고 있다는 사실만큼은 분명하다. 그들은 부와 문명의 혜택을 충분히 누리지 못하고 있고, 성장하면서 능력을 충분히 발휘하지도 못한다. 또한 대부분 문화를 흡수하지도 못한다. 예상대로 거의 모든 당국자나 대중연설가들은 하나같이 그 이유를 사회화에 실패했기 때문이라고 설명한다. 비행 청소년의 성장 환경이 사회화를 방해하고 있으며, 소속감을 심어주려는 노력이 부족해 이를 반드시 개선해야 한다고 믿는다. 그 방식으로 더 나은 유인책이나 체벌이 마련돼야 한다고 말한다.

하지만 어쩌면 소통이 실패한 건 아닐지도 모른다. 사회적 메시지가 이 청년들에게 확실히 전달되었지만, 그들이 그것을 받아들일 수 없었던 것은 아닐까?

그래서 정반대로 접근해 이렇게 질문해보려 한다. "사회화를 한다고? 어디에, 어떤 지배적인 사회에, 어떤 문화에 사회화를 한다는 거지?" 그리고 이 질문에 답을 얻는다면, 즉시 다른 질문이 이어져야 한다. "청년들이 이 조화로운 조직에 제대로 사회화되지 못한 것이 맞나? 그렇다면 혹시 이 조직이 인간 본성을 거스르거나 아니면 인간 본성에 어울리지 않는 것은 아닌가? 그래서 어른으로 성장하는 데 어려움이 있는 것은 아닐까?" 만약 그렇다면, 청년들이 느끼는 불만은 굉장히 심각한 문제이며, 궁극적으로 더 나은 사회화 방법들을 고안해낸다고 해결될 수 있는 문제가 아니다. 대신 이들의 성장을 위해 인간 본성의 욕구와 능력을 충족시켜줄 만큼 사회와 문화가 변해야만 한다.

그러다 보면 성장에 대한 또 다른 명제, 그리고 이 책의 주제가 다시금 떠오른다. 현재 굴러가고 있는 다른 모든 기능과 마찬가지로 성장을 하기 위해서는 어린이, 청소년, 청년이 스스로 자신의 환경을 만들고 더 나은 선택을 할 수 있을 때까지 이들의 필요와 능력에 부합할 만한 적절한 환경적 목표가 필요하다. 이는 빈곤의 영향이나 불량한 태도에 대한 '심리학적' 문제가 아니다. 가치 있는 경험을 할 수 있는 실질적인 기회에 대한 객관적인 질문이다. 성장이 정상적인지 왜곡된 것인지는 그리 중요하지 않다. 실질적인 목표만이 경험을 완성할 수 있다. 어른이 정신과 치료를 받을 때도 직업이나 성생활에 실질적인 변화가 일어나면 무수한 고질적인 증상들이 사라지고, 더 이상 치료가 필요 없다는 것을 확인할 수 있다. 바로 이 부분에서 소속감이나 사회화 이론이 처참하게 무너진다. 왜냐하면 현대사회는 풍요롭고 만족스러우며 질서 정연한 성장 환경이 마련되어 있을뿐더러 소속감을 가질 수 있음에도 불구하고, 성장을 가능하게 해줄 가장 기본적이고 객관적인 기회와 가치 있는 목표들이 턱없이 부족하기 때문이다. 내가 강조하고 싶은 것도 바로 이 지점이다. 사회는 풍요롭지만 성인 남자가 할 일이 충분하지 않고, 실질적인 기회도 부족하다. 진솔한 공적인 발언도 없으며 사람들을 진지하게 대우하지도 않는다. 심지어 사람들의 재능을 꺾으며 어리석음을 조장하고, 애국심과 순수 예술을 타락시킨다. 이 풍요로운 사회는 과학 발전을 방해하고 본능적인 열정을 둔화시킨다. 의로움과 천직에 대한 종교적 신념은 가로막혀 있으며 천지 창조에 관한 의식은 약화되었다. 명예도 없고 공동체도 없다.

앞서 나열한 목록을 들여다보면, 그다지 놀랄 만한 건 없다. 사실

서론 '인간 본성'과 조직화된 시스템

이 책에서 이야기하고자 하는 것 중 이해하기 어렵고 새로운 것은 하나도 없다. 이미 누구나 알고 있는 것이다. 그렇지만 아직도 뉴욕 주지사는 이렇게 말한다. "우리는 반드시 이 청년들에게 소속감을 주어야만 합니다."

능력에 적합한 목표를 추구하는 과정에서 방해받거나 혹은 고사당하고 있는 소년과 청년들은 당연히 혼자 힘으로 일탈거리를 찾거나 고안해낸다. 인간 본성이 가진 뛰어난 창조 능력이다. 그러나 그들의 선택과 발명은 결코 매력적이지 않으며, 대개는 바보 같고, 종종 대실패로 끝난다. 평범한 아이들이 천재적으로 일탈하리라 기대할 순 없다. 반대로 지배적인 사회에 순응하는 청년들은 대부분 무신경해지고, 낙담하거나 냉소적이 되고 결국 쓸모가 없어진다.

여기서 나는 '젊은이'라는 포괄적인 말 대신 '청년과 소년'으로 나눠서 지칭하고 있는데, 그 이유는 이 책에서 논의하고자 하는 우리 사회의 문제들이 특히 소년과 직접적으로 관련되기 때문이다. 이 사회의 관심사는 곧 어떻게 쓸모 있는 인간이 되고 성공할 것인지에 쏠려 있다. 소녀들은 '성공'할 필요도 없고 성공하리라는 기대도 받지 않는다. 그녀는 직업을 통해서 자기를 정당화할 필요가 없기 때문이다. 여성은 앞으로 자녀를 낳게 되므로 이를 통해 자신을 정당화할 수 있다. 그렇기 때문에 평범한 젊은 여성들이 결혼하기 전까지 무슨 일을 하느냐는 상대적으로 덜 중요하다. 여성이 번듯한 직업을 찾는 일은 '더 나은' 결혼과 연관될 때 최소한의 의미를 부여받을 뿐이다. 그래서 상대적으로 '청소년 문제'는 '소년들'이 직면한 문제와 더 밀접하다. 십대 소녀들의 비행은 고집불통 성격이나 성과 관련하여 혼전 임신 정도에 머무른다. 하지만 모든 여성이 알고 있듯이 소년의 문제는 젊은 여성들에게도 큰 관심사다. 소년이 제대로 된 성인 남자로 성장할 수 없다면, 그녀들은 남편이 될 남자를 어디에서도 만날 수 없기 때문이다. 만약 미래의 남편이 조직화된 시스템의 쥐 경주에 참가하고 있다면, 자녀들에게 훌륭한 아버지가 되어줄 남자는 많지 않다.

6

이 글은 '청소년 문제'에 관한 것이다. 하지만 독자들은 이내 본인의 기대와 달리 내가 기업이나 광고계에 취업할 중산층 청소년과 소년원으로 갈 수밖에 없는 운명인 소외 계층의 불량 청소년 그 둘의 가치를 확연하게 구분하지 않는다는 점을 눈치챌 것이다. 근면하게 일하는 아버지들과 수염을 기르고 한가로운 비트 세대도 마찬가지다. 이들을 구분하지 않는 가장 중요한 이유는 그들이 모두 인간성을 낭비하는 같은 처지에 놓여 있어서다. 지식과 목표가 있고, 정직하게 노력하며 가치 있는 업적을 성취할 만한 잠재력을 가진 똑똑하고 생기발랄한 아이들이 사회 속에서 자라면서 쓸모없고 냉소적인 두 발 달린 동물로 변한다. 아니면 조직화된 시스템 안팎 어디든 갇혀버리거나 일찌감치 체념하여 나름대로 괜찮은 청년들로 변한다. 내 목표는 오늘날 평범한 소년이 어엿한 남자로 성장하는 것이 얼마나 어려운지 보여주는 것이다. 현재의 조직화된 시스템, 즉 이 사회가 어엿한 어른

　　　　　　　서론 '인간 본성'과 조직화된 시스템

을 원하지 않기 때문에 그렇게 성장하기는 어렵다. 다 큰 제대로 된 어른은 위험한 존재들이고 그런 시스템에 적합하지 않기 때문이다.

'인간 자원의 낭비'에 대해 미국 공직자들이 큰 우려를 표명하며 하버드대학 전 총장 코넌트 박사는 고등학생을 대상으로 설문 조사를 실시하기도 했다. 그런데 공직자들은 이 문제에 있어 그다지 진지하지 않고, 코넌트 박사의 보고서는 피상적인 수준에 머문다. 아이들이 진취성이 결여되어 있고 어리석은 행동을 하는 등 올바른 자극을 받지 못하는 요인들이 뻔히 보임에도 불구하고 그들은 그 원인을 알아내려고 하거나 고치려 하지 않는다. 이렇게 어른들이 외면하는 이러한 태도가 중요한 원인들 중 하나다. 양다리를 걸친 순 없다. 체제 순응적이고 비열한 시스템을 유지하든지 유능하고 활기 넘치는 어른들을 보유하든지 둘 중 하나를 선택해야만 한다.

7

좀더 나은 세상의 윤곽을 보여주려고 이 글을 쓴 건 아니다. 우리에게 필요한 것이 무엇인지를 아는 데 심오한 학문이나 놀라운 상상력이 필요하지도 않다. 이 책 끝부분에서 좀더 나은 사회가 반드시 갖춰야 할 대략적인 요점 몇 가지를 목록에 담아 제시하려 한다. 보편적이고 상식적인 이 제안을 따르는 것조차 비현실적이라고 여기는 분위기가 지배적이지만 이는 바람직하지 않다. 그렇게 하는 것이 비현실적으로 보인다면, 이는 몇몇 사람이 원하지 않기 때문이고, 나머지 우리도 그렇게까지 하고 싶은 건 아니기 때문이다.

자유주의 정치가들은 과거의 급진적이고 자유주의적인 공약들이 현재 분명히 달성되었으며, 심각한 해악을 개선할 수 있는 중요한 제안은 이제 없다고 끈질기게 가정한다. 그렇지만 이 가정은 잘못되었다. 추후 근본적이고 진보주의적인 요구 사항 20여 가지를 제시해 이를 반박하고자 한다. 이 요구 사항은 오늘날에도 여전히 유효한 과제이지만 아직 달성되지 못했고, 누구든 밀어붙이기를 원한다면 유익한 사안들이다. 19세기와 20세기를 통틀어서 급진적이고 자유주의적인 공약은 지속적으로 절충되거나 축소되고, 때로는 알맹이 없이 껍데기만 실현되거나, 또 때로는 덮어두고 더 이상 없던 일이 되어버리곤 했다. 정부, 준독점 기업, 노동조합, 광고계 등으로 이루어진 연합 전선을 형성하기 위해 애쓰는 '진보주의자'와 '보수주의자'가 상호 타협했기에 이런 일이 일어났고, 계속해서 일어나고 있다. 덕분에 최대 수익과 완전 고용을 향해 가고 있지만 유용성, 합리적 생산성, 개인의 자유, 독립적인 진취성, 인간의 척도, 남자다운 천직, 혹은 진짜 문화는 관심 밖으로 밀려났다. 정치적으로 도움이 되진 않지만 이러한 타협을 통해서 정치인들은 생존하고 있다. 굉장히 온화한 비평가인 역사학자 헨리 스틸 코머저조차 『뉴욕 타임스』에서 지난 50년간 미국에서 덕망 있는 정치가는 단 세 명뿐이며, 그마저도 마지막 사람이 사망한 지 15년이 지났다고 비판했다. 코머저가 주장한 숫자나 사례에 동의할 순 없더라도 우리가 정치적으로 불확실한 상태에서 살아온 것만은 자명한 사실이다.

당연히 이러한 비정상적인 시스템은 공동체를 더 이상 살 수 없게 만들고 공공 윤리를 붕괴시키며 청소년 문제를 필두로 시스템 특유의 문제점을 만들어냈다. 나는 이 글을 통해서 이러한 병폐가 현대의 기술적인 배경이나 생태학적인 환경, 또는 미국 헌법에 내재된 것이 절대 아님을 보여주기 위해 노력할 것이다. 분명 이 문제들은 과거의 기술 발전, 인구 증가, 도덕 개혁에 발맞추기 위한 목적으로 제안된 급진 자유주의적 계획이나 변화의 노력을 배신했거나 소홀히 했기 때문에 발생했다. 때가 무르익었을 때 주요한 개혁이 일어나지 않았고, 그 결과 우리는 미완성된 환경에서 혼란한 상태, 불평등한 발전, 일관성 없는 기준, 그리고 새로운 임무 등을 유산으로 물려받았다. 우리는 냉정하게 돌이켜보며 과거에 포기했던 가치, 예를 들어 인종 간 통합 문제와 같은 목표를 완수해야 문제를 해결할 수 있다. 그리고 엄격한 대도시 종합 계획, 자원 보존, 실질적인 독점권 제한 등을 주장해야 한다. 동시에 시대에 뒤처지지 않도록 변화를 모색해야 한다. 이를테면 법률은 성sex 혁명에 부합해야 하고, 공공재에 대한 지출은 인구 과밀화에 따라 급속하게 증가하는 복잡한 문제에 상응해야 한다. 마지막으로, 노동자를 위한 산업 기술을 만드는 방법, 여가 시간을 품위 있게 사용할 수 있는 방법, 아니면 선택에 의한 품위 있는 빈곤층이 되는 방법도 마련하는 등 완전히 새로운 장치를 고안해야 한다.

　이런 거창한 주제가 이 책에서 직접적으로 나오진 않지만, 앞으로 이야기하고자 하는 바의 저변에 깔려 있다. 이 사회가 이치에 맞지 않고 아이들을 지원하지 않는 한, 평범한 어린아이가 저마다의 뛰어난 재능을 활용하며 어른으로 성장하기란 불가능하다. 그리고 아이의 능력이 사회의 가장 중요한 재산이라는 점을 깨달아야만 사회는 이치에 맞게 돌아갈 것이다.

1

일거리가 충분하지 않은 시대에 어른이 되는 것은 힘든 일이다. 매우 이례적인 경우도 있지만 우리는 '거의 완전 고용'의 시대를 살아가고 있다. 그러나 꼭 필요하고 유용한 일, 혼신의 힘을 쏟아부어 최고의 기량을 발휘할 수 있는 일, 개인의 명예나 품위를 지키며 할 수 있는 일거리는 점차 줄고 있다. 오늘날 보편적으로 청소년이나 청년이 직면하고 있는 문제의 원인을 진단할 때, 일자리라는 단순하고 객관적인 요인을 드는 경우는 흔치 않다.

'일자리'라는 말이 의미하는 바는 매우 간단하다. 어른보다는 순진한 소년들에게 더 명확하게 와닿을 것이다. 사는 데 필요한 식량과 주거 공간을 마련하는 것이 바로 남자의 일이다. 경제사 전반에 걸쳐 대다수 남자들은 그런 고된 일을 해오면서 그것이 당연하며, 남자로서 해야 할 가치가 있는 일이라고 믿었다. 물론 '이렇게 힘들게 사느니

차라리 죽는 편이 낫지'라고 느낄 때도 있었겠지만, 그들은 묵묵히 그 일을 해왔다. 스위스의 알프스 산맥이나 애런 제도처럼 극한의 환경에서 고된 업무를 수행하는 이들을 가슴 벅찬 경외심으로 바라보게 된다. 프랑스 혁명의 와중에도 파리 제빵사들은 빵 굽는 일을 중단하지 않았고, 런던 공습 때조차 우유 배달부들이 하루도 우유 배달을 거르지 않았던 것처럼 위기 상황에서는 이런 일이 영웅적인 행동이 된다.

하지만 오늘날에는 생존을 위해 일을 하는 경우가 거의 없다. 『코뮤니타스: 생계 수단과 생활 방식Communitas: Means of Livelihood and Ways of Life』*에서 나는 미국 경제의 10퍼센트가 이런 생존형 직업으로 이루어져 있다고 추정했다. 아마도 20퍼센트가 좀더 현실성 있는 수치일지도 모른다. 식량을 생산하는 농사는 갈수록 절망적이다. 농부에 대한 수요가 거의 없기 때문에 청년들이 농촌을 떠나고 있다. 현재 농업 종사자의 비중은 전체 인구의 15퍼센트 미만이다. 반면, 건설 부문의 수요는 굉장히 높다. 뉴욕에서는 해마다 6만5000채의 신규 주택을 필요도 하고, 실제로 1만6000채를 새로 건설하고 있다. 수치로 보면 사람들은 청년층이 대부분 건설업계로 유입되리라 생각할 것이다. 그러나 우리가 파악한 바에 따르면 건설업계 역시 절망적이기는 마찬가지다. 지난 20년간, 대도시 인구 수십만이 형편없는 주거 공간에서 생활해왔다. 그럼에도 이 시급한 문제를 해결하기 위해서 과학계, 산업계, 노동계가 공조하는 모습은 찾아보기는 어렵다. 홍보 회

---

* 이 책은 1947년 시카고 대학 출판부에서 펴낸 퍼시벌 굿맨과 폴 굿맨의 공동 저서로 도시 계획을 다룬 고전으로 평가받는다.

사는 투자에, 부동산 업자는 투기에, 도시 계획가들은 선거와 뇌물에만 관심을 쏟는다. 건설 기술자들은 약삭빠르게 어떻게든 자신들의 기술과 희소 가치, 그리고 높은 보수를 받을 기회를 지켜낸다. 본인의 가치를 올리기 위해 절대 타인에게 기술을 전수하지 않는다. 이들 중 어느 누구도 주거 공간 문제나 일자리를 공급하는 일 따위엔 관심이 없다.

생계형 일자리에서 눈을 돌려 현재 생산된 상품을 살펴보면 상당수가 그다지 쓸모 있는 것이 아님을 알게 된다. 꿀의 과잉 소비, 교외 지역의 주택에 딸린 장식용 건물, 강매를 일삼는 장사치, 그리고 합성 물질의 수요에 관한 책들이 최근 쏟아져 나오고 있다. 이런 쓸모없는 상품과 광고를 비판하는 목소리는 높지만, 그것들을 생산하는 노동자들의 감정에 대해서 말하는 이는 별로 없다. 남자다운 직업을 찾고 있는 젊은 청년의 고충에 대해서 이야기하는 사람도 흔치 않다. 미국식 생활 방식을 신랄하게 비난하는 비평가들조차 미국 문화에 완전히 현혹되어 상품 판매에 대해서만 생각해 그 상품들이 쓸모가 없다고 말한다. 하지만 그 상품을 생산하는 데 인력이 낭비되고 그들의 기술이 모욕당하고 있다는 사실은 인지하지 못한다. 최근 '대중문화' 때리기에 신바람 난 현상에 비유해보자. 대중문화를 비판하는 비평가들은 관객과 단절되거나, 표현 수단을 잃은 연극과 같은 대중 예술 혹은 건축 분야 예술가들의 고충을 꿈에도 생각하지 못한다.

이상한 점을 짚어내자면, 미국 사회가 주로 효용의 측면이 아닌 이익 추구의 측면에서 상품 생산의 이론 및 관행을 옹호하는 데 아주 능숙할 뿐만 아니라 거기에만 많은 노력을 쏟아부은 덕택에 수익성은 높고 쓸모는 없는 직업이나 상품들을 양산하는 데 성공했다는 사실이다.

2

제법 쓸모 있는 직업에 대해 생각해보자. 의지도 있고 영민하지만 '언어 지능'이 낮은 한 청년이 있다. 그는 혼자서 결정을 내릴 수 있는 법적 연령이 되었을 즈음 고등학교를 중퇴하고 자동차 정비공이라는 직업을 선택할까 고민 중이다. 자동차 정비공은 좋은 직업일 뿐 아니라 유년 시절에 정비공들이 차를 수리하는 모습을 종종 지켜본 적이 있어 그에게는 친숙하기도 하다. 그러면서 동시에 세심한 주의를 요구하며 지저분한 일이기도 하다. 주로 작은 차고에서 하는 정비 일은 사교적인 직업인데, 특히 젊은 여성 고객들과 이야기를 주고받을 수도 있고 고장 난 차를 수리해줌으로써 곤경에 빠진 이들을 도울 수도 있다. 푹 퍼져서 견인 트럭에 끌려왔던 차가 멀쩡하게 굴러 나가는 모습을 바라보면서 자부심을 느낄 수도 있다. 월급 역시 모두 부러워하는 직업을 가진 옆집 친구의 그것에 비해 절대 뒤지지 않는다.

그래서 이 젊은 친구는 자동차 정비공이라는 훌륭한 직업을 선택했다. 하지만 나중에 이 청년이 자동차가 고의적 진부화 전략built-in obsolescence*에 의해 생산된 제품이고, 제조사들은 고장 난 차량이 수리되는 것을 그다지 달가워하지 않는다는 사실을 알게 된다면 어떨까? 자동차 제조사들은 로비활동을 통해 구매 고객에게 예비 부품을 제공해야 하는 의무 연한을 과거 10년에서 5년으로 단축하는 법안을 통과시키는 데 성공했다. 사실 신형 자동차 모델은 그저 사소한 부분에서 이전 것보다 좀 나아졌을 뿐인 경우가 많고, 새 차를 정비공에게 맡기는 이유는 기계적인 결함 때문이 아니라 단순히 치장하기 위해서다. 그리고 자동차의 테일 핀을 수리하는 데만 150달러는 족히 지불해야 할 정도로 수리비는 지나치게 비싸다. 따라서 낡은 자동차와 새 자동차의 보험 수가는 각각 두 배와 세 배로 오른다. 자부심 강한 정비공의 놀라운 재주 덕택에 고물 자동차를 마치 새것처럼 정비해서 타고 다니던 시절은 지났다. 우리 모두 어리석은 행동에 대한 대가를 치르게 될 것이다. 모든 게 완전히 상술이다.

이제 이 정비공 청년은 자신이 정당하고, 사교적이며, 쓸모 있는 인간이라는 느낌을 갖기 어렵다. 이런 상황에서 그가 순식간에 냉소적이고 기회주의적인 인간이 되어 쉽게 돈을 버는 데 관심을 갖는다 하더라도 그리 놀라운 일은 아니다. 악명 높은 리더스 다이제스트Reader's Digest 테스트를 통해서 수사관들이 끊어진 점화 코일 와이어의 수리비를 조사했는데, 정비공 가운데 약 63퍼센트가 하지도 않은 작업에 대해 수리 비용을 청구하고 있는 것으로 확인됐다. 오히려 정비공들이 새 차에서 연료 펌프를 빼낸 후 헌것으로 교체하지 않은

---

* 특정 제품이 시장에서 포화 상태가 되는 걸 막기 위해 기업이 미리 쓰는 전략을 가리키는 용어. 물건의 소비를 지속적으로 창출하기 위해 공격적인 마케팅 정책을 펼치면서 기능이나 스타일 등 일부만 변형시킨 제품을 시장에 내놓는 방식을 통해, 이전의 제품을 일부러 구식으로 만드는 마케팅 전략이다. 의도적으로 물건에 결함을 만들어 제품 수명을 단축시키는 게 대표적이며 계획적 진부화라고도 한다.

것을 행운으로 여겨야 할 때도 있었다. 차 외에도 라디오 수리점은 65퍼센트, 시계 수리점은 49퍼센트가 고객을 속이고 바가지 요금을 씌우거나 허위로 진단을 내렸다.

청소년 범죄는 청소년의 언어 지능이 낮고 손놀림 지능이 높은 경우에 발생한다는 가설이 있다. 학력이 낮아 별다른 출구가 없는 청소년들에게 범죄는 자기 표현의 수단이 될 수 있다는 의미다. 물론 천부적인 소질을 가진 이 청년은 쓸모 있는 직업인 자동차 정비 일에 전념할 것이다.

3

대부분의 육체 노동은 상황을 이용해 부당한 방법으로 이익을 취하는 데 적합하지 않은 직종이다. 공장에서 일하는 노동자는 거대한 기계의 일부분을 작동시키는 작업을 담당하기 때문에 전반적인 공정에 대해서는 무지하기 마련이다. 그렇다고 하더라도 이 노동자는 회사 전체에 대해서도 그다지 신뢰하지 못하고, 그 결과 철저하게 무관심한 태도로 일관할 것이 분명하다.

미 노동부의 『직업 전망서Occupational Outlook Handbook』(1957)를 훑어보면, 노동 인력 가운데 반半숙련공이 가장 큰 비중을 차지한다. 대기업들은 응용 인류학 등 다양한 장치를 이용해서 기업 충성도를 강화하기 위해 노력해왔지만 별다른 성과를 거두지 못하고 있다. 이들 가운데 대다수는 자신의 일이나 회사에 전혀 관심이 없는 것으로 드러났다. 이렇듯 무관심한 반숙련공에게 억지로 회사에 관심을 가지라고 강요할 수는 없는 노릇이다. 그들이 무관심한 이유는 급여나 노동 시간, 근무 환경, 혹은 경영진 때문이 아니다. 반숙련공들의 무관심에 관해 연구한 로버트 더빈의 보고서에 따르면 오히려 이들은 무의식적으로 자신들이 일하는 회사의 정책이나 공장 운영 방식을 훌륭하다고 생각하고 있었다. 뿐만 아니라 이들은 회사의 정책이나 공장 운영 방식을 그들이 올바르게 처신할 때의 기준으로 삼았다. 어쩌면 직공들이 회사에 대해 알면 알수록, 회사에 대한 존경심이 덜해지는 것인지도 모른다. 노조와 근로자 고충처리 위원회는 임금, 근로 시간, 노동 환경 등의 사안을 다루고 노동자들은 싸워서 쟁취하려 하지만 투쟁에 승리할 때에도 무언가 누락된 것이 있었고, 패배까지도 유산으로 물려받았다. 그렇다면 노동자들은 업무의 본질적 특성상 자신이 하는 일에 무관심할 수밖에 없다는 결론에 도달하게 된다. 즉, 그 작업을 수행하는 데 뛰어난 능력이 필요 없고, 일 자체도 '흥미롭지' 않다. 근로자가 맡은 것은 자신의 일이 아니니, 그의 '책임'도 아니다. 그리고 그가 생산한 제품 역시 그다지 쓸모 있지도 않다. 실제로 이 주제를 직접적으로 다룬 연구, 프레더릭 허츠버그의 동기부여 이론에 따르면, 근로자를 '불행하게' 만드는 것은 육체 노동의 본질적 특성이 지닌 결함이다. 허츠버그가 쓴 『직무 태도Job Attitudes』에 소개된 조사에 따르면, 일에 대한 흥미가 안정성 다음으로 중요한 반면 임금, 근무 환경, 사교, 노동 시간, 편안함, 상여금 등은 중요도가 훨씬 덜했다. 그러나 상당수의 공장 감독은 공장 노동자에게 가장 중요한 것이 임금이라고 생각하고 있었다. 한 직종에 종사하는 궁극적인 목적이 무언가에 유용하기 때문이 아닌 것처럼 조사관들은 공장일의 유용성에 대해서는 애초에 질문을 하지 않은 것 같다. 추측건대 '안정성'을 중시하는 주된 요인은 자신의 일이 쓸모 있는지 없는지를 생각할 수 없는 상황에서 비롯된 체념적인 반응 때문이다. 일반적으로 자신이 하는 일이 쓸모 있을 때, 자신이 어딘가에 쓰임새가 있다는 생각에 안정감을 느낀다. 공장 노동자가 '안정감'을 느끼는 가장 중요한 요인은 자신이 기여하는 부분이 쓸모 있다는 느낌인 것이다. 실제로 근로자들이 업무가 어떻게 '돌아가는지'에 대해 파악할 때, '완수한 업무에 대해 노고'를 인정받으면 안정감을 느낀다고 평가한다.

이를 통해 우리가 확인할 수 있는 사실은, 남자들이 가치 있는 일, 책임의식을 가지고 할 수 있는 일을 하고 싶어한다는 것이다! 하지만 그들의 바람은 무참하게 좌절되고 있다. 이것이야말로 '인적 자원의 낭비'가 아닐까?

노조 계약서에 명시된 '독점적 특권'에 따라 고용주는 무엇을 어떻게 생산해야 하는지, 어떤 공장을 지을 것인지, 어떤 종류의 기계를 어디에 설치할 것인지, 언제 근로자를 채용하고 해고할 것인지, 어떻게 생산 운영을 합리화할 것인지를 결정할 독점적 권리를 갖고 있다. 하지만 이들 가운데 어느 것도 기계경제machine economy를 운영하는 데 불가피하진 않다. 만약 이것이 사실이라면 공장 노동자들의 실제 행동 규칙이 생산 증대나 유익한 서비스의 제공과는 전혀 상관없이 오롯이 '대인관계'에만 초점이 맞춰져 있다고 해도 별로 놀랄 일은 아니다. 조직의 일원이 되는 길은 다음과 같다. 1)너무 많은 양의 작업을 하지 않는다. 2)너무 적은 양의 작업을 하지 않는다. 3)직장 동료에게 고성을 지르지 않는다. 4)고압적인 인물처럼 행동하지 않는다.

4

지금부터는 언어 지능이 높은 사람들의 **직업 전망**에 대해서 이야기해보고자 한다. 언어 지능이 높다면 좀더 평범한 질문, 예를 들면 유용성에 관한 질문을 할 수밖에 없기 때문에 남자의 일을 찾기가 상대적으로 어렵고, 더 큰 환멸을 경험한다.

> 호레이쇼*는 로절린드에게 왜 만족스러운 직업을 찾는 게 어려운지를 설명했다. 그는 전기 드릴을 사용해 작업하거나, 해안가에 널브러져 있는 바위를 검사하는 일을 원했지만, 고용주들은 그에게 충성 서약을 요구했다.
>
> "뭐라고? 적당히 거짓말 좀 하는 게 꺼림칙해서 그래?" 로절린드가 소리쳤다.
>
> "아냐. 다만 고작 전기 드릴로 땅 파는 일이나 하는 나한테 회사에 대한 충성 서약 같은 어려운 문제를 요구한 그 현장 감독이 제정신인지 불안해서 말이야. 갑자기 발작을 일으킬지도 모르는 사람하고

---

* 저자의 소설 『제국의 도시The Empire City』의 남자 주인공.

일하고 싶진 않으니까."

(…)

"이쪽 분야에서 대형 트럭을 모는 건 어때?"

그러자 호레이쇼는 낙담한 듯 말했다.

"난 그 상자들 속에 들어 있는 게 맘에 안 들어. 그건 그냥 강물 속에 던져넣는 게 더 나아. 내가 실수로 강물에 처박을 수도 있고."

"그 상자 속 물건이 뭐 나쁜 거야?"

"아니, 쓸모없다는 거지. 난 쓸모없는 일을 하면 기분이 찝찝해 실수를 저지르게 되거든. 내가 하는 일로 누군가가 주머니를 불리든 말든 상관없어. 하지만 그 일이 무언가에 쓸모 있는 일이면 좋겠어."

(…)

"그럼 숲으로 들어가서 벌목꾼이 되는 건 어때?"

"싫어! 벌목꾼이 하는 일이란 게 『뉴욕 타임스』 같은 일간지 나부랭이나 찍어내려고 나무를 베는 거잖아!"

—『제국의 도시』 Ⅲ, i, 3.

언어 지능이 상대적으로 더 높은 노동자의 '무관심'은 좀더 노골적이면서 심각한 체념으로 나타날 수 있고, 이 노동자의 냉소는 노골적인 공감로 비화될 수 있다.

흔히 교육에 종사하는 일은 직업 가운데 가장 중요하게 여긴다. 그러면 이제 언어 지능이 높은 한 청년이 고등학교 교사가 되기로 결심했다고 가정해보자. 아니면 초등학교 과정이 가장 중요한 시기이므로 아이들을 잘 가르치기 위해 최대한 능력을 발휘해야겠다는 생각에 초등학교 교사가 되기로 마음을 정했을 수도 있다. 물론 남자 초등학교 교사가 그다지 명망 높은 직업은 아니다. 그렇더라도 남을 가르치는 일은 꼭 필요하며 유용한 직업이다. 또한 아이들을 직접 대면한다는 점에서 진지하고 창의적인 직업이다. 교사직은 분명히 스스로를 정당화할 수 있는 일이다. 예술과 과학을 통해서 고귀한 직업으로 격상되고 있다. 남을 가르치는 일을 하는 사람들은 대체로 냉소주의나 무관심에 굴복하지 않는다. 아이들은 교사와 직접적이고도 실제적인 관계를 맺기 때문에 교사들은 냉담해질 수 없는 것이다. 그러나 현재 학교 시스템에서 교사들이 실망을 하다 이내 깊이 체념하게 되는 일을 막을 수 있을까? 심리학적으로 체념이라는 감정 혹은 상태는 다음과 같은 수순으로 고개를 든다. 교사가 근본적인 행동에서 좌절하더라도 화가 났다고 해서 일을 그만둘 수는 없다. 가르치는 것은 꼭 필요한 일이기 때문이다. 그래서 분노를 안으로 삭이다 결국 체념하게 된다. 당연히 그러고 나면 교사는 행복한 표정을 지으며 계속 바쁘게 업무를 수행할 것이다.

과밀한 교실과 공적 자금을 아껴야 하는 무리한 상황에서도 교사의 일은 계속된다. 이는 사회적 부가 충분하지 않아서가 아니라 중요한 것들이 최우선시되지 않기 때문이다. 또한 학교 시스템이 내세우는 목표는 진실과 다르다. 기저에 숨어 있는 교육의 목표가 가정의 부담을 덜어주고 어린아이들을 조용하게 만드는 것임이 이내 드러난다. 때에 따라 갑작스럽게 물리학자를 배출하는 것이 목표가 되기도 한다. 소심한 감독관, 편협한 성직자, 무지한 학교 이사회가 진정한 교육을 불가능하게 만든다. 어린아이들이 감정을 표출하고 성적인 표현을 하는 것은 금기다. 상업적으로 타락한 대중문화까지 가세해 교육을 하찮은 것으로 만든다. 학교 교과과정은 반동주의자, 자유주의자, 광적인 투사의 요구 때문에 엉망이 된다. 진보적인 교육 방법이 설 자리는 어디에도 없다. 이런 상황에서 학생 개개인에 관심을 갖는 것은 불가능하다. 능력이 우수하거나 평범하거나 혹은 다소 둔한 어린이 모두 이래저래 조직적으로 퇴보하고 있음에도 불구하고, 교사들은 아무것도 할 수 없는 상황이다. 자연스레 교사의 월급도 낮은 편인데, 가르치는 일은 어렵고, 그럼에도 사회에서 쓸모가 있고 대중의 주목을 받는 일이기 때문이며, 이 세 가지 특징 모두 봉급을 낮추는 요소로 작용한다. 교사의 수가 부족하고, 가장 우수한 인재들이 교사를 직업으로 선택하지 않는 이유는 낮은 봉급 때문인 것으로 알려져 있다. 하지만 우수한 인재들이 교사직을 기피하는 까닭은 잘못된 교육 때문이 아닐까? 똑똑한 사람들은 대개 고분고분하지 않기에 교육계 자체가 그들을 원하지 않는 탓도 있다. 실제로 버트런드 러셀은 뉴욕 시립대학에서 임용을 거절당했고, 뉴욕 초등학교에 지원했더라면 거기서도 채용을 거부당했을지 모른다.

5

이제 언어 능력은 뛰어나지만 쓸모 있는 직업에 대한 열의가 없고 특별한 학문적·예술적 재능도 없는 사람들에게 무슨 일이 일어나는지 살펴보자. 이러한 특징을 가진 사람 대부분이 영업, 연예, 사업 관리, 홍보, 광고 분야에 몸담고 있다. 순진한 소년은 애초부터 유용성이나 명예 같은 것은 안중에 없기 때문에 남자다운 직업을 찾을 생각 따위 하지 못한다. 이쪽 업계의 돈벌이가 좋기에 종사자들이 겪는 여러 고충을 외면할 수도 있다. 그러나 이 직업군이 자라나는 소년들에게 모델을 제시한다는 점에서, 중요하게 생각해볼 가치가 있다.

TV 광고 속 남녀 모델들이 노래를 하면서 제품 설명을 하는 모습을 상상해보자. 이들은 표정을 짓고 말하거나 행동하는 광대이자 마네킹이다. 이 광고를 통해 주목하고자 하는 바는 인위적인 소비 욕구를 창출하는 경제 문제도 아니고 대중문화의 문화적 문제도 아니다. 어릿광대 노릇을 하는 인간의 문제를 들여다보자. 광고 카피를 쓰고 기획한 당사자들도 머저리 같은 생각을 하는 인간들이다. 방송국과 협찬사들은 뻔히 알면서도 그런 바보 같은 광고가 만들어지는 것을 부추긴다.

냠냠냠 쩝쩝쩝
"블러버"는 기름기가 자르르
맛도 좋고 영양도 만점.
야옹아, 이거 먹어봐, 끝내줘!

말하자면 광고와 관련된 인간들은 거짓말쟁이에 사기꾼이고, 말만 번드르르하게 하는 사람들이며 아첨꾼이고 건방진 작자들이다. 이외에도 그들을 정의할 어휘는 무수하다.

상업 광고의 대중문화 콘텐츠는 글을 읽을 수 있는 12세 아동들의 바이블인 『매드Mad』*지에 의해 그나마 상쇄된다. 하지만 훨씬 더 막강하고 맞서기 어려운 것은 광고라는 거대 산업의 종사자나 후원자들이 인간이라는 사실이다. 이들은 크게 인정받기까지 하지만 사실 바람직한 모델이라고 할 수 없다. 만약 유용하고 꼭 필요하며, 인간의 에너지와 능력을 요하고, 명예와 품위를 지키면서 할 수 있는 남자다운 일을 찾는다면 말이다.

그런데 대중의 평가는 좀 다르다. 한 코네티컷 주의 가석방 심의위원회에서는 "비행 청소년 문제에 접근하기 위해 상원 분과위원회 위원들에게 스포츠, 영화, 연극, 방송 분야의 유명인과 지도자들에게 도움을 요청할 것을 제안했다. 이 분야의 스타와 지도자들이 청소년들에게 말썽만 부리는 또래의 그릇된 모습 대신 그들이 알고 있는 긍정적인 '영웅상'을 만나 대화를 한다면 건전하고 진보적인 방향으로 인도할 수 있을 것이다"라는 말이 나오기도 했다. 그들 중 한 명은 이렇게 말하기도 했다. "어느 날 오클라호마 고등학교의 2학년과 3학년 학생들에게 살아 있는 인물 중 가장 닮고 싶은 사람이 누군지를 물었다. 남학생들은 팝가수 팻분이나 가수 겸 배우 리키 넬슨, 아이젠하워 대통령이라고 답한 반면, 여학생들은 미국 여배우인 데비 레이놀즈, 엘리자베스 테일러, 내털리 우드라고 답했다."

1959년에 발생한 '퀴즈쇼Quiz show' 조작 스캔들**은 우리 미국 사회의 야만적인 단면을 여실히 보여준 사건이었다. 외면하고 싶지만 그

---

* 1952년 처음 출간된 미국의 유머 잡지로 20세기 대중문화에 지대한 영향을 미침.

럴 수 없는 현실은 다음과 같다. 첫째, 경제가 성장 가도를 달리는 풍요로운 사회에서 소비, 생산, 이윤을 증대하기 위해서는 돈을 경품으로 제공해야 한다. 둘째, 국민이 낸 세금인 이 돈은 유익한 공공재에 투자되어서는 안 되고 사기업이 '비즈니스 명목'으로 사용해야만 한다. 정작 필요한 학교나 주택 등이 부족한 수치스러운 상황에서도 말이다. 처음에 TV 관계자들이 참가자가 단순히 문제를 맞혔다는 이유로 돈을 주려고 했을 때, 이는 사기를 꺾는 일이라며 칼뱅주의적인 거센 비판이 쏟아졌다. 그래서 상금을 걸고 진짜 경쟁을 생각해냈다. 하지만 이 퀴즈쇼 자체를 수익성 있는 프로그램으로 만들고 싶었을 것이고, 시청률을 조작해서라도 다른 프로그램들과의 경쟁에서 이기고 싶다는 유혹을 뿌리칠 수 없었을지도 모른다. 그래서 연예-상품 업계의 전문가들은 사기 퀴즈 대회를 만들었다. 그리고 부정행위가 극단으로 치닫자 사기 콘테스트의 주인공은 자신의 행위가 교육적이라고 스스로를 설득하기에 이른다.

방송국 역시 전형적인 행태를 보였다. 이들은 근로자들에게 충성을 강요해왔지만, 조작 스캔들이 부각되자 자사 직원들을 인정머리 없고 비겁하게 대했다. 조지프 레이먼드 매카시조차 자신의 패거리들에게는 의리를 지켰는데도 말이다. 방송국은 이윤의 극대화를 꾀하면서도 어떤 위험도 감수하고 싶어하지 않는다. 퀴즈쇼 조작에 관련해서 전혀 아는 바가 없다던 그들의 주장을 되짚어보자. 만약 그들이

** 1959년 미국에서 높은 시청률을 자랑하던 퀴즈쇼 프로그램에 출연했던 찰스 도런 교수는 관계자들이 미리 답을 알려주어 상금을 탈 수 있었다는 사실을 폭로했다. 당시 방송 제작자의 기만성을 그대로 보여줘 사회적으로 큰 파문이 일었다.

방송 중이었던 해당 프로그램을 본 적이 있다면, 이 분야 전문가인 방송 종사자들은 역할 분담, 연기, 플롯 등이 존재한다는 것을 한눈에 알아차렸을 것이다. 따라서 그들이 조작 사실을 몰랐을 리는 만무하다. 만약 그것을 몰랐다면 그들은 무능한 것이다. 방송 중이던 프로그램을 본 적이 없다고 말한다면, 무책임한 것이다. 그렇게 무책임한 그들이 무슨 이유로 방송 채널에 대한 독점적 사업권을 가지고 있는 걸까? 퀴즈쇼 조작과 관련해서 방송 종사자들의 선택지는 자신들이 거짓말쟁이임을 인정하거나 아니면 무능하고 무책임한 사람임을 시인하는 것뿐이다.

이후 수사 방향은 뇌물로 매수된 방송을 조사하는 방향으로 흘러갔는데, 이 문제가 좀더 중요한 사안이라고 생각한다. 조작된 수요, 날조된 취향으로 대중을 타락시키고 자연스러운 기호가 생겨나는 것을 막는 미국 경제의 심각한 문제점과 직결되어 있기 때문이다. 이런 환경에서는 미국 문화가 존재하는 것이 불가능하며 우리에게는 환멸과 야만성만이 남을 것이다. 그러고 나면, 추악한 인간들은 뻔뻔스럽게 자신들은 대중이 원하는 것을 주었을 뿐이라고, 또 영화, 음악, 연극, 출판물의 질적 수준은 자신들의 책임이 아니라고 큰소리칠 것이다.

끝으로 『직업 전망서』(1957)에 따르면 군대가 많은 젊은이를 채용하고 있다. 이로써 우리의 젊은 친구들은 군대라는 정신 나간 사업의 일원이 되어 그에 부응하는 활동에 동참하게 되었다.

6

따라서 인간의 능력을 활용하는 유용성과 명예라는 기준에 근거해 보면, 앞으로 어른이 될 평범한 소년과 청년들이 미국 경제 안에서 가치 있는 일자리를 찾기란 어렵다. 물론 가치 있고 자신을 정당화할 수 있는 일자리를 찾기란 어렵다. 그리고 어떤 조직에 소속되지 않고 독립적인 개인으로 성실하게 일할 경우 가치 있는 일자리로 거듭날 수 있는 직업도 무수하다. 실제로 비범한 지적 능력이나 특별한 재능이 있는 사람은 스스로 일자리를 개척하기도 한다. 하지만 그런 능력이나 재능이 있는 사람들이 타락의 길을 걷거나 쓸모없는 일에 이용당할 때 느끼는 역겨움은 한층 더할 것이다. 미국의 경제 및 사회는 대체로 젊은이들을 교육하거나, 이들이 추구하고자 하는 중요한 목표를 달성하기에 적합하지 않다.

이러한 현실은 취업 지도에서 분명하게 드러난다. 현재 미국에서는 해당 학생을 평가한 후 기존 일자리 중에서 적합한 몇 가지 일자리를 찾아내는 방식으로 취업 지도를 한다. 하지만 당사자를 임의로 재단하여 그 일자리에 적합하도록 만들거나, 적합한 일자리를 찾지 못할 경우 그대로 방치해 버리는 것이 일반적이다. 인사 담당자들은 노동 시장을 철저하게 파악해서 청년에게 가치 있는 기회를 제공할 일자리를 찾아내거나, 마땅한 일자리가 없을 경우 일할 기회를 만들어주기 위해 노력을 기울이지 않는다. 물론 이는 굉장히 어려운 일일 것이다. 과연 기회를 만들고 싶다고 해서 그렇게 할 수 있을지 솔직히 장담할 수 없다. 그러나 문제는, 우리가 청년들이 직면하고 있는 고충에 대해 진지하게 얘기할 작정이지만 지금 상황에서는 무슨 말을 해도 아무런 의미가 없다는 점이다.

여기까지 읽어내려온 많은 독자는 사람들이 실제로 자신의 직업을 이런 식으로 생각하지 않기 때문에 내 주장이 무의미하다고 생각할 게 분명하다. 아무도 어떤 직업이 쓸모 있는지, 직업 윤리라는 테두리 안에서 영예로운 일인지 따지지 않는다. 사람들은 직업을 선택할 때, 연봉이 높고, 선망 받는 직업이나 근무 여건이 훌륭하거나 적어도 나쁘지 않은 직업을 선호한다. 이런 현실적인 반박에 사실 나도 동의한다. 그럼에도 나는 우리의 생각이 틀린 것이기를 바란다. 심각한 문제는 다음과 같은 현실로 비화되는 것이다. "인생에서 가장 생산적인 시기에 나는 하루 여덟 시간을 쓸모없는 일을 하는 데 이용될 것이다."

7

지금까지 언급한 것 이상으로 많은 청년이 경제적, 직업적 측면에서 고충을 겪고 있다. 가치 있는 일자리가 충분하지 않기 때문이다. 현 상태로 멀쩡히 굴러간다면 청년이 일할 수 있는 대다수 일자리는 머지않아 전부 사라질 것이다. 현재 미국은 거의 완전 고용 상태이며 향후 몇 년간 지속될 가능성이 있지만 엄밀히 말해서 수많은 청년이 고용 불가능한 쓸모없는 상태에 처해 있다. 청년층이 현재 겪는 고충을 설명하기 위해서 이 역설을 반드시 고려해야 한다.

현재 미국 사회는 청년들을 계발하기보다 수익성을 증대시키는 생산에 적합하다. 흔히 얘기하는 그저 그런 정도의 생활 수준과 거의 완전 고용 상태를 유지하는 데 적합한 사회다. 정치적으로는 완전 고용이 으뜸이다. 위기 상황에서는 수익성 높은 생산이 일시적으로 감소하고, 정부 지출은 증가하며, 일자리가 창출된다. 반면 사회가 '정상적'으로 운영될 때, 즉 적당히 호황을 누릴 때는 대출이 용이하고 할부 구매가 증가하며, 쓸모없는 상품에 대한 수요가 인위적으로 유도되면서 모두에게 일자리가 돌아가고 일부는 수익을 보장받는다.

이제 다시 1930년대로 거슬러 올라가보자. 당시 미국 정부는 어떻게 해서든 파탄된 경제를 되살리기 위해 뉴딜 정책을 펼쳐 국민에게 일자리를 마련해주고 재정적으로 지원하기 위해 노력했다. 이에 보수 진영에서는 분노의 목소리가 터져나왔다. 그들은 정부가 제공한 상당수의 일자리가 보여주기 식의 '쓸모없는' 것이라고 비난했다. 그렇게 제공된 일자리가 근로자의 사기를 떨어뜨린다는 이들의 주장은 타당하긴 했다. 표현의 수위가 다르긴 하겠지만, 소신 있는 비평가라면 분명 현재 우리의 '정상적인' 생산 체계의 많은 일자리 역시 보여주기 식의 쓸모없는 것이라고 진단할지 모른다. 자동차 튜닝과 부품의 고의적 진부화 전략 역시 무가치하다고 지적할 것이다. 퀴즈 프로그램의 '6만4000달러짜리 질문'이나 미국 광고계를 대표하는 매디슨 가의 부산한 활기 또한 쓸모없다. 탈세 목적으로 설립된 일부 재단도 마찬가지다. 업무상 점심 접대와 판공비는 어떤가? 부가 수당은? 건축업계의 우스꽝스러운 직업 분류는? 무대 기술 분야의 남아도는 무대 담당자나 음악 담당자는? 지금 회전을 위해 고안된 이 대단한 장치들이 누군가의 사기를 떨어뜨리는 효과를 내고 있음은 의심할 여지가 없지만, 최고 관리자들이 도의상 보여줘야 할 분노는 왜 온데간데없는 것일까?

쓸모없는 일을 없애고, 자발적으로 형성된 시장에서 고품질 상품을 효율적으로 유통하며 인플레이션 억제 및 균형 있는 대출을 통해 우리 사회를 진정으로 풍요롭게 만든다고 가정해보자. 근무 시간은 곧 주 40시간에서 주 20시간으로 줄어들 것이다. 이미 몇몇 영향력 있는 인물이 근무 시간을 30시간으로 줄여야 한다고 주장한 바 있다. 노동 시간을 줄이지 않으면 노동 인구 절반이 일자리를 잃게 될 것이다. 이미 현실화되고 있는 상황이지만, 조직적이지 못한 비숙련 노동자들을 단지 해고하는 데서 그치지 않고 전자동 기계가 광범위하게 도입된다고 가정해보자. 실업은 더욱 심화될 것이다.

충격적인 예를 하나 들자면, 철강 산업의 생산성이 연 4퍼센트 증가하고, 공장 가동률이 50퍼센트로 유지될 때 회사는 가동을 멈추고, 가동률이 30퍼센트 이하로 내려갈 때까지 생산을 중단할 수 있다. 이런 상황은 노동자들을 필사적인 자기방어 수단인 파업으로 내몬다.

누구나 이 사실을 알고 있지만, 문제를 처리할 줄 모르기 때문에 아무도 이야기를 꺼내고 싶어하지 않는다. 그 결과, 우리는 진짜 속내를 감추고 살아가게 된다. 오래전 노조 지도자들은 노동 시간 단축을 위해 투쟁해왔지만 이제 그들은 노동 시간 단축을 원치 않기에 더 이상 싸우지 않는다. 노동 시간이 단축되면, 노동자들은 생활 수준을 높이기 위해 시간제 부업을 할 것이다. 뭔가 다른 의미 있는 것을 또 원하기 때문이다. 하지만 생활 수준이라는 것도 무의미하기는 마찬가지다. 이 이상한 상황은 결코 어제 오늘의 일이 아니다. 최소 한 세대 내에서 생산성을 최대한 활용했을 경우 인구 전체가 쓸모없는 일자리에서 해방되는 것이 가능하며 혹은 많은 이가 직장을 잃게 된다. 어떻게 받아들이느냐에 따라 같지만 다른 상황이다. 실질적인 예로, 미국 경제는 생활 품목의 생산을 거의 줄이지 않으면서도 전쟁 물자를 차질 없이 생산하고 군대를 유지했다. 경제적으로 실업 상태가 계속됐지만 말이다. 현재 우리 대부분이 쓸모가 없으며, 필요치 않은 인력이고, 엄밀하게 말하면 고용 부적격 상태라는 건 분명한 진실이다. 이런 역설적인 환경에서 우리 젊은이들이 자라나고 있다. 겉보기에는 활기차게 성장하는 것 같지만, 따지고 보면 교착 상태에 처해 있다.

모든 연령대와 모든 계층에 적용되는 이야기겠지만, 이러한 문제를 가장 먼저 그리고 가장 심각하게 경험할 집단은 가엾게도 바로 미국의 청년들과 노인층이다. 가장 취업이 어려운 당사자이기 때문이다. 젊은이들을 계발하기에 적합하지 않은 사회가 오래도록 지속되었다. 1960년 인구조사 예상 수치에 따르면 미국 인구의 42퍼센트가 고등학교를 졸업한다. 대학 졸업자는 8퍼센트를 밑돈다. 적어도 당분간은 현재 고등학교의 추세가 크게 달라질 것 같지는 않다. 학교를 중퇴하는 학생도 많겠지만 그렇지 않은 나머지 학생들은 확실히 더 많이 대학에 진학할 것이다. 사회적 계층화가 심화되는 것이다. 현재, 고등학교나 대학이 제공하는 교육의 질은 그다지 높지 않다. 이들 기관의 교육의 질이 좀더 향상된다면, 학교를 떠나는 아이의 수는 줄어들 것이다. 인문학 관련 직종이나 예술, 과학과 관련된 분야의 일은 틀림없이 유용하고 자기 정당화를 돕겠지만, 그런 직업의 수가 줄어들고 있다. 관련 일자리에서 일하려면 교육이 더욱 필요할 것이다. 효율적인 첨단 기술 경제와 언어 지능을 중시하는 관료사회에서는 고학력자가 이런 일자리를 모두 차지하게 될 게 분명하다.

인구조사에 따르면, 1947년부터 1957년 사이 전문 기술직 근로자는 61퍼센트, 사무직 근로자는 23퍼센트가 각각 증가한 반면, 공장 근로자는 불과 4.5퍼센트, 노무직 종사자는 4퍼센트가 각각 증가하는 데 그쳤다.

교육을 받지 못한 사람들을 위한 일자리는 남아나지 않을 것이다. 이는 인간적으로 너무나 불행한 일인데, 학교에서 어떤 것을 배웠다면, 하다못해 학교생활의 지루함을 견뎌낼 만한 요령을 터득한 청년이라면 무엇이라도 할 수 있지만, 교육을 받지 못한 사람들은 사실 여가 시간도 제대로 이용할 줄 모른다. 진정한 여가를 보내려면 일단 열심히 일해야 하고, 가치에 대해 섬세하게 느낄 수 있어야 하며 공동체 정신이 강해야 한다. 그런데 지금까지 미국인에게는 그런 특질이 없었다.

이러한 관점에서 본다면, 달리 설명하기 힘든 미국의 학교 정책의 비애를 충분히 이해할 수 있다. 학교에 가고 싶어하지 않는 아이들, 학교 교육을 통해서 아무것도 얻을 게 없는 아이들을 막대한 비용을 들여서 억지로 학교로 내모는 것 말이다. 물론 그 이면에는 가계 부담을 덜고, 청소년 비행을 통제하며, 취업 경쟁으로부터 아이들을 보호한다는 등의 비교육적 동기가 숨어 있다. 그러나 거기에는 아이들을 필요로 하지 않는 민주사회에서 뭔가 역할을 담당할 사람을 길러 보겠다는 절실하고 진심 어린 교육적 동기 또한 담겨 있다. 이 아이들이 아무것도 배우지 않는다면 나중에 뭐가 될 수 있을까?

의무적인 공교육 시스템은 근대 산업 경제를 건설하는 데 꼭 필요한 읽기, 쓰기, 연산 교육을 제공하기 위해 19세기 들어 널리 보급되기 시작했다. 경제 발전이 무르익으면서 더 이상 필요치 않다는 이유로 재정 지원마저 인색해진 이 기초적인 공교육을 유지하기 위해서 교사들은 고군분투하고 있다. 경제적으로 필요한 사람은 과학자와 기술자로, '학문적으로 뛰어난' 청년 인구 전체 중 15퍼센트에 그친다. 『자녀, 부모, 그리고 국가The Child The Parent And The State』의 저자 제임스 브라이언트 코넌트 박사는 이렇게 주장한다. "미국의 고등학교 교육을 받고 있는 대다수 학생에게 직업 교육은 반드시 필요한 프로그램이다. 직업 교육은 남녀를 막론하고 모든 학생의 포부와 직결되기 때문이다." 그러나 어찌된 일인지 진행 중인 직업 교육 프로그램 가운데 절반 이상이 현재 중단되고 있다. 이유가 뭘까?

9

여기서 다시 한번 정리해보자. 대다수 청년이 살아가야 사회는 다음 두 가지 중 하나다. 비록 특권층보다는 불리하지만 쓸모없는 일이라도 하면서 그럭저럭 살아갈 흥청망청 경박하게 돌아가는 사회, 아니면 진중하지만 젊은이들은 쓸모가 없어서 밀려날 수밖에 없는 사회다. 무엇이 됐든 이런 생각 자체가 생산적인 삶을 방해한다. 당연히 젊은이들은 좀더 혈기왕성하고 남자다운 일을 찾아 나서지만, 그런 일을 찾아내는 데 성공하는 이는 거의 없다. 일부는 '꽤 괜찮은 직업'을 선택해서 안주하고, 대다수는 형편없는 직업에 만족하며 산다. 한편으로는 지금은 소수이긴 하지만 어디에도 적응하지 못하는 청년이 점차 증가하고 있다.

가끔 청년들과 만나서 이런 질문을 한다. "기회가 주어진다면 어떤 일을 하고 싶은가? 고등학교를 졸업하고, 혹은 대학을 졸업한 후, 군 복무를 마친 후에 말일세."

일부는 곧바로 답을 내놓고 자신들의 명확한 계획과 구상을 제시한다. 물론 그들의 아버지가 흔쾌히 허락한 것들이기는 하다. 그런 청년들을 보면 기분이 좋으면서도 지나치게 샌님 같은 태도 때문에 다소 답답하다는 생각을 떨칠 수 없다.

상당수의 젊은이가 마치 누가 뒤에서 대사를 일러준 양 정형화된 자기망상적인 환상을 늘어놓을 것이다. 제 나름의 방식으로, 예를 들면 '말런 브랜도처럼 재능이 발굴되어' 영화배우로 캐스팅되겠다는 식이다.

아마도 반항적이고 방어적으로, 자신감이 부족할 순 있지만 자랑스럽게 이렇게 말하는 청년도 드물게 있을 것이다. 자신은 앞으로 어떤 일을 해야 할지 잘 알고 있다고. 그것은 훌륭한 일이라고. 또한 자신은 그 일을 이미 하고 있다고 말이다.

하지만 흔한 대답, 어쩌면 정상적인 대답은 이런 게 아닐까? "잘 모르겠어요. 찾고는 있는데, 사실 제게 딱 맞는 좋은 일이 무엇인지는 아직 잘 모르겠어요. 맥이 빠지지만 그래도 희망을 버리진 않아요."

가장 끔찍한 답변은 "아무것도 없어요"다. 이 청년에게는 하고 싶은 일이 전혀 없다는 뜻이다.

캐나다 온타리오 주 해밀턴 외곽의 해변에서 대여섯 명의 젊은이와 대화를 나눈 적이 있다. 그 젊은이들 모두 같은 대답을 했다. "하고 싶은 일이 하나도 없다"라고. 그들은 하고 싶은 일을 하는 것이 직업이라고 생각하고 있지 않았다. 두세 명은 시내에 있는 전력 회사에서 일하게 되지 않을까 어렴풋이 예상하긴 했지만 크게 기대하진 않았다. 그러자 나는 주체할 수 없이 뜨거운 눈물이 치솟고 가슴이 터질 것 같아 더 이상 대화를 계속할 수 없었다. 그 젊은이들이 안쓰러워서가 아니라 그런 젊은 인력을 낭비하고 있는 현실에 대한 실망감을 억누를 수 없었던 것이다. 그리고 여러 해가 지났지만 그날 젊은이들과 나눈 대화가 지금 이 책을 쓰게 되는 계기가 됐다.

1

청소년의 진로 고민은 사회적 혁명을 이뤄내지 않고서 해결하기 어렵다. 그러므로 선의의 대중 연설가가 청소년 문제를 언급하지 않는다고 해도 그리 놀랍진 않다. 누군가에게는 너무나 중요한 문제들이 마치 있지도 않은 것처럼 취급되는 사회에서 어른으로 제대로 성장하기는 어려운 일이다. 그런 사회에서 소속감을 느끼는 것은 불가능하며, 사회를 바꾸기 위해 싸우는 것도 어렵다. 청소년들은 불만을 느낄 법하고, 그들에게 호의적이긴 하지만 진짜 고충을 이해하지 못하는 청소년 지도사나 청소년 프로그램 자원봉사자에 의해서 문제가 흐지부지된다면 이들은 더욱더 반항적으로 변해갈 것이 분명하다. 하지만 청소년들 스스로는 고민하는 바에 관해 명확하게 설명할 수 없다.

어떤 대중 연설가가 일자리에 관한 논쟁을 시작할 수 있을까? 근면이나 절약에 대해 독선적인 믿음으로 가득했던 자본주의 산업의 부흥기에서나 진정한 직업을 가지려는 이상을 품을 수 있었다. 50년 전이라면 아직 그러한 이상이 거론됐을지 모른다. 반독점 행태는 위험을 담보하고, 악행을 선전하는 이 시대에 그와 같은 이상을 언급한다면 싸늘한 침묵만 되돌아올 것이다. 사회적으로 유익한 어떤 기업에서 능력을 발휘할 수 있는 일자리를 원하는 남자는 노동조합을 통해 무정부주의 사회를 실현하고자 했던 비현실적인 노동 무정부주의자와 다를 바가 없다. 노동자가 경영권을 침해하려는 형태 말이다. 경영진은 상품과 기계에 관한 한 '독점적 권리'를 갖고 있기에 지금 어떤 노조 지도자도 그런 생각을 품지 않는다.

1890년에서 1936년 사이에는 마르크스주의에 근거해서 근로 조건, 노동 안정성, 임금, 근로 시간, 노조, 노동의 신성함을 확보하기 위한 투쟁이 거론되었고, 그것은 근로자 혹은 젊은이들에게 가치 있는 무언가를 선사했다. 그러나 역사적으로 마르크스주의자들은 '노동자 소외' 이론, 즉 노동자들은 반드시 그들이 수행 중인 작업에서 통제권을 잃을 수밖에 없다는 입장을 견지해왔기 때문에 마르크스주의 당원들은 남자의 가치 있는 직업을 쟁취하기 위한 투쟁에 나선 적이 없다. 그에 따라 노동자들이 자신들의 소외를 받아들이고, 결과적으로 마르크스주의 정책에도 무관심해진다고 해도 놀랄 일은 아니다.

2

실질적인 요인들을 언급할 수 없을 때 그 대신 다른 수사rhetoric가 사용된다. 수사적 표현이 풍부한 청소년 범죄를 한번 살펴보자.

오늘날 청소년 범죄를 기술하는 수사적 양식은 일반적으로 비행 청소년들을 실재적 존재로, 어른과 똑같이 진정한 목표를 가지고 현실세계에 존재하는 주체로 진지하게 고려하지 않는다. 청소년은 비난받지도 않고, 실재하는 주체로 인정받지도 못한다. 대신 비행 청소년을 하나의 '청년 문제'로 보며, 그들의 '성장 환경'에 역점을 둔다. 이 성장 환경은 얼마든지 조작될 수 있고, 또한 사람들은 이를 한번쯤 겪어야 할 '긴장'으로 일컫는다. 이렇게 이야기하는 목적은 믿음을 수반하는 진짜 목표나 진정한 일거리를 제공하기 위함이 아니라 '소속감'을 재확립하기 위한 것이다. 하지만 이런 식의 말이나 생각은 접촉을 피하기 위해 철저히 계산된 것이어서 소속감이 생기기는 불가능하다. 그럼에도 이러한 노력이 허사가 될 경우, 결국 일부 청소년을 실재적 존재로 진지하게 고려하되 완력을 이용하여 없는 존재로 만들어버린다.

이 과정이 어떤 방식으로 이루어지는지에 대해 유치하지만 중요한 실례를 들어보겠다. 열 살쯤 먹은 한 소년이 자신의 기준으로 대단한 성적 경험을 몇 차례 겪는다. 그런데 운 나쁘게도 그 사실이 발각되어 소년은 곤경에 처한다. 어른들은 벌을 주겠다고 으름장을 놓기도 하고 성적인 것보다 더 나은 다른 경험을 해보라고 소년을 설득하기도 한다. 하지만 소년은 스스로 겪어본바 그보다 더 나은 건 없음을 알고 있다. 만약 이 소년이 어른들의 설득에 굴복한다면, 어른들의 정직함을 못 미더워하면서 심각한 불신 속에서 살아갈지도 모른다. 어쩌면 자신이 직접 몸으로 느낀 감각까지도 믿지 못할 것이다. 반대로 이 소년이 고집을 꺾지 않고 자기 멋대로 한다면 그가 확인한 감각은 사회적으로 처벌 대상이 되거나 그는 심지어 격리될 수도 있다. 여기서 근본적인 문제는 어른들이 이 소년의 성적 경험을 믿지 않는다는 것이다. 이 객관적 사실이 어른들을 불편하게 만들기 때문이다. 따라서 이 문제는 실재하지 않는 것이 된다. 대신 단순히 가정에서의 애정 결핍, 열악한 거주 환경, 만화책, 나쁜 친구들과의 교제 등 성장 환경 때문에 빚어진 문제나 혹은 한번쯤 겪는 긴장으로 여긴다. 추후에 좀더 논의하겠지만 이와 같은 이른 성 경험이나 그와 관련된 불미스러운 사건은 청소년 범죄에서 상당히 흔하게 나타난다. 어른들이 보기에 이러한 행동은 조숙하고, 비정상적이며, 인위적인 자극 때문에 발생하고 앞으로 저지를 범죄에 대한 지표로 통한다. 나는 이러한 주장이 궤변이라고 생각하지만, 아무튼 이 문제에서 중요한 점은 새로운 사실이 엄연히 존재한다는 것이다. 그럼에도 청소년의 성 문제를 마치 존재하지 않는 문제인 양 만들려는 시도는 이들의 향후 성장을 불가능하게 한다. 더불어 미래의 범죄를 만들어낸다. 그러므로 청소년들의 조기 성 경험을 미래 성장을 위한 중요한 통과의례의 일부로 받아들여야 현명하게 대응할 수 있다. 이에 일부 어른은 처벌 받지 않은 이 학생이 다른 학생들에게 악영향을 끼칠지 모른다는 염려를 하기도 한다. 다시 말해, 어른들이 아무런 제재를 가하지 않는다면 이 학생으로 말미암아 어느 날 갑자기 나머지 학생 모두가 조숙해지며 비정상적으로 인위적인 자극에 넘어가 범죄를 저지르기 쉬운 상태가 될 것이라고 생각한다.

청소년들이 직면하고 있는 이러한 성적인 문제를 공식적으로 거론하는 사람은 없다. 헨리크 입센, 지그문트 프로이트, 앨버트 엘리스*, 시어도어 드라이저** 등이 위선에 대한 혁명적인 비판을 가했으나 지금까지 별다른 성과를 거두지 못했다. 아이들이 학교에서 보이는 무절제한 행동이 일정 부분이긴 하나 2차 성징인 사춘기와 중대한 관련이 있다고 주장한다면 이 또한 궤변일까? 일선 교사들끼리는 연관성이 있다고 이야기한다. 실제로 버트런드 러셀은 교사 재직 시절에 학생들이 성 경험을 하는 편이 더 낫다고 생각했다. 그럴 경우 중요 과목인 수학에 좀더 집중할 수 있으리라고 믿었다. 그러나 현재 학교에서는 이러한 문제에 눈을 감고 학교와는 무관한 사안으로 여긴다. 학생들의 성적 욕망을 억누를 것이냐 고무시킬 것이냐가 문제가 아니라 엄연히 존재하는 사실이 마치 존재하지 않는 양 치부된다는 점이 문제다. 후자의 문제가 계속될 때 청소년들은 제대로 자라나기 어렵다. 실재적 사실에 대한 어떤 논의도 이루어지지 않으므로 그 사안에 대해 진지하게 고려하거나, 이해하거나, 또는 자신과 사회를 잇는 다리를 만드는 것이 불가능해지기 때문이다.

미국 사회는 희한한 검열 제도를 완성했다. 누구나 자신이 믿는 것을 말할 수 있는 정치적 권리를 지니고 있지만 수많은 신문, 대중 잡

---

* 미국의 심리학자로 인지, 정서, 행동 치료를 창시한 미국의 심리학자.
** 미국의 소설가로 『아메리카의 비극』의 저자.

지, 베스트셀러 도서, 방송, 및 대국민 발표에 의해 개인의 생각은 완전히 잠식당한다. 이들은 개인의 말을 무시하고 공식적으로 사물을 바라보는 방식을 공식적으로 지시한다. 어떤 음모론을 제기하는 게 아니라 그저 개인이 하는 말이 다른 사람들의 말과 다르고 뉴스거리가 될 만한 가치가 없게 만드는 것뿐이다.

그렇다고 의도성이 완전히 배제된 것도 아니다. 한 편집자는 내게 이렇게 이야기했다. "만일 『에스콰이어』지가 어떤 사안을 세상에서 가장 중요한 것처럼 다루고 있다면, 누가 그 사안을 외면할 수 있겠어요?" 그리고 만약 일반적으로 언급되지 않고 있는 어떤 중대한 사안에 대중의 관심이 쏠리게 하고 싶다면, 이에 대한 내 생각을 『뉴욕 타임스』에 게재해보라고 말해줬다.

누구나 혼란스러워하는 사안에 관해 간단하고 명료하게 진실을 말할수록 뉴스 가치는 떨어지고, 사람들의 입에서 회자될 가능성도 낮다. 「벌거벗은 임금님」 우화에 나오는 소년이 "그런데 임금님은 벌거숭이야!"라고 말했지만 신문과 방송에서는 왕의 아름답고 근사한 새 옷을 설명하는 데 대부분의 지면과 시간을 할애했으며, 더불어 정신적으로 문제가 있는 소년을 흥미롭게 다뤘다고 가정해보자. 아마 소년의 부모는 아들이 자랑스럽기는커녕 부끄러웠을 것이며 소년의 상태를 안타까워한 시민들이 치료에 써달라면서 기부한 1만 달러의 성금을 받았을 것이다. 소년이 말한 진실보다는 소년을 둘러싼 이야기가 뉴스거리로서 가치를 지니기 때문이다. 소년이 과연 이러한 상황을 이해할 수 있을까?

발언을 공식적으로 검열한다면, 이는 그 발언이 진지하다는 증거다. 반면 검열이 존재하지 않는다면, 공식 대변인들만 발언할 수 있다는 뜻이다.

3

이제 우리의 주제인 직업으로 되돌아가 논의를 한 걸음 더 진전시켜 보자. 어쩌면 젊은이들은 정말로 뭔가를 하고 싶어할지도 모른다. 다시 말해, 무언가 의미 있고 할 만한 가치가 있는 일을 찾는 것이다. 의미 있는 성과만이 하나의 행위를 완성하기 때문이다. 사람은 실질적인 업무가 마무리됐을 때 휴식을 취한다. 통계에 따르면, 정신적으로 가장 건강한 직업이 과거에는 기관사, 현대에는 조종사라는 게 이를 단적으로 보여준다! 이들 직업군의 업무는 유용하고 까다로우며, 거대한 기계를 작동시킨다는 공통점을 가진다. 그래서 이 업무가 끝났을 때, 진짜로 모든 게 끝난다. 어떤 일에 대한 목적이 중요할 경우, 이는 여러 날에 걸친 행동과 공상의 기초가 되며 누군가는 이를 위해 학업을 계속할 수도 있다. 그렇지만 불행하게도 위대한 사회가 우리의 앞을 가로막고 있다. 사회가 사람들이 의미 있는 일을 하고 싶어한다는 사실 또는 그럴 가능성을 진지하게 받아들이지 않기 때문이다. 가치 있는 활동을 하지 않으면 행복해질 수 없다는 철학적 진실 또한 외면하려고 하기 때문이다. 예를 들어 밀턴 배런이 비행 청소년을 대상으로 실시한 설문의 100가지 질문에는 다음과 같은 것은 들어 있지 않았다. "당신은 나중에 무엇이 되고 싶습니까?" "성인이 되어 어떤 직업을 갖기를 원합니까?" "목표를 이루기 위해 뭘 하고 싶습니까?" 배런이 수용한 도널드 태프트의 저술 『범죄학Criminology』에는 이런 문장이 들어 있다. "미래 직업에 대해 관심이 있어야 할 나이에 그 것이 없다는 것은 허기진 삶을 여실히 보여주는 증거다."

절망에 빠진 열다섯 살짜리 아이들은 할 일 없이 어슬렁거리며 일을 하거나 놀지도 않고, 아무것도 하지 않는다. 장래가 없고, 명분도 없으며, 청소년 프로그램이 짜놓은 연극은 청소년들에게 흥미롭지도 않을뿐더러 그들과는 상관이 없다고 여길 것이다. 아이들은 언젠가는 그만둘 생각으로 학교 공부도 하지 않는다. 시간제 일자리를 얻기도 어렵다. 실제로 비행 청소년을 포함한 모든 청소년은 아무것도 하지 않은 채 무수한 시간을 허비해버린다. 그들은 한데 어울려다니면서도 별다른 이야기를 나누지 않는다. 그들의 얼굴을 보면 그 상황에 억지로 끼어든 것 같지도 않다. 이와는 반대로, 현실을 무시해도 되는 영화관에서는, 환상에 푹 빠져서 영화를 보다가 가끔은 그들이 본 장면을 흉내 내기도 한다.

가치 있는 일이 하나도 없다면, 무엇이든 하기가 어렵다. 우리는 아무것도 하고 있지 않을 때, "당신은 쓸모없는 사람입니까?"라는 위협적인 질문에 직면한다. 이런 모욕적인 의심은 즉각적으로 어른 되기에 위협이 되고 방어적인 자만심에 초점을 맞춘 가치 시스템으로 나타난다. 이것이 이른바 '위협받는 남성성'이다. 이는 소녀가 된다는 의미가 아니라 정확하게 말해서 모욕적인 용어 '소년boy'으로 불린다는 점에서 그렇다. 이 때문에 남성으로서 힘을 입증하고 존중을 요구하

2장 실존적 존재로 인정받기

려는 부단한 충동을 느낀다. 남자아이들은 관심사에 대해서는 별로 말을 하지 않지만, 자신이 '다른 누구 못지않게' 쓸모 있고 덜 멍청하며 덜 비겁하다는 것을 과시하기 위해 강렬한 수사법을 자주 사용한다. 예를 들어 남자아이들은 게임을 할 때, 게임 자체에는 관심이 별로 없다. 그래서 공이 날아오는데도 한눈을 팔고, 게임에 대한 집중력이 떨어지며, 핸드볼 게임을 하는 동안에도 담배를 피운다. 승부욕도 놀라울 정도로 낮고 자긍심도 별로 느끼지 못한다. 하지만 사실 입증에 대한 욕구는 놀라울 정도로 강해서 이런 방식으로 이야기하곤 한다. "내가 이겼지? 지난주에도 내가 이겼잖아!"

어린 시절, 소년들은 온몸을 바쳐 굉장히 열성적으로 놀았다. 이러한 놀이가 세상 속에서 자아를 발견하고 형성하는 성장과정에 가장 중요한 일이기 때문이다. 그런데 이제 놀이를 하기에는 나이가 너무 들어버린 이 소년들이 무엇에 헌신할 수 있을까? 아직 그렇게 지치지 않았기 때문에 재미삼아 놀 수도 없다.

이들의 증명 행위는 끝이 없다. 애초부터 활동 각각이 별로 흥미를 끌지 못했기 때문에 개별 활동의 가치는 심화되지 않고 그다지 반복할 만한 것이 못 된다. 증거물로서의 이 활동의 가치는 금세 떨어진다. 이러한 상황에서는 어쩔 수 없이 자신이 힘세고 쓸모없는 인간이 아님을 증명하기 위한 강박적이고 부질없는 행위의 강도를 올리게 된다. 이 분석은 청소년은 물론 기업이나 미국의 광고계에서 출세에 목을 맨 중견 간부들에게도 동일하게 적용된다.

프레더릭 밀턴 트래셔*가 『더 갱The Gang』에서 밝혔듯이 다음과 같은 논리가 이상할 게 없다. "다른 조건이 같다면 상상력이 풍부한 소년이 갱단의 두목이 될 가능성이 상당히 높다. 그 소년에게는 갱단 조직원에게 흥미로운 일들을 만들어낼 능력이 있기 때문이다. 갱단 조직원은 이렇게 생각할 것이다. '두목은 늘 우리가 할 일을 생각해낼 거야.'"

이 시점에서 소위 공인이라는 사람들은 어떤 말을 하는지 잠시 살펴보자.

4

지난여름 몇 건의 청소년 살인 사건이 벌어졌던 끔찍한 한 주가 지난후, 1959년 9월 2일자 『뉴욕 타임스』에 따르면 뉴욕 주지사는 다음과 같은 성명서를 발표했다.

> 우리는 이 청소년들에게 도전을 안겨줄 수 있는 새로운 방법을 지속적으로 고안해내야만 하고, 혈기를 발산할 수 있는 출구를 제공하며 소속감을 심어주어야만 한다.

이 성명서는 현 정치력의 최고 수준을 보여주며 내가 이 성명서를 여기서 제시하는 이유도 그 때문이다. 이 성명서는 사회학자나 심리

---

* 갱 문화를 체계적으로 연구한 미국의 사회학자.

학자의 자문을 받아 작성되었다. 여기서는 적절한 해결책을 제시하고 있지만 도덕적인 태도는 찾아볼 수 없다. 그리고 어디에도 경찰력 동원에 대한 언급은 없다. 2주 후, 또 다른 사건이 발생하자 경찰의 개입 문제가 거론되긴 했다.

이 성명서의 골자는 트래셔가 십대 갱단 두목에게 부여했던 그 역할을 뉴욕 주지사가 수행해야 한다는 것이다. 주지사는 새로운 '도전'을 고안해내야 한다. 도전이라는 말이 이보다 더 불쾌할 수 있을까! 하지만 우리는 **지속적으로**라는 단어에 더욱 주목해야 한다. 새로운 위협이라 할 수 있는 '혈기'를 흡수할 방법을 지속적으로 그리고 강박적으로 고안해야 한다면 그 도전은 가치도 없고 무의미하며 치료 효과도 없다. 또한 트래셔에 따르면 "갱의 두목은 때론 가중을 이용해 집단 전체를 통제한다. 예를 들어 조직원들이 한 가지 행동에서 다른 행동으로 점차 옮겨가도록 부추김으로써 결국 궁극의 목표에 도달할 수 있게 한다." 이는 게임의 판돈을 올리는 행위가 아닌가? 그러한 성격의 방식은 실질적 요구에 부응하기 어렵다.

뉴욕 주지사는 두목 역할을 자처했지만 소년 두목만큼 기발하고 참신한 상상력을 발휘하면서 제 역할을 수행할 수는 없을 것이다. 어른들은 주지사에게 표를 찍어줬지만 십대 갱단은 절대 그렇게 하지 않을 것이다. 그런 시시한 사람이 주지사에 선출된다는 사실은 청소년들의 성장을 가로막는 실제적 요소다.

성명서에 담긴 뉴욕 주지사의 심리는 알다가도 모르겠다. 그가 말한 어떤 형태의 혈기는 존재하지 않는다. 대신 구체적이고 실질적인 목표를 지닌 특정한 에너지는 있다. 청소년의 경우 이러한 에너지의 일부는 성적 욕구의 발산이다. 다른 청소년도 마찬가지지만 비행 청소년에게는 성적 에너지를 발산하는 일이 좌절되거나 불완전하게 충족된다. 하지만 비행 청소년들은 또래에 비해 이러한 고통을 다독이고 인내하는 법을 배우기 힘들다. 따라서 비행 청소년들이 갖고 있는 또 다른 강력한 에너지는 좌절로 인한 분노를 표출하는 것으로 나타나, 희생양에게 분노의 화살을 돌릴 수도 있다. 만약 이 비행 청소년들이 스스로를 쓸모 있는 인간이라고 느낄 만한 건설적인 활동을 하지 못한다면, 그들의 에너지 가운데 일부는 시기에 찬 악의적인 파괴 행위로 나타날 수 있다. 청소년들이 힘을 갖고 있지 않을 때 그 에너지는 앙심이 되고, 모욕을 당하면 그 에너지는 복수로 흐른다. 주지사 같은 힘 있는 어른들에게 거부당하고 잘못 이해되고 있다고 느낄 때, 그들의 에너지는 비애가 된다. 이에 반발하며 차갑게 돌아선 자존심은 또래 집단에 더 열성적인 충성심으로 이어진다. 뉴욕 주지사가 진지하게 고민하면서 만들려고 하는 배출구는 과연 이러한 에너지 가운데 구체적으로 어떤 에너지를 발산하게 하기 위함일까? 아마도 이 비행 청소년들을 이끄는 상상력 풍부한 갱단 두목이라면 도전을 만들어내 몇 시간만이라도 에너지를 발산할 수 있게 해줄지 모른다.

여기서 '소속감'의 사회학이란 무엇인가? 이 위대한 미국이라는 사회에서 비행 청소년들은 완전히 뿌리째 뽑힌 상태다. 그러나 갱단 내부에서 이들의 결속력은 소름 끼칠 정도로 절대적이다. 그들은 똑같은 재킷을 걸치고 다니며 한결같은 도덕morals을 공유하고 은어를 사용한다. 아무도 행여나 동성애자로 낙인찍힐지 모를 특이한 생각 따위 하지 않는다. 비행 청소년들은 금지된 행동을 함께 했기 때문에

2장 실존적 존재로 인정받기

서로를 협박하는 고통스러운 상황에 처해 있으며, 죄책감을 공유하고 아웃사이더에게 의혹의 시선을 보낸다. 그들은 바람직하지 못한 공동체, 우정이나 애정, 개인의 유용함 같은 것은 눈 씻고 찾아봐도 없는 곳에 속해 있다. 한마디로 비행 청소년은 쿨cool하며 감정을 내보이는 것을 꺼린다. 그런데 아직도 진지하게, 이 아이들에게 똑같은 충성심을 보장하는 그런 바람직한 공동체를 만들어줄 수 있다고 생각하는 것일까?

5

도전이 무엇을 의미하는지 좀더 잘 파악한 뉴욕 시 청소년위원회New York Youth Board는 꽤나 성공적인 정책을 입안했다. 이 정책의 원칙은 잠정적으로 비행 청소년 패거리 집단의 규칙, 이 청소년들의 능력 입증 가치와 편견을 기정사실로 인정하는 것이었다. 그런 다음 당면한 목표로 청소년들의 행동을 덜 불쾌하고 덜 위험하도록 전환할 수 있게 유도하려 했다. 이는 고통을 줄여줄 수 있기 때문에 충분히 시도해볼 가치가 있다. 헤로인이 불법이고 알코올이 합법일 때, 만약 한 청소년이 헤로인 대신 술을 마신다면 그는 덜 고통스러울 수 있다. 이 청소년은 위험에 그나마 덜 노출될 테고, 터무니없이 비싼 불법 마약을 살 돈을 마련하고자 범죄 행위를 할 가능성도 줄어든다.

좀더 희망적인 전망을 해보면, 현명하고 너그러운 어른들로부터 인정을 받은 청소년들은 점차 자기 자신을 받아들일 수 있고, 증명하고 싶은 충동에서도 서서히 벗어날 수 있다. 뿐만 아니라 믿을 만한 어른과의 우정을 통해 감정이 전이되어 사랑을 이끌어내며, 이윽고 이 사랑은 다른 곳으로 향하게 될 것이다. 이것이 청소년 지도사의 철학이라고 믿으며, 이는 많은 경우에서 성공할 수 있다.

하지만 그것이 대단한 성공을 거두리라는 데는 회의적이다. 다시 이야기하지만, 이 미국이라는 나라에서는 청소년을 자신들과 같은 세상에서 진짜 목표를 가지고 살아가는 실재적 주체로 진지하게 받아들이지 않는다. 청소년위원회 입장에서는 비행 청소년들만의 세상에서 정한 그들만의 규칙은 받아들일 수 없는 것이다. 그리고 세상 어디에서도 십대들의 허풍과 편견은 성장으로 이어질 수 없다. 그렇지 않은 척 가장하는 것은 역할놀이에 불과하고 우리가 원래 의도했던 세상에서 청소년들을 계속해서 배제하려는 것과 같다. 그러면 어떻게 해야 청소년들로 하여금 자신이 신뢰를 얻고 이해받고 있다고 느끼게 할 수 있을까? 얼간이가 아닌 이상, 젊은이들은 이미 자신들이 유명무실한 존재이며, 제대로 이해받지 못할 것을 알고 있다. 그들은 저 너머에 자신들이 기꺼이 합리화할 수도 있는 공정하고 순종적인 또 다른 세상이 있다는 것을 안다. 그러나 그 또 다른 세상은 만만치 않은 선망의 대상이다. 사실, 규칙 자체나 범죄 영역을 차치하고라도, 이 아이들은 취향이나 의견, 무지의 측면에서 인습의 전형이다. 비록 청소년들이 동정으로라도 관심을 얻으려는 유치한 욕구를 보이고, "우리가 골치 아픈 문제아들이기 때문에, 저들이 청소년 지도사를 파견할 수밖에 없었다"라고 으스대도 자기들을 진심으로 대해달라고 요구할 만큼 어리지는 않다.

비지시적non-directive 접근법도 있는데, 이 접근법은 어떠한 판단이나 해석을 하지 않으며 조언도 하지 않는다. 그저 환자 혹은 비행 청소년이 자신을 들여다볼 수 있도록 유도한다. 이 역시 청소년위원회가 추구하는 철학의 일부다. 비지시적 접근법에 따르면 자신을 직시하게 해서 수치심과 비통함을 분출하는 위험을 감수해야 하며 혹은 그러한 감정 폭발을 충동적으로 방어하거나, 폭력적으로 보복하거나 도피하는 위험도 감수하여 하나의 치료법이 되어야 한다. 하지만 청소년 상담 프로그램에서 실제로 이렇게 하는 건 굉장히 비현실적이다. 환자에게 동조하는 것, 더 나쁘게는 환자에게 동조하는 듯 보이는 것과 관심을 쏟아 환자를 안심시키는 것은 다른 일이다.

청소년위원회의 철학은 청소년 지도사가 실질적인 기회를 제공할수 있을 때, 즉 '대인관계' 그 이상의 것을 제공하고 궁극적으로 청소년이 그것을 제공받았다는 사실을 알았을 때만 성공할 수 있다. 실제로 뉴욕의 한 중학교에서는 아이들에게 높은 목표의 대학 진학을 촉구하는 실험을 했다. 아이들에게 이것이 경제적으로 가능한 일임을 보여줬으며, 학교에서는 후속 조치를 취할 것을 약속했다. 이 실험만으로 학습 능력 및 지능 지수가 빠르게 향상되었고, 무단 결석이 감소하는 결과를 보였다.

간혹 이러한 큰 성공은 그들의 '수용' 전략 때문이 아니라 지도사가 청소년위원회라는 세계에서 벗어나 진심으로 청소년들을 이해했기 때문에 가능했다는 것이 나의 주장이다. 동기야 어찌됐든 간에, 성공한 지도사는 이 청소년들을 실제 존재하는 대상으로 여긴다. 집단의 구성원 속에서 딜레마를 겪고 있는 은밀한 동반자가 되어주기도 하며 좀더 현실적이고 세속적인 지혜를 전달해줄 수 있을지 모른다. 그는 청소년 몇몇과 정서적으로 연대할 수도 있고, 사실 그에게도 이 청소년들은 중요한 존재다. 어쩌면 그는 인정 많고 의욕 넘치는 교사이기 때문에 애초에 청소년위원회가 의도한, 불만족스러웠던 세상 대신에 완전히 새로운 관심사와 가치를 창조하려고 하는 것인지도 모른다.

6

사회 계획, 도시 계획, 경제 및 체육 시설은 계속 발전해왔으며, 이 사회에서 비행 청소년 역시 유기적인 부분이다. 선험적으로 비행 청소년들이 다음 세대가 되면 자연히 사회에 속하게 되므로 그들을 이 사회에 속하도록 만드는 것이 문제는 아니다. 입증과 실행의 책임은 완전히 별개의 것이지만, 사회라는 시스템은 모든 구성원에게 맞춰줘야 한다. 하지만 비행 청소년을 쓸모없는 불청객으로 치부하고 그들을 회유하거나 방해해서 사회에 무해한 존재로 만들기 위해 노력하는 것이 공식적인 관례라는 것을 부인할 수 있을까?

이번에는 이 문제를 다른 방향에서 살펴보기로 하자. 다른 모든 합법적 집단과 마찬가지로 청소년 집단도 성가시게 압력을 행사한다. 그러나 자신들의 생각을 정확하게 표현할 줄 모른다. 약간 모자란 관점에서 생각하면 청소년들이 분명 옳지만, 도대체 그들이 원하는 게 정확히 무엇인지 알기 어렵다. 과연 우리는 그들이 원하는 것이 무엇인지를 물어보고 그것을 찾을 수 있도록 도움을 주기 위해 충분히 노력을 기울였다고 말할 수 있을까? 이 청소년들이 원하는 것은 크게 두 가지로 요약할 수 있다. 첫째, 자신을 성질 고약하게, 악의적으로, 복수심에 불타며 자만심에 가득 찬, 무지하고 냉담한 인간으로 만들어 어른이 되는 것을 불가능하게 만든, 모욕적이고 박탈적인 환경의 변화를 원한다. 둘째, 성장할 수 있는 실질적인 기회를 원한다.

앞서 언급했던 뉴욕 주지사 이야기로 돌아가보자. 그는 공식 성명서에 덧붙여 다음과 같이 말했다.

> 청소년 범죄의 문제는 구제가 쉽지 않다는 것이다. 청소년 범죄를 하루아침에 즉각적으로 해결할 수 있는 해법 같은 것은 없다. 그것은 부모의 무관심, 결손 가정, 열악한 주거 환경, 불건전한 성장 환경, 경제적 박탈, 정신적 혼란, 종교 교육의 부재 등이 복합적으로 결합된 문제이기 때문이다.

이 성명서는 청소년 범죄의 조건을 제시한 목록으로는 나쁘지 않다. 그것은 병인학病因學의 대중적이고 과학적인 모든 이론을 충족시킨다. 문제는 이 조건들이 사회 내부적으로 얼마나 유기적으로 연결되어 있는지를 정확하게 이해하지 못한다는 데 있다. 이러한 환경은 새로운 비전이나 기회를 아무것도 제공해주지 않은 채 얄팍한 술수나 바쁜 사회복지 지원 업무 같은 것으로는 개선될 수 없다. 주지사는 결손 가정에 대해서 언급하고 있는데, 과연 그는 현대의 결혼 제도를 개선할 방법이라도 갖고 있는 것일까? 특히, 특정한 생활 양식을 가진 사람들에게 결혼은 결코 제도가 아니다. 또한 오늘날 도시 빈민은 대개 흑인이나 스페인계이고, 이들은 많은 노조에서 배제되고 있으며, 수입이 최저임금에도 못 미치는 경우가 허다하다. 그들은 공교육을 받아본 적이 없다. 당연히 경제적 박탈감을 맛보며 열악한 환경에서 살 수밖에 없다. 직업이나 전쟁에 대해서 기본적으로 공동체 기능은 무관하다고 생각하며 잘못된 성관념이 통용된다. 그들에게 종교는 어떤 의미를 지닐까? 미국에는 공동체도 없고 공동체 계획이란 것도 없다. 그러니 성장 환경이 불건전할 수밖에 없다.

위와 같은 문제점을 지적한 뉴욕 주지사가 향후 5년, 10년 혹은 20년을 목표로 이러한 환경들을 개선하기 위해서 도대체 어떤 대단한 노력을 기울여왔는지 궁금하다.

사실 **공식** 정책은 청소년 범죄를 해결하기보다는 오히려 증가시킬 때가 더 많았다. 일례로, 주택 문제의 최고 권위자인 찰스 에이브럼스는 성실한 분석가답게 공공 주택 정책이 청소년 범죄 증가에 어떤 영향을 미쳤는지를 입증했다. 빈민가가 모조리 철거되면서 기존에 확립된 공동체 삶이 붕괴되었다. 공터에 건물을 짓지 않고 종합 계획을 등한시함으로써 공무원 개인의 힘으로는 해결할 수 없는 이주 문제를 야기했으며, 원룸 주택의 숫자만 크게 증가시켜 궁극적으로 평범한 가정생활을 불가능하게 만들었다. 이런 상황에서 뉴욕 시장이 바라는 대로 열다섯 살짜리 소년이 저녁 11시에 귀가했다고 가정해보자. 단칸방에는 아빠와 엄마가 한 침대에 누워 있고, 어린 남동생 둘이 소년의 침대를 차지하고 있고, 아기는 악을 쓰며 울고 있다. 잘 데

가 없는 이 소년은 새벽 4시까지 뜬눈으로 새야 한다. 또한 가구 소득이 증가한 가정은 공공 주택에서 쫓겨나게 되면서, 더 나은 모델들이 사라지고 불리한 입장이 되었다. 반면 아무런 관련도 없는 도덕적 기준에 따라 추방당하는 가정도 있다. 그들이 어떻게 될지는 안중에도 없다. 다른 분리 정책들과 마찬가지로 애초에 소득에 기초해 대규모 블록으로 주민을 분리하는 정책은 갈등을 고조시킬 수밖에 없었다. 이 모든 것이 공식 정책이었다. 그런데 저소득층 비중이 높은 학교에 대한 연방정부의 타이틀 원의 준공식적인 정책으로 시선을 돌려보면 상황은 더욱 암울해진다. 타이틀 원은 주민들이 불확실한 상태에서 주택 임대료를 지불하고 있는데도 2, 3년 동안 주택 철거는 물론 주택 건설도 지연시키고 있다.

에이브럼스의 분석 자료의 문제는 뉴욕 도시계획위원회가 청소년 범죄를 계속해서 양산해오는 동안 그를 비롯해서 루이스 멈퍼드나 다른 학자들이 20년 동안 그에 대해 주구장창 떠들기만 했다는 점이다.

7

1960년 1월 현재, 뉴욕 주지사의 청소년 범죄 감소를 위한 실질적인 프로그램이 마침내 입법 청원이 되어 있는 상태다. 이 프로그램의 골자를 다음과 같이 요약해보겠다. 1)중범죄 적용 연령을 15세로 낮춘다. 2)현재 수용 인원 110명인 산림 캠프에 390명을 추가로 수용할 수 있는 공간을 확보한다. 3)이 산림 캠프에 소수의 연장자를 입소시킨다. 4)'범죄가 우려되는' 청소년을 위한 '청소년 교육 센터'를 설립한다. 5)시설에서 퇴소를 앞둔 청소년을 위한 '하프웨이 하우스halfway houses'를 제공한다. 6)법원은 청소년을 허가받은 기숙사로 보낼 수 있다. 7)의무 보습학교를 완화한다. 8)14세부터 16세까지 청소년의 방과 후 근로를 허가한다. 9)'중퇴 가능성이 있는 청소년이 충분히 오랜 시간 학교에 다니면서 취업을 준비할 수 있도록' 직장과 학업 프로그램을 장려한다. 10)법원의 보호관찰 서비스를 중앙 집중화한다. 11)보호관찰 담당 직원의 수를 보강한다.

여기 나열한 11개 항목 중에서 8개 항목은 주로 처벌이나 통제가 목표인 것처럼 보인다. 청소년은 정말로 천덕꾸러기로 여기며, 처벌과 통제를 통해 이 청소년들을 무해한 존재로 만드는 것이다. 8번과 9번, 단 2개 항목만이, 물론 크게 인상적이지는 않지만, 어쨌건 뭔가 실질적인 변화를 제시하고 있다. '이 비행 청소년들의 도전을 위해 새로운 방법을 지속적으로 고안하는' 이 프로그램에 대체 무슨 일이 있었던 것일까? 독자들은 2번과 3번에서 등장하는 산림 직업 캠프에 주목해주기를 바란다. 산림 캠프가 훌륭한 프로그램이며 괜찮은 경험을 제공해왔음을 뒷받침해줄 증거가 있다. 그러나 이 프로그램을 유죄 선고를 받은 비행 청소년들에게 개방할 것이 아니라 그곳에서 1년 동안 일하기를 원하는 모든 청소년이 이용하도록 해주어야 한다. 물론 자금이 부족하다. 심지어 총 500여 명의 비행 청소년에게 사용할 자금조차 부족하다. 그러나 심각하게도 수천 명의 비행 청소년을 위한 캠프 프로그램이 정부가 추진하고 있는 웨스트체스터를 잇는 신설 고속도로 사업 하나보다 덜 중요하게 다루어진다.

8

긍정적으로 생각하면, 청소년들의 비행 행위는 뭔가를 매우 분명하게 말하고 있는 것 같다. 우리가 이뤄줄 수 없지만, 반드시 지향해야 할 방향이다. 비행 청소년들이 행동을 통해서 하고자 하는 말을 정리하면 다음과 같다. 첫째, 노동을 하기 위해서, 얼마간의 돈을 벌기 위해서, 그리고 자존감을 가질 수 있도록 남자의 일을 할 수 있는 기회를 달라. 둘째, 패기를 발산할 수 있는 약간의 공간을 확보해달라. 이때 그 공간이 늘 누군가의 사유지인 것도 아니다. 셋째, 관심 영역을 확대하는 데 도움이 될 좀더 나은 학교가 필요하다. 넷째, 두려움이나 수치심을 느끼지 않고 더 나은, 그리고 더 많은 성 경험을 할 기회를 요구한다. 다섯째, 자동차처럼 매우 중요시되는 상징적인 재화를 공유할 기회를 달라. 여섯째, 충성할 수 있는 공동체와 국가가 필요하다. 일곱째, 주목받고 발언권을 가질 기회를 제공하라.

터무니없는 요구라고 할 수 없다. 하지만 우리의 현재 시스템 내에서는 결코 충족되기 쉽지 않으며, 이해하기 어려운 것들이다. 그렇기 때문에 비행 청소년 문제는 해결하기 쉽지 않다. 기껏 최후의 보루로 내세우는 조치가 통행 금지나 칼 소지 금지 조례를 시행하거나 부모들을 협박하는 것이며, 최신식 이름을 붙여 소년원을 세우고, 길거리 순찰에 경찰 1100명을 추가로 배치하는 것이다.

_1_

미국 경제가 풍요롭다지만 '인구의 3분의 1이 못 먹고 못 입고 못살던' 1930년대에 비견될 정도로 빈곤 문제가 심각하다는 것은 여전히 논쟁의 여지가 있다. 일부 사람들은 인구의 20퍼센트가 빈곤에 시달리고 있다고 하며, 그 수치가 40퍼센트나 된다고 주장하는 이들도 있다. 1958년 인구조사에 따르면 전체 인구의 31퍼센트가 빈곤에 허덕이는 것으로 나타났다.

그러나 빈곤의 기준을 정하기란 쉽지 않다. 예를 들어 뉴욕 주 웨스트체스터 부촌에 거주하는 한 흑인 가족의 가구 소득이 4000달러일지라도 형편없는 주택에 대한 임대비로 소득의 상당 부분을 지출해야 하므로 수지를 맞추기란 불가능하다. 뉴욕 시에 거주하는 별다른 기술이 없는 푸에르토리코인의 경우 이웃에 사는 주민에 비해 주택 크기의 4분의 1에 해당되는 주거 공간을 임대하기 위해 무려 4배의 임대료를 지불해야 한다.

그럼에도 모든 학자는 다음 두 가지 명제에 동의할 것이다. 첫째, 빈곤층의 인구 구성에 커다란 변화가 생겼다는 점이다. 현재 미국 빈곤층은 주로 이주 농장 노동자를 포함해서 인종적, 문화적으로 소수에 해당되는 시민들로 이루어져 있다. 둘째, 빈곤층과 미국 시스템의 경제적 관계에 커다란 변화가 있었다. 간단하게 말해서 아일랜드인, 유대인, 이탈리아인, 슬라브인으로 대표되는 초창기 소수 민족들은 노동력을 요구하는 확장 경제 안으로 대거 유입된 반면, 새로운 소수 민족들은 노동력을 필요로 하지 않는 확장 경제에 뛰어들고 있다. 여기에 또 다른 중요한 변화 양상으로, 다른 계층과 빈곤층과의 관계를 들 수 있다. 독자들 다수가 미국에 상당히 많은 빈곤층이 존재한다는 사실에 당연히 놀랄 것이다. 그리고 이에 관한 자료를 읽고, 빈곤을 단순히 전반적인 생산성 향상을 통해 척결해야 할 문제라고 느낄 것이다. 그래서 모든 것이 꽤 간단한 문제처럼 보인다.

소득 피라미드의 형태에도 변화가 있었다. 과거에는 대다수 국민이 피라미드 맨 아래쪽에 있는 빈곤층이고 한 계단씩 위로 올라가면서 사람 수가 점점 줄다가 맨 꼭대기에는 소수가 자리 잡고 있었다. 풍요로운 경제란 많은 사람이 불룩 튀어나온 중하위 소득 계층에 몰려 있다는 걸 의미한다. 이 중하위 소득층은 직업군 중에서 가장 증가율이 높은 준전문직과 서비스 업종에 종사하는 사람들로 이루어져 있으며, 이들은 직급별로 월급을 받는다. 반독점 공장 업무에서 숙련공과 반숙련공은 견고한 노조에 가입되어 있다. 인위적으로 유지되고 있는 거의 완전 고용 상태에서 미국 가정의 남편은 두 개의 직업

3장 계급 구조

을 갖거나 혹은 아내도 직장에 나간다. 미국 남부나 중서부의 새롭게 산업화된 지역에 거주하는 사람들도 사정은 마찬가지다. 그러나 역으로, 형편없는 임금을 받는 비숙련 노동자의 수는 줄어들었다. 예를 들면 공장 바닥 쓸기와 같은 단순 일자리에 자동화가 본격 도입되었다. 많은 업종이 노조에 가입돼 있지 않다. 심지어 최저임금이 적용되지 않는 경우도 간혹 있다. 대부분 흑인들로 이루어진 이주 농장 노동자들은 사회 보험의 혜택을 받지 못한다. 노조와 경영진의 묵인 하에 흑인과 새로운 스페인계 소수 민족은 수습직으로 취업하는 것조차 거부당하는 일이 빈번하다. 처음부터 뒤처진 이 빈곤층 소수 민족은 교육 수준도 낮다.

즉, 풍요로운 경제, 중간이 불룩하게 튀어나온 피라미드 구조는 피라미드 맨 아래쪽에 있는 사람들이 사회 밖으로 완전히 떨어져나갔음을 의미한다.

이렇게 생각해보자. 과거에 비해 생활 수준은 더 높아졌고, '격에 맞추기' 위해서 좀더 순응하면서 산다. 품위 있는 빈민으로 살아가는 데도 예전에 비해 더 많은 돈이 들어간다. 하지만 그 위의 계층들은 예전에 비해 더욱 빡빡한 구조여서 그 집단의 일원으로 들어가기가 더 힘들다. 따라서 사회 빈민에게 높은 생활 수준은 점점 더 달성하기 어려운 목표가 된다. 빈곤과 직업의 무용성처럼 경제적·직업적인 원인들이 요인이 된다면, 그리고 이 원인들이 더해져서 사회 '밖으로' 내몬다면, 그 요인은 강력하고 중요해지고 이는 청소년 범죄의 원인을 충분히 설명해주고도 남는다. 그래서 더 이상의 설명은 필요치 않다. 이와 같은 절망적인 상황에서는 가족의 반목, 유년기의 좌절,

혹은 청소년 시절의 방황 중 그 어떤 것도 청소년 범죄를 유발하는 원인이 될 수 있다. 따라서 현재 우리 시스템 안에서 이러한 구조가 유기적으로 연결되어 있는지 여부가 내게 주요 관심사다.

하지만 지금 이 시점에서 덧붙인다면, 빈곤층이 하고 있는 하찮은 일 중 다수가 도덕적으로 말해서 절대 쓸모없는 일이 아니다. 농장 노동, 건물 관리, 배달, 서빙, 및 접시 닦기 등과 같은 직업은 미국의 생산사회 전반에서 무용하다는 비난을 받지만 꿋꿋이 잘 버텨내고 있다. 물론 청소년 범죄자들의 능력 입증 이데올로기에 비춰볼 때, 이 일자리들은 멸시받을 만한 하찮은 일이다. 그러나 우리는 이 일자리들이 비트 세대 중에서 좀더 사려 깊은 젊은이들이 가지고 있는 빈곤 신비주의를 뒷받침하기 위해 중요한 역할을 하고 있음을 확인하게 될 터이다.

2

최근 빈곤을 주제로 산업민주주의 학생동맹Student League for Industrial Democracy에서 주최하는 콘퍼런스에 참석했다. 저명하고 열성적인 노동계 지도자들이 연사로 나왔다. 그런데 시간이 흐를수록 그들의 이야기가 1930년대에 이루어졌던 빈곤에 관한 논의와는 상당한 거리가 있다는 사실에 점점 혼란스러워졌다. 결국 '저들이 말하고 있는 것은 정치적 경제가 아니라 자선 사업이구나!'라는 생각이 들었다. 아마 이런 느낌은 연사들이 빈곤에 허덕이는 미국의 유색 인종들에 관해 주로 이야기하고 있었기 때문인지도 모른다. 하지만 가장 큰 이유는 빈곤에 접근하는 태도가 더 이상은 그들이 지지하는 경제 이론 안에 포함되어 있지 않아서였다. 노동경제학자인 그들은 오늘날의 빈곤층에 대해 아무런 연대감도 느끼지 못했다.

그 자리에 있던 사람들이 좀더 젊은 시절에, 과거 사회주의자들이 빈곤을 주제로 논할 때는 자본주의 시스템 내에서 노동자 전체가 최하층에 속해 있고 점점 더 가난해질 게 분명하다는 것이 그들의 논리였다. 그러한 주장의 근거로 투자 수익의 점진적 감소, 임금 하락에 대한 압박, 소유권 및 통제의 중앙 집중화, 불평등의 증가, 주기적인 위기, 실업을 들었다. 그러므로 빈곤 퇴치는 공동의 책임이었으며 시스템 전체를 개선하고 궁극적으로 노동의 위치를 격상시키기 위한 싸움이 요구되었다. 그러나 현재 금리는 떨어지지 않고 있고, 우리의 시스템은 위기를 잘 완충해주고 있으며, 매우 이례적으로 높은 취업률과 보호 수단을 보유하고 있다. 독점적 통제가 중앙에 집중되어 있는 건 분명한데, 논란의 여지는 있지만, 불평등이 줄고 꽤 높은 생활 수준을 영위하는 노동자들은 누가 수백만 달러를 보유하고 있든 말든 그다지 신경 쓰지 않는다. 그래서 빈곤에 대한 향수 어린 연대감은 자선으로 바뀌었고, 빈곤층이 풍요로운 경제 시스템에 동화될 수 없다는 사안들은 배제되기까지 했다.

연사 가운데 한 명인 몸집이 퉁퉁한 한 노동계 지도자는 새로운 소득 피라미드가 허리 아래 복부 부분이 불룩 튀어나온 중년 남성을 닮은 것 아니냐는 질문을 받았다.

이날 한 번도 '프롤레타리아'라는 단어를 듣지 못했지만, 그럴 만했다. 이 단어가 다른 학설에서는 고귀하면서 비참하게 사용됐기 때문인데, 프롤레타리아란 임금 철칙에 따라 노동을 재생산할 만큼의 임금만 받고 '결과물을 내놓는 생산자들'을 의미했다. 이 시대 빈민은 고대 로마의 프롤레타리아, 즉 정치적 이유에 근거해 수당을 받아 결과물을 내놓는 생산자에 좀더 가깝다. '공상적 개혁가'라는 단어가 다소 부정적인 의미로 퇴색한 이유 또한 분명했다. 과거 이 단어는 먹레이킹Muck-raking*처럼 비현실적인 시도를 통해서 체제 개혁을 꾀하는 것을 의미했다. 그러나 이제 공상적 개혁은 고통을 완화시키고 체제를 수용하는 것을 의미한다. 먹레이킹은 영국의 문학 그룹의 일종인 앵그리 영맨Angry Young Man과 같은 고발 문학 형태가 되었다. 이 책의 어조도, 실망은 했지만 아직 포기하지는 않은 성난 중년 남성의 것처럼 들릴지도 모르겠다.

3

높은 생활 수준과 그 조직에서 배제된 사람들에게는 미국적 수준을 유지하는 일이 점점 더 어려워지고 있다. 고임금에 맞춰진 시스템의 특징은 저임금 노동이 어렵다는 것이다. 이런 일자리는 점점 줄어들

---

* 원래는 거름더미를 갈퀴로 파헤친다는 의미로, 무책임한 폭로 위주의 선정적 보도 행태를 뜻하기도 함.

고 있다. 그나마 있는 일자리들은 노조의 혜택을 누리지 못한 채 끔찍한 노동 착취의 대상이 된다. 일반적으로 저임금은 더 열악한 근무 환경에서 더 고된 일을 해야 한다는 뜻이다. 물론 물가 역시 높은 생활 수준에 맞춰져 있다. 공산품을 사용하는 모든 조건은 다른 공산품의 가격 및 서비스 비용과 점점 더 밀접해진다.

가난하기에 고물 차를 몰아야 한다는 것은 암울한 일이다. 고물 차는 보험료로 차량 가격의 3배가 들어간다. 시속 80킬로미터로 달려야 안전한 이 고물 차는 시속 100킬로미터 차량 전용 도로에서는 사실상 진입이 금지된다. 휘발유 값에는 도로 건설 비용이 포함돼 있다. 게다가 고장이라도 나면 이에 드는 수리 비용이면 새 차를 뽑을 수도 있다.

어떤 일자리를 얻든 돈이 들어가지만, 교통비, 점심 값, 남 보기에 흉하지 않게 입고 다니는 데 드는 비용은 고임금 노동자들이나 감당할 수 있다.

가난한 사람은 남들과는 다른, 창의적인 문화를 향유할 능력이 없기에 오락 같은 건 꿈도 꿀 수 없다. 대중문화는 비용이 많이 드는 오락이므로 가난한 사람은 대중문화의 찌꺼기만을 소비하게 된다. 가난은 그를 어리석은 인간으로 전락시킨다. 자식에게 학교에 신고 갈 변변한 신발 한 켤레 사줄 형편이 못 된다. 그래서 가난은 불행이 되고, 빈곤층은 사회로부터 점점 더 멀어진다.

4

사회학에서 청소년 범죄를 다룰 때 의견이 분분한데, 청소년 범죄라는 개념 자체가 혼란스러워 애매한 통계 결과가 도출되기 때문이다. 대체로 청소년 범죄에서 중론이 모아지는 견해는 여느 성인 범죄와 달리 청소년 범죄는 불경기보다는 경기 호황 때 빈번하게 발생한다는 것이다. 이러한 주장은 명백하게 빈곤 이론을 반박하는 듯 보인다. 이 역설은 경기가 좋을 때는 여성의 취업률과 이혼율이 증가하고, 술이나 마약을 살 여유 자금도 더 늘어난다는 지적에 의해 약화된다. 이 요인들이 일리가 있기는 하지만, 이쯤에서 몇 가지 다른 사안을 신중하게 짚고 넘어가고자 한다.

첫째, 전망도 좋고 보수가 후한 일자리는 취업하기 더 힘든 최하위 빈곤층에게까지 공평하게 돌아가지 않을 가능성이 높다. 이는 분명 오늘날 우리가 처한 상황이다. 둘째, 생활 수준이 높은 경제에서 약간의 여유 자금을 보유하고 있는 것과 고임금의 높은 생활 수준에 익숙해지는 것은 상당히 다르다. 맨체스터의 선조들이 이야기했듯이, 우리는 그럴 가치가 없는 빈곤층에 돈을 적선함으로써 오히려 그들에게 해를 가하고 있다. 이 돈이 그들을 곤경에 빠뜨릴 것이기 때문이다. 다음과 같은 구체적인 상황을 생각해보자. 빈곤층 부모들이 갑자기 더 많은 월급을 손에 쥐게 된다고 하더라도, 그들의 자녀가 부모에게서 받는 용돈은 아주 조금 늘어날 뿐이다. 그리고 갑작스럽게 부유해진 상황에서 이것은 다음과 같이 전개될 가능성이 높다. 우선, 소외 계층 자녀들은 더 많은 것에 관심을 갖게 되고 사치스러운 유혹에 노출된다. 그러나 편법을 쓰지 않는 한 이는 그들에게 도달할 수 없는 허상일 뿐이다. 한편 갑작스러운 부를 거머쥔 사람들은 그 돈을 흥청망청 써대기 마련이다. 이를테면 자동차 문을 잠그지 않은 채 자리를 비우거나, 성매매를 하고, 알코올 중독이 되곤 한다. 빈곤층 자녀들의 가슴속에서 원망은 점점 커진다. 이들은 자신들보다 잘사는 사람들은 모조리 샌님이고 적이며 갱단의 표적이 돼도 괜찮다고 생각한다. 경기 호황기에는 평상시보다 사회에서 소외되는 사람들이 사실상 더 많다.

반대로 경기가 불황일 때는 공동체 의식이 더 끈끈해지는데, 이는 많은 사람이 같은 처지에 있기 때문이다. 현재 청소년들이 점유하고 있는 길거리의 원래 주인은 패거리 문화가 무가치한 것이라고 여겼던 이들이었다. 이 때문에 갈등이 일어나기도 했지만, 동시에 다른 친분 관계를 맺기도 했고 '해야 할 다른' 일들도 생겨났다. 그러나 무엇보다 대공황 때 어떤 사람들이 일자리를 잃었는지 모두가 아는 것처럼, 물가가 낮아 외적인 품위를 유지해야 하는 부담이 줄어드는 시기에는 고상한 빈민으로 살아가는 게 좀더 수월하다. 모든 상황이 인간적인 수준에 가까워지고 삶이란 것이 좀더 이해 가능한 것이 된다. 마찬가지로 그러한 시기에는 정치활동도 일반적인 것을 지향하려는 경향을 보인다. 교육은 가치 있는 방식으로 자긍심을 향상시킨다.

소외 계층과, 어떤 이유에서든 취업에 부적합한 사람들이 장기간 매우 안정적인 소득을 확보할 수 있다면, 전체적인 상황은 완전히 달라질 것이다. 그렇게 된다면 이들은 적어도 소비자로서 사회 구성원이 될 수 있을 것이고, 종국에는 보통 사람들처럼 취업이 가능해질 수도 있다. 그런 상황에서는 절도나 고의적 기물 파손, 보복성 폭행, 아이들의 경우 무단 결석과 같은 특정 형태의 소외 계층 범죄가 즉시 감소할 것이다. 빈곤층에 보조금을 지급하는 것은 빈곤층 청소년 범죄에 대처하는 단순한 방법일 수 있다. 한때 연방 물가관리국 국장으로서 물가 통제를 직접 지휘했던 존 케네스 갤브레이스는 사회적 균형을 재확립하기 위해서는 모든 실업자에게 거액의 장기 보조금을 지급해야 한다고 말했다. 덧붙여 그렇게 한다고 해도 절대 인플레이션이 발생하지 않을 것이라는 말로 국민을 안심시켰다.

청소년 범죄를 줄이기 위한 매력적인 묘안은 그들의 부모를 처벌하는 것이다. 그리고 반대 급부로 일종의 상으로 부모에게 소비할 돈을 쥐여주는 것이 효과적인 방법일 수 있다.

5

현재 미국 사회에는 역사상 처음으로 경직된 계급 제도가 자리를 잡아가고 있다. 우리는 어디에선가 의도적으로 평등을 배제했으며, 그로 인해서 우리의 융통성과 안정성이 위협받고 있다. 이는 사회 구성원 개개인의 계급 간 이동이 불가능하기 때문만은 아니다. 사실 어쩌면 구성원의 계급 간 이동은 그 어느 때보다 훨씬 더 빈번할 수도 있다. 그러나 사회의 계급 자체가 과거에 비해 좀더 엄격해지고, 계급

간의 점진적 변화가 덜 용이하며, 계급과 무관하게 자기만의 '고유한' 위치를 만들 기회가 더 적다. 그래서 어떤 계급에 속하느냐 그렇지 않으냐가 좀더 분명해지며, 계급 간의 구분도 더욱 분명해진다.

최하위 계층, 즉 사회 '밖'에 빈곤층이 자리 잡고 있다. 그 바로 위의 집단이 생산을 담당하는 조직화된 시스템 안에 속해 있는 사람들이다. (1)1장에서 언급한 공장 직공들은 조직 '안에' 들어가 있지만, 생산이나 분배에는 관심이 없다. 이들은 대략 4000달러에서 6000달러의 하위 중산층 소득에 해당되는 임금을 받는다. 그들은 보통 외상으로 구매를 하고 가계 수지를 맞추기 위해 그 직업을 유지한다. 만약 그에 상응하는 소득 상실 없이 근무 시간이 30시간으로 줄어든다면, 이들은 더 큰 냉장고를 사기 위해 다른 시간제 일자리를 갖게 될 것이 분명하다. (2)시스템 '안에' 속해 있는 그다음 상위 계층 사람들은 조직인으로, 이들은 특정 회사 내에서 자신들의 자리를 지키거나, 그 회사 혹은 다른 회사에서 승진하는 데 시간과 생각, 가족과 오락, 마음의 평안을 온통 쏟아붓는다. 이들의 임금은 7500달러에서 2만 달러 사이다. 바로 이 계층에 속한 사람들, 중견 간부와 같은 이들을 청소년 범죄자에 비유할 수 있다. 이 계층에 속한 사람들이 안정을 우선시하는 순응성과 경쟁적인 특성을 가지고 있기 때문이다. 조직인과 비행 청소년들이 공통적으로 갖고 있는 또 다른 특징은 바로 이들이 별 실질적인 활동 없이 역할놀이를 통해 살아간다는 것이다.

이 분야의 헤시오도스로 불리는 윌리엄 홀링스워스 화이트는 조직생활의 순응성을 상쇄하기 위해서는 개인적 특성을 강조해야 한다고 주장한다. 약간 냉소적으로 얘기하자면, 화이트는 이런 극단적 '개성'이 인간이 발전해나가는 데 긍정적인 역할을 한다는 사실을 알아차리지 못했다고 할 수 있다. 한 사람의 발전은 남보다 앞서나가는 것을 의미한다. 유일하게 조직을 보완할 수 있는 것은 본성 혹은 가치 있는 목표뿐이다. 그러나 그의 책에는 필요한 것, 유용한 것, 유쾌한 것, 그리고 선한 것, 진실한 것, 아름다운 것에 대한 언급은 별로 없다. 마지막으로 시스템의 최상위에는 『포춘』지에서 볼 수 있는 인물, 관리자 900명이 자리 잡고 있다. 이들의 업무는 리스크를 최소화하고 생산과 매출을 극대화하는 것이다. 최상위에는 50개 주의 주지사, 연방 관리, 재단 이사장 등도 포함되어 있다.

규모가 비교적 큰 기업, 노동조합, 연예계, 정부, 규모가 큰 교육 기관 등 조직화된 시스템 내에서 이 세 계층은 주로 시스템 자체의 운영 및 점진적 확장에 관여한다. 광고업자, 영업 사원, 중견 간부 중에서 자기 인식이 가장 높은 사람들은 중간 계층의 지식인이다. 그리고 그들은 이 시스템을 쥐 경주로 묘사한다. 하지만 갤브레이스는 그것을 다르게 표현한다. "좋은 사회의 귀감이 되는 수많은 모델 중에서, 다람쥐 쳇바퀴 돌듯 하는 단조로운 삶을 부추기는 모델은 없다." 다양한 종류의 상상 속 설치류를 등장시켜 쥐 경주를 유도하는 사람들과 그것을 호기심으로 응시하는 학자로 나누어 대비시키는 것은 흥미로운 일이다.

그러나 또 다른 거대한 사회 계급도 존재한다. 그들은 시스템 안에 제대로 속해 있지 않고, 아직은 사회 '밖'의 빈곤층으로 떨어지지도 않은 사람들이다. 이 계급은 보수적인 사람, 괴짜, 범죄자, 천재, 생각이 깊은 사람, 여성과 남성, 임대업자, 프리랜서, 유아 등 무수한 사람

3장 계급 구조

들로 이루어져 있다. 이렇게 잡다하게 섞인 집단은 친숙한 미국적 생활 양식이나 대중문화를 보유하고 있는 조직과 달리 생활 양식이나 문화를 갖고 있지 않다. 여기저기 흩어져 있는 이 집단의 구성원들은 다양한 방식으로 전문점을 운영하거나, 다른 전문적 서비스를 가르치거나 제공하고, 은행을 털고, 조경을 하는 등 이 조직의 주변을 배회한다. 하지만 이 계급에 속한 사람들은 이내 더불어 살아가는 것이 쉽지 않음을 깨닫는다. 왜냐하면 용인된 방법으로 판촉을 하거나 재단의 지원금을 받거나, 공식 노조를 통해서 스스로를 보호하거나 합법적으로 횡령을 하거나, 무심결에 진실을 내뱉지 않거나 혹은 쓸데없이 울거나 웃지 않을 방법을 모르기 때문이다. 그들에게는 양식이란 게 전혀 없기에 시장이나 대학, 연예계, 정치권, 그리고 노동계에서 크게 성공하지 못하는 이유는 충분히 납득할 만하다.

이것이 20세기 중반 미국의 대략적인 계층 구조다. 세 개의 계급, 즉 빈곤층the Poor, 조직the Organization, 무소속 개인the Independents에 관해, 그리고 가장 지배적인 계층인 조직 내의 세 계층을 이야기하는 것이 가장 합리적인 듯 보인다. 간단하게 정리하면 다음과 같다.

1. 조직화된 시스템
   −노동자 −조직인 −관리자
2. 빈곤층
3. 무소속 개인

6

이제 다시 보통의 젊은이에게로 돌아가 그가 어떻게 성장하고 또 삶이라는 경기장에서 어떤 모습을 보일지 상상해보자. 십중팔구 이 청년은 조직을 위해서, 예를 들어 공장이나 서비스 업종 혹은 육체 노동 또는 사무직을 수행하게 될 것이며, 그에 상응하는 직업의식과 생활 방식을 유지하며 살아갈 것이다. 그런데 이 청년이 대학에 진학하게 된다면, 그는 조직화된 시스템의 두 번째 계층에 속할 가능성이 높아진다. 즉, 그에 걸맞은 직업의식과 생활 방식으로 기업 경영, 통신, 판매 혹은 기술 분야에서 일하게 될 것이다.

몇 년 뒤, 그와 비슷한 많은 젊은이는 자신들이 쥐 경주에 뛰어들었다고 생각할 것이다. 이 젊은 노동자들은 작업 속도가 증가했을 때, 결혼을 했을 때 혹은 분할금 납입 만기일이 다가왔을 때 이런 사실을 알아차리게 된다. 조직인은 이러한 사실을 경쟁에 참여하여 순응할 것을 요구하는 회사의 압박을 통해 인지할 것이다. 이들 중에서 대다수는 경쟁을 계속해나가겠지만, 몇몇은 머뭇거리다가 뛰는 것을 포기할 것이다. 그렇다면 경주를 중단한 이들의 미래는 어떻게 될까?

경주를 중단한 이들이 조직과 상관없이 사회에 남으려는 쪽의 대안을 선택할 가능성은 낮다. 이미 환멸을 경험했기 때문이다. 경주를 포기한 그들은 힙스터*가 된다. 사실 힙스터가 된다는 것 자체가 완전히 조직적인 사고방식이다. 이들은 조직에 속하지 않은 독립적인 사람들이 조직적 사고방식에 반대한다는 것을 안다. 힙스터들은 선전하는 기술을 습득했고, 다른 방식이나 결과에 대해 그다지 고려하지 않거나 혹은 많은 생각을 한다. 그러나 힙스터가 되고 냉소적으로 변한다는 것이 혼자서도 잘 살아갈 수 있게 만들어주지는 않는다. 그래서 쥐 경주를 포기한 많은 사람이 자발적으로 선택하는 나머지 한 가지 옵션, 즉 사회 '밖'의 빈곤을 선택하는 것이 그리 놀랍지는 않다. 그들이 이러한 빈곤을 자발적으로 선택한 것이든 상황에 따라 빠져든 것이든 결과는 마찬가지다. 이른 시기에 환멸을 맛보고 힙스터가 되어 자포자기한 젊은이들이 바로 비트 세대다. 그들이 조화를 이루지 못하고 떠나온 조직은 군대일 수도 있고 대학일 수도 있다. 대체로 이런 젊은이들은 순진한 편이다. 한편, 기업에서 근무했거나 높은 수준의 생활을 영위했던 사람들은 좀더 냉소적인 경우가 많다.

사회 안에서 살다가 사회 '밖'에서 살아가게 되는 이러한 엄청난 변화는 강력한 감정적인 순간을 경험하지 않고는 절대 일어날 수 없는 일이다. 이러한 순간에는 실연, 폭음이나 폭식, 상사에게 대들기, 금지된 장소나 악습에 중독되기 등이 속한다. 이제부터는 획기적 변화의 사회적 구조에 대해 집중적으로 논의해보자.

---

* 서브컬처를 즐기고, 자유로운 사고를 하며 정치적으로 진보적인 젊은이들을 가리키는 용어. 제2차 세계대전 전후로 힙스터는 하나의 저항운동의 양식이자 반문화적인 아이덴티티로 정의된다.

7

비트 세대는 오늘날 빈곤 문제의 맥락에서 소개해야 한다. 이들은 흑인, 푸에르토리코인, 멕시코인, 이주 농장 노동자와 같은 미국의 빈곤층 인구로 이루어져 있으며, 도시 청소년 범죄에서 커다란 비중을 차지한다. 이러한 인구 구성은 젊은 비트족의 특정 문화와 밀접하게 연관되어 있다. 이쯤에서 우리는 문화적 적응의 실례를 통해 우연에 의해 결정되었지만 결정적으로 영향을 미친 요인을 분석해볼 필요가 있다.

일단 예술가나 보헤미안은 소득 피라미드의 맨 밑바닥으로 몰리는 경향이 있다. 그쪽은 사는 데 돈도 별로 들지 않는다. 정해진 계획대로 진행되어야 하는 일도 적다. 따라서 그들의 삶은 단순하고 실질적이다. 이러한 요소는 오늘날 웬만한 하위 중산층으로 사는 것보다 빈곤층으로 사는 것에 더 많은 비용이 들어가는 점을 감안하면 예전에 비해 영향력이 적다고 할 수 있다. 예를 들어 의복, 자동차, 오락, 심지어 음식에 관한 취향에서도 빈곤층은 서민층보다 더 비이성적이다. 빈곤층이 오늘날 보헤미안에게 미치는 문화적 영향에서 특별한 점이 무엇인지 살펴보기로 하겠다.

(1)아프리카 흑인과 스페인인, 그리고 일부 불법 이민과 범죄가 비트 문화에 영향을 미치는 것은 불가피하지만 한편으로 우연이기도 하다. 체념한 비트 세대는 아웃사이더를 자청했고, 오늘날의 빈곤층은 미국 땅에 발을 내딛는 순간부터 아웃사이더였던 비조직화된 소수

민족들이다. 그들은 중국인이었을 수도 있고, 다른 마약류에 빠지거나 마약이 아닌 다른 물질에 중독되었을 수도 있다. 흑인 재즈가 아닌 다른 음악을 들었을 수도 있다. 은어 역시 흑인들의 말에 기원을 두지 않았을 수도 있다. 비록 미국 사회에서는 한곳에 진득이 있지 못하고 이리저리 돌아다니는 것이 일반적이기는 하지만 길거리를 배회하지 않았을지도 모른다(부록 E 참조). 비트족은 자신들이 처한 상황을 의미 있고 중요하게 여기곤 한다. 그렇기에 이러한 측면이 우연한 것이 아니라면, 대단히 총명하고 창의적인 이 청년들이 지금쯤은 거기서 더 많은 것을 성취했어야만 한다. 청년들의 지식이나 능력과 그들이 봉고 드럼과 재즈를 끼고 사는 데 반해 연주 수준은 유치하다. 심지어 재즈와 시는 그들이 무시하는 TV 광고의 시엠송보다 시시하다. 그들만의 은어에 빠져 시를 망치기 때문이다. 특정 마약을 하는 방식은 여전히 조잡하고 실험적인 형태로 남아 있다. 청소년 범죄의 대부분은 청소년기의 시적인 반항이나 냉정한 정의감 대신 내면의 죄의식과 두려움을 일깨울 뿐이다. 동일한 소재를 다룬 장 주네의 문체와 깊이를 비교해보라.

(2)반면, 오늘날 빈곤한 사회의 구조적 특징은 빈곤층이 될 수밖에 없는 사람들의 문화를 형성하는 데 중요한 요소다. 나이 많은 보헤미안 집단의 빈곤층에게는 이러한 특징이 없었다. 이는 그들 역시 사회에 '속해 있지' 않기 때문이다. 이러한 구조적 특징에는 기꺼이 소외와 편견이 대상이 되려는 태도, 같은 언어를 사용하지 않는 사람들에게는 애써 설명하지 않는 분위기가 깔려 있다. 또한 방어적인 소외와 집단 내 충성심, 경찰에 대한 두려움, 경제적이고 직무적인 무용

성도 포함된다. 여러 빈민 집단에서는 체념에 빠지는 대신 공동체를 받아들이거나 이를 위한 대체물로 남으려는 용기를 보이기도 한다. 이국적인, 적어도 미국에서는 흔히 찾아볼 수 없는 예술과 풍속 등도 나타난다.

빈곤층의 이러한 특징은 비트 문화에서도 매우 중요하다. 그와는 반대로 힙스터가 되고, 사회가 무한 경쟁의 쥐 경주라고 확신하는 조직적 특징 역시 중요하다. 이러한 특징이 결합되면, 가난한 사람들은 자신들이 폐쇄된 방에 갇혀 있다고 느끼며 그저 마음 내키는 대로 살아갈 수밖에 없는 것처럼 행동하게 된다.

(3)마지막으로 비트 문화를 구성하는 본질적인 특성이 있다. 이는 근본적인 도덕적 원칙을 구성하는데, 도덕관념은 문화적인 동화가 가장 덜하다. 가장 두드러진 한 가지 특성은 성적·인종적 문제와 행동에 대한 관용 및 체제 불순응성이다. 가난한 흑인이나 푸에르토리코인은 통상적인 풍습이나 편견에는 무관심하지만, 자신들의 풍습이나 편견에 대해서는 굉장히 엄격하다. 청소년 범죄의 경우, 이처럼 엄격한 순응적 태도가 위험하리만치 강하게 나타난다. 그들은 자신들의 완벽한 이미지에 흠집을 내는 그 어떤 것도 내적으로 견뎌내지 못한다. 확신하기는 어렵지만, 소득 피라미드의 맨 밑바닥에 속하기는 했으나 사회 안에 들어가 있었던 다른 시대의 빈곤층은 그에 비해 가장 관대한 집단이었을 거라는 생각이 든다. 그들은 고난을 통해서 자유롭게 살아가는 법을 배웠고, 그래서 소외된 빈곤층만큼 자신들의 억압된 본능을 억누를 필요가 없었다. 이러한 관점에서 비트족은 과거 빈곤층에 가깝다. 그렇기에 비트족은 가난하게 사는 것이 더 쉽고 득

이 된다.

　이는 또 다른 극명한 차이점 하나를 더 보여준다. 자신들만의 소수 민족 전통을 보유하고 있음에도 불구하고 오늘날 미국 빈곤층은 극도로 순응적이며, 영화나 최신 유행하는 의복에서 캐딜락 자동차에 이르기까지 감당하기 어려운 대중문화에 쉽게 빠져든다. 실제로 대중문화 시장도 일반 대중으로서 빈곤층을 공략할 가능성이 있다. 그렇다고 해서 영국인의 술이나 아일랜드인의 경마처럼 대중문화가 합당한 보상이 아니라는 얘기는 아니다. 누구나 의미 있는 무언가를 가지고 있지 않으면 안 된다. 그래서 가난한 사람들은 자신을 과시하고 대단한 사람이 된 듯한 기분을 느끼려 한다. 이런 배경 속에서 비트 세대가 표준이 되는 문화에 등을 돌리고 모범이 될 수 있는 또 다른 문화, 소비하는 데 비용이 거의 들지 않고 좀더 즉각적인 만족감을 주는 문화 양식을 고안해냈다는 것은 대단히 존경받을 만한 일이다. 그들의 문화는 소그룹 구성원들이 공동으로 향유하는 문화다. 이 문화는 공장에서 획일적으로 생산한 것이 아닌 손으로 직접 만든 것이다. 그 가운데 일부는 구성원들이 즉흥적으로 공동 작업한 결과물이기도 하다. 물론 그 과정에서 한계도 있고, 결과물에는 결함이 나타나기도 한다. 그러나 집단적이고 창의적인 사람들에게서 주로 나타나는 특정 문화에 대한 진상은 굉장히 중요하기 때문에 그 문화는 반드시 이어져야 하고, 그 문화의 기초와 경제를 이해하는 것은 의미 있는 일이다.

8

비트 세대의 경제학은 전형적인 현대 미국 경제에서만 경험할 수 있는 인간의 어려움들을 극명하게 보여준다. 비트 세대는 자발적 빈곤에 대한 환상을 갖고 있다. 그러나 사회 '밖'으로 밀려나서 일을 하거나 '성공해야 할' 동기가 없는 사람이 높은 수준의 경제에서 도대체 어떻게 헤쳐나갈 수 있을까?

지금 이 시대에 질병이나 사고, 성격 결함으로 인한 상황 빈곤case poverty과 사회적 소외로 인한 계급 빈곤class poverty을 구분하는 것은 별 의미가 없다. 이는 개인과 사회가 상호 영향을 미치기 때문이다. 이러한 이유로 다음과 같은 질문을 제기하는 것이 가능하다. "왜 이 사고는 보험 보장을 받을 수 없었던 거지?" 혹은 "어떤 사회적 상황 때문에 그런 부주의한 성격이 형성된 걸까?" 또는 반대로 "가난한 사람들은 경제적으로 성격상의 결함이 있는 것은 아닐까?" 프로테스탄트 윤리대로라면 가난한 사람들은 신학적으로 결함이 있었다. 그러나 기독교에서 "가난한 사람들만 구원받을 수 있다"는 것 또한 변함없는 진리다. 고대 수도승과 같은 자발적 빈곤이라는 개념은 더 이상 상황 빈곤이나 계급 빈곤과 구분하기가 어렵다. 공교롭게도 어떤 사람이 쥐 경주를 계속할 수 없게 되면, 그로 인해 낙담하게 된다. 그리고 살아남기 위해 쥐 경주를 포기하고 나올 것이다. 또 어떤 사람은 부자가 되고 유명해지고 싶어서 열심히 일하고, 일이 요구하는 것에 따를 수밖에 없지만 그러한 일은 시장성이 없을지도 모른다. 그러면 우리는 그가 빈곤을 '선택한다'고 말할 수 있다. 조직화된 시스템에서는 가난한 사람 모두가 똑같이 빈곤층이 되기 쉽다. 구분이 모호해지는 것은 '정치적' 범죄와 '일반' 범죄 사이에서도 마찬가지다. 사회가 점차 총체적으로 긴밀하게 연결되면서, 어떤 범죄 행위는 어쩌면 정치적 몸짓으로 비칠 수 있고, 정치적 시위가 분명한 범죄로 받아들여질 수도 있다. 그래서 한 무정부주의 철학자는 이들을 구분하는 것을 거부하면서 이렇게 덧붙인다. "이들 중 한 명이라도 교도소에 갇혀 있는 한 나는 자유의 몸이 아니다."

그렇기에 한 젊은이가 자신의 몫을 선택한 건지 혹은 빈곤층으로 내동댕이쳐진 건지 두 경우의 차이를 알 수 없다. 빈곤층에 진입하게 되면, 사회라는 시스템에 들어가는 것이 어려워지거나 혹은 그것에 대해 흥미를 잃게 만드는 습관들이 생겨난다.

상당히 훌륭한 인식을 갖고 있지만 상처받은 우리의 젊은이가 빈곤층이라고 가정해보자. 그는 여전히 직업을 얻고 돈을 벌어야 하는 문제에 맞닥뜨린다. 비트 세대에 관한 글을 쓰는 작가들은 이러한 문제를 혼동하고 있다. 그중 한 가지를 꼽자면, 작가들은 비트족 사이에서 확산되고 있는 예술적 활동을 예술이라고 잘못 알고 있으며, 그 예술에 하나의 직업으로서 정당성을 부여한다. 그러나 비트족의 예술활동은 예술과는 별개이며, 그들도 그러한 활동을 통해서 자신들의 정당성을 인정받은 것처럼 행동하지 않는다.

돈 문제는 얼핏 단순해 보이지만, 사실 그렇지 않다. 자발적 빈곤의 경우, 생존에 필요한 만큼의 돈을 버는 것이 문제다. 그들에게 돈은 곧 '빵'이다. 하지만 무슨 수로 돈을 벌어야 할까? 로런스 립턴*은 자신의 저서 『성스러운 이방인들The Holy Barbarians』에서 비트족이 대개 일시적으로 택하는 직업 목록을 제시한다. 이들의 원칙은 무슨 일이든 다 한다는 것이다. 어떤 젊은이는 백화점 쇼윈도와 같은 조직화된 시스템 안에서 일을 할 수도 있다. 그러나 이 청년이 거기서 쥐 경주에 참여하지는 않을 것이라고 립턴은 주장한다. 그는 단지 '빵'을 원했고, 그것을 얻으면 그만둘 것이기 때문이다. 당연히 백화점 측에서는 그를 고용할 때 이 사실을 몰랐다. 따라서 이 청년이 그들을 이용하고 있는 것이지 백화점이 그를 이용하는 것은 아니다. 시스템은 종합적이기에 그는 이에 열심히 순응하는 척 행동한다. 이렇게 한 젊은이가 수염을 깎고 일자리를 얻는다면, 그가 직장에서 일하는 것은 상점에서 물건을 훔치는 것과 별반 차이가 없다. 그들은 역할극을 할 따름이고 이는 힙스터적이다. 그래서 돈은 곧 '전리품'이 된다.

이렇게 논리를 전개하다 보면 역할극을 수행하고 힙스터가 되는 것은 조직인이 되는 것과 거의 다를 바 없다는 이야기가 된다. 이를 수행하는 사람 역시 그것을 의도한 것은 아니기 때문에 더욱 이해하기 어렵다. 다만 분명한 것은 이 성스러운 이방인, 비트족이 불안한 상황에 의존하고 있다는 것이다. '전리품'인 돈을 획득한 그는 노동 착취를 당하더라도 이는 소소한 것일 뿐이다. 립턴은 유용한 남성의 일을 하는 가장 중요한 목표에 대해서는 언급하지 않는다.

자발적 빈곤을 누리면서 일을 하는 것과 평화주의자도 참전할 수 있는 전쟁 사이의 유사점을 한 가지 들어보고자 한다. 이 둘은 꽤 비

---

* 미국의 저널리스트, 비트 시인.

숫하게 보일 수도 있다. 남성 한 명이 수행한 어떠한 종류의 민간 업무는 전쟁을 진척시킨다. 그가 콩을 딴다면, 그는 군수 공장에 차출된 농부의 일을 대신하는 것이다. 평화주의자들은 보통 전쟁 중에 일손이 달리는 야전 병원의 간호 보조 업무 등과 같은 일은 받아들이곤 했다. 하지만 이는 사소한 문제가 아닌데, 전쟁이라는 악이 긴밀히 연결돼 있고, 이 위기 상황이 지나간 후 미래에 미칠 영향을 생각한다면 개인의 지조를 지킬 필요가 있기 때문이다. 이 문제를 이해하지 못하고 사소한 일로 골치 아프게 따지고 든다고 생각하는 사람은 순수한 청년들 역시 이해하지 못할 것이다. 제2차 세계대전 기간에 많은 젊은이가 군역을 피하기 위해서 양심적 병역 기피자 캠프로 들어갔지만, 이후 넌더리를 치면서 캠프를 나와 감옥행을 택했다. 이는 캠프에서의 노역이 아무짝에도 쓸모없는 일이었기 때문이었다.

　일부 비트족은 직업을 선택할 때 지조를 철저하게 지켰다. 이 장 앞부분에서 언급했던 말을 반복하자면, 가난한 사람들이 수행하는 초라한 일 중 대다수가 엄밀히 말해서 쓸모없는 일이 아니고 노동 착취적이지 않다. 농장 노동, 박스 나르기, 수위, 서빙, 접시 닦이, 배달 등과 같은 직업은 생산사회 전체에 무용하다거나 혹은 그들이 착취당한다는 비난을 거부한다. 비트족은 이 직업군을 선호한다. 그러한 일을 할 때 누구도 비트족에게 질문을 한다거나 수염을 자를 것을 요구하지도 않기 때문이다. 이는 우연의 일치가 아니다. 개인의 자유는 직업의 도덕적 유용성과 연관 있는데, 단순한 육체적 활동이나 개인적 봉사 수준에서는 조직화된 시스템에 기만적으로 순응하는 것이 아직 작동하지 않기 때문이다. 그러한 직업 자체가 증거다.

그러나 반대로 우리가 힘들고 쓸모 있다고 여기는 일자리들은 가장 참혹하게 착취당하는 직업이다. 예를 들면 뉴욕 시에서 1959년 노조 결성을 위해 파업을 단행했던 병원 근로자들은 당시 주급 34달러를 받고 있었는데, 이는 그들이 근무하던 곳은 자선단체가 운영하고 있었기 때문에 최저임금을 적용받을 수 없었던 탓이다! 이주 농민들은 연평균 900달러 미만을 임금으로 받으며, 동네에서도 환영받지 못한다. 고액 봉급자는 시스템 내부에 있고, 비조직화된 노동자들은 낮은 임금을 받는다. 그러나 생필품 시장 가격은 일반적으로 높은데, 일자리를 구한 성인 남성은 자유를 잃어버린 채, 쉬지 않고 계속해서 일해야 한다. 그러면서 시스템에 이용당하고 바보가 된다. 그 자체가 수치스러운 일이다. 이것이 바로 미국 사회에서 자발적 빈곤이 가진 딜레마다. 개인의 지조를 굽히게 하거나, 그렇지 않으면 그는 악용당하고 바보가 되는 것이다.

딜레마에서 탈출할 수 있는 한 가지 방법으로 내 형과 공동으로 집필한 『코뮤니타스』의 계획Scheme III을 추천한다. 우리는 최저생활 경제subsistence economy와 상위생활 경제high standard economy 둘로 나눌 것을 제안한다. 오로지 소비를 위해서만 운영되는 최저생활 분야에서는 누구든 7년 중 1년 미만을 일하고 평생 생계비를 보장받는다. 나머지 시간에는 고임금을 받는 상위생활 경제에서 일할 수도 있고, 원한다면 아무 일도 하지 않을 수 있다. 이 계획은 자발적 빈곤의 요구를 정확하게 충족시켜줄 것이다. 이때 자발적 빈곤이 요구하는 바는 절대적으로 필요한 곳에서 개인의 지조를 유지하면서 일하고, 비경제적 활동을 위한 최대한의 자유를 누리는 것이다.

9

15세에서 25세에 이르는 우리의 젊은이들은 이미 어른이 된 상태이며, 취업하고 돈을 벌어야 하는 외면적이고 분명한 과제에 직면해 있다. 앞서 젊은이들에게 어떤 종류의 기회들이 열려 있는지를 확인했다. 말하자면 조직화된 시스템 안에 남을 것이냐 혹은 그 시스템 밖으로 나갈 것이냐를 선택하는 일이다. 뿐만 아니라 그가 타인에게 폐를 끼쳤을 때 어떤 식으로 관심을 보여주어야 하는지도 확인했다.

지금껏 나는 '사회 밖'에서의 '문제적' 사례들을 논했기에 소외된 사람들이 직면한 여건에 초점을 두었다고 할 수 있다. 하지만 다음 장에서는 성장을 방해하는 성격 형성 요인을 논의할 것이다. 이 과정에서 우리는 성격 형성 요인이 중산층 가정 출신이든 노동자 계급 출신이든 상관없이 '문제가 없는' 젊은이에게 훨씬 더 잘 적용된다는 사실을 알게 될 것이다. 여기서 상류층을 언급하지 않는 이유는 그 숫자가 미미해서 아무 의미가 없기 때문이다. 현재 미국의 모든 사상과 문화는 조직화된 시스템의 중간 계급에서 형성된다.

체제에 적응한 보통의 소년들이 체제에 불만을 품은 사람들보다 오히려 인적으로 더 많이 낭비된다. 이런 소년들의 어리석음, 애국심 결여, 성적인 혼란, 신념 부족에 대해 계속 논의해보자.

1

현재의 인력 낭비가 나의 주 관심사다. 인력 낭비가 어제오늘 일만은 아니다. 우리의 뛰어난 재능과 능력을 감안했을 때, 사람들이 일반적으로 성취하는 것은 결코 많지 않다. 그저 선함, 쾌락, 지혜, 경쟁, 혹은 우정의 기계로 간주되는 우리는 늘 잠재 능력의 극히 일부만을 발휘해왔다. 이는 우리가 평상시에 어떻게 시간을 보내는지 혹은 위급한 상황에서 어떻게 행동하는지, 또는 무엇인가에 열광해 있을 때 어떤 모습인지, 아니면 차분히 무언가에 열중하고 있을 때 어떤 모습인지와 비교해보면 분명해진다. 어린아이들은 그냥 가만히 있어야 하는 상황을 매우 고통스러워하면서 이렇게 불평한다. "난 뭐해요? 나 뭐하냐고요?" 청소년들은 가만있지 못하고 돌아다니면서 문제를 일으킬 방법들을 궁리해낸다. 반면, 어른들은 무료함에 단련이 되어 있다. 쇼펜하우어는 권태가 의지로서의 세계의 형이상학적 특징이라고 주장한 바 있다.

심리학적으로 권태란 인간이 그가 원하는 일을 하는 대신 아무것도 하지 않거나 시시한 일을 할 때, 혹은 일을 할 수 없거나 해야겠다는 생각조차 할 수 없을 때 느끼는 고통으로 정의된다. 예의를 차리기 위해 혹은 처벌이나 수치심이 두렵기 때문에 자신의 행동을 억제해야 할 때 권태는 폐부를 찌른다. 생각을 억눌러 더 이상 인식하지 못할 때 권태는 만성이 된다. 만성적 권태가 바로 어리석음의 가장 큰 부분을 차지하는데, 잠시 억눌린 생각에서 벗어나더라도 자신이 관심 없는 것은 배울 수도, 깨달을 수도 없기 때문이다. 어리석음을 조장하는 또 다른 큰 요인은 완고함으로, 무의식 중에 늘어놓는 "안 할 거야. 넌 나한테 이래라저래라할 수 없어"와 같은 말이 이에 해당된다.

흔히 볼 수 있는 소모적인 무기력의 상당 부분은 분명히 이 신경증적인 만성 권태에서 비롯된다. 몇몇 목표는 금지돼 있으며 처벌 받을 가능성이 있고 혹은 달성이 불가능하거나 고통을 수반한다. 그러므로 우리는 그러한 목표를 억제하고 머릿속에서 지워버리려고 애쓴다. 그렇게 되면 이러한 억제 행위가 그 목표를 생각하는 것 자체를 위험스러운 것처럼 보이게 만드는 악순환이 되풀이된다. 목표는 자기 자신의 내면에서도 외면당한다. 그래서 권태롭고 무기력함을 느낀다. 우리는 어떻게 권태가 무관심, 즉 동기 부족으로 쉽게 돌변하는지 알고 있다. 다음 장에서는 애국심을 주제로 공동체가 동기를 제공하지 못할 때 그 속에서 어른이 되는 것이 얼마나 힘든 일인지를 살펴보려고 한다.

어느 일요일 오후, 활달한 어린아이를 집 안에 가만히 붙들어놓았을 때 느끼는 심리적인 불안은 빈곤층보다는 중산층 사이에서 더 심각하다. 중산층은 덜 자유방임적이고, 상대적으로 더 엄격하게 지켜야 할 기준과, 아이가 망가뜨리면 안 되는 값비싼 가구를 보유하고 있기 때문이다. 청소년기에 접어들면 하릴없이 배회하거나 만화책을 읽고, TV를 보는 모든 계층의 젊은이들 사이에서 권태에 대한 두려움이 극명하게 나타난다. 이 두려움은 또래 집단 내에서 어떤 행동이 수용 가능한지에 관한 그들의 생각, 성에 대한 편집증적 집착, 흥미로운 것들을 생각해내질 못하는 무능에서 분명하게 드러난다. 그들의 마음은 다른 데 가 있지만 그곳이 어디인지를 생각해내지 못한다. 많은 소년이 혼자 남겨지는 것을 꺼리는데, 이는 혼자 있을 때 권태로움에 못 이겨 자위행위를 하게 될까 봐 염려되기 때문이다.

이 모든 문제는 오랫동안 우리 주변에 상존해왔으며, 어쩌면 지금보다 과거에 더 심각했을 수도 있다. 왜냐하면 오늘날 청소년들에게는 허용된 일이 더 많고 성생활에 좀더 합리적으로 접근하고 있기 때문이다. 이와는 완전히 다른 문제, 즉 방법 자체를 모르는 역량 부족에 대해 짚어봐야 한다. 어떻게 해야 할지 모르는 상태에서는 아이들이 설령 자신의 목표에 대해 분명하게 인지하고 있다 하더라도 그것을 달성할 수단을 모르거나 그 수단을 잘 다루지 못한다. 이러한 측면에서 현재 우리의 시스템이 상당히 형편없으며 점차 더 악화되고 있다는 사실을 지적하고 싶다. 역설적이게도 현 시대에 과학과 기술은 고도로 발전하고 있지만 청소년의 역량은 떨어지며 사실상 청소년들은 과거에 비해 점점 더 바보가 되어가고 있다 해도 과언이 아니다.

물리적인 조건과 사회 환경이 인간의 척도를 능가하는 수준이 됐다는 것은 주지의 사실이다. 간단한 재화를 얻기 위해서 엄청나게 많은 것을 움직여야 한다. 동원할 수단이 없는 결핍의 시기에는 아쉽지만 목표를 포기한다. 한편, 풍요의 시기에는 사람들이 실제로는 그다지 원하지 않는 것이라도 이를 손에 넣을 수 있는 수단이 무수하다. 중산층 부모들은 매년 영유아 혹은 십대 자녀에게 구석에 처박아놓을 법한 장난감이나 쓸모없는 물건을 사주는 데 수십억 달러를 허비하고 있다는 사실을 쓰디쓴 경험을 통해 잘 알고 있다. 그러나 바람직한 목표라고 하더라도 수단이 너무 복잡하다면 애초부터 포기해버리는 경우도 허다하다. 이를테면 "거기도 덥기는 마찬가지일 거야"라고 생각하는 사람에게는 두 시간이나 이동해서 시원한 장소를 찾아내는 게 굉장히 어려운 일이 될 수 있다. 어른들에게는 이처럼 까다로운 수단이 짜증을 유발하고 인생에서 즐거움을 앗아가는 일이 된다. 행동을 함으로써 학습하지 않으려는 어른들은 자라나는 아이들에게는 재앙이다. 인과관계에 대한 의식이 사라지고 진취성도 잃게 되는 것이다. 결국 이 아이들은 바뀌는 것은 아무것도 없다는 데 생각이 미친다.

어른들이 제시하는 도시 계획이나 사회적 프로젝트가 아이들에게는 거역할 수 없는 자연계의 진실과 다를 바 없다는 점을 반드시 기억해야 한다. 아이들은 가족 중에 건축가가 없는 한, 거리의 빌딩이

4장 적성

누군가에 의해 설계되고, 또 도시의 모습이 처음과는 달랐을 수도 있다는 사실을 결코 깨달을 수 없다. 부모가 다른 방식으로 교육하지 않는 한, 아이들은 의무적으로 등교하는 일이 신성한 것이므로 학교에 결석하는 것은 죄악이라고 믿는다.

물론 어린아이의 관점에서는 당연히 완벽하게 상황을 판단하기 어렵다. 대도시에 거주하는 것 자체가 아이들을 무능하게 만드는 것은 아니다. 그러나 어느 도시나 굉장히 다루기 까다로운 수단들을 보유하고 있기는 하다. 도시에서는 농장 일이나 수영할 수 있는 깊은 웅덩이, 덫을 놓아 잡을 만한 동물을 찾아볼 수 없는 대신 부두, 화물차 집하장, 미로 지하층, 포장 도로, 술래잡기를 할 수 있는 지하철이 있다. 길거리에는 재활용할 수 있는 허접한 쓰레기로 넘쳐난다. 뉴욕에서 벌어지는 다양하고 독특한 필드와 장애물에 맞춰 변화된 독창적인 공놀이는 상원의원들이 법규를 제정하거나 토론할 때 벤치마킹해야 할 모델이다. 공놀이의 진행 방식이 상황을 평가하고, 논쟁하고, 결정해서 효과적인 방향으로 문제를 처리한다는 점에서 그렇다. 노먼 더글러스가 편찬한 『런던 스트리트 게임London Street Games』은 멸시받을 수준의 전통문화 매뉴얼이 아니다. 다양한 사람과 삶의 방식, 학문이 한데 섞이는 도시의 특성으로 인해 예로부터 도시는 인간을 똑똑하게 만들었다. 전반적으로 도시가 시골에 비해서 좀더 똑똑한 아이들을 훈련시켜왔다. 최근까지도 시골 출신의 도시 유입은 지속되고 있다. 반면 도시인들은 시골에 사는 사촌들 덕분에 도시와 시골의 영향을 모두 받아왔다. 만약 시골에 사는 아이가 도시에 와서 새로운 방식에 노출된다면, 또는 도시에 사는 아이가 시골에 가서 넓은 공간, 숲, 소와 같은 자연을 경험한다면 매우 강력한 교육적 효과를 기대할 수 있다.

3

시골과 차단된 도시는 시골의 낙후성을 뛰어넘는 그 이상의 발전이 불가능하다. 그런 도시는 비실용적이며 비효율적으로 변하고 자체적으로 마비된다. 끝없는 도시 확장으로 인해 농업과 넓은 땅이 쓸데없는 것이 되고 말았다. 도시는 유일한 세상이 되었고, 도심을 벗어나면 활기는 눈에 띄게 사라지면서 황폐한 교외가 펼쳐진다.

주요 대도시에 위치한 산업과 상업은 외부와 격리된 채 감춰져 있다. 화물 작업장은 지하로 들어갔고 제조업은 도시 외곽에 자리 잡은 공장의 높다란 담장 안에서 이루어진다. 뉴욕의 경우, 허드슨 강과 그 위를 지나는 배들은 고속도로를 통과할 수 없어 가로막혀 있고, 멍청한 도시 계획에 따라 약 1.6킬로미터에 이르는 지역에 조경 공사를 하는 바람에 이제 더 이상 허드슨 강으로 고기잡이를 하러 오는 아이들을 보기 어렵다. 새로 들어선 주거용 고층 건물 때문에 아이들은 길거리에서 뛰노는 것이 불가능해졌고, 자동차로 인해 도로는 위험해졌다.

이웃이 사라진 길거리는 낯설기만 하다. 잘못된 도시 계획과 더불어 개별 가정이 자주 이사를 다니기 때문이다. 아이들은 학교 친구들과 헤어져야 하고, 그로 인해 어린이 문화가 파괴되었다. 뉴욕의 골목과 길거리에서 들리던 아이들의 노래나 전통 놀이는 사라졌다. 어린이 전통이 새로 만들어지기는 어렵고, 특히 다양한 문화적 배경을 가진 소수 민족 사이에서는 더욱 그렇다. 뉴욕의 사회개발로 인해 소득이 크게 증대한 한편 문화적 게토가 생겨났다. 이 문화적 게토 현상으로 인해 저소득층과 고소득층의 차이 없이 모든 계층의 아이들이 공평하게 인간 공동체를 빼앗겼다. 인간의 지능은 한데 섞일 때 높아지는 반면, 차이로 인한 분리는 편견을 낳고 사람들을 멍청하게 만든다.

공간이 압도적으로 선점당했다. 뉴욕에서는 자동차 때문에 공놀이를 할 수 없다. 일요일이면 1킬로미터도 더 걸어가서 비어 있는 주차장을 찾아내 간신히 공놀이를 하고 노는 남자아이들을 볼 수 있다. 예전에는 아무 데서나 또래 아이들과 함께 집 근처 도로에서 놀았을 것이다. 교통량 증가로 거리 순찰 또한 더욱 강화되었는데, 로스앤젤레스 지역의 40퍼센트가 입체 교차로와 고속도로로 바뀔 것이기 때문에 이곳을 오가는 차량은 극심한 교통 체증을 경험할 수밖에 없다! 그렇게 되면 인간의 척도를 벗어나고, 스케이트나 자전거를 탈 수 있는 공간은 완전히 사라진다. 북부 도시에서는 제설 작업을 철저히 하기 때문에 도시에서 썰매를 타는 일은 옛 추억이 되고 말았다. 기능을 강조한 간소화된 건축물에서는 아이들이 놀이터로 삼을 법한 현관 입구 계단을 없애는 추세다.

간단히 말해 지하나 울타리 안으로 건축물을 은폐하는 기술, 가정의 이주, 시골의 소멸, 전통적 이웃과 놀이 공간의 사라짐 등으로 인해 진정한 의미의 환경이 자취를 감췄다. 불가피한 현대 환경에서 도시는 현실적으로 아이들에게 걸맞은 공간이라고 할 수 없다.

인간성을 밀실하는 도시의 복잡성은 지방 자치 행정의 문제로 생각해야 한다. 뉴욕 시에서는 수많은 기관이 주택 업무를 담당하고 있다. 빈곤층 주택 문제와 일반적인 주택 문제를 담당하는 기관은 따로 있는데, 일부는 시 관할 기관이며 나머지는 주나 연방 정부에서 관할한다. 주택국, 시장 직속의 빈민가 정리 및 도시재개발 관련 위원회, 감사국, 평가 이사회, 부동산국, 건축부, 주 및 연방 주택국 등의 부서로 구성된다. 한편 학교 부지(교육위원회)와 운동장 및 공원 관련 업무를 담당하는 부서(공원녹지과)도 있는데, 이들 부서와 주택 관련 부서 간의 상호 협력은 거의 없다. 철도 교통은 교통국 소관이지만 고속도로나 터널, 교각과 같은 자동차 관련 업무는 항만국에서 담당하기도 하고 교통 공사도 일부 업무를 맡는다. 전반적인 안전 문제는 경찰이 담당한다. 어느 누구도 교통 정체와 같은 출퇴근 문제의 원인에 대해서는 관심을 기울이지 않고 있다. 이웃 간 다툼이나 가정 붕괴, 청소년 범죄 등의 문제는 경찰과 다양한 사회복지 기관에서 관리하고 공공 사업, 가스, 수돗물, 전기 등과 같은 뉴욕 커뮤니티 기획 업무는 다른 부서가 담당한다.
중첩된 기능을 통합해서 관리하는 것이 적절하지 않느냐는 의문을 제기하는 것이 합당해 보이지만, 아무도 책임지고 나서지 않는다. 통합 대상 목록에 포함될 부분으로는 주택 문제, 빈민가 철거, 산업체 입지, 교통, 거리 청결, 주민 여가활동, 교통 통제, 사회복지 업무, 인종 간의 조화, 종합 계획 등을 꼽을 수 있다. 아름다운 도시와 지역에 대한 자부심까지 고려하면 이 목록에 올라갈 항목은 더욱 늘어날 것이다. 통합된 관점을 배제한 채 문제를 개별적으로 해결하려 한다면 혼란은 가중된다. 간선 도로를 남발하면 도심의 교통 체증은 악화되고, 지하철 신설은 도시 광역화를 심화시킨다. 무작정 빈민가를 철거하면 사회를 계급화할 것이며 청소년 범죄는 악화될 수밖에 없다. 주택 문제는 교실 과밀 현상을 야기하거나 2부제 수업과 연관된다. 잘못된 계획으로 인해 초래된 폐해는 또 다른 폐해로 이어진다.

―『코뮤니타스』 부록 D 참조

여기에 나열된 다소 복잡한 요소들로 인해 아이들이 할 수 있는 놀이나 관심의 대상은 상당히 줄어들 것이다. 하지만 아이들 눈에 이러한 상황이 어떻게 비칠지 단언하기는 어렵다. 앞으로 몇 년 후면 공공 주택단지에 과거 슬럼가처럼 사람들로 넘쳐나 그 속에서 꽤 괜찮은 어린이 문화가 생겨날 수도 있다. 예전에는 활동적인 남자아이들이 인위적인 놀이터를 기피했지만 지금은 하다못해 이런 놀이터를 자신들의 용도에 맞춰 게임, 모험, 전쟁 놀이 등에 활용하고 있다.

4

도시나 교외, 작은 마을에서 기술의 복잡성이 아이들의 성장에 방해가 되는 이유는 어른들의 무능함이 영향을 미치기 때문이다. 영화에 사람을 멍청하게 만드는 효과가 있는 듯 보이는 이유는 어린아이들이 영화를 보기 때문이 아니라, 그들의 부모가 마치 할리우드에서 성장에 필요한 그럴싸한 성인 오락거리를 제공할 것처럼 영화를 보기 때문이다.

사람들은 자신들이 잘 알지도 못하고 수리하지도 못할 기계들을 사용한다. 전기 모터만큼 멋지고 교육적인 기계는 없으므로 모터를 예로 들어보자. 가정마다 케이스에 둘러싸여 있어서 내부가 보이지 않는 전동 모터 서너 대는 갖고 있을 것이다. 만약 기계가 고장 나면 수리점으로 보낸다. 이 과정을 거치면 이 모터는 결론적으로 아이들의 성장을 방해하는 부정적 영향을 미치게 된다. 평범한 사람들은 아무런 능력이 없고, 전문 기술이 집약되어 있는 시스템 안에만 능력 있는 사람들이 존재한다고 아이가 생각하게 되기 때문이다. 이것은 너무 추상적인 탓에 아이들에게는 도움이 되지 않는다. 다른 예로 엄마와 함께 쇼핑을 가는 경우를 생각해보자. 전통 시장에서 물건을 살 때와 비교하자면, 현대식 대형 마트에서 비닐로 포장된 물건을 구입하는 행위를 통해서 아이가 배울 수 있는 것은 적고 엄마는 가격을 흥정하기도 어렵다. 마트에서는 대규모 농장에서 맛보다는 겉모양과 부패 방지를 목적으로 재배된 그다지 맛없는 과일과 채소를 판매한다. 요리는 미리 조리된 음식으로 대체되고, 손으로 직접 바느질한 옷은 거의 찾아볼 수 없다. 불을 피우고 난방을 하기 위해서 직접 노동을 하지 않아도 된다. 반면에 과거 빈곤층 중에는 땀을 흘리는 가내 공업에 종사하는 사람이 많았다. 이런 고된 노동이 어른에게는 이로울 것이 거의 없지만 어린아이에게는 무언가 가르침을 줄 수 있었다. 이와 대조적으로 오늘날에는 한 가정의 부모 모두 집에서 멀리 떨어진 사무실과 공장으로 출근해서, 기계 부품을 만들거나 가공 작업을 하는 경우가 점차 증가하고 있다. 그런데 이런 작업은 어린아이들에게는 아무런 의미가 없다. 아이는 자신의 아빠가 어떤 일을 하는지조차 모를 수도 있다. 직장 밖에서의 대화도 하나같이 직장 동료에 대한 불평뿐이다. 부모가 못 하는 일이라면 아이 역시 자신이 무언가를 만들고 수리할 수 있다는 확신이 부족해진다. 자신의 부모가 직장에서 무슨 일을 하는지도 아이의 관심 밖이다.

부모들, 특히 아버지들은 이러한 생활 방식이 자녀, 특히 아들에게 주는 것이 거의 없다고 느낀다. 많은 애견인이 도시에서는 개를 키우려고 하지 않듯이 아버지들 역시 이 같은 생활 방식이 도시 탓이라고 생각하는 경향이 있다. 어떤 부모는 죄스러운 마음에 자녀에게 영화를 보러 가라고 돈을 좀더 쥐여주기도 한다. 또 어떤 부모는 자신들의 삶에 제약을 받게 될지라도 빈둥거리며 시간을 보낼 수 있고 이것저것 수리도 할 수 있는 교외 지역으로 이사하는 쪽을 선택하기도 한다. 우리는 이러한 파멸적인 이주의 의미를 되짚어봐야 한다.

5

나쁜 쪽으로 예를 한번 들어보겠다. 할렘의 빈곤층 자녀들이 다니는 한 초등학교에서는 2년마다 전교생을 대상으로 지능 검사를 실시했다. 검사 결과, 상급반으로 올라갈 때마다 학생들의 '타고난 지능native intelligence'이 10점씩 낮아지는 것으로 나타났다. 가정의 영향과 학교 교육이 복합적으로 작용해 매년 아이들이 눈에 띄게 멍청해져갔던 것이다. 만약 이 어린이들이 가정의 구속과 의무교육을 몇 년더 받게 된다면 그들은 모두 횡설수설하는 바보가 될 것이다. 이 학교에 새로 교칙이 세워지고, 부모를 위한 사회복지 업무에 개인 시간을 기꺼이 할애할 의지가 있는 새로운 교장이 부임하며, 좀더 유능한교사들이 채용되고 더불어 학생들에게 개별적인 관심을 좀더 기울이는 등 좀더 진보된 교육 방법이 시행되면서 상황은 완전히 역전되었다. 이 신임 교장은 학생들의 우둔함을 치료하는 방법은 학생에게 자유롭게 비판하고 반감을 표현할 기회를 제공하는 것이라고 확신했다. 그래서 교장 선생은 학생들에게 "아버지가 싫은 이유, 학교가 싫은이유, 혹은 교장 선생님이 싫은 이유"를 주제로 기술하는 작문을 내주었다.

6

대량 생산과 대중 교육의 환경에서 권태로 인한 위기의 심화, 개인적 참여 부족, 부적절한 문화, 역량 부족 등은 소위 진보 교육을 추구하는 운동 차원에서도 발생하고 있다. 우리의 교육이 빈사 상태에 이르기는 했지만 회생의 가능성은 열려 있다. 금세기 미국 교육의 역사는 대단히 교훈적이다.

윌리엄 제임스의 실용주의, 존 듀이의 도구주의, 소스타인 베블런의 기술주의는 그 당시 지배 계급의 학술 문화, 계급의 도덕성, 형식 종교, 비사회적인 탐욕과 같은 악습 및 이상에 저항했다. 그리고 이 철학자들은 대량 생산이나 사회 화합, 실용적 미덕, 좀더 정직한 인식과 감정에 관심을 가졌고, 이것들은 당시 부상 세력이었던 기술자, 사회과학 행정관, 노조와 관련 있었다. 그들은 자신들이 비판하던 '유한계급의 문화'의 상징으로 노예 제도를 기반으로 수립된 그리스의 '고전적인' 문화를 지목했다. 하지만 20세기 초반의 철학자들은 관리자나 기술자, 노조의 성공과 효율적인 대량 생산, 사회 화합, 대중문화가 그들이 더더욱 원치 않을 상황을 만들어내리라 예상하진 못했다. 관념적이고 비인간적인 환경, 신분제는 지속되었고 경제는 무능해졌으며 사람들은 위험하리만큼 순응하는 태도를 보인다. 이에 더해 천박하고 말초적인 여가활동도 늘어났다. 그래서 우리는 정작 파편화된 상태일지라도 대중이 함께 여가를 누리고, 완벽한 전인 교육을 실시한 그리스의 폴리스를 하나의 '완전한 공동체'라고 여긴다.

과거의 거대한 성직자 문화에서 새로운 관리 조직 문화로 전환되는 중간 과정에서 두 문화의 결함이 배제된 실용적인 교육 방법이 구체화되었다. 그리고 이는 여러 면에서 이상하리만큼 그리스의 교육제도와 닮았다. 1920년대에는 과감하게 실용적인 교육 방법의 효율성을 검증할 수 있는 공명판*을 제공했다. 진보적인 교육은 18세기 중반 이후 등장한 교육학, 정치학, 사회주의 및 공산주의 이론, 인식론, 미학, 인류학 및 정신의학 분야에서의 모든 급진적 사고를 응용했다. 마치 진보 교육자들이 어린아이의 교육에 있어서는 실패한 혁명이나 미완의 상태가 있어서는 안 된다고 굳게 결의한 것 같았다.

전성기를 구가할 때 진보적 교육은 결코 종파적이지 않았다. 학파마다 중요하다고 판단한 다양한 것을 강조했다. 존 듀이는 실험적이었고, 러셀은 이성적이었으며, 닐은 성sex 개혁주의자였고, 고다드와 안티오크 주변의 사람들은 공산주의에 가까웠고, 베레아는 '수공예품' 같았고, 블랙 마운틴은 '창의적'이며, 에이브러햄 머스트와 핀케는 정치경제적이었다. 거의 모든 학파가 정도의 차이는 있지만 공통으로 다음과 같은 부분을 강조했다는 점에는 동의할 것이다.

실험과 실천을 통해서 이론을 배운다.
참여와 자기 규율을 통해서 소속감을 배운다.
모든 육체적인 행동과 개인과 개인 간의 표현을 허용한다.
개인적 차이를 중시한다.

---

* 생각·의견 따위에 대한 반응을 테스트당하는 사람이나 그룹.

조형 미술, 율동 체조, 연극을 통해 감정을 표출하고 연마한다.

인종, 계급, 문화에 대해 관용을 베푼다.

직원 회의나 공동체 회의에서 연대감 강화의 수단으로 집단 치료를 실시한다.

인생의 특정 시기를 거치고 있는 젊은이들의 문제에 진지하게 접근한다.

청년과 기성세대로 이루어진 공동체를 결성하고 '권력'을 최소화한다.

실질적인 체육 시설(건물 및 농장)과 학교 공동체의 문화를 교육적으로 활용한다.

이웃 공동체(촌락 혹은 도시)에 실제로 참여하며, 교과과정 내에서보다 광범위한 사회가 안고 있는 실질적인 문제점들, 그러한 사회의 지리적 특성 및 역사에 초점을 맞춘다.

활동들이 기능적으로 상관관계를 가질 수 있도록 노력한다.

이것이 완벽한 교육 프로그램은 아닐지도 모른다. 웅장하지도 않고 엄청나게 재미있는 것도 아니며 종교적으로나 인문학적으로나 부족하다. 하지만 모든 시스템은 각자 속한 사회적 환경에 맞아야만 하므로 '완벽한' 교육 시스템이라는 것은 애초에 존재하지 않는다. 지금과 같은 전환의 시대, 정착하지 못하고 떠도는 시대, 비인간적 척도의 시대, 기술적 관념화의 시대, 냉담의 시대, 순응의 시대에는 이보다 못한 프로그램으로는 인간 자원을 신중하게 활용하기 어렵다. 미국의 공교육자들은 인간 자원에 대해 진지하게 고민하지 않는다. 진지하게 고민하는 사람이라면 이 교육 프로그램을 활용할 것이다.

예부터 진보적 교육에 대해 지속적으로 제기되어왔고, 반드시 해답을 찾아야 하는 한 가지 비판이 있다. 진보적 교육이 교육과정, 즉 문화적이고 과학적인 콘텐츠 면에서 취약하다는 지적이다. 그런데 이는 잘못된 비판이다. 교육 방법론이 무엇이든 간에 교육은 단 한 가지, 인간의 경험과 관례에서 기본적이고 보편적인 것, 즉 문화의 근본적인 구조라는 점을 기억해야 한다(부록 D 231쪽 참조). 이와 같은 철학을 바탕으로 퍼져나가 시공간 속에서 자신의 위치를 확인하며, 언어로 표현하고, 또한 측정하고 구조화하며 사회적 동물이 된다. 이는 영어, 수학, 지리학, 음악, 체육으로 불릴 수도 있다. 아니면 그리스어, 역사, 논리, 럭비라고 할 수도 있고 혹은 3학trivium*이나 4학quadrivium**이라고 부를 수 있다. 또는 문학, 사회학, 과학, 율동 체조라고 할 수도 있다. 모두가 기본적인 교육 과정이다. 방법론에서 약간의 차이를 보일 뿐, 이 교육 과정은 학생들을 어떻게 가르치고, 몸에 배게 하여 학생 개개인의 능력을 최대한 발휘하게 할 것인지에 관한 고민을 담고 있다. 교과 과정은 피상적으로만 보면 '한 인간이 알아야 하는 것'이지만 좀더 근본적으로는 현실세계에서 한 인간이 되는 방법에 관한 것이다. 그 방법론은 다양한 상황에서 발현되는 젊은이들의 좋거나 나쁜 습관, 각각의 능력에 따라 달라져야 한다. 이러한 교육 과정이 무능한 사회의 일시적 편의에 따라 달라져서는 안 된다. 여기서 무능한 사회란 비교육적인 사회를 의미한다. 교육 과정을 온전하게 가르치지 않는 것은 전인 교육을 포기하는 것이나 다름없다.

---

* 중세 대학에서 초급자에게 가르치던 문법·논리학·수사학.
** 중세 대학에서 상급자에게 가르치던 산술·기하·천문학·음악.

이를테면 현 냉전 시대 미국 과학 교육을 둘러싼 논쟁에서 전미교육협회의 청소년 범죄 전문가 크바라세우스 박사는 학생 대다수에게 기하학은 '너무나 어려운' 과목이기 때문에 이를 모든 학생에게 가르치려 한다면 낙제와 무단 결석을 초래할 것이라고 경고한 바 있다. 이는 그다지 진보 교육자답지 못한 생각이다. 기하학이 너무 어렵다는 것인가? 인문학적 지식보다는 기술적 지식을 빠르게 습득하는 것이 진정한 교육 목표라는 의미인가? 교육 방법론과 아이들의 적성이나 역량 부족의 연관성을 고려하지 않을 것인가? 크바라세우스 박사의 주장에 내가 적잖이 실망한 이유는 그가 가치 있는 인간의 목표로서 기하학 자체를 교육해야 하는 우리의 의무를 등한시했기 때문이다. 우리는 유클리드, 케플러, 아인슈타인을 교육해야 할 의무가 있다. 크바라세우스 박사와 같은 태도는 이처럼 위대한 과학자가 모두의 영웅이 될 수 없게 한다. 인간적으로 배울 가치가 없다는 이유로 아이들이 배우지 않는다면 동기 부여 역시 사라지는 슬픈 딜레마에 빠지게 된다. 그런 아이들을 학교에 붙잡아두기 위해 인간적으로 가치 있는 과목도 줄여야만 한다. 과학을 가르칠 것인가 아니면 가르치지 않을 것인가, 가르친다면 누구에게 가르칠 것인가 혹은 과학이 없다면 인간은 어떻게 될 것인가를 묻기보다, 여러 상황에서 과학을 어떻게 가르칠 것인가를 질문해야 한다.

　크바라세우스 박사와는 정반대 지점에서 최근 스푸트니크 쇼크*

---

* 옛 소비에트연방은 1957년 10월 4일 카자흐스탄의 한 사막에서 세계 최초로 인공위성 스푸트니크호를 발사하는 데 성공했다. 이전까지만 해도 과학기술 분야에서 소련을 압도하고 있다고 믿었던 미국은 엄청난 충격을 받았는데 이를 스푸트니크 쇼크라 한다.

로 인해 대중의 우려가 고조되는 가운데, 코넌트 박사가 고등학교 교육 관련 보고서를 준공식적으로 발간하기에 이르렀다. 이와 같은 관점은 단순히 러시아에 대한 두려움에 국한된 것이기 때문에, 이 보고서는 스푸트니크 위성 발사가 사소한 재앙에 불과하다는 교육자적 상상력을 담지 못했다. 코넌트 박사의 교육 철학은 다음 문장에 잘 나타나 있다.

> 교육적 관심이 너무 오랫동안 학생 개개인의 특성을 드러내는 데 집중되었기 때문에 [러시아의 위협으로부터 국가를 지켜내는] 새로운 국가적 근심거리가 고등교육 프로그램을 수립하는 데 중요한 요소가 될 수 있다는 의견에 [교육자들은] 자동적으로 반대한다.
>
> ─『자녀, 부모, 그리고 국가』

개성의 발현과 과학 교육 실시가 상충하는 사안이라고 여기는 생각이 매우 놀라울 따름이다! 거의 모든 학교에서 대다수의 우수한 학생이 고급 심화 과정을 기피하거나 학업을 중단하고 있는 상황에 관해 코넌트 박사는 어떤 방식으로든 소수의 상위 우수 학생들이 고급 학습 과정을 선택하도록 설득해야 한다고 제안하면서 **현재 무엇이 그들의 동기를 결여시키고 있는지**에 대해서는 의문을 제기하지 않는다. 그는 교육을 진공 상태에서 다루는 것에 반대하면서도, 미국의 국가적 요구는 진공 상태에서 바라보고 있다. 핵전쟁을 치러야 하는 동기가, 혹은 냉전 시대라는 상황이 소년들의 냉소주의나 사회적 무관심에 필적할까? 무엇보다 코넌트 박사는 '학문적으로 뛰어난' 학생이 왜 15퍼센트에 그치는지 그 이유에 대해서는 별다른 의구심을 품지 않았다. 그는 현재 고등학생들이 전반적으로 우수하지 못한 게 텅 빈 배경에서 초래된 결과라고 생각하는 것일까? 반면 같은 주제에 대해 교육 대학의 학장인 존 피셔는 다음과 같이 주장한다. "나는 우리가 인간이 가진 능력에 대해 전혀 알지 못하고 있진 않은가 하는 강한 의구심을 떨칠 수 없다. 인간의 능력은 흔히 생각하는 것보다 더 위대할 수 있다고 본다." 우리가 인간 자원을 보존하려 한다면, 먼저 대다수 학생이 학문적으로 부족한 이유를 밝히고, 이들이 재능을 발휘할 수 있게 하는 방법을 개발해서 '학문적으로 우수한' 인적 풀을 확대하는 것이다. 어쩌면 전통적인 학교가 이에 대한 그리 좋은 해답은 아닐 수 있다. '국가적 요구'가 오로지 창의력이 뛰어난 과학자를 배출하는 데에만 모아져 있다면 특히 그렇다. 이 소년들이 검사를 받는 시기, 가령 12세에서 15세에 학문적으로 재능 있는 15퍼센트를 규정하는 '영특함'이 사물의 근원을 깊이 이해하는 것을 의미할 수도 있고 아닐 수도 있기 때문이다. 영특함이란 대개 언어적이고 상징 조작적이며, 위험한 문제를 건드리지 않거나 외면하기 위한 강박적인 장치에 가깝다. 오래전 프로이트가 어린아이들이 계속 성가시게 질문해대는 것은 금지된 질문을 하는 행위와 대체할 수 있다고 지적한 것처럼 말이다.

만약 동기 부여, 능력 발휘, 학습 고착화 등이 중요한 사안이라면 학생 개개인의 특성에 좀더 많은 관심을 갖는 것, 좀더 진보적인 교육을 실천하는 것 등이 국가적 요구에 부합한다. 이렇게 하면 심지어 로켓 개발을 가속화시킬 수도 있다.

최근 나온 교육학적 의견 가운데 최악은 버클리 대학 에드워드 텔러 박사의 주장이다. 그는 러시아가 계속해서 미국을 앞질러간다면, 결국 미국보다 먼저 달에 착륙할 것이고, 날씨를 통제할 수도 있으며 저항할 수 없는 무기를 완성해 모든 분야에서 세계를 리드할 것이고, "그 결과 미국을 포함한 전 세계 모든 곳에서 자유를 잃게 될 것"이라고 경고했다. 한두 줄을 더 읽어내려가면 "과학 분야에서 누군가의 성공은 우리의 성공이며 (…) 과학자들은 국적에 관계없이 협력할 수 있고 지금도 그렇게 하고 있으며" 그들은 국제 언어로 말하고 국제 공동체에 속해서 "인간적 형제애를 실천하고 있다"고 말하고 있다. 그러면서 텔러 박사는 "과학자들의 봉급이 조금씩 인상되고 있는 것은 긍정적인 조짐"이라며 기뻐한다. 대학, 사설 연구소, 산업체, 정부는 "과학자들에게 안락하고 안정된 삶을 보장하고 있다". 하지만 "과학자가 되겠다는 결심을 할 때 돈이 중요한 요소로 작용할 것이라는 말은 아니다". 텔러 박사의 결론적 주제가 "과학은 재미있는 것"이기 때문이다. 제목이 "당신은 과학자가 되어야만 하는가?"인 이 에세이는 『새터데이 이브닝 포스트Saturday Evening Post』『레이디스 홈저널Ladies' Home Journal』『라이프』『스콜라스틱Scholastic』과 같은 잡지에서 공익 광고로 등장했다.

7

진보주의 교육의 혁명적인 프로그램은 실패했고, 만약 성공했다면 지금 이 암울한 책을 쓰고 있지는 않을 것이다. 진보주의적 교육의 혁신적 프로그램을 피상적으로 가장 강경하게 비판한 사람들은 보수주의자들이다. 그들은 진보주의적 교육 프로그램이 서양의 전통, 유대 기독교 전통, 3R 교육,* 도덕 예절, 애국심, 권위에 대한 존중을 무시한다고 주장했다. 그러나 진보주의적 교육에 치명타를 가한 사람들은 다름 아닌 진보주의 교육 운동을 하고 있는 소심한 개혁가들이었다. 그들은 진보 교육이 학생들에게 삶에 쉽게 적응할 길을 제공해주지 못한다는 데 우려를 표명했다. 여기서 '삶'이란 조직화된 시스템 안에서 자신의 역할을 수행하는 것을 의미한다. 이러한 생각이 점진적으로 우세해졌고, 현재 공립 학교에서 이어지고 있는 진보주의적 교육의 원칙은 원만한 대인관계나 관용을 배우며, 자동차 운전이나 사교 댄스와 같은 '실생활의 문제'를 확실하게 익히는 것이다. 이는 열심히 주위를 평가하는 것보다 그저 '적응하는' 것과 더 관련이 깊다. 여기서 우리가 기대할 수 있는 것은 무엇일까? 진보주의적 교육이 성공을 거두지 못하고 실패한 것이 그다지 특별한 일은 아니다. 진보주의적 교육은 앞으로 이 책에서 나열하게 될 다른 20가지 혁명과 똑같이 비겁하게 타협했다. 사회의 지배 계급도 마찬가지로 그에 부합한 '진

---

* 읽기·쓰기·산수(reading, 'riting and 'rithmetic)와 같은 기초 학과.

보주의적 교육'을 받고 있다.

8

이제 다시 이 책의 논의 주제로 돌아가보자. 불균형적인 물리적 환경과 복잡한 기술들 외에도 사회적 환경 또한 성장을 방해하는 요소로 작용하고 있으며, 역량 부족을 초래하고 인과관계에 대한 감각을 상실하게 한다.

아주 추상적인 개념 중 하나인 소유권을 주장하려는 아이가 있다고 가정해보자. 잭이 바비의 손에 들려 있는 삽을 빼앗으려고 하자 바비가 삽으로 잭의 머리를 내리치거나 혹은 힘 있는 사람에게 이에 관해 분명하게 불평한다면, 그것은 문제가 되지 않는다. 문제가 복잡해지는 것은 아무도 삽을 사용하고 있지 않은 상태에서 엄마가 "그 삽은 바비 것이니까 잭 너는 절대 쓰면 안 돼, 알았지?"라고 말할 때다. 이 어린이에게 깊은 인상을 남긴 것은 명확한 소유권 개념이 아니라 확신에 찬 엄마의 말투다. 이 아이는 그냥 엄마의 말을 "믿는다". 물론 아이가 그 의미를 이해했다는 증거는 어디에도 없다. 이것이 마르크스가 말한 물신 숭배의 시작이다. 구역질 나는 것은 이것이 성직자, 시장, 선술집 철학자들이 원하는 결과라는 것이다. 그러면서 그들은 가정의 영향력을 강화하는 것이 청소년 문제를 해결하는 지름길이라고 말한다.

그러나 어른들의 대인관계는 조직의 시스템의 복잡성이 더해지면서 이제 헤아리기 어려울 정도로 방대해졌다. 어린아이에게는 자신의 엄마가 눈에 보이지 않는 종교의 지배를 받고 있고, 아버지는 회사 상사의 지배를 받고 있다는 사실을 인지하는 게 꽤 혼란스러운 일이 될 것이다. 반독점 체제 내의 고위 경영진들은 익명성을 보장받으며『포춘』지가 기술한 대로 이것은 새로운 관리자 규약의 일부다. 어린아이가 눈에 보이지 않는 이 최고 관리자를 영웅적인 모델로 삼기는 어렵다. 재키 로빈슨은 TV에 등장하는 인물들을 영웅 대용품으로 활용하자고 제안했지만 눈에 보이는 이 '영웅들'은 꼭두각시에 불과하기 때문에 그의 말은 부적절하다. 경제학자 아돌프 벌리가 지적한 대로 점점 더 경영과 통제가 강화되면서, 심지어 재산권과의 관련성은 점점 더 약화된다.

한 가지 예를 생각해보자. 어떤 사람이 착취 혹은 학대를 당했을 때, 그는 누구에게 화를 내야 할까? 누구도 추상적인 시스템에 분노를 표출할 수는 없는 일이다. 사실 불만처리 위원회나 다른 정규 경로들을 통해 처리해야 할 문제이므로 분노를 터뜨릴 필요도 없다. 조직화된 시스템의 중심인 중간 계급의 상황은 대개 관료 체계와 비교되곤 하지만 그와는 다르다. 관료 체계는 명문화된 명확한 서열이 있다. 반면 조직화된 시스템은 개인 간의 미묘한 반목이나 경쟁관계를 성문화할 수 없고, 모든 구성원 개인의 존엄성을 보호해준다. 원칙을 제시할 어떤 객관적인 유용성이 없기 때문이다. 심지어 강력한 시스템인 국가는 좀더 물질적이다. 국가는 깃발, 군인, 선거 제도, 우체부, 경찰 등을 보유하고 있다. 국가는 어린아이의 마음속에 경외심과 두려움을 불러일으킨다. 그러나 조직화된 시스템은 기업의 상표가 새겨진 제품의 밋밋한 앞면이나 광고에만 존재한다. 그 시스템이 어떻게 운영되고 있는지 또 누가 결정을 내리는지는 알 도리가 없다.

이러한 상황에서 젊은이들은 모든 일이 마법처럼, 즉 '외부의 작용'에 의해 이루어진다고 확신하면서 성장한다. 심지어 연고주의가 개인에게 영향을 미치는 것보다 오히려 점성학의 영향이 더 크다고 믿는다. 자주성, 인과성, 능력에 대한 의식은 점차 뇌리에서 사라진다. 그들에게 공적은 '개인의 성격적' 특질이고, 학문은 수료증을 획득하는 것을 의미한다. 조합원증이 유용함을 대변하고, 개인은 소속을 통해 정당화된다.

9

우리는 이제 힙스터를 역할 수행자로 이해할 수밖에 없다.

역할 수행자란 무언가를 이행할 수 있는 실질적인 능력이 없거나 교육을 받지 못했고, 반드시 이루어야 할 목표가 없는 사람들이다. 역할 수행자는 다른 사람이 그에게 기대하는 것을 요령껏 해내고, 해당 업무를 수행할 수 있음을 입증하기 위해서 전형적인 퍼포먼스를 한다. 힙스터가 되는 데는 상당한 이점이 있다. 먼저, 힙스터 되기는 그럭저럭 살아남는 한 가지 방편이다. 한 남자가 스스로를 아무것도 아닌 사람이라고 생각한다면, 적어도 그는 어떤 형태로든 인정받고 있으며, 어딘가에 속해 있는 것이다. 그는 잘 속아 넘어가는 다른 멍청한 사람을 멸시하고, 그런 방식으로 화풀이를 한다. 그리고 그는 형식적인 퍼포먼스를 할 따름이기에 소위 가치 있는 목표들이 무의미하다는 것을 좀더 확신한다. 이렇게 함으로써 그가 느끼는 좌절감과 자기 무용성으로부터 비롯되는 비참한 기분을 완화한다. 마지막으로 역할 수행은 우리의 관념적인 능력에 대한 자만심을 지켜준다. 관념적 능력이란 하고자 하면 '할 수' 있지만 절대 시험해보지 않는 것을 의미한다. 이런 의미에서 힙스터는 부정 이득을 취한 후 자취를 감추려 하고, 널리 알려지는 것을 피하는 노련한 사기꾼과는 반드시 구분되어야 한다. 힙스터는 자신들이 형세를 잘 파악하고 있고, 경쟁에서 앞서가고 있다고 자랑하는 경우가 많다.

이와 같은 힙스터의 냉정한 태도는 조직화된 시스템 안에서 일상적으로 발견되지만 그와는 반대로 성실한 **조직인**은 실제로 소속되어 있고, 지위도 있으며 임금도 받는다. 그리고 그 지위와 임금을 반드시 지켜내야만 한다. 그 결과, 중견 간부는 지독한 자기 모순에 빠진다. 자신이 다니는 회사의 목표에 대해서는 냉소적이지만 자신의 무능함이 들통날까 봐 두려워한다. 그는 역할을 구체화할 의지도 없는데, 이는 명확한 자료나 객관적인 기준도 없기 때문이다. 이런 상황에서 어떻게 하면 완전히 주관적인 요구를 맞출 수 있을까? 그는 심하면 궤양과 같은 고통을 버티면서 동물적 욕구 혹은 가시적 업적에 근거해서 구축된 대인관계, 즉 역할 놀이를 수행하면서 그럭저럭 살아가야 한다. 그는 기대에 부응하고, 순응하며, 남들보다 앞서 가고 좀더 높은 지위를 획득하는 방법을 확실히 알고 있다는 걸 증명한다.

화이트는 이렇게 말한다. "수습 사원은 경영 그 자체가 중요한 것이라고 믿는다. 즉, 기술이 콘텐츠보다 훨씬 더 중요하다는 것이다." 의회 자유 프로젝트의 한 문서에 비슷한 표현이 담겨 있는데, 비교해보자. 지난 몇 년 사이에 "특정 유형의 정치인이 등장했다. 그는 순전히 방법만을 중시하는 사람이다. 법안의 내용은 중요하지 않으며, 훨씬 더 중요한 것은 오히려 법안을 통과시키는 프로세스다". 새로운 유형의 영업 사원은 제품이 아닌 사람을 판매한다. 지출 계정을 통해서 그는 자신이 적임자임을 증명하고, 그것이 무엇이 되었든 간에 자신에 관한 이미지 관리에 힘쓴다. 짐작건대, 많은 똑똑한 젊은이가 1930년대 공산당이 차지했던 자리를 조직organization이 대신한다고 여기는 것 같다. 아마도 고난을 견뎌낼 능력이 없기에 창의적인 삶을 사는 데 깊은 절망을 맛본 젊은이들은 자본주의 체제에 대한 혐오를 드러내며, 종종 지독한 자기 비하 속에서 높은 임금을 주는 직업을 받아들였다. 오늘날 몇몇 젊은이들은 자신들이 이사회에 소속되어 있다고 믿으며, 그들의 분노는 냉소주의로 모습을 바꿨다. 이 체제에서 인간의 완전성을 가늠하는 표준은 동일하다.

이런 역할 수행의 현장은 조토 디 본도네 혹은 안토니오 비발디* 가 누군지를 묻는 미 공군 지원자를 대상으로 한 설문조사에서 낱낱이 드러난다. 지원자가 정답을 말하면, 그는 탈락하고 공군에 들어갈 수 없었다. 역할 수행자가 어려움을 겪을 일은 없다.

최근 어떤 레크리에이션 협회가 주최하는 회의에 참석한 적이 있

---

* 전자는 이탈리아 화가이자 건축가, 후자는 이탈리아의 음악가다.

는데, 그곳에서 실무자, 즉 놀이 및 그룹 활동의 실제 책임자와 행정 관리자들 간의 극명한 차이를 확인할 수 있었다. 실무자들은 사람인 지라 그들이 적절한 판단을 내리고 즉석에서 결과물을 만들어내는 것에 대해 열정적일 뿐 아니라 자부심을 느끼고 있었다. 그러나 행정 관리자들의 관심은 오직 기준이나 자격증에 있었고, 불평을 듣지 않기 위해 책임을 회피하거나 자신들의 헌신적인 봉사를 증명하는 데 집중되어 있었다. 그들은 무엇보다 자신들이 겪을 수도 있는 위험 요소를 줄이고, 예산 책정을 더 많이 받기 위해서 명목뿐인 항목을 만들고자 한다는 것을 분명하게 알 수 있었다. 한편으로 그들은 어떻게 지도자를 뽑을지 계속해서 궁리하지만 동시에 기준을 엄격하게 적용하여 지도자들을 탈락시키곤 한다.

여기서 역할의 개념과 정체성의 개념을 비교해봐야만 한다. 역할은 냉정하게 이행함으로써 기대에 부응하고 완결된 행위를 위한 기술을 아는 것이다. 해럴드 로젠버그는 『더 트래디션 오브 더 뉴The Tradition of the New』에서 정체성 개념을 명확하게 기술했는데, 우리는 정체성을 발견하고, 그것을 얻기 위해 싸우고, 스스로에게 정체성을 부여한다. 정체성은 해야 하는 업무, 사명, 생산품에 의해 규정되는 반면 역할은 개인에 대한 타인들의 기대에 따라 결정된다.

당연히 정치인이나 대중 연설가들은 탁월한 역할 수행자, 힙스터들이다. 그들은 **명목상** 존재하며 상징적인 만족을 제공하므로 그들의 발언이 진지할 거라 기대해선 안 된다. 다시 말해, 그들의 입에서 객관적으로 존재하는 것과 관련된 말이 나오리라고 생각하지 않아야 한다. 그러나 생산과 유통을 담당하는 기업에서도 그와 유사한 상징적 관계가 존재한다는 사실은 실망스럽다. 우리는 그런 상품을 신뢰할 수 없고, 그저 포장과 상표에 불과하다고 생각한다. 그래서 이런 기업에 불만을 품은 비트 세대는 진짜 상품까지도 경멸하곤 한다. 비트 세대는 재화를 반드시 외면해야 하는 상품으로 여기는데, 이는 상품 물신 숭배와는 정반대 현상이다.

요컨대 자기 일에 관심이 없는 공장 직공은 자신이 생산한 제품에 대해서 아는 것이 많지 않다. 시스템 내에 인과관계가 구축돼 있기 때문이다. 중견 간부, 광고 전문가, 영업 사원들은 역할 수행자들이며 상품과는 전혀 관계가 없다. 기술자와 최고 경영자는 상품을 세상에 내놓아야 하기 때문에, 아마도 상품의 질과 상품의 생산 방식에 대해 알고 있을 것이다. 그리고 그 증거는, 고위 관리자들은 생산과 판매를 위해 상당히 열심히 일한다는 데서 찾을 수 있다. 고위 관리자들은 주중 60시간을 근무하고 자신들의 일에 자부심을 느낀다. 하지만 그런 그들조차 점점 더 많은 시간을 무의미한 개인 간 경쟁에 할애해야 한다. 화이트는 그들이 경쟁에 쏟는 시간이 전체 노동 시간의 90퍼센트를 차지한다고 주장한 바 있다.

여기서 대표적인 예를 한 가지 들어보겠다. 유명한 월간지가 하나 있는데, 잡지 출간을 위해서 매달 다섯 명의 편집자가 일주일 동안 바짝 일하면 되었다. 그것은 꽤 훌륭한 방법이었다. 하지만 불행하게도 이 우수성 때문에 잡지는 유명해졌고, 잡지사의 돈 많은 스폰서들은 기존 편집자들을 위해 10명의 비서와 업무 보조원을 채용했다. 얼마 지나지 않아, 편집자들은 한 달 내내 일을 붙잡고 있는 자신들을 발견하고는 직장을 그만뒀다. 결국 이 잡지는 완전히 망했다.

기술적 가능성을 고려한다면, 우리의 물리적 환경은 매우 천천히 변한다고 말할 수밖에 없다. 그렇다 해도 놀라울 건 없는데, 그에 관해 깊이 생각해본 적이 거의 없기 때문이다.

10

미국은 미국만의 '생산' 비법을 보유하고 있으며, '생산'에 참여한 사람은 높이 평가된다. 갤브레이스는 『풍요한 사회』에서 이런 태도가 완전히 허울 좋은 것에 불과함을 보여주었다. 그에 따르면, 생산을 증가시킬 수 있는 방법에는 다섯 가지가 있다. 1)전쟁 상황을 제외하고, 노동력 공급을 늘리려고 하지 않는다. 2)신생 기업의 설립을 장려하지 않는다. 3)대다수 산업에서 기술 혁신을 시도하지 않는다. 4)완전 고용과 5)현재 보유하고 있는 자본의 효율적 사용에만 중점을 둔다.

그러나 갤브레이스는 우리가 관심을 두고 있는 생산성 요소, 6)젊은이 개개인의 능력과 기술을 향상시키는 문제에 대해서는 언급조차 하지 않는다. 사실 지금까지 살펴본 대로 오히려 시스템적으로 젊은이의 적성을 가로막고 있다고 보는 것이 옳다. 오늘날 우리는 예전과 달리 미국인을 가리켜 타고난 기술자라고 말하지 않는다. 젊은이들이 존경하는 영웅 가운데 토머스 에디슨, 루서 버뱅크, 헨리 포드, 찰스 스타인메츠 등의 이름은 없다. 이들의 이름을 거론하는 것은 시대착오적이다.

청소년들이 문학작품이나 화보를 통해 바라보는 발명가 혹은 과학자에 대한 이미지도 바뀌었다. 60년 전만 해도 발명가의 모습은 실수를 연발하며 어딘가 정돈되지 않은 얼빠진 나이 많은 바보처럼 보이지만 고집과 뚝심이 있고, 눈은 통찰력 있는 진리의 빛으로 빈뜩였다. 그러나 30년 전부터 과학의 이미지는 완전히 이상해지기 시작했고, 과학자는 고무장갑을 낀 외과 의사나 악마 같은 눈빛을 가진 냉철한 미치광이로 비치기 시작했다. 오늘날에는 전략적인 이유로 이러한 정형화된 이미지를 활용할 수 없게 되었으며, 과학자는 이제 나이가 젊고 옷을 말쑥하게 차려입은 협력적인 조직인으로 그려지고, 그가 하는 일을 증명할 수 있는 장치로 둘러싸여 있지만 그의 눈빛에서는 아무것도 찾아볼 수 없다. 하지만 그는 현재 즐거운 놀이를 하는 중이다.

조직화된 시스템에서는 본질적인 특성상 연구와 발명이 갈수록 협력적이고 익명성을 띠며, 이로 인해 대단한 결과물이 생산된다고 주장한다. 하지만 이 주장엔 논쟁의 여지가 있다. 발명의 본질은 지금까지는 생각지도 못했던 것을 생각해내는 것인데, 회사 차원의 여러 발명은 경영상의 필요나 정책상의 직접적인 강요로 이루어지는 게 아닌지 의구심이 든다. 물론 행정 관리자가 수학자의 안경 너머에서 무슨 일이 벌어지고 있는지 알지도 못한 채 그들이 뭔가 '유용한' 것을 만들어서 꺼내놓기를 애타게 기다리고 있는 우스꽝스러운 코미디가 연출되기는 한다. 실제로 내 수학자 친구는 회사에 시간외 근무 수당을 청구한다. 새벽 2시경 침대 위에서 무언가를 생각하는 경우가 많다는 게 그 이유다. 그는 회사가 그것을 받아들이든 말든 아랑곳하지 않는다. 그다지 특이할 것이 없는 사례도 이어서 소개한다. 천재적인 한 식품 화학자가 6개월을 투자해서 유아용 유동식을 개발했고, 회사는 광고에 100만 달러를 쏟아부어 해당 제품을 대대적으로 홍보했다. 하지만 식품 화학자는 자신의 제품이 이미 대중적인 마요네즈와 다를 게 없다고 생각했다. 그러다 갑자기 직장을 그만두고, 컨설턴트로 독립하여 현실적인 문제를 겪는 사람들이 찾아와주기를 기대하고 있다.

어쨌든 이런 유형의 문제는 입증하기가 어렵다. 유능한 인재를 선점한 대부분의 기업은 마치 자신들이 없었으면 이 발명품이 세상의 빛을 보지 못했을 것처럼 자신들의 지원을 받아 탄생한 발명품들을 당당하게 언급한다. 이에 반대하는 의견을 펼치려면 그 발명품이 발명되지 않았을 경우를 전제하고 독특한 형이상학적인 이야기를 할 수밖에 없다. "만약 내연 기관 개발에만 모든 자본과 연구 노력을 집중하지 않았더라면, 현재 훨씬 뛰어난 증기차나 전기차를 생산할 수 있을지 모른다고 생각한다." 분명 100만 달러짜리 장비와 대규모 인구 표본을 필요로 하는 연구는 기업 혹은 국가의 후원 없이는 이뤄질 수 없을 것이다. 그러나 이러한 방식의 연구와 사회적 부의 지출로 인한 성과가 그보다 예산이 훨씬 적었던 과거의 미국인들이나 지적 수준에 비해 조직 능력은 모자랐던 17세기 귀족 계급의 철학가의 성과와 비슷하다는 점은 대부분 부정할지도 모른다. 분명 현재 미국 사회에서는 상상력이 풍부한 소수의 집단이 열심히 일을 하긴 하지만, 그들은 상상력이 가장 부족한 최고 경영자의 지시를 받는다. 또한 회사 밖에서 만들어진 발명품들은 전량 매입되어 묶여 있거나 아니면 회사에 의해 파기된다. 솔직히 내 생각에 이윤이 나기 전인 새로운 기초 아이디어를 어정쩡한 상태로 묶어놓는 관행은 퀴즈쇼 조작 사건보다 더 비도덕적이며 인류 공동체를 파괴하는 행위나 마찬가지인 듯하다. 그역시 '매수된 지성'이라는 라벨이 붙은 동일한 상자에서 나온 것이다.

이제 머크와 그 반독점적 경쟁사들이 담합을 통해 약품 가격을 지나치게 높게 매긴 혐의로 상원 청문회에 소환된 머크 앤드 컴퍼니의 사장 이야기를 다시 해보자. 그는 "우리가 지난 수년간 과학적 지식 추구와 금전적 성공에 대한 욕구 사이에서 아슬아슬하게 지켜온 균형이 상원 청문회로 인해서 깨질지 모른다"고 경고했다. **도대체 어디까지!**Quo usque tandem*

젊은이가 처한 상황은 아이러니하다. 그가 대학에 들어갈 나이가 되고 기술적 재능을 갖추게 됐을 때, 여러 회사에서 그를 영입하기 위해 필사적으로 노력할 것이다. 몇몇 회사는 대학 교육비를 대신 내주고 그에게 일자리를 보장할지도 모른다. 기업들은 그러한 조직적인 행위를 통해 젊은이들의 재능 성장을 방해하고 그나마 살아남은 적성 역시 제한해왔다.

이와 같은 맥락에서 우리는 고등학교 교육에 대한 코넌트 박사의 제안에 다시 귀를 기울여야 한다. 그는 학문적으로 뛰어난 상위 15퍼센트의 학생을 선발해서 수학과 과학 교육 프로그램을 전공하게 해야 한다고 주장한 바 있다. 하지만 현실에서는 유능한 인재 풀을 확

---

* 키케로가 로마 의회에서 카틸리나의 음모에 대해 한 연설로, 원문은 '카틸리나여, 도대체 어디까지 우리의 인내를 악용할 것인가Quo usque tandem abutere, Catilina, patientia nostra?'이다.

대하기 위한 노력은 전혀 이루어지지 않았고, 공립 학교는 독점 기업
이나 군대의 훈련장으로 전락해버렸다.

1

1783년 조지 워싱턴은 정부에 신생 국가인 미국의 상황을 자신이 본 대로 기술하여 회람을 보냈다. "우리는 천부적이고, 정치적인 혹은 도덕적인 관점에서 신이 우리에게 내려준 운명을 행운으로 누릴 수 있는 평등한 기회가 있다"고 말했다. 더불어 그는 신생 국가의 천연 자원, 미국의 독립과 자유, 시대의 산물로서 도래한 이성의 시대를 언급하기도 했다. "자유롭게 학문은 발전하고 상업은 무한히 확장되며, 예절을 점진적으로 개선하고, 표현의 자유는 확대된다. 그리고 무엇보다 순수하고 상서로운 계시의 빛이 있다. 만에 하나 시민들이 완전한 자유와 행복을 누리지 못한다면, 이는 분명 그들의 잘못으로 인한 것이다. 우리의 상황이 그렇고 우리의 미래도 그렇다." 이것이 그의 결론이다.

이 글을 읽다 보면 절로 가슴이 뛰고 눈물이 솟구친다. 이는 그야

말로 진실이며 애국적이기 때문이다.

이후 다음 세대, 거의 현시대에 이르면 애국적인 수사는 다소 과장되고 거짓처럼 들리지만, 애국심은 진리의 핵심과 동떨어진 적이 없나. 미국의 운명엔 언제나 자랑스러운 어띤 특별한 점이 있었다. 1825년에는 보편적 민주주의가 그 자리를 차지했고, 1850년에는 동서를 가로지르는 장대한 대지와 정착지가 그러했다. 그리고 1875년에는 물질적으로 진보했고, 전선과 태평양 철도가 깔렸으며 근대 산업주의가 확립되었다. 1900년 미국은 가난한 사람들과 억압받는 사람들의 망명지로, 여러 인종과 문화의 용광로였다.

20세기에 들어와 애국적 수사는 불신의 대상이 되기 시작했다. 이는 우연이 아니었는데, 1898년과 1917년에 일어난 외국과의 전쟁과 합리적 수사는 양립할 수 없기 때문이다. 최근 수십 년 사이에 그러한 언사는 거의 사라졌고, 자유 기업이나 높은 생산성, 그리고 경제적 풍요와 같은 미국적 방식을 지칭하는 말도 마침내 자취를 감췄다. 이는 그러한 표현들이 자동차 부품이나 TV 광고 따위를 연상시키기 때문이다. 나아가 지식인층과 언론인은 경멸조로 미국적 방식을 언급하기도 한다.

이런 상황은 충격적이다. 유사 이래 처음으로 국가, 지역 공동체, 집이라는 단어는 그 자체의 힘, 생기를 불어넣을 수 있는 힘을 잃었다. 건달 말고 누구도 그러한 말을 입에 담지 않는다. 물론 잘못된 애국심을 거부하는 것 자체는 명예로운 일이다. 그러나 애국심의 긍정적인 면까지 잃어버리는 것은 비극이며, 나는 이런 상황에 대해 체념할 수 없다. 단 한 번뿐인 인간의 삶에서 멋진 환경이나 바람직한 공동체를 누릴 수 없다면, 인간의 권리는 비참하게 유린당한 것이나 다름없다. 이러한 인권 상실은 자라나는 젊은이들에게 특히 악영향을 미친다. 엄마 젖을 떼고 집을 나서면서 시작되는 성장 단계에서 위대하고 영예로운 무대로 진입할 기회를 빼앗는 것과 마찬가지다.

무엇보다도 문화는 도시 그 자체이며 애국적이다. 나는 애국심이 어린 시절과 청소년기 문화라는 점을 증명하려 한다. 최초의 문화로서 애국심이 부재할 시 과학, 예술, 인류, 그리고 신을 아우르는 우리의 인문 문화에는 치명적 공허함만이 남을 것이다. 그리고 이러한 공허는 진리를 깨달은 플라톤과 같은 우수한 인재들이 동굴에서 나와 국가에 봉사하기 위해 돌아오는 것을 막는다. 위대한 미국인 대다수가 견실한 박애주의자이며, 지역 공동체에 열정을 가지고 있다. 그러나 오늘날 어떤 이들에게는 거창하고 어려운 일에 자발적으로 뛰어들어 조국에 봉사하고 더 좋은 나라로 만들며, 또 그런 조국을 자랑스러워하는 모습이 특이하게 보일 수 있다. 젊은이들은 텔레비전에 나오거나 다른 식으로라도 이름을 날리기를 갈망한다. 그러나 공원에 자신의 동상이 세워짐으로써 존경받는 존재가 되고 '불후의' 명성을 얻는 것에 대해서 생각해본 적이 있는지 자못 궁금하다.

덴마크 문법학자 오토 예스페르센의 주목할 만한 제안을 분석하면서 논지를 좀더 분명히 하고자 한다. 예스페르센에 따르면 어린아이는 의외로 엄마나 직계 가족으로부터 모국어를 배운다거나 그들의 억양을 익히지도 않는다고 한다. 그에 따르면 어린아이가 사용하는 말의 억양, 단어, 구문, 스타일 등은 그가 집 밖에서 만난 최초의 또래 집단으로부터 배운다. 예스페르센이 구체적으로 설명하지는 않지만, 이를 통해 우리가 알 수 있는 어린아이들의 심리적 상태는 명백하다. 말투는 '나'라는 자아가 발달하는 단계에서 생성되며, 자아상을 형성하고, 타인의 이상에 스스로를 귀속시켜 이들을 조합한 것이다. 우리는 한 또래 집단에서 나와 다른 또래 집단으로 들어갈 때마다 커다란 변화를 겪는다. 특정 단계에서 청년은 자신을 한 무리의 친구 집단에 귀속시키고, 그 집단의 은어를 사용하고, 같은 재킷을 입으며, 문신을 새기고, 왼손 약지에 남성성을 과시하는 반지를 낀다. 이 청년이 자존감이 매우 낮거나 불안정하다면 이와 같은 순응적 행위를 통해 자신을 보호하려 할 것이다. 순응을 요구하는 집단이 비행 청소년 조직이더라도 우리는 그들이 과시 자체를 하나의 성취로 여긴다는 점을 알 수 있다. 앞서 이야기했듯, 뉴욕 주지사는 청소년들에게 소속감을 줄 기회를 제공해야 한다고 말하면서도 비행 청소년 문제를 진지하게 고민하고 있지 않다. 이는 주지사가 아이들에게 또래 집단이 제공하는 것과 맞먹는 남성적이며 이상적인 모델을 제공하지 못한다는 데서 알 수 있다. 사실 그에게는 그런 모델 자체가 없다.

성장에 도움을 줄 만한 그럴듯한 어른 집단이 없다는 건 엄청난 불행이다. 나와 같은 예술가 집단에서는 어떻게 도울 수 있을까? 아름다운 구어적 표현에 그치지 않고 단순하면서 울림이 있는 언어는 그 민족이 건설한 조국의 위대한 문화를 향한 믿음에서 나온다. 하지만 대중문화는 그러한 믿음을 강화하지 못한다. 분쟁으로 분열된 조국 로마가 국민 시인을 필요로 했기 때문에 자신의 훌륭한 정치적 감각을 포기한 베르길리우스와 같은 개인의 희생을 기대할 수조차 없다. 물론 그렇게만 된다면 신과 인류가 굽어살펴 그 예술가는 단숨에 범국가적이고 범우주적인 수준으로 올라갈 수 있다. 그러나 개인의 희생은 귀하고 소중한 것, 즉 찬란한 현재를 잃는 일이다. 무엇이 되었든, 애국적인 또래 집단이 없다면 베네치아의 웅장함을 담은 화려한 헨델의 작품은 나올 수 없었을 것이다. 미국에서 그런 크고 화려한 느낌은 브로드웨이의 싸구려 뮤지컬 드라마에서나 경험할 수 있다.

2

유년기와 성년기의 중간에 애국심의 영역이 위치한다. 우리는 신중하게 애국심의 범위를 정해야 한다. 그렇지 않으면 조국에 막대한 피해를 준 바보나 악당들의 손아귀에서 놀아날 수 있기 때문이다.

'미국식'이라는 말과 어울릴 만한 것에는 무엇이 있을까? '미국식 동물 생태' '미국식 성생활' 혹은 '미국식 가정' 같은 건 해당되지 않는다. '미국식 대학' '미국식 과학, 종교, 혹은 평화'라는 개념도 없다. 굳이 말하자면 모호한 의미로 '미국식 예술'이라고 일컬어 다루는 주제가 미국이라는 것을 표현할 수는 있겠지만, 예술 자체는 국제적이며 그 목적은 보편적이어야 한다.

그러나 그 가운데 미국식 환경, 미국식 초등 중등 교육, 미국식 무계급 사회, 미국식 헌법, 영미식 언어, 그리고 미국적인 진취성 같은 것이 존재한다. 한 어린아이가 과감하게 집을 떠나서 청소년기를 거쳐 어른이 되는 곳, 그에게는 활동의 장이 되는 환경은 미국적인 특유의 지형, 역사, 지역 및 공동체다. 애국심을 발휘할 기회가 반드시 필요한 시기는 바로 이 책에서 주로 다루고 있는 성장기다. 하지만 순수한 청소년들이 누려야 할 바로 이 소중한 기회가 변질되고 있다. 이러한 이유로 청소년들이 성장하는 데 어려움을 겪는 것이다.

미국식 환경과 공동체가 무엇을 말하는지 분명하게 집고 넘어가자. 다음은『라이프』지 최근호에서 발췌한 것이다.

> [십대들은] 통틀어 축음기 1000만 대, 100만 대가 넘는 TV, 1300만 대 이상의 카메라를 보유하고 있다. 십대 특유의 수요를 충족시키는 데 소비된 비용만 집계해보면, 청소년들과 그 부모가 올 한 해 동안 100억 달러를 넘게 썼다. 이 수치는 GM 사의 총 매출보다 10억 달러가 더 많은 것이다. 최근까지만 해도 대부분의 기업은 십대 소비 시장에 주목하지 않았다. 그러나 지금은 십대를 대상으로 한 광고와 요란한 홍보 캠페인에 수백만 달러를 쓴다. 만약 부모들이 이제라도 조직화된 반란을 일으킬 생각이 들었다면, 이미 늦었다. 십대가 소비 영역에서 차지하는 비중이 꽤 크기 때문에 부모들의 집단 행위는 국가 경제 전반에 치명적인 타격을 줄 수 있다.

이는 미국의 현장을 기술한 것이고,『라이프』지의 기사는 그 현장의 일부다.

3

기업인과 마찬가지로 미국 정부와 대중 연설가도 고결한 사람들을 타락시키고 뛰어난 인재들을 평범하게 만드는 재주를 갖고 있다. 현재의 사회적 병폐는 무엇이든 냉전 자본으로 이용한다는 것이다. 만약 유엔 대사가 러시아에서는 프랭크 로이드 라이트와 같은 건축가가 절대 성공할 수 없을 거라고 말하지 않았다면 우리는 뉴욕에서 그의 건물을 볼 수 없었을지도 모른다. 이 얼마나 천박한 일인가. 그런데 이것이 자유와 결부되면 문제는 더 심각해진다.

얼마 전 러시아가 보리스 파스테르나크의 『닥터 지바고』의 출판과 관련해 검열하려 하자 한바탕 소동이 일었다. 이에 문화계 조직은 사설 등을 이용해 표현의 자유, 문화의 자유를 반복해서 강조하고 있다. 아마 당신은 상업적 선택지가 넓고 물량 공세를 펼치기 때문에 미국에는 검열 수단이 없다고 생각할 수도 있다. 하지만 파스테르나크 작품에 대한 검열을 놓고 보인 격렬한 반응은 실은 순수하지 못한 냉전 시대의 선동이었다. 같은 해, 더블린 교구 대주교는 오케이시와 조이스의 연극 때문에 정기 봄 연극 페스티벌을 금지했다. 대주교는 두 작가의 연극이 그대로 상연될 경우, 페스티벌에서 미사 집전을 하지 않겠다고 말했다. 그래서 연출가가 그 연극을 빼버렸다. 그러자 배우들은 대담하게 파업을 선언하며 모든 연극 출연을 거부했다. 그로 인해 더블린의 관광 수입은 막대한 손실을 입었다. 미국에서는 이와 같은 존경받을 만한 행위를 기대할 수 없을 것이다. 이 사건과 관련해서는 『뉴욕 타임스』『헤럴드 트리뷴』과 같은 유력지에서 아무런 관련 사설이 나오지 않았다. 미국은 가톨릭 고위층과 냉전관계에 놓여 있지 않기 때문이다. 실제로 나는 『뉴욕 타임스』에 이 문제가 『닥터 지바고』 검열 문제와 똑같은 비중으로 다루어져야 한다는 취지의 서한을 보냈지만 아무도 관심을 보이지 않았다. 이는 애국적으로 파멸을 초래하는 행위로, 우리가 공식적으로 내뱉는 말이 정직하지 않으며, 사상의 자유를 옹호해야 하는 때를 신중히 고르고 있다는 증거다. 이런 상황에서 우리 아이들이 어떻게 자긍심을 느낄 수 있을까? 그런 면에서 영국과 비교했을 때, 미국에는 분명 그러한 자유가 없다고 할 수 있다. 영국의 대중매체와 달리 미국의 대중매체는 근본적인 논란을 수용하지 못한다. 그러므로 영국 앵그리 영맨들에게는 모욕당한 그들의 애국심이 중요한 화제가 되지만, 미국 비트 세대는 그런 것에 그다지 신경 쓰지 않는다고 해도 그리 놀랄 일은 아니다.

4

미국 대학이나 그에 속한 교수들이 마틴 다이스, 조지프 매카시, 파인버그 법률Feinberg Law에 대한 청문회가 진행되는 동안 보여준 행동을 생각해보자. 물론 하버드 대학처럼 예외도 있었지만, 대체로 우리가 해고될까 두려워 성의 없게 조사에 응한 공산주의자 교수와 그들이 속한 대학 가운데 어느 쪽이 학생들에게 더 나쁜 본보기가 됐는지를 판단하기는 어렵다. 교수들은 겁에 질려 떨었으며 '급진주의자' 들은 바퀴벌레처럼 숨어버렸다(부록 D 참조). 중요한 것은, 특정 사건에서 어떤 집단이 이상적인 목표를 배신했는가가 아니라 이들의 실수로 인해 젊은이들이 정치 행위를 냉소적으로 바라보게 되고, 변화를 쟁취할 가능성을 포기하게 되었다는 것이다. 뉴욕 시티 칼리지의 교수와 같은 공산당원 교수들은 당파적 노선에 따라 당원 신분을 부정했다. 이는 학생들에 대한 심각한 배신 행위였다. 기만적인 행동을 통해 무례한 세력을 피한 것이 잘못됐다는 게 아니라, 어린 학생들은 정치적으로 노선을 분명히 해야만 성장할 수 있는 것을 감안하면 그렇다. 젊은이들에게는 전략이나 신중함보다는 명예가 더 중요하다. 청년 지도자에게는 의협심이 있어야 한다. 물론 이는 약간 소름 끼치는 정체성이지만 현실이 그렇다.

지난 10년 동안 대학생들은 사상 유례 없이 정치적 무관심을 보이고 있다. 여기에는 몇 가지 원인이 작용했다. 첫 번째는 단순한 전투 공포증이다. 세계대전과 원자폭탄은 심각한 불안을 야기했다. 1948년에 나는 제대 군인으로 이뤄진 대학 졸업생들에게 카프카에 대해 강의한 적이 있다. 그들은 카프카가 정신병자이고 관심을 둘 가치가 없는 인물이며 현실과 동떨어져 있다고 열변을 토했다. 그들은 『소송』을 견디며 살아오면서, 나중에는 『성』 아래를 배회했던 사람들이었다!

둘째, 기업이 순종의 대가로 보상을 해주겠노라며 학생들을 유혹했다. 그러나 윌리엄 홀링스워스 화이트가 지적했듯이, 청년들은 심지어 보상을 받기도 전부터 기꺼이 순응하려고 한다. 미국 군대는 하층 계급의 소년들에게 호소하려면 "37세 제대"라는 솔깃한 슬로건을 이용하는 것이 현명한 전략임을 알아차렸다. 만약 한 신병에게 묻는다면, 그는 재입대가 '괜찮은 거래'라고 대답할 것이다. 가난한 집안 출신인 이 젊은이에게 군대는 IBM 사나 마찬가지이기 때문이다.

오늘날 젊은이들이 정치에 무관심해진 된 가장 큰 원인으로 1930~1940년대의 비도덕적인 급진주의 지도자를 꼽을 수 있다. 이제 청년들은 정치적 사고는 모두 사기라고 생각한다. 마치 스콜라 철학의 미신을 더 이상 믿지 않게 된 총명한 가톨릭 청년들이 이제 스콜라 철학의 진리를 포함해서 모든 철학이 복잡한 사기라고 생각하는 것처럼 말이다.

현재 이러한 힙스터적인 회의론이 널리 퍼져 있다. 물론 여기에는 혁명이 실패했다는 사실과 앞으로도 달성하기 너무 어려울 것이라는 체념도 한몫한다. 다행히 이에 대한 학생들의 회복력은 대체로 좋은 편이지만, 내 생각에 급진주의자들이 진실하지 않았다는 데 대한 혐오감이 더 크게 작용하고 있다. 거짓에 속아 넘어간 학생들이 사기꾼 혹은 권력자와 급진주의자를 동일시하여 냉소적인 우월감으로 번져갈까 우려된다.

몇몇 공산주의자와 오늘날의 젊은 조직인 사이의 유사점은 객관적인 효용과 무관하게 통제에 대한 욕구를 갖고 있다는 것, 그리고 순진하고 가치 있는 사람들을 존재하지 않는 것으로 만들기 위해 조직화된 권력 시스템을 이용한다는 것이다. 1930년대 공산주의자들은 할리우드에서 높은 위상을 차지했고 출판계에도 어느 정도 힘을 발휘했다. 영화계와 출판계라는 두 조직화된 시스템이 긴밀하게 공조했다. 오늘날 조직생활의 여러 개선된 부분은 이 같은 공조를 통해 학습된 것이라고 확신한다. 할리우드 내의 공산주의자를 수사하는 FBI와 매카시가 벌이는 잔인한 코미디를 즐기는 것은 1950년대 우리 시대의 몫이었고, 그 결과 미국에서 가장 냉소적인 세 부류가 한 무대에 오르게 되었다.

　좀더 불명예스러운 사건을 되짚어보기로 하자.

5

최근 우주 탐사는 가장 흥미진진하고 로맨틱한 사건으로 15~16세기에 이뤄진 해양 탐사가 가져다준 전망을 능가한다. 우주 탐사로 인해 우리 삶은 다시 노력할 만한 가치가 있는 것처럼 보인다. 러시아에 뒤처졌다는 사실에 발끈하기도 하지만, 그러한 업적들이 인류에 의해 달성되었고 인간은 위대하다는 사실에 자부심을 느끼기도 한다. 코페르니쿠스는 폴란드인, 갈릴레이는 이탈리아인, 케플러는 독일인이며 뉴턴은 영국인이다. 그리고 로켓을 발명한 사람은 중국인이었다. 다음 경쟁에서는 미국인이 승리할 수 있기를 희망한다. 미국은 이와 같은 야심찬 계획을 가장 먼저 성공시킬 능력을 갖추고 있기 때문이다. 그런 실험에는 큰돈이 투자되어야 하지만, 총 투자비를 따지는 것은 옹졸한 짓이고, 이제까지 누구도 그런 적은 없다. 이런 면에서 지금까지는 훌륭했다. 하지만 이제 우리는 우주 탐사 영역까지도 냉전 논리를 개입시켜 변질시키고 있다. 러시아와 마찬가지로 미국은 국제 지구물리관측년International Geophysical Year 협약에 반대하고, 전략적인 이유를 들어 인공위성의 주파수 사용을 보류시켰다. 이러한 처사에 수치심을 느껴 나는 또다시 『뉴욕 타임스』에 정중히 두고를 했지만, 그런 별난 시각을 가진 기고자의 글을 실어줄 공간은 이번에도 없었다. 이후 미국은 지구 대기의 이온층에서 비밀리에 핵 실험을 수행했다. 이러한 정보는 군사적인 이유로 러시아에는 물론 방사능 낙진으로 반대할 가능성이 높은 미국 국민에게까지 비밀로 부쳐졌다. 『뉴욕 타임스』는 이 사실을 러시아가 공개하려 하기 전까지 기사화하지 않았다. 그리고 그 이유를 다음과 같이 설명했다. "우리 신문사가 핵 실험인 '아구스 작전Project Argus'에 대한 정보를 입수한 것은 지난해 여름, 핵 실험이 수행되기 몇 주 전이었다. 그럼에도 사실을 알리지 않았던 것은 정부 측 과학자들이 핵 실험이 미리 알려지면 국민의 반대에 부딪혀 결국 실험이 취소되지 않을까 걱정했기 때문이다."(1959년 3월 19일자) 이에 『리베라시옹』의 편집장 A. J. 머스트는 언론의 사명을 유기한 이례적인 행위에 대해 『뉴욕 타임스』에 사과를 요구했지만, 다음과 같은 황당한 회신을 받았다.

> 귀하는 『뉴욕 타임스』가 선동에 앞장서야 하고, 사실상 무엇을 기사화할 것인지를 결정할 때 신문사의 결정을 군인이나 과학자들의 결정보다 상위에 놓아야 한다고 말씀하고 있는 것 같군요……. 어찌됐든 『뉴욕 타임스』는 매우 책임감 있는 신문입니다.
> ─부편집장 로버트 가스트, 『리베라시옹』 1959년 3월 호에 게재

미국의 대표적인 신문사가 이 정보를 기사화하지 않았다는 사실이 알려졌을 때, 국민에게 어떤 영향을 미칠까? 헌법적으로 어떻게 민주주의 사회에서 이런 정보를 기사화하지 않은 그들이 예를 들어 공식 보도 자료 및 백화점 광고를 유포할 우편물 발송 특권을 누릴 수 있겠는가? [신문, 잡지와 같은 인쇄물의 목적은 정보를 유포하는 것이다.] 머스트는 핵 실험 내용을 기사화하지 않은 『뉴욕 타임스』의 태도를 비판한 자신의 글을 실어달라고 요구했지만, 해당 신문사는 이마저도 거부했다.

그러나 나는 그 어떤 위험보다 핵 실험 소식을 비밀에 부친 신문사의 행위가 야기할 결과가 좀더 중요하다고 생각한다. 이렇게 편협하고 수치스러울 수 있을까! 로맨스는 환상이 깨져서는 안 되듯 숭고함 역시 그 가치가 절대 떨어져서는 안 된다는 것을 미국 정부는 모르는 것일까? 우리 청년들은 어떻게 될 것인가. 우리의 자랑스러운 도전인 우주 탐사는 또 어떠한가! 조직화된 시스템의 병폐가 우리 발목을 잡고 있다. 지금까지 특수 훈련을 받게 될 일곱 명의 우주비행사가 선발되었는데, 전원이 기혼의 30대 초중반으로 어린 자녀를 둔 백인 개신교인이며 도시 출신으로 알려졌다. 요컨대 그들은 전형적인 IBM의 영업 사원 혹은 중견 간부들인 셈이다. 이들은 중대한 계약을 맺었는데, 언론 보도에 따르면, 어느 누가 우주선에 탑승하더라도 탑승한 사람은 신문 잡지에 동시에 보도된 기사 혹은 TV 출연으로 발생한 수익을 다른 사람들과 균등하게 나누는 데 합의했다고 한다. 정신과 의사이자 선발된 일곱 명의 검진을 맡았던 조지 러프 박사는 다음과 같이 말했다. "이 예비 우주비행사들이 지금의 자리에 있도록 한

자질을 파악하고, 이를 일상생활에 적용하기 위해 열심히 노력한다
면 [당신을 포함해] 누구나 그들이 이룬 업적에 맞먹는 것을 성취할 수
있다. 성공에 한 발짝 다가서기 위해서는 이들과 같이 편안하고 성숙
하며 원만한 성격을 지닌 인간으로 성장해야 한다. 이는 추구해봄 직
한 목표다."

　1960년 6월에 보도된 기사 덕택에 미국의 새로운 미다스 위성에
정찰 기능이 탑재되어 있다는 사실이 널리 알려졌다. 하지만 진짜 결
정타를 날린 것은 한 과학자였는데, 그는 외계에서 보내온 어떤 신호
에도 응답하지 말라고 경고했다. 외계 생명체는 인간보다 훨씬 더 발
전된 기술을 보유하고 있으며, 지구를 침공해서 인간을 모조리 잡아
먹을 수 있기 때문이라고 그 이유를 설명했다. 이처럼 냉전 구도를 투
영한 우주 탐사는 『헤럴드 트리뷴』의 과학부 편집장에 의해 우호적으
로 보도되었다.

6

조지 워싱턴 시대의 공인들, 애덤스, 제퍼슨, 매디슨, 마셜, 헨리, 프
랭클린, 해밀턴, 제이와 같은 인물은 인간적이고, 박식하며, 용감하
고, 이타적인 훌륭한 미국적 인물의 표본이었다. 일례로 제퍼슨은 데
이비드 리텐하우스에게 편지를 보내 세상이 그의 과학자적 재능을
필요로 하니 더 이상은 정치 따위로 시간을 허비하지 말라고 설득하

기도 했다. 전부 그렇진 않지만 대체로 현재 미국을 대표하는 대통령이나 주지사를 가리켜 모범적이고 훌륭한 인물이라고 말하기는 어렵다. 그들보다 더 뛰어나거나 남자아이가 자랑스러워하거나 믿을 만한 인물을 대라고 했을 때, 100명 혹은 200명의 이름을 대는 것은 그리 어려운 일이 아니기 때문이다.

물론 이것이 새삼스러운 문제는 아니다. 18세기 유럽의 작가들은 미국 정치가를 반신반인半神半人인 양 우상화했지만, 19세기에 들어서자 우리 정치인들의 열등함을 비난한다. 이는 실패한 혁명 가운데 하나인 민주주의 혁명의 결과다. 지혜로운 사람이라면 무지한 유권자에게 환심을 사는 법이나 배우고, 청렴과 고결한 신념이 최고의 덕목일 수 없는 정치권에서 성공하려고 애쓰느라 자신의 인생을 낭비하지 않을 것이다. 민주주의 그 자체의 탓이 아니라 우리가 민주주의를 충분히 누리지 못하는 게 잘못이다. 우리가 마을 주민 회의와 마을 공동체를 완성하는 데 중점을 두었더라면 무지한 유권자는 탄생하지 않았을 것이고, 훌륭한 공직자들을 선출할 수 있을 것이다. 사람들에게 공동체 활동을 할 기회가 주어진다면, 그들은 정치에 눈을 뜰 수 있다. 마침내 그들은 뭔가 위대한 것을 달성하려면 생각이 같은 사람끼리 모여 직접 그것을 성취해야 한다는 걸 깨닫게 될 것이다.

그러나 권력을 손에 넣는다고 해서 정치적으로 생각하게 되는 건 아니다. 예를 들어 대통령 입후보자가 되기를 희망하는 정치인들이 전국을 누비며 돌아다니는 흥미로운 모습을 떠올려보자. 아마도 그 정치인들이 출마하려는 이유는 국민에게 제공할 새롭고 중요한 정책을 갖고 있기 때문일 것이다. 그것 말고 다른 이유가 있겠는가? 하지만 정당의 지도자가 그 정책을 좋아하지 않는다고 밝혀지면, 그들은 곧바로 후보 경선에서 사퇴하고 누구든 선출하기 위해 집결할 것이다. 그럼 초기에 내세운 정책들은 어떻게 될까? 이것이 정치인에게 정치적 책임이 어떤 의미인지 보여주는 정치판의 현주소다. 이런 상황에서 유권자들이 어떻게 정치인을 존경할 수 있으며, 정직한 소년이 어떻게 그런 정치권 입문을 꿈꿀 수 있겠는가.

역사학자 헨리 스틸 코머저는 최근 한 에세이를 통해 현재 미국에서 정치인의 완전한 부재가 어떻게 가능한지 의문을 제기했다. 아무리 생각해도 정치인을 단 한 명도 떠올릴 수 없었기 때문이다. 마치 역할 학습으로 배울 수 있기라도 한 것처럼 미국에는 하버드, 프린스턴, 시러큐스, 터프츠 대학 등에서 국내 유수 기관의 공공 행정을 위한 공식 교육 프로그램들이 방대하게 운영되고 있다. 코머저는 이러한 교육 프로그램들이 조기에 충분히 이루어지지 않으며, 실질적 경험을 할 콘텐츠도 부족하다고 진단한다. 이런 환경에서는 공공 서비스를 장려하지도, 공공재를 중시하지도 않는다. 먼 후대의 자손들까지 생각하는 아버지는 없으며 어린이들은 역사 속 위인들에 관한 책을 읽는 데 큰 흥미를 느끼지 못한다. 나아가 "왜 나라고 위인이 될 수 없겠어?"라는 생각을 하지도 않으며 이것이 그리 실현 가능한 목표라고 여기지도 않는다. 마지막으로 코머저는 편협한 광신적 애국주의와 지금의 정치인들 사이에서 시험 대상이 되고 있는 체제 전복적인 생각이 모두 애국심에 치명적이라고 말한다. 애국심은 광범위하고, 공평무사해야 하며, 포괄적이어야만 하는데 그렇지 않을 경우, 편협한 어리석음에 지나지 않기 때문이다. 좋은 글이 있어 여기서 인용하고자 한다.

미국의 독립을 쟁취하고 국가의 기반을 다진 이들은 헌신적인 애국자이자 세계인이었다. 그들은 계몽주의의 후손이었고 모든 인간이 형제이며, 국가를 구분하는 것은 단지 인위적인 행위일 뿐 국경을 초월해 미술, 문학, 철학, 과학으로 연결된 거대한 공동체가 존재함을 이성을 통해 깨달았다. (…) 18세기 민족주의는 편협하지 않은 광범위한 기초 위에 세워졌으며 두려움과 의심이 아닌 믿음과 확신 속에서 꽃피어났다. 정치가의 능력이 쇠퇴한 한 가지 이유는 아마 우리가 잠재적 정치가들을 꼼짝 못하도록 가두어두고, 그들의 관대하고 포괄적인 사고를 거부했기 때문일 수도 있다.

그런데 한 소년이 대중 연설가가 사실 자신의 생각을 말하는 것이 아니라, 홍보 전문가가 대신 써준 원고를 마치 배우처럼 반복하고 있는 데 불과하다는 사실을 알게 될 때, 이는 어떤 영향을 미칠까? 그렇다면 그 소년은 "창피한 줄 아세요! 적어도 자기 생각을 말해야 하는 거 아니에요?"라고 외치는 법을 배워야만 한다.

현재 미국 대통령(아이젠하워)은 유례없이 교양 없는 인물이다. 그는 작가나 미술가, 철학자 그 누구도 백악관에 초대한 적이 없다고 한다. 아마도 그에게는 지적인 친구들이 없는 모양이지만, 그것도 그의 특권이다. 그러나 최근 대통령이 러시아 정부의 수장을 백악관 연회와 음악회에 초대했다. 프레드 웨어링 밴드가 「오, 이 아름다운 아침」*과 그 밖의 다른 곡을 연주하며 그 음악회의 공식 음악을 담당했다고 한다. 부끄러운 일이다.

7

미국식 풍경이 심각하게 오염됐다. 유럽 작가들은 이제 더 이상 미국의 풍경에서 자연의 경이로움을 느끼지 못하며, 볼품없이 규격화된 도시에 흥미를 잃었다. 그러나 이보다 더 심각한 문제는 거주 지역에 대한 자부심을 꺾어버리는 무관심이다. 미국의 시인들은 향수에 젖어 빌록시와 나체즈, 패스커굴라와 오펄루서스와 같은 도시 이름을 반복해서 부르지만, 그곳을 방문하기는 주저한다.

풍경을 개선하기 위해서는 막대한 비용이 들지만 미국인은 공공재를 경시하곤 한다. 특히 중서부와 남부 지역에서 수많은 마을과 소도시에 대한 계획 및 도시의 외관을 돌보지 않고 방치하는 태도는 오늘날의 빈곤층에 대한 무관심에 비견될 수 있다. 경기 확장기에는 외양을 중요하게 여기지 않다가 나중에야 이 문제를 해결하곤 했다. 그러나 외양을 방치하다보면 점점 더 굳어져서 쉽게 바꿀 수 없는 고질적인 문제가 된다.

대신 오늘날에는 시골 지역에 완전히 새로운 기업 스타일로 겉모습을 입히는 경향이 있다. 고속도로 주변에 쇼핑센터, 즉 전국에 체

---

* 뮤지컬 영화 「오클라호마」의 주제가.

인접을 소유하고 있는 대형 슈퍼마켓이 들어선다. 하지만 고속도로변 쇼핑센터 건설은 지역 공동체에는 극도로 부정적인 영향을 미치는데, 이들 '센터'는 마을의 중심이 아닐뿐더러 가구를 산발적으로 흩어지게 해 마을로서의 기능을 중단시킨다. 이는 지난한 붕괴 과정의 끝을 보여준다. 돈벌이가 가능한 산업은 사라지고 남자들은 50킬로미터나 떨어진 공장에 가서 일한다. 이동성이 높아짐에 따라 자동차 판매점이나 주유소를 제외하고는 성인 남자가 생계를 이어갈 수 있는 일거리는 하나도 볼 수 없고 심지어 식료품점도 눈에 띄지 않는다. 학교역시 규모가 커지고 중심지에 몰려 있다. 가족은 자주 이사를 하고, 한곳에 정착했을 때조차 차를 타고 정처 없이 돌아다닌다. 이로 인해 아이들이 소속감을 느끼면서 성장할 수 있는 공동체가 마련되지 못한다.

원시적인 사회에서 주된 공동체 활동은 짚으로 지붕을 이거나 투망질 등과 같이 구성원들이 함께 모여서 공동 작업을 하는 것이었다. 그러나 미국 사회의 경우 공장 작업과 같은 협동 노동은 공동체에서 사라졌고, 생산 관계에 의해 공동체 정신도 잃어버렸다.

무형의 거주지들은 면대면의 기능이 없는데, 형태가 곧 공동체의 기능을 수행하게 하기 때문이다. 유럽의 작은 마을이 사랑스러운 이유는 저마다 형상이 있고 지역 기술자가 그 지역에서 생산된 자재를 사용해서 지었기 때문이다. 마을 사람들은 한데 모여 살면서 새벽 미사를 함께 했을지도 모른다. 집 뒷문 밖이 바로 농장인 경우가 많은 아일랜드에는 초가집들이 작은 도로를 사이에 두고 길게 줄지어 서 있다. 반면 남자들이 농장으로 일하러 나가는 프랑스에는 광장이 마을마다 하나씩 있다. 집단의식과 정치적 기백이 강했던 초창기 미국의 몇몇 마을에서 각 가구는 그들이 일하는 농장 옆에 흩어져 살았지만, 곳곳에 공공 건물이 있고 공용 잔디밭이 딸려 있었다. 이처럼 각 마을에는 자체적으로 경세, 기술 및 계획이 있는 공동제의 형태가 갖춰져 있었다. 어린 시절에 그런 공동체 안에서 성장한다면 그보다 좋은 일은 없을 것이다. 성장기에 중요한 것은 심리학자들이 비행 청소년을 분석하며 그토록 강조하는 개별 가정의 관리 감독이 아니다. 오히려 그 반대다! 문화를 가르쳐야 하는 부담을 가정에서 홀로 짊어질 필요는 없다. 어른들은 회사에서 자신의 일을 처리하느라 바빠서 아이들에게 그렇게 많은 관심을 쏟지 못하지만, 공동체 안에서는 누구나 서로 어린아이의 얼굴을 안다. 공동체의 인구 분포를 살펴보면, 아이들은 아주 어린 나이에서부터 성인이 되기 직전의 청소년까지 완만한 연령차 기울기를 보인다. 좋은 도시 거주지도 같은 방식으로 돌아간다.

이러한 관점에서 보면, 도시에서 주택 단지에 사는 아이가 시골에 사는 아이들이나 맨해튼의 초고층 주상복합 아파트에 사는 아이들보다 더 나은 공동체를 형성할 가능성이 높다. 따라서 그들은 상대적으로 지역에 대한 좀더 깊은 충성심을 보일 것이다. 하지만 이러한 공동체 사슬이 갖는 문제점은 그것이 어른들에게 도달하기 전에 갑작스레 끊어진다는 데 있다. 어른들은 다른 세상에 속해 있기 때문에 어린아이들이 패거리를 짓게 되고, 지역 충성심은 집단 규범에 대한 충성심으로 바뀐다. 그러한 충성심은 사회적 결속을 다지거나 문화적으로 가치 있는 것이 되지 못한다. 그리고 그런 패거리 집단은 비행 청소년이 되기 쉽다. 물론, 다시 언급하겠지만, 그러한 상황에서 충성심을 견고하게 해주는 것은 바로 금지된 행위들이다.

정치적으로 볼 때 비행 청소년 집단은 무법 상태도 아니고, 자연스러운 상태도 아니다. 성장을 멈춘 지역 충성심이 고개를 들어 봉건시대에서나 볼 법한 토지법을 고안하여 안전한 영토에 표시를 하고, 급이 다른 복수를 준비한다. 한 십대 갱단원이 다른 갱단원을 공격하고 어린아이를 살해한 경우, 다르게 구성된 십대 집단사회의 법에 간섭하는 것은 어른들의 몫이 아니다. 비행 청소년은 바이킹이나 데인인처럼 커다란 우리 사회를 단순히 스포츠와 약탈의 장이라고 생각하며 외교적 문제를 해결할 국제법을 아직 고안하지 못했다. 물론 우리는 정치적·법률적으로 발전된 상태에 살고 있기 때문에 미국 사회를 이렇게 생각하는 것은 다소 과장이다. 비행 청소년 집단 역시 공동체의 일원이다. 어른들은 좀더 노련하고 어느 정도 더 현명하면서 책임감 있는 존재이므로, 십대 갱들을 해적처럼 섬멸시킬 수는 없을 것이다. 그들은 규모도 작고 수적으로 열세이며, 원시적인 무기로 무장하고 있다. 그렇지만 우리는 그들이 스스로에게 해를 가하도록 내버려둘 순 없다.

과거 서로에게 애국심이 존재했다는 가정을 하고 불만을 품은 집단을 바라보는 것이 현명한 태도일 수 있다. 그런 태도가 휴머니즘에 더 가깝고 더 나은 법을 만들 수 있게 한다. 불만을 품은 집단을 그저 병리학적으로 다루기보다는, 그들을 있는 그대로 진지하게 걱정한다는 장점도 있다. 또한 충성이라는 문제를 계속해서 의식하게 만든다. 충성을 받기 위해서는 그럴 만한 "자격을 갖춰야만 한다".

비행 청소년은 어쨌든 어린아이들이다. 이들보다 너 나이가 많고, 정부에 불만이 있는 집단인 비트 세대 젊은 남성들의 특이한 애국심에 대해 생각해본다면 그것이 애국심의 문제라는 것을 알 수 있다.

스스로를 왕따로 규정한 이들도 흑인, 푸에르토리코인, 그리고 범죄자와 같은 다른 소외 집단에 따라붙는 상징들을 인지하고 있다. 대학에 다녔다면 이를 깨닫는 일은 그리 어렵지 않을 것이다. 하지만 비트 세대가 어느 날 갑자기 인문주의 공동체가 될 순 없다. 그들은 아무것도, 즉 문학이나 정치도 모르기 때문이다. 한때 블랙마운틴 칼리지에서 학생들을 가르친 적이 있는데, 놀랍게도 그 학생들은 성경을 읽은 적도 없고, 밀턴, 드라이든, 기번 등의 저서도 읽은 적이 없었다. 또한 이를 결핍이라고 느끼지도 않고 그런 존재가 있다는 것조차 모르는 듯했다. 한편 그들은 그 당시 내 관심사였던 마야인의 상형 문자에 관한 기묘한 이야기는 잘 알고 있었다.

타인과 모여서 함께 성장할 때, 공동체의 영향을 강하게 받는다. 블랙마운틴 칼리지에 소속된 젊은이들은 군대에서 복무하는 젊은이들처럼 강력히 조직되어 있고 불만이 굉장히 많기도 했다. 이들은 공동 사회와 창작 예술을 지향하며 비트 사회의 중심 세력이 되었다. 비트족의 공동체 의식은 굉장히 강하여 아무 데나 불쑥 쳐들어가 잠을 자기도 하고, 재산을 나누어 쓰며, 문화를 공유했다. 이제 미국에 불만을 품은 이 공동체가 한 성인 동년배 집단과 더불어 거창한 애국

5장 애국심

심을 찾기 위해 애처로이 나섰다고 생각해보자.

그다음에 어떻게 됐을까? 이미 어느 정도 커버린 이들에게는 진지한 충성심 혹은 다른 종류의 충성심이 필요했고, 세상을 떠난 일본의 선종 지도자들에게 매료됐다. 이러한 경향은 어니스트 페놀로사, 프랭크 로이드 라이트, 에즈라 파운드 등이 최근 일본 초창기에 대해 연구하고 발견한 결과를 따르며, 맥아더 장군이 전후 일본을 점령하면서 갑자기 강화됐다. 일본 불교의 선禪은 이 젊은 남성들의 욕구와 관련성이 없지 않은데, 선이 일종의 신학이고 직접적인 경험의 방식이기 때문이다. 그러나 비극은 선이 굉장한 충성심을 요구하는 봉건주의 정신의 꽃이었다는 데 있다. 봉건 제도가 선 지도자들을 먹이고 보호하며 그들을 스승으로 존중했고, 이에 선 지도자들은 제도에 충성을 맹세했다. 일례로, 영주가 서거하자 삶을 포기하고 싶을 정도로 실의에 빠진 한 시인이 대중을 위로할 목적으로 발명한 것이 일본의 전통 단시 하이쿠라고 알려져 있다. 그러나 봉건주의가 그렇듯 농민과 노예가 없는 선 역시 공허하다. 그럼에도 청년들은 의지할 만한 깃발도 하나 없는 이러한 종교, 육체와 영혼을 함께 통일하고자 하는 미심쩍은 이 제도에 빠져들었다.

지금까지 애국심을 가로막는 근본적인 몇 가지 원인을 자유에 대한 진실성의 결여, 대학의 부도덕한 정치, 무책임한 언론, 우주 탐사와 관련된 실망스러운 접근, 자리 지키기에 급급할 뿐 무능한 정부 고위 관리, 한심한 수준의 도시 방치, 공동체의 중요성 무시 등과 같은 큰 그림으로 살펴보았다. 이에 덧붙여 공동체 의미를 벗어난 우리의 시시한 여가생활에 관해서도 이야기할 예정이다. 물론 아이들까지 알 만큼 누구나 입에 올릴 수 있는 요인도 있다. 이 추악한 것들은 지속적으로 그리고 직접적으로 영향을 미친다. 이를테면 뇌물 수수, 사회적 불평등, 어리석은 법률, 개인의 권리 침해 사건 등이다. 이런 부끄러운 사건들은 중요하게 다뤄지고, 재발 방지를 위해 지속적인 노력을 기울인다는 느낌이 드는 한, 이것들 때문에 애국심이 저해되지는 않는다. 충성 서약을 골백번 하는 것보다 전통적인 대법원이 내린 좋은 판결 하나 혹은 영향력 있는 훌륭한 반대 의견 하나가 조국에 대한 자긍심을 더 많이 불러일으킨다고 생각한다.

인종 분리와 인종차별적인 편견이 공동체를 무너뜨리는 것은 자명한 일이므로 여기서 재론할 필요는 없다. 하지만 제퍼슨 시대에 시작됐고, 노예 제도 폐지론자들에 의해 다시 시작된 혁명은 아직 끝나지 않았으며 우리는 이 미완의 혁명 결과를 유산으로 물려받았다.

편견은 지배 계층의 공동체도 붕괴시킨다는 사실을 다시 한번 짚어볼 필요가 있다. 예를 들어 남부 백인들은 오로지 흑인들을 억압할 목적으로 그럴듯한 지역주의와 노골적인 애국심을 이야기하곤 했다. (사실 진정한 지역주의는 자신들의 영토와 경제 시스템 안에서 문화를 형성하고 만족을 얻는다. 또한 범국가적인 금전적 연계의 유혹도 견뎌낼 수 있다. 하지만 이런 지역주의는 이미 오래전에 매디슨 가, 할리우드, 월가에 무릎을

끓었다.) 그러자 남부 백인들의 눈에는 국기와 십자가가 하찮은 것으로 보이기 시작했다. 법과 종교도 그들의 편이 아니기 때문에 남부 백인들은 자부심에 상처를 입고 성적인 집착을 보였다. 그러니 인종 차별 폐지를 대하는 그들의 행동은 법무부 장관이 아니라 보건 당국에 회부되어야 하는 문제다. 논의의 주제를 다시 자녀들로 옮겨오면, 역설적이게도 젊은이들 가운데 오늘날 인생을 한번 살아볼 가치가 있는 것이라고 생각하는 이들은 흑인과 백인을 불문하고 아마도 남부 청년들일 것이다. 그곳에서 진짜 의미 있는 무언가가 일어나고 있기 때문이다. 짐 크로 법안*에 반대하는 몽고메리 버스 보이콧 기간에 남부에서 범죄를 저지른 흑인 소년은 거의 없었다.

북부 지역에서도 아이들은 소외와 편견으로 촉발된 공동체 위기 속에서 중립적인 위치를 지키고, 때론 분쟁 조정자의 역할을 수행한다. 그럴듯한 예로, 중앙집중식 학교 신축 건물이 일반적으로 마을 회의와 레크리에이션을 위한 공동체 빌딩으로 사용되는 모습을 들 수 있다. 물론 주된 이유는 경제적인 것이지만 학교가 공동체 기능을 하며 지역사회에서 불협화음을 조장할 수 있는 부류를 하나로 결집시키는 공간이 된다. 그렇기에 어른들이 학교에 모일 수 있다. 학교 건물이 주요 공동체 빌딩이 되고, 어른들이 합리적인 사람이 되기 위해서 아이들에게 의존해야 하는 기이한 상황이지만, 아무것도 없는 것보다는 낫다.

---

* 1863년 미국 노예 제도가 철폐된 후 노예 제도에 미련을 버리지 못한 남부 사람들이 1870년대부터 연방 제도인 미국의 법을 교묘히 이용해 해방된 흑인들을 핍박하기 위해 제정한 주법.

10

조직화된 시스템의 내부에서 공동체를 향한 노력을 기울이기도 했다. 전후 젊은이들의 조혼이 급증하고 부유한 노동자들이 신흥 교외 주거지로, 중산층은 농장 저택으로 이주하는 현상이 빚어지면서 사상 처음으로 도시 출생률이 농촌 지역을 앞지를 것으로 예상된다. 이렇게 형성된 새로운 주거 지역에서는 공동의 이익을 도모하는 것에 시간과 에너지를 투자하는데, 과연 애향심을 고취하기 위해 그러는 것일까?

이 주거지는 주로 한 살에서 다섯 살 사이의 어린아이와 엄마들을 위한 공동체다. 어린아이와 여성은 사회적으로 높은 생산력, 완전 고용, 그리고 높은 생활 수준의 혜택을 입은 집단임이 분명하다. 이 집단은 동물적 안도감을 느낄 때 잘 살아갈 수 있으며 노동력을 줄여주는 장치는 유아들의 세상을 훨씬 더 쾌적하게 만든다. 도덕적으로나 직업적으로나 어린아이를 낳고 돌보는 것은 엄마로서 지당하고, 꼭 필요하며 존중받아야 하는 일일 뿐 아니라 인간의 훌륭한 능력을 활용해야 하는 일이다. 40여 년 전 헨리 루이스 멩켄은 여성을 주제로 한 저서에서 여성들은 진정 의미 있는 일을 하고 있었던 반면, 남성들은 공인회계사 또는 정치인이 되는 경향이 있다고 지적했다. 오늘날의 쥐 경주에는 수많은 직업군이 있고, 그의 주장이 옳았다는 사실을 부정할 수는 없다. 그래서 이제 남성들도 부수적인 일이지만 진정 의미 있는 일로서 어린아이들을 진심으로 돌보는 일에 헌신하기 위해 노력하고 있다. 이는 **새로운 부정**父情 New Fatherhood으로 불린다.

현대의 어린이들에겐 시 외곽과 주변 시골 지역, 그리고 도시화가 덜 된 도시가 최상의 세상이다. 이곳에서는 소속감이라는 심리는 미약하지만, 급진적인 유아 보육이 이뤄진다. 대소변 훈련도 받지 않으며, 엄지손가락을 빨거나 전성기기前性器期의 성적 관심에 대해서 관대하고, 자유롭게 울고 움직일 수 있을 뿐 아니라 어른들의 알몸 노출도 허용되며, 질문에 성의껏 대답하기만 하면 된다. 사후 결과에 관해서는 논쟁적이지만, 어쨌든 신약의 도움으로 그들은 일상적인 질병을 신속하게 극복한다. 전체적으로 학교 시스템은 형편없지만, 유치원은 일류이면서 진보적이며, 지적이고 헌신적인 젊은 교사들을 보유하고 있는 곳이 많다. 어린이들의 장난감과 게임은 훌륭하고 실용적이며 창의적이기까지 하다. 단, 여기서 어린이란 110억 달러 시장의 상업적 기준에 부합되는 6세 아동까지로 한정된다.

어른들이 어린아이의 세상을 개선하려 나서며, 진정한 공동체에 참여한다거나 심리학에 관한 위원회의 회의 및 강의에 참석하기도 하고, 교통 문제와 도시 구획을 염려하거나 나아가 바람직한 성장 환경을 조성하기 위한 교양 과목의 공개 강좌에 참여한다. 이처럼 적극적인 참여가 이어진다는 점을 감안할 때, 이러한 공동체 활동이 정치적, 사회적으로 중요한 다른 행동으로 크게 발전하지 않는다는 사실은 믿기 힘들다. 반면 6세 아동들과 관련된 정치적 사안에 대해서는 다들 대담성을 발휘한다. 조직화된 시스템의 후원 및 통제가 도처에서 명백하게 나타나고 있다.

최근 평균 소득 9000달러에서 1만 달러에 이르는 시카고 외곽 디

어필드로 흑인들이 이주하는 것을 반대하는 시위가 열렸다. 이 시위에 참여한 '매력적인 젊은 부부'는 자신과 친구들 대부분이 지금 사는 집을 마련하기 위해 가진 돈을 몽땅 털어넣었다고 말했다. "우리가 그 집에서 오래 살게 될 거라고 생각하지 않아요. 일부 중견 간부들은 최고 중역으로 승진해서 노스쇼어로 이사 갈 거예요. 그리고 우리 중 다수는 전근되어 미국 전역을 돌아다니겠죠. 여기를 떠나게 돼서 집을 팔 때, 우린 제 값을 받고 싶을 뿐이라고요." 이 기사는 1960년 4월 17일 『뉴욕 타임스』에 보도되었고, 흑인들의 이주를 거세게 반대한 이유가 이 인터뷰에 고스란히 드러난다.

불행히도 어른들이 이렇게 아이들 세계에 끼어들 경우, 아이들이 성장할 수 있는 세상은 줄어든다. 한창 자라나는 아이의 아버지는 자신만의 공동체를 확보해야 하고 더 남자다워질 필요가 있다. 하지만 그런 환경에서는 어려운 일이다. 거대한 환경이 없다면, 애국심의 근거도 없다.

기업들도 이제 성장 단계를 조성하는 분야로 진출하기 시작했다. 기업이 어린이 야구, 리틀 리그를 요란스럽게 홍보해온 이유다. 리틀 리그는 여러 기업의 후원과 비용 지원으로 운영되는 12세 미만 아동들로 이루어진 어린이 야구팀을 가리킨다. 놀이로서 리틀 리그가 지닌 가치가 뭔지 모르거니와 게임을 구경한 적도 없지만, 연륜 있는 스포츠 기자들은 고압적인 광고가 아이들에게 홍보에 대한 불공정한 태도를 심어주게 된다며 거세게 비난해왔다. 규칙 수립, 책임감, 객관성을 기르는 장으로서 리틀 리그는 확실히 자유로운 길거리 놀이에 비해 뒤처지지만 이런 놀이들은 사라져간다. 한편 경제적인 측면에서 리틀 리그의 기능은 분명한데, 이는 아동 노동이며, 야구단의 선수는 100년 전 공장에서 대마를 따던 열 살짜리 어린아이에 비유할 수 있다. 아동 노동은 할 일 없이 노는 아이들이 말썽을 일으키지 못하게 하는 기능을 하고, 생산적인 측면에서 그렇게 이익이 되진 않지만 직업적 태도와 습관을 훈련할 귀중한 기회를 제공한다.

그런 관점에서 교외 및 준교외 지역으로의 이주는 부모를 신흥 프롤레타리아로 탄생시키는 것이다.

11

자연스럽게 기업의 홍보는 공립 학교에도 진출했다. 교실마다 에디슨 전력 회사, 포드 자동차, 셸 정유, 웨스팅하우스, 국가낙농협회, 유니언카바이드, 심지어 메릴린치 증권까지 연합하여 만든 전자 기기 혹은 뉴질랜드산 젖소 도입에 관한 다큐멘터리 영화와 팸플릿들로 넘쳐난다. 이는 이 연합 세력이 다소 신중한 방식으로 학교를 후원하고 있음을 공공연하게 보여준다.

뉴욕 시의 한 학교에서는 학생들이 읽을거리가 삽입된 광고 모음집인 『산업의 기초The Educational ABC's of Industry』를 수업 시간에 사용하기도 한다. 과중한 업무로 정신이 없는 한 교사가 진행하는 이 수업에서 학생들은 광고 시엠송을 전부 베껴 써야 한다. 예를 들어 'C'는 '혀로 느끼고 눈으로 보라'는 오렌지-크러시Crush를 상징하고, 'F'

는 '최고의 자동차를 생산한' 포드Ford 자동차 회사를 상징한다. 이 광고 모음집을 독자와 공유하고 싶었지만, 해당 출판사가 이를 허락하지 않았다.

6장

사회적 동물

1

소위 사회적 동물인 인간의 '동물적' 기능과 결혼에 대해 이야기해보자.

아이들의 성장을 어렵게 하는 주요인으로 누구나 가정에서 부모의 갈등, 알코올 중독, 냉담한 양육 태도, 양부모 혹은 한쪽 부모의 잦은 가출, 외박, 이혼 등을 짚어낸다. 청소년 범죄 예방을 위한 가장 보편적인 처방은 '부모의 감독을 좀더 강화'하는 것이다. 하지만 일상적인 환경에서 부모의 통제는 갈등과 문제를 부추길 가능성이 높다. 그건 그렇다 치고, 어떻게 부모의 감독을 강화할 수 있을까? 결혼생활 자체에 문제가 있는데 어떻게 합리적인 감독이 가능하냐는 말이다. 부모의 관계가 좋다면야 애초에 문제아 자녀는 없을지도 모른다. 그렇다면 부모에게 자녀의 잘못을 물어 벌금형 또는 징역형을 부과하자는 것도 하나의 묘안이다.

공적으로 논의되는 이런 제안이 그다지 진지하다고는 생각되지 않는다. 몇몇 불가피한 요소와 함께 현대적인 이유로 수백 년 동안 유지되던 결혼이라는 제도는 이제 더 이상 제 기능을 발휘하기 어려우며, 오히려 극심한 고통을 유발하는 직접적인 원인으로 작용하곤 한다. 도시화, 여성의 경제적 독립, 피임의 증가, 녹신 및 혼외 성 경험에 대한 부정적 시각의 변화 등은 불가피하다. 결혼에 대해 냉정하게 평가하는 사람이라면 "결혼이란 제도는 잊어버리고, 짝짓기와 자녀 양육의 다른 방식을 고안하자!"는 현명한 제안을 내놓을지도 모른다. 중서부 도시에 있는 대형 교회의 한 목사는 결혼한 스무 커플 중 한 커플도 원만한 결혼생활을 하지 못하는 것처럼 보이고, 많은 부부가 자녀들에게 부정적인 영향을 미치고 있다고 말하기도 했다. 부부가 만약 2~3년 후 결혼생활을 그냥 끝내버린다면, 그들은 더 현명해지고, 낙관적으로 변하거나 더 젊어질지도 모른다. 하지만 물론 결혼과 관련해서 이렇게 냉정하게 평가할 수 있는 이는 아무도 없다. 우리 모두 자초하여 오이디푸스 콤플렉스라는 질투의 덫에 걸려서 고통받고 있으며 외로움과 버림받았다는 느낌에 취약하다. 그리고 안전한 섹스, 교제, 자녀 양육을 위한 다른 방안이 있는 것도 아니다.

이제 그다지 뉴스거리가 될 만한 이야기도 아니지만, 매일 밤 애정을 담아 자녀에게 속삭인다거나 아이를 감독하지 않는 부모는 무책임하다고 말했던 뉴욕 시장의 발언을 기억하는가? 그 시장이 과연 잔뜩 지친 엄마가 놀이터에서 세 살짜리 아이를 신경질적으로 후려패는 것을 본 적이나 있을까? 현실과는 다소 동떨어진 채 부모에게 엉뚱하게 호소하는 건 아닐까? 보통 한 아이의 엄마는 이렇게 소리치곤 한다. "엄마가 너한테 바라는 건 '엄마 말을 잘 들으라는 거' 이거

딱 하나야!"

J. M. 프라이스 박사는 다음과 같이 말했다. "우리가 법원에서 만나는 아이들은 대부분 가정 환경 때문에 심각한 피해를 입었기에 24시간 교정 치료가 필요합니다. 전 그 아이들을 부모에게서 격리시켜야 한다고 말할 거예요. 그 아이들의 건강과 행복을 생각한다면 말이죠."

상대적으로 '특권을 좀더 누리는' 계층과 '혜택을 덜 받는' 계층의 성과 결혼을 비교하면 어떨까. 우선 5장에서 언급했던 조혼과 출산율의 급격한 증가 이야기로 되돌아가보면, 특히 이러한 현상은 이전에는 늦은 나이에 결혼하곤 했던 경제적으로 좀더 윤택한 계층에서 두드러지게 나타났다. 분명 이는 베트남 전쟁과 냉전 시대를 거치며 불안한 시대에 삶에 집착하고 뭔가 안전한 것을 움켜쥐려 했던 심리와 연관된다. 한편으로는 자신들의 부모 세대가 서서히 탈형식화되어 가는 것에 대한 젊은이들의 강력한 저항처럼 보이기도 한다.

어린 나이에 결혼한 젊은이들, 비트 세대와 동시대인들이거나 비트 세대 이후의 청년들은 종종 자신의 생각을 이렇게 표현한다. "내 인생 최대 목표는 정상적인 결혼을 하고 [신경증적 장애가 없는] 건강한 아이를 기르는 것이다." 얼핏 들으면 어이없는 말이다. 과거에는 직장에 다니고 신께 봉사하는 것을 그저 주어진 평범한 삶의 조건으로 받아들였던 것이 지금은 안간힘을 써야만 달성할 수 있는 영웅적인 목표로 간주되기 때문이다. 그러나 작금의 여러 장애물을 고려했을 때, 이마저도 달성하기 어려운 목표라는 것을 안다. 이는 '진짜' 목표인 것이다. 한 성인 남자가 직접 해낼 수 있고, 책임질 수 있으며, 결정할 수 있는 실질적인 문제를 포함하고 있다. 이러한 문제는 회사 내 대인관계나 공장 노동자는 관심도 없는 반복적인 작업과는 다르다.

그럼 이제 이 젊은이가 차츰 목표를 달성해나가고 있다고 가정해보자. 그에게는 아내와 어린 자녀, 교외 주택, 그리고 노동력을 줄여주는 가전 기기가 있다. 그렇다면 그는 자신이 쥐 경주에 참여하고 있다고 한결같이 주장하던 사람과 같은 인물일까? 사실 그가 추구하는 목표는 그 자체의 정당성도 입증되지 않았고, 엄밀히 말하자면 그가 목표를 달성해나가고 있다고 할 수도 없다. 만약 결혼과 자녀가 인생의 목표라면, 사실 이 남성은 정말로 그 목표를 달성할 수 없다. 자신이 직장에서 인정받지 못하고, 사회에서 독립적이지 않다고 느끼는 사람이 강한 남편이나 강한 아버지가 되기는 쉽지 않다. 상대적으로 그의 아내는 자신이 어린 자녀들로부터 인정을 받고 있다고 느끼지만 그런 그녀의 남편이자 아이들의 아버지가 쥐 경주를 하고 있는 상황이라면 그 느낌은 사실이 아니다. 그런 가정에서 자라는 아이들이 진출하게 될 사회는 어떤 곳일까?

조직화된 시스템의 구성원들이 기혼이고 가정을 책임져야 할 때, 이러한 목표는 조직화된 시스템이 원만하게 기능을 수행하는 데 이롭게 작용한다. 그런 사람들은 제멋대로 행동하거나 사표를 던지기가 훨씬 어렵다. 그러나 반대로 조직화된 시스템이 원활하게 기능하는 것이 좋은 결혼생활과 부권父權을 유지하는 데는 이롭지 않을 수도 있다. 문제가 되는 상황이다. 이른 나이에 결혼하는 것이 한편으로는 탁월하고 장래성 있는 선택일 수 있다. 특히 어린 나이에 성 경험을 했고 다른 것들도 경험하려 한다면, 그리고 이 두 사람이 결혼을 상당히 안정적이고 이성적인 판단에 근거해 대안으로 선택했다면 더 그렇다. 과거 중산층이 공허한 이유를 내세우면서 출산을 미루던 것에 비하면 오히려 어린 나이에 자녀를 낳는 것은 존경스러운 일이다. 책임을 일찌감치 짊어진다는 것은 그만큼 다른 것들을 일찍 체념할 수 있다는 의미이기도 하다. 이는 가치 있는 직업을 찾는 대신 결혼을 선택한 것처럼 보이기 때문이다.

인생 최대 목표가 정상적으로 결혼생활을 하고 건강한 자녀를 낳아서 키우는 것이라면, 심리적인 면에 집착하는 것은 이해할 수 있다. 가정생활에 규칙을 세우기 위해 부모가 자신만을 위한 활동을 많이 하지는 않기 때문이다. 그렇기 때문에 섹스 기술이나 행복한 결혼생활을 다룬 수많은 매뉴얼은 복음전도서와 같은 위엄을 지닌다. 실제로 이 안내서들의 전체적인 어조도 그렇다. 그것들은 어떻게 구원 받을 수 있는지를 가르쳐주고, 그 밖에 달리 구원을 받을 수 있는 방법은 없다고 얘기한다.

어린 자녀들에게 지나치다 싶게 막대한 관심이 쏟아지지만 어쩌면 그들은 그에 보답할 길이 없을지도 모른다. 젊은 아버지들은 이내 지루함을 느끼고, 자기가 직접 할 수 있는 일에 몰두한다. 높은 생활 수준을 유지하려고 애쓰는 중산층 부모가 자녀에게 더 좌절감을 안겨준다는 분석도 있다. 그러나 이러한 좌절감은 용인되는데, 이는 자녀가 선망하는 향상된 지위를 위한 것이기 때문이다. 반대로 하류층 부모들이 더 관대한 편인데, 이는 자녀가 아버지를 무시하기 때문에 부모의 훈육이 잘 먹히지 않는 데서 기인한다. 농장 주택에 사는 가정의 경우, 생활 수준이 높아 훈육이 가능하긴 하지만 이들의 사회적 지위를 격하시킨다면, 다시 말해 아버지 자신부터 지위에 관해 냉소적으로 말하고, 어머니도 지위를 존중하지 않고 자라나는 아이들마저 그러하다면 그 결과는 어떻게 될까? 자신들의 생산적·문화적 사명에 대한 신념 없이 중산층의 생활 수준을 유지하고 이어받는 것이 가능할까?

이쯤해서 비트 세대의 명확한 기원에 대해 설명하고 넘어가야겠다. 비트 세대란 (1)자신에게 잘해준 아버지에게서 독립하지 못하는 젊은이, 그렇지만 (2)아버지의 가치를 지지할 수만은 없는 젊은이, (3)보완할 만한 다른 지배적인 사회적 가치를 찾지 못한 젊은이들이다. 현재 이런 젊은이가 수천 명에 이른다면, 앞으로 그 숫자는 수십만 명으로 늘어날 것이다. 결국 조직화된 시스템은 비트 세대의 온상이나 마찬가지다.

3

일찌감치 학업을 중단하고 꽤 괜찮은 조직에서 차별을 당하거나 혹은 성공을 가로막는 다른 장애물을 경험한 빈곤층 젊은이들에게, 보다 허용되고 널리 조장된 성적 관심은 치명적인 덫이 될 수 있다. 청소년이 나이를 먹으면서 자기 가치의식은 점차 감소하지만, 동시에 욕망과 성적 기회가 늘어나기 때문이다. 자신을 성인이라고 생각하지 않을 때에도, 그는 다 큰 남자처럼 행동해야만 한다. 이는 자칫 실직자나 자기비하를 일삼는 알코올 중독자가 느낄 법한 무기력으로 이어질 수 있다. 선망의 대상이 되는 여성들이 '성공한' 청년을 선택하는 것처럼 보인다거나, 혹은 "데이트에는 돈이 든다"는 통념이 있는 것 역시 바람직하지 않다. 반대로 섹스를 남자로서의 가치를 입증하는 것으로 여기는, 즉 섹스를 욕망이나 사랑 없이 정복의 방식으로 혹은 심지어 이마저도 아닌 단순히 성적 능력을 입증하려는 태도도 있다. 갑판 위에서는 가끔 불평을 늘어놓긴 해도 유순한 아이 같았던 젊은 해군들이 육지에 내리면 여성을 '노리개'로 여기고 진지한 '관계'를 맺지 않으려 한다. 스페인계 빈곤층 사이에도 이들의 몸에 배어 있는 남성성, 마초의 전통은 자신이 만만하게 볼 만한 소년이 아니라는 것을 입증하기 위한 수단으로 통용된다.

어떤 경우이든 간에 성적 욕구는 젊은이를 곤경에 빠뜨릴 수 있다. 돈을 벌고 성공한 사람이 되기 위해, 그는 남의 것을 훔칠지도 모른다. 섹스를 통해서 자신을 입증하려고 한다면, 잔인하거나 난잡한 성생활 때문에 곤경에 빠질 것이다. 섹스 때문에 그가 너무 많은 고초를 치르거나, 혹은 자신의 성적 능력에 대해 지나친 의구심을 품게 된다면, 외부와의 접촉을 일절 끊고 도박에 빠지거나 무법자가 되거나 혹은 마약을 하는 패거리에 휘말릴지도 모른다.

4

계층 간 차이는 있지만, 성적 욕구에 대한 사회의 일반적 태도가 일관성 없고 예측 불가능한 환경에서는 모든 계층의 젊은이가 어른으로 자라나기 힘들다. 어른으로 살아가는 것도 힘들기는 마찬가지다. 이런 면에서 미국 사회는 특히 문제가 많다. 성 행동에 대한 보편적이면서 양립할 수 없는 세 가지 태도가 있는데, 이 가운데 둘은 자기 모순적이다.

이상적인 이론에서도 그렇고 실제로도 성적 욕구는 가장 중요한 본능 중 하나이며 성욕에 대한 태도는 관대하기도 하고 열광적이기도 하다. 이는 생각이 깊은 사람이나 대중 연설가, 여성 잡지, 그리고 대법원의 판결 등에서 드러나는 태도다. 그리고 아이들의 심리를 잘 파악하는 부모, 정신의학과 전문의, 유치원 교사, 청소년 및 성인 집단에서도 이런 태도를 어느 정도 보여주고 있다. 그러나 이 태도에서 모순이 드러나 곤혹스럽기도 하다. 모든 여성은 누군가의 누나이고 여동생이지만, 남자아이에게 적용되는 것이 여자아이게는 적용되지 않을 때가 많다. 암묵적으로 용인되고 지지받은 것도 여전히 드러내놓고 행동으로 옮겨서는 안 된다. 이를테면 모든 전문가가 명백한 생리작용에 관해 동의하고 있고, 어린아이들의 성에 관한 각양각색의 다소 추상적인 서적들도 시중에 나와 있지만, 자위행위에 관해 청소년이 놀라운 발견을 했을 때 이를 출판하겠다는 이가 있으리라고 생각하기는 어렵다. 청소년 혹은 성인의 모험담 속 등장인물은 샌드위치를 게걸스럽게 먹거나 혹은 잠에 빠질 수는 있어도, 발기하는 경우는 없다. 이에 반해 가학적 성을 다룬 만화책이 있다면, 이 문제에 대한 유일한 해결책은 무미건조한 어조로 사실에 가까운 진실을 제시하는 것이다. 그렇지 않고 현재 우리가 그러하듯 진정한 접촉을 막으면서 겉으로는 관대한 태도를 취하는 것은 가학적인 성적 욕구를 촉발시킨다. 이것이 심리학 이론의 기본이다. 공공연하게 '건강한 솔직함'을 옹호할지라도 공립 학교는 그와 정반대로 운영되고 있는 실정이다. 최근(1959년 봄) 캘리포니아에서 발생한 그다지 놀랍지도 않은 사건 하나를 예로 들어보자. 한 고등학교 과학 교사가 실태 조사 차원에서 학급 학생들의 성적인 버릇을 표로 만드는 훌륭한 프로젝트를 맡았다. 하지만 이 일로 교사는 곤경에 빠졌고, 학교 이사회는 "교사가 가르치는 것은 인간의 생식으로, 이는 눈과 귀의 기능에 관해 토론할 때와 마찬가지 방식이어야 한다"라고 말했다. 마치 빛과 소리를 언급하지 않고 색이나 조화 혹은 행위나 관계를 가르치려는 형국이다. 차분하고 풍자적으로 지금 이 글을 쓰고 있지만, 이들의 어리석음에 어이가 없을 지경이다.

대중문화 및 상품, 광고 속에서 성적 욕구를 다루는 태도는 그나마 덜 혼란스럽다. 매출을 극대화하기만 하면 되기 때문이다. 욕망은 악용되고 가능한 한 인위적인 자극이 만들어진다. 굉장히 많은 사람에게 성적 욕망은 당혹스러움, 수치심, 처벌 등을 동반하는데, 이 역시 최대한 이용된다. 여기에는 어떤 모순이 존재하는지 생각조차 하지 않는다. 누구나 성적 욕망과 가혹한 처벌에 대한 극단적인 환상이 널리 퍼져 있다는 데 동의한다. 카릴 체스먼*의 사형에 대해 대중적 정서가 가학적이고 외설적이면서 형벌적인 언어로 70퍼센트가량 표현된다는 점에서 이는 여실히 드러난다. 테네시 윌리엄스의 희곡에는 이러한 대중의 내면을 노래한 시가 있는데, 대중문화는 사실적이거나 분석적 혹은 온정적인 것에 부합하시 않는다. 대중문화에서 성적 욕망을 다루는 태도와 성적 욕망을 '단순한 생리 작용'으로 보는 이상적인 이론 및 실제 사이에는 절대적인 모순이 존재한다.

그러나 주변이나 이웃의 어떤 행동이 공적으로 허용 가능한 것인지를 묻게 된다면 혼란은 더 심화된다. 동일한 문화 속에서 비슷한 생각을 지니고 있다 하더라도, 이는 상충하곤 한다. 어떤 이에게 어린아이의 자위행위는 그저 웃고 넘어가는 일이거나 못 본 척할 수 있는 행위이고, 아니면 더 이상 친구 집에 놀러가는 것이 금지되거나 청소년 비행으로 경찰에 체포될 정도의 일이라고 여겨질 수도 있다. 대체로 열세 살 이전의 어린 소년들에게 여러 명이 동시에 하는 자위행위는 전율을 느낄 수 있는 짓궂은 장난이지만, 열세 살이 넘으면 그러한 행위는 괴상망측하고 결코 용납될 수 없는 금지된 행동이 되고 만다. 여느 연인이 그러하듯 청소년 연인도 서로를 껴안고 어루만져야 한다. 그렇지 않으면 둘 사이에 뭔가 문제가 있는 것이다. 하지만 그들의 애무가 '어느 정도'까지 허용될 수 있을까? 걸리지만 않는다면 섹스도 가능하다고 여길 수 있지만 어떤 이들에게 청소년은 절대 성행위를 해서는 안 되는 것이다. 길거리에서 낯선 소녀에게 반해 말을 걸 수 있다. 이때 그런 행동은 상대방을 기쁘게 만들고 자신의 마음

---

* 1950년대 악명 높았던 연쇄 강도 강간범.

6장 사회적 동물

을 보여주는 행위가 된다. 만약 그런 의도가 아니라면, 그것은 무례하고 위협적인 행동에 해당된다. 때로 모여 지나가는 소녀를 향해 휘파람을 분다면, 그것은 상대를 괴롭히는 행위가 될 수도 있다. 프랑스인처럼 공공 장소에서 애인과 애무할 수도 있고 어떻게 역겹게 공공 장소에서 애무할 수 있는지 의아해할 수도 있다. 해변에서는 애무해도 괜찮지만, 잔디밭에서는 안 된다. 남자아이들이 사실을 말하든 지어내서 말하든, 자신의 성적 능력을 과시하는 것은 있을 수 있는 일이지만, 자신의 감정을 이해받기 위해서 애인과의 성행위나 성적인 고충을 진지하게 이야기하는 것은 엄연한 금기다. 이는 오히려 여자아이들 사이에서는 좀더 용납된다. 십대 후반의 청소년들은 경험이 풍부하고 세련돼 보이지만, 그들은 타락해서는 안 되는 법적 미성년자이다. 이런 십대 후반의 소녀와 이십대 청년 사이의 관계 또는 십대 후반의 소년과 경험이 많은 여자 사이의 관계는 충격적일 뿐 아니라 비웃음거리가 된다. 물론 이 관계가 교양인을 대상으로 한 성교육에 자주 등장하는 남녀 조합이기는 하지만 말이다.

이처럼 양립 불가능하고 일관성 없는 기준들이 뒤엉켜 있는 상황에서 확실하고 예측 가능한 하나의 요소가 있다. 그 기준이 대부분 가정에서는 합의되고 교구 신부의 깊은 신앙심에는 위배될지라도 법에 따르면 시대에 가장 뒤떨어지고, 감각이 떨어지며, 심리학에 기반을 두지 않은 관습에 따라 판결을 내릴 거라는 사실이다. 사법 당국은 멀리 떨어진 외딴 해변에서 누드로 수영한 사람을 체포하고도 남는다. 물론 어차피 이렇게 시대에 뒤진 도덕적 기준을 고수하려는 경향은 민주주의에서는 불가피한 일이다. 입법자의 임의대로 범죄에 관한 법을 폐지하자고 공개적으로 제안할 수는 없는 노릇 아닌가.

나는 지금 중단된 혁명, 소위 성 혁명에 대해서 다시 기술하고 있다. 그 중단된 혁명이 가져온 혼란을 이용해서 생산과 판매를 조직화한 시스템이 어떻게 이윤을 취하고 있는지 잘 알고 있나. 반면 혁명을 완수하면 경제적으로 전적인 손해를 볼 것이다. 건강한 성적 만족을 얻는 데는 비용이 들지 않고, 오직 건강과 애정만이 필요할 뿐이기 때문이다.

5

최근 위아래를 막론하고 모든 계층의 젊은 남성과 청소년들이 심취해 있는 남성 동성애에 관해 특별히 언급하려 한다. 남성 동성애가 뇌리를 떠나지 않는다는 말은 스스로가 '잠재적 동성애자'일지도 모른다며 끝없이 의심하거나 동성애자에 대해 모욕적인 반응 또는 조롱 행위를 보이거나 아니면 적대감, 심지어 피해망상으로 나타나는 현상 모두를 지칭한다. 젊은이들 사이에서는 음악에 대한 열정이든 사회 정의에 대한 격정이든 상관없이 남들과 다른 행동을 동성애적인 것으로 생각하는 경향이 있다.

자극적이고 성적인 것으로 가득한 환경에서는 노골적으로 표출된 동성애를 비롯해 억압된 동성애적 사고 또한 어쩔 수 없이 겉으로 드러나기 시작한다. 다듬어지지 않은 전형적인 동성애적 상황의 단편이

6장 사회적 동물

다시 나타나면서 누구나 그러한 문화의 새로운 유혹을 예민하게 알아챈다. 멋진 헤어스타일을 따라함으로써 얻는 자기도취적 심리가 유행하고 있다. 친구 사이의 애정 어린 신체 접촉은 강박에 가까울 정도로 금기시되거나, 혹은 바로 지적받거나 '동성애자로 해석된다'. 그러다 보니 도처에서 동성애자들을 찾아볼 수 있다.

동성애에 대해 이러한 인식의 돌파를 주저하고 변죽을 울리는 이유가 무엇인지 의문을 품어야 한다. 지금 이 시점에서 왜 유달리 동성애에 대한 유혹과 위협이 그리도 크고 심각하게 보이는 것일까? 이 문제에 대한 답이 이 책의 주제의 일환이라고 생각한다. 젊은이들은 다 큰 남자로 성장할 기회를 빼앗기고 있고, 한편으로 젊은이들의 동성애적 성향은 그들을 미성숙한 인간으로 몰아붙인다. 그들은 소년의 지위로 역행하는 것을 두려워하고, 자신들의 선배나 어른들의 권력과 본보기가 되는 페니스를 선망한다. 아니면 퇴행적인 자기도취에 머물며 자신들 개인의 가치로써 몸과 페니스가 사랑받길 원하기도 하지만 어린애와 같은 상태로 회귀하는 것은 극도로 거부한다.

어른으로 성장하기 어려운 환경 속에서, 젊은 남성들은 심리학적으로 더 어린 시절로 퇴행하기 마련이다. 그렇게 하는 것이 더 수월하기도 하고, 이성애적 사랑과 남성적 갈등에 대한 책임을 질 수 없기 때문이다. 그 와중에도 자신의 성적 능력에 대한 의구심과 조롱, 그리고 위험을 회피하기 위해서 강박적으로 이성애자가 되거나 경쟁심이 강한 사람이 된다. 그렇지 않으면 심드렁하거나 성적으로 무지한 사람이 될지도 모른다.

6

성적인 표현 외에 다른 '동물적' 표현들 또한 문제가 많다. 좀더 철학적인 면을 고려하여 다른 동물적 표현을 정리해보자.

우리의 조직화된 시스템 자체가 완벽하기 때문에 '개방된' 환경이 부족하다. 성장할 수 있는 개방된 터전이 마련돼 있지 않으면, 사회적 동물의 성장을 기대하기 어렵다. 개방된 터전이란 몇몇 개방된 공간, 일부 개방 경제, 몇몇 개방된 관습, 규제나 신분증이 필요 없는 활동을 의미한다. '개인'과 사회 간의 전쟁이나 사회화가 필요한 야생 동물을 이야기하는 것이 아니라 현대적인 시스템 자체가 지니고 있는 심각한 사회적 결함을 일컫는 것이다. 한 사회가 사전에 모든 가능성을 결정하고 이를 조직화했을 리는 없다. 사회가 지나칠 정도로 단단하게 통합되어 있고, 이용 가능한 모든 공간, 자원, 그리고 수단을 선점한 경우 성장을 가능케 하는 무정형의 주변부, 진정한 위기, 참신함, 즉흥성 등을 제공할 수 없다. 이런 이유로 젊은이들이 조직화된 시스템 밖으로 밀려나가고, 동시에 창의적인 어른들이 조직화된 시스템에 협조하는 것을 꺼리게 만든다는 것이 중요하다. 시간, 복장, 의견, 그리고 목표가 지나치게 규제를 받을 때, 사람들은 온전한 '자기 자신'이 될 수 없다. 그리고 무엇인가 새로운 것을 창작해낼 수 없다고 여기며 주변부나 여백, 틈새, 벽에 뚫린 구멍 등을 찾거나 무조건 달아나버린다.

우리 사회는 말 그대로 너무 많은 공간을 선점하고 있다. 예를 들

6장 사회적 동물

어 미국 동부에서는 국립공원에 신고하지 않거나 국립공원의 규정을 지키지 않은 상태에서 텐트를 친다든가 야영하는 것은 불가능하다. 어딘가에서 섹스라도 할라치면 장소 사용료를 지불해야 한다. 어린아이가 주워든 돌멩이 하나, 그 돌을 던져 맞히는 타깃 하나도 모두 누군가의 재산이다. 사람들은 어린아이가 산만하거나 과다하게 활동할 때 위생적인 면에서는 관대한 태도를 취하지만 동시에 집의 크기는 작고 효율적으로 짓는다. 나이 든 여성은 흔히 시골에서 그런 것처럼 정신이상자가 되기 마련이지만 현대의 도시 환경에서는 그가 타인에게 피해를 입히지 않는다고 장담할 수 없다. 이 할머니는 자해를 하고, 낯선 사람들 사이에서 길을 잃으며, 교통을 방해하고, 지하철을 멈추게 만들 것이다. 그러므로 이 할머니는 반드시 시설로 보내져야 한다. 늦은 밤 당신이 무엇인가 할 일을 찾아 밤거리를 배회한다면, 경찰은 주민 보호를 위해 목적지 없이 돌아다니는 당신을 제지할 것이다. 그러면 당신은 그에게 반문할지도 모른다. "그럼 무슨 다른 뾰족한 수라도 있나요?"

7

금지된 것에는 사람을 끌어당기는 뭔가가 있다. 언뜻 이해하기 어려운 이 유인이 6장의 주제다.

전형적인 심리학 이론에 근거해 볼 때, 금지된 것을 하는 행위는 금지를 명령한 권위자, 결국 오이디푸스와 같은 아버지를 공격하는 것과 같다. 이는 흔히 처벌을 두려워하고, 지켜야 할 규범을 위반하는 데 비이성적일 정도로 강한 두려움을 표출하는 이유를 설명해준다. 예를 들어 "우리 저 사다리 타고 저 위에 올라가도 되는 거지?"라고 묻자 누군가가 "아니, 당연히 안 되지"라고 답한다. 그들을 지켜보는 이가 아무도 없었음에도 불구하고 이렇게들 말할 것이다. "그러면 올라가지 말자." 하지만 그러고 나서 어쨌든 올라가긴 한다. 심리학 이론에 따르면, 오이디푸스 같은 권위자가 금지한 또 다른 억압된 것들을 떠올리게 하는 금지된 대상 그 자체가 유인이다. 이보다 미묘하지만, 두 번째 유인은 권위자를 괴롭히기 위해, 즉 지나치게 냉정한 권위자의 관심을 유도하기 위해서다. 이 유인을 따르면 금지된 대상의 매력을 어느 정도 느낄 수 있다. 감시자에게 들키면 혼이 날지라도 스릴 넘치게 그가 깨어날 것을 기대하며 "감시자가 잠에서 깰까?"라고 묻는 경우다.

금지된 것을 하게 만드는 또 다른 세 번째 유인은 무엇일까? 그것은 상황을 끝내기 위해 한계를 뛰어넘고자 하는 동물적 욕구다. 사람들은 끊임없이 외부 자극을 받고 행동으로 옮긴다. 하지만 이내 한계에 부딪혀 가고 싶은 만큼 가볼 수도 없고 그렇다고 내버려둘 수도 없다. 금지와 정황으로 인해 쾌감의 절정은 완전하지도 않고, '자의식'에서 벗어날 수도 없다. 금지된 것 하나를 극복하고 나면 그다음 번에는 더 대범해진다는 점에서 무한 목표를 향해 자발적으로 속도를 올리는 것은 당연해 보인다. 그리고 그 과정은 한도를 부과했기 때문이 아니라 자연적으로 끝날 때까지 계속된다. 금지된 매력 속에서 손짓하는 자유는 부정적인 속박으로부터 벗어나는 것을 의미하는 게 아니라 행위를 실천에 옮기고 경험하면서 느끼는 내적 압박으로부터의 해방에 가깝다. 금지된 목표를 달성했을 때 크게 만족하진 못해도 은근한 만족감은 있게 마련이다. 지붕 위에 아무것도 없었고 곧 아래로 내려와서 집으로 돌아가더라도 아이들은 실망하진 않는다. 지붕 위로 올라간 행위 자체만으로 자연적으로 마무리가 됐기 때문이다. 당신이 산 정상에 올라갔고, 그곳은 당신이 원하는 가장 먼 거리였듯이.

이와 같이 목표를 향한 자발적인 가속은 순전히 청소년 범죄에서 '정도를 더해가는 것'과는 성격이 다르다. 후자는 각각의 대범한 행동이 소기의 목적을 달성하지 못한 경우, 다음번에는 좀더 격렬하게 시도해야겠다는 필사적인 마음가짐이 뒤따른다. 정도를 더해간다는 것 자체가 실은 한 개인이 자신의 진짜 욕구를 정확하게 파악하지 못하고 있다는 신호이며 그 끝은 분명 자기 파괴적, 즉 '극단적으로' 치닫게 되어 있다. 이는 하나의 과정을 끝내는 것이라고 할 수 없다. 반면 금지된 것을 하는 행위는 성장의 정상적인 기능이다.

지붕 위에 올랐던 열두 살짜리 아이들이 다음 주에 같은 건물을 다시 찾았다. 허드슨 강이 내려다보이는 이 건물은 그들에게는 금지된 행동, 담배 피우기에 더할 나위 없이 좋은 장소였다. 정해진 수순처럼 곧바로 지붕 위에 올라갔다가 다시 아래로 내려왔다. 그러나 무리 중에는 못 보던 소년이 한 명 끼어 있었는데, 이 소년의 행동은 여느 소년들과는 달랐다. 그는 대범하게 다른 소년들에게 지붕 아래로 뛰어내리자고 제안했다. 3미터 아래 콘크리트 포장도로 위로 뛰어내린다면 두 발목이 부러질 게 분명했지만 이 소년은 직접 지붕으로 올라가더니 난간에 매달려 아래로 떨어질 것이라고 말했다. 마침 지나가던 어른들이 끼어들어서 소리치지 않았다면 이 소년은 정말로 두 손을 놓고 아래로 떨어졌을지도 모른다. 다른 소년들은 그의 무모한 행동에 분노하며 넌더리를 쳤고 이 소년의 행동에 자극받지 않은 듯 보였다. 어른 중 한 명이 그에게 "그건 멍청한 짓이야"라고 말하자 이 소년은 빙그레 웃으며 "어라, 난 어른들이 이렇게 하는 게 멋지다고 생각하는 줄 알았죠" 하고 답했다. 결국 그는 어른들의 주목을 끌기 위해서 장난을 친 것이었을까? 그렇다면 그는 성공했다.

7장

신념

1

지금까지 살펴본 상황을 다소 과장해서 이야기해보겠다. 인간이 만든 환경은 이제 인간적 척도를 벗어났다. 기업, 정부, 그리고 부동산이 모든 공간을 완전히 봉쇄해버렸다. 모든 행위가 기업 혹은 경찰의 규제를 받는다. 경제라는 시스템 전체가 돌아가지 않으면, 빵을 만들고 사는 일이 불가능하다. 인간적 진실을 무시한 채 공공 발언이 행해진다. 누구나 각자의 자리가 정해져 있는 엄격한 신분 제도가 존재하며, 상류 계급이 문화적으로 상징하는 것은 아무것도 없다. 대학은 그저 기술자와 응용 인류학자의 훈련장 역할을 담당하고 있다. 성적 욕구는 남성적 독립성 및 성취와는 무관하다. FBI는 모든 국민에 대한 세세한 정보를 담은 파일을 갖고 있다. 이 밖에도 더 있을 테지만 언뜻 떠오르는 이런 상황을 요약해보면, 감당하기 어려운 질문 하나가 떠오른다. "인간으로 존재하는 것이 가능한가?" "인간의 본성을 지닌 채 성장하는 것이 가능한가?" 일종의 형이상학적 위기에 처하게 된 것이다.

다시 말해, 우리가 처한 상황은 터무니없다. 그렇지만 어느 모로 보나 인간의 외양을 갖춘 우리는 이러한 상황이 정상인 양 행동한다. 텔레비전을 시청하면서 조장된 어리석은 소비를 이어가고, 지금 살고 있는 도시를 오염시킬 것이 분명한 최신형 자동차 이야기로 대화의 꽃을 피운다. 이웃에 관해 묻는 수사관들의 무례한 질문에 스스럼없 이 대답한다. 전당대회에 참석하기도 하며 대중 연설가들이 하는 말 에 귀 기울이며, 웃어대고 악수도 한다. 자신의 정신 상태가 온전한 지를 의심하기 시작한다면 이렇게 질문할 것이다. 과연 그럴 자격이 있는 사람들이고, 불합리한 것이 하나도 없단 말인가? 그렇다면 우리 는 어떤 종류의 동물이지? 사람들은 무의식적으로 말하고 생각하기 시작했지만 자신이 바보 같다는 것을 잘 안다. 그리고 몰개성화되었 다고 느낄 것이다.

그렇다면 바로 멈춰 서서 이것이 됐든 저것이 됐든 둘 중 하나를 선택할 필요가 있다. 이렇게 사는 것이 인간 공동체라고 믿으면서 불 합리한 시스템에 맞춰가며 그럭저럭 살아가든지, 아니면 불합리한 시 스템에서 완전히 벗어나서 외로운 인간으로 홀로서기를 하든지 말이 다. 하지만 다행스럽게도 다른 사람들도 같은 위기를 겪고 있고, 같은 선택을 하고 있다는 것을 안다.

물론 지금까지 한 이야기는 과장된 것이다. 중요한 것은 미국의 시 스템이 비인간적이라기보다 인간적이어도 너무나 인간적이라는 사실 이다. 시스템에 의존적인 기조는 비굴한 것이 아니라 분유나 햄버거를 먹는 어린 시절로 퇴행하는 것을 의미한다. 미국인들은 자조해도 된다. 최고 경영자들과 기업주는 계산적인 괴물이 아니라 무지하고 고집 센 인간일 뿐이다. 고난에 대한 동정심과 사회 정의는 이 땅에서 진정성 있는 가치이며 미국인들은 실증적이고 실험적인 민족이다. 비록 공인들과 언론이 강력한 연합 전선을 구축하고 있지만, 공인들은 줏대가 없는 사람들이라서 개별적으로 질의를 받으면 그 연합 전선을 곧바로 배신할 것이다. 이러한 어리석은 행위 때문에 우리는 집중포화를 맞고 있기는 하지만, 다른 국민처럼 우리 미국인도 결코 바보가 아니다. 우리 민족도 절체절명의 순간에 발휘되는 분별력을 갖고 있다. 아무도 신경 쓰지 않는 후미진 곳에는 장발의 교수, 비트 세대, 주정뱅이, 공식적으로 존재를 인정받은 다양한 집단의 사람들이 북적댄다. 이것이 형이상학적 위기가 되지는 않는다. 불합리한 상황을 유발한 경제적·심리적 원인을 파악하고 그에 대한 처방을 생각해내는 것도 어렵지 않다. 그렇지만 곤경은 분명 견디기 힘든 것이며, 남자로 살아남기 위해서는 비범한 도덕성, 지성, 혹은 넘치는 활력이 필요하다.

많은 젊은이는 성장에 큰 어려움을 겪기 때문에 자신이 양자택일의 중대한 기로에 서 있다고 느낀다. 그리고 불행히도 이후에 어떤 선택을 하든, 그들의 선택은 사실상 그들이 상상해왔던 형이상학적 위기를 초래한다. 그들은 자기 자신과 현실 세계에 대해서 이런 그림을 가지고 있다. 만약 이 젊은이들이 기존의 조직화된 시스템에 순응하고 그에 제공되는 보상을 누리면서 사는 쪽을 선택한다면, 그들은 시스템 안에서 좌충우돌하면서 일하고, 결혼하며, 생활 수준을 향상시키고, 자신의 일에 냉소적으로 변할 것이다. 만약 이들이 기존 시스템과 결별하는 쪽을 선택한다면, 그들은 과거 급진적인 젊은이들이 그랬던 것처럼 여러 제도를 바꾸기 위해 노력하는 대신 얼굴도 씻지 않고, 미약에 손을 대며, 멍한 상태에서 마냥 행복하게 살아갈 것이다. 어느 쪽을 선택하든 이 젊은이들은 객관적이고 변화 가능한 세상을 잃어버리게 된다. 그렇기에 그들은 일찌감치 체념한다.

2

불만을 품은 사람들이 서로를 알아보고 하나의 하위문화를 형성할 때, 위험투성이인 자신들의 선택을 하나의 종교운동으로 바라보는 경향이 있다. 비트 세대가 가장 좋아하는 연설가 중 한 명은 이렇게 선언한다.

> 나는 십자가상을 따르고, 다윗의 별을 옹호하며, 지금까지 살았던 사람들 중에서 가장 성스러운 독일인(바흐)을 지지하고, 온정 어린 무함마드에 동조하며, 부처를 따르며, 노자와 장자를 옹호하고, 스즈키 다이세쓰鈴木大拙*에 찬성한다.

---

* 1870~1966, 서양에 일본 불교를 전파했다.

이것은 전형적인 대중 연설이다. 아이젠하워의 연설과 마찬가지로 이 선언에는 모든 선거의 원칙이 들어 있고, 지식의 부족도 드러난다. 이 연설가는 삼십대 후반으로, 그 나이라면 더 많은 걸 알고 있어야 했다. 앞으로 확인하겠지만, 이처럼 형체가 없는 궁극의 경험은 체념할 때의 고통과 무관하지 않다. 경험에 형체를 부여할 만한 현실 세계가 존재하지 않기 때문이다.

조직화된 시스템의 한 노련한 대중 연설가의 수사를 살펴보자. 1957년에 개최된 전국 레크리에이션 회의에서 폴 더글러스 박사가 한 연설을 인용한 것이다. 더글러스 박사는 여가의 끔찍함에 대해 심각한 우려를 표명하고 있다. 그는 주중 근무 시간이 단축되고 업무가 자동화되면서 수많은 어른이 할 일 없이 빈둥거리다가 나쁜 짓을 꾸밀 수 있다고 걱정한다.

앞으로 여가가 사회적 관행으로 완전히 자리 잡으면, 삶의 목표와 가치 재설정, 새로운 윤리의 진화, 격조 높은 취향에 적합한 미학의 정의, 다양한 형태의 아름다움에 대한 깊은 이해와 음미, 그리고 좀더 의미를 부여하는 실존이 굉장히 중요해질 것이다.

당연히 그리 심각한 문제는 아니다. 아마도 그가 말한 '새로운 윤리'는 이사야나 에스겔*과 같은 사람 혹은 최소한 소크라테스 같은 사람의 소임일 것이다. 누군가 마음에 불길이 퍼져, 그가 사람들을

---

* 각각 구약성서에 나오는 4대 예언자들이다.

등지고 길목에 있던 우리 아이들을 모조리 쓸어버리고 간다면 우리는 편안해질 수 있다. 그렇다면 여가 시간 외에 다른 문제들도 해결될지 모른다. 놀랍게도 비트 세대의 대변자 더글러스 박사는 우리가 물려받은 도덕적 원칙에 만족한 것 같았다.

예술가로서 이러한 유의 공개적인 발언은 조금 모욕적이라고 생각한다. 과연 우리에게 미학이 필요한가? 내 작품은 우리가 가진 예술적 전통, 특히 현대 예술의 업적에 대항할 수 없기에 내 서가에 꽂힌 대표적인 작품들에 비하면 비고전적이고 진부하다고 생각한다. 더글러스 박사가 말하는 미학이란 대중적 미학일까? 할리우드, 브로드웨이, 매디슨 가 때문에 대중의 취향이 전체적으로 저급해지고 있다는 사실을 그는 모르고 있었던 것일까? 또한 출판사, 영화 제작자, 방송인들이 검열을 핑계로 단합해서 진실이 대중에게 전달되는 것을 막고 있다는 사실을 알지 못했을까? 그러다가 어쩌다 말이 무심코 흘러나오면, 무지한 비평가들은 이를 하찮은 것으로 취급하며 부주의한 실수라고 몰아붙이는 상황을 몰랐을까?

더글러스 박사가 자신이 생각하는 바를 제대로 전달했는지 의문이지만, 그럼에도 의미를 이끌어낼 만하다. 대체 어떤 상황에 놓여 있기에 대중 연설가들이 구체적인 임무가 눈앞에 놓여 있는 상황인데도 불구하고 이런 말로 새로운 윤리와 존재의 의미를 요구하는 것일까?

고매한 도덕적 기준에 비춰봤을 때, 아마 자기 자신에 대해 실망했을 것이고, 무언가를 한다는 데 대한 체념이 뒷받침되어 있을 것이다. 여기서의 체념이란 일찌감치 체념하는 것이 아니라 처절한 실망감을 경험한 뒤에 단념하는 것을 말한다. 어떤 실용적인 것을 시도할 생각을 단념했을 때, 마치 기적이라도 일어날 것처럼 표현하는 낙천적인 관념은 우리를 고통스럽지 않게 하며 불안한 양심이 흔들리는 것을 막아준다. 예를 들면 '당장 문제가 발생하는 건 아니겠지'라는 태도 같은 게 이에 속한다. 내용은 그렇지 않더라도 어조 자체는 미봉책에 대해 낙관적인 미국 스타일과 어울린다. 미국의 장래가 한때 굉장히 밝았기 때문에 실망감은 훨씬 심각하다. 우리 미국은 초기에 목표했던 것의 대부분을 성취했지만 그 목표가 쓸모없을 뿐 아니라 심지어 해로운 것이라는 사실을 깨닫고 당혹스러워하고 있다. 100년 동안 경제 발전을 이룩한 후 미국인들은 경제적으로 윤택하고 건강한 삶을 누리고 있지만, 행복하지도 현명하지도 않을뿐더러 불안정하기 때문이다. 작가들은 미국이 성취한 것을 경멸하고 있다. 국제적으로는 미국이 합당한 명분 없이 원자폭탄을 투하했다고 비판받는다. 누구든 노력만 하면 자신의 뜻을 실현할 수 있는 철저한 비非계급 사회였던 미국은 지금 냉혹한 계급사회로 들어서고 있다. 사람들은 이민 중단을 요구하고 있다.

현대 세계에서 우리 미국인은 오래된 거주자들이다. 우리는 처음으로 정치적 자유, 높은 산업 생산성, 풍요로운 경제를 쟁취했다. 그렇기에 당연히 가장 먼저 실망을 경험하는 것도 우리 몫이다. 미국을 흉내 내고 부러워하는 유럽인들은 어린아이나 마찬가지다.

어른들은 낙담하고 체념했기에 자신의 자녀에게도 미래가 없다고 생각한다. 자신들 스스로가 미래로 가는 길을 모르기 때문이다. 이민 1세대들은 자신들의 자녀가 좋은 직업을 얻고 부자가 되길 바란 반면, 이민 3세대들은 "자녀가 그저 행복하기만을 바란다".

3

더글리스 박사는 '좀더 의미를 부여하는 실존'에 필요한 새로운 영감에 관해 이야기했다. 몇몇 대중 연설가는 청소년 범죄가 그 지경에 이른 건 청소년들이 교회에 나가지 않기 때문이라고 말한다. 의미를 부여하는 생존과 교회는 언뜻 모순되어 보이지만 우리가 인간이고 새로운 문제가 계속 생겨나기 때문에 그럴 수 있다. 하지만 남자아이들은 온전한 인간이라고 말하기 어렵고, 합당한 제도에 좀더 사회화되어야 한다. 이것은 그리 어려운 일이 아니다.

이 사회에서 성장하는 젊은이들이 겪고 있는 실질적인 종교적 고충은 무엇일까? 다소 난해하긴 하지만 이 문제를 신학적으로 논의해보자.

만약 누군가가 "어떻게 해야 내 존재 이유를 인정받을 수 있지?" "내 삶의 의미는 뭘까?"라는 질문을 던진다면, 결코 합리적인 답을 찾을 수 없을 것이다. 그러나 이런 질문이 이미 떠올랐고 그를 괴롭히기 시작했다는 게 문제다. 만약 이런 질문이 마치 중요한 것처럼 떠올랐다면, 뭔가가 잘못된 것이다. 자신이 쓸모없고 헛되이 낭비되고 있다고 느끼기 때문에 이렇게 질문한다. 역사적으로 사람들은 그럴 때 신성한 주술 혹은 신앙 부흥회가 주는 심리적 위안에 빠져들었다. 더글러스 박사의 지적인 분석은 통하지 않는다.

그러나 이와 같은 질문을 애초에 제기하지 않는다면, 지속적인 삶의 과정에서 이따금 성찰의 순간으로만 이 문제를 떠올린다면 자신이 형편없는 존재라는 오명을 피할 수 있을 것이다. 질문을 하지 않는 경우는 두 가지다. 첫째, 인생에서 어떤 행동이 필수적이라면, 질문 따위는 할 필요가 없다. 둘째, 한 사람의 발달 욕구와 목적이 계속해서 진정한 기회나 의무에 부합한다면, '최후의' 질문은 절대 제기되지 않는다. 랍비 타폰이 말했듯이 "당신은 임무를 '끝마칠' 필요도 없지만 그것을 버리고 자유롭게 떠날 수도 없다". 모든 기회가 한 사람을 만족시키고 그를 행복하게 만들어줄 필요까지는 없다. 만약 그렇다면 지상 낙원일 테다. 마찬가지로 의무 역시 그가 이행하고 성공시켜야 하는 것은 절대 아니다. 하는 일마다 성공해야 한다면 그것은 생지옥일 것이다. 그저 그가 활동하고 무언가를 성취할 수 있는 길이 열려 있고, 그래서 성실하게 살아간다면 이 세상이 그를 위할 것이라는 점을 알기만 해도 충분하다. 이와 같은 형태로 세상과 만날 때, 신의 은총을 받았다고 할 수 있다. 그러한 경우 정말로 떠올려야 할 질문들은 실용적이며 현재 하고 있는 업무와 관련된 구체적인 것이다. "어떻게 해야 내 존재 이유를 인정받을 수 있지?" "내 삶의 의미는 뭘까?"라는 질문에 대한 답은 소속된 기업의 이름을 대거나 삶이 진행 중이라는 사실로 대신할 수 있다. 카프카가 말했듯이, "삶의 현실은 그 자체만으로도 무궁무진한 신앙의 증거를 지니고 있다".

비유하자면, 한 젊은 커플이 외적인 방해나 혹은 내적인 걸림돌 없이 만족스럽게 성관계를 마쳤다면, 이 두 사람은 죄책감을 느끼지 않을 것이고 다른 이의 비난에도 떳떳하다. 행동 자체가 정당하기 때문이다. 그러나 성관계가 그다지 만족스럽지 못했다면, 그들은 실망하고 서로를 원망하기도 하며 또한 타인들의 비난에 쉽게 죄책감을 느낄 수 있다.

삶은 계속된다는 인식과 세상은 계속해서 삶의 단계를 응원할 것이라는 확신을 신념이라고 부른다.

신념이 없다면 성장하기 어렵다. 신념이 없으면 해답 없는 질문들, 나는 쓸모 있는 인간인가? 또는 내 능력을 어떻게 입증하지? 어떤 기회가 내게 주어질 것인가? 이제까지 내게 기회라는 게 주어진 적은 있는가? 등과 같은 질문이 끈덕지게 따라다니기 때문이다. 아마 이러한 질문은 '청소년 범죄자가 자신의 영혼에 묻는 질문'으로 보일지도 모른다. 관찰한 바로는, 아이들은 단순한 신념을 굉장히 많이 지니고 있는 듯하다. 무턱대고 돌진하더라도 그들의 발밑에는 땅이 있다. 그들은 정보를 요청하고, 듣는다. 무언가를 요구해서 얻어내기도 하고 때론 거절당하기도 하지만 무시당하는 것은 아니다. 뭔가를 주의 깊게 관찰해서 흥미로운 것을 발견한다. 자라나는 아이들의 이러한 신념을 꺾어버리는 것은 우리 사회가 안고 있는 고질적인 병폐다. 이 사회는 대다수 젊은이에게 가치 있는 기회나 의미 있는 일을 계속해서 충분히 제공하지 못하기 때문에 그들을 실존적인 존재로 진지하게 받아들이지 못한다.

그러면 사람들은 필사적으로 돈이나 지위, 혹은 일에 몰두하거나 혹은 능력을 입증할 업적을 좇아 자신이 쓸모없고 버림받았다는 공허한 기분을 보상하려 하고, 비판과 회의감을 잠재우려 한다. 그들은 실질적인 기회를 마주하는 은총을 대신해 역할 놀이를 하거나 순종하거나 소속감을 느끼려 한다. 하지만 그렇게 한다고 해서 정당화할 수 없다. 자신만의 일도 아니고, 신의 섭리로 준비된 것도 아니기 때문이다. 신학자들의 말처럼 진정한 일은 신념이 가져다주는 다음 단계에서 파생하는 자연스러운 결과물이다. 이를 겪지 못하면 사람들은 유용한 거짓 역할을 거절하고 형태가 없는 신비주의적 경험을 시도할지도 모른다. 이것이 비트 세대의 목표가 되는 듯 보이며, 이는 상황을 바꾸려 하지 않고 묵묵히 받아들이는 자세인 정적주의의 아류다. 혹은 많은 청소년이 그러하듯 자신이 버림받았다는 절망감이 극심한 경우, 체념하고 처벌을 받기 위해서 막무가내로 달려든다. 처벌을 다 받고 다시 사회의 품안으로 되돌아오려 한다.

더글러스 박사는 새로운 도덕적 원칙 혹은 미학을 찾아야 한다고 이야기했지만 그런다고 해서 우리가 신의 은총을 받게 되는 것은 아니다. 존재란 외부로부터의 계시를 주입한다고 해서 의미가 주어지는 것은 아니기 때문이다. 의미는 무엇이 됐든 그곳에 있는 유일한 상황, 가깝게 밀착된 실제 상황 안에 있는 것이다. 현재 우리 상황이 그러하듯 밀접하게 접촉하면 분명히 엄청난 어려움이나 심각한 사회 갈등, 처참한 기회와 의무에 맞닥뜨릴 것이다. 그렇지만 이를 겪는 동안 우리는 무엇인가 중요한 것을 배우게 되며, 종국에는 중요한 무엇, 심지어 새로운 윤리까지 알게 될지도 모른다. 그러한 갈등 상황 속에서 새로운 윤리를 깨닫게 되기 때문이다. 하지만 우리는 이러한 갈등을 알아차리지 못하고 모두가 좋은 말만 한다. 어떤 이들은 기껏해야 난동을 부리고, 묵언의 항의를 하거나, 또 어떤 사람들은 체념해버린다.

그러므로 "교회가 어떻게 하면 그들에게 신념을 줄 수 있을까?" 아니면 "어떤 기회를 열어줄 수 있을까?"라는 문제를 생각한다면 청소년들에게 교회에 나가라고 강요하는 일이 중요한 게 아니다.

4

초기의 프로테스탄트는 개인의 존재 이유와 소명 혹은 천직 사이에 중요한 관련성이 있다고 보았다. 막스 베버는 프로테스탄트 윤리에 관한 자신의 저서에서 금욕적이고 독선적인 자본가 기업과 근대의 합리적이고 '전문화된 노동 분업'을 인정하는 이유를 설명하면서 이를 소명과 동일시했다. 하지만 내 생각에 베버는 존재 이유와 소명 간의 상관관계가 지니는 명백한 의미를 간과했으며 그 결과 사회학자들을 그릇된 길로 이끌었다. 현대 사회학은 학문적으로 일천하여 형편없는 신학에도 못 미친다.

성서에서는 소명이 성립하는 두 가지 전제 조건을 제시한다. 첫째, "겸허하게 자신이 맡은 일을 하면, 잘해낼 수 있다"는 교훈적인 격언을 따르는 것이다. 둘째, 인간은 예수가 세상에 재림하기 전까지 저주받은 곳에서 살면서 자신의 위치를 지켜야 한다는 예언적 복음의 조언을 따르는 것이다. 왜냐하면 그에게는 장기적인 계획을 세울 만한 신념이 없기 때문이다. 개인의 존재 이유와 소명이 관련 되어 있다는 프로테스탄트의 주장은 종교 공동체 안에서 다양한 직업이 사실상 사람들에게 지속적이고 적합한 활동을 제공함으로써 존재 이유를 입증한다는 것이었다. 이러한 생각은 무정부 상태나 사랑으로 구성된 공동체에서부터 조합 교회, 청교도적인 신권 국가에 이르기까지 해당 공동체를 종교적으로 만드는 급진적이고 때로는 폭력적인 프로그램을 요구한다. 동일한 철학을 실천하는 현대의 공동체는 시온주의자들의 키부츠다. 그곳에서는 특정한 '초자연적인' 제재가 필요치 않다.

천직은 한 인간이 공동체의 삶이나 일 속에서 구성원으로서의 자신을 인식하는 방식이다. 앞서 언급한 오토 예스페르센의 저서에서는 어린아이가 성장하면서 이상적 본보기로 선택한 또래 집단의 언어를 어떻게 배우는지 살펴본 바 있다. 직업도 마찬가지다. 대체로 좋은 공동체에는 활동과 업적을 촉진할 수 있는 위치와 소명이 있다. 공동체는 한 인간을 위한 세상이다.

어릴 때부터 가족의 전통 속에서 혹은 그가 선택한 또래 집단 내에서, 타고난 재능과 관심을 통해서, 또한 재능을 발휘할 수 있도록 도움을 준 교사를 통해서 등등 여러 방식으로 깨달음으로써 천직을 가질지도 모른다. 영감을 받기도 하고 심지어 어떤 직업은 반드시 수행돼야 한다고 인식하면서, 그리고 이를 자신의 일로 책임감 있게 받아들임으로써 천직을 깨닫는다. 그가 속한 공동체가 그렇게 구성되어 있고, 다양한 직업이 그에게는 동등한 가치를 지니기 때문이다. 사실 그의 진정한 천직은 시민이 되는 것이며 응당 능력이 있기 때문에 일을 한다. 즉, 노블레스 오블리주*를 실천하는 것이다. 때때로 공동체가 필요한 기회를 제공하지 못하더라도 구성원이 기회를 얻기 위해 몸부림 친다면 이를 마련해줘야 한다. 공동체를 위해 스스로를 이상적이고 새롭게 임명하는 창의적인 경우에 그렇다. 천직은 공동체에 의해 주어지는 것이 아니라 공동체가 받아들이는 것이다. 좋은 공동

---

* noblesse oblige, 프랑스어로 '귀족성은 의무를 갖는다'는 뜻이며, 사회 지도층에게 사회에 대한 책임이나 국민의 의무를 모범적으로 실천하는 높은 도덕성을 요구하는 말이다.

체라면 모든 젊은이에게 딱 맞는 소명을 제공하기 위해 애쓰는 것이 이치겠지만 신의 섭리이기 때문에 그래야 하는 것은 아니다.

그러므로 천직은 사람들이 행동으로 옮기고, 또 존재 이유를 입증하기에 가치 있는 것, 유용한 것, 영예로운 것, 즉 기회를 찾아내는 확실한 수단이다. 그와 같은 천직은 일부 시스템 안에서는 전통적이지도 합리적이지도 않다. 무엇이 됐든 그것은 인간의 이해관계로 얽힌 특정 공동체 안에서 현재 진행 중인 일이다. 종교적으로 중요한 점은 누구나 원하는 만큼 열심히 일할 수 있다는 것이다. 그렇게 할 때 일을 결단성 있게 할 수 있고, 공동체가 그를 지원하기에 '자신을 버릴 수 있다'. 그리고 그는 양심에 기댄 엄중한 요구를 기적적으로 충족시킬 수 있다. 신의 은총을 받는다 함은 이러한 것이다. 이렇게 해석할 때 '프로테스탄트 윤리'는 옳다. 그리고 우리 사회가 현재 프로테스탄트 윤리에 등을 돌린다면 이는 프로테스탄트 윤리가 더 이상 구원의 은총이 아님을 인정하는 것이다.

루터가 이를 염두에 두고 '소명'에 관해 이야기했는지는 모르겠다. 아마도 그는 주로 확고한 소명의식을 갖고 공동체를 이루며 살았던 농부 혹은 조합 기능공이나 세상에 꼭 필요하다고 생각했던 기사 knights를 주로 언급한 것일 수도 있다. 천직에 종사하는 이들은 성실하며, 개인적으로 나는 그들이 자기 초월적이길 바라지만, 금욕적이거나 자기 부정적 혹은 자기 비하적이어야 하는 이유까지는 모르겠다. 베버가 책 집필을 시작한 무렵인 1905년에는 인간 중심적인 공동체라는 개념이 소외된 생산과 분배의 현대적 시스템 속으로 완전히 사라져버렸기 때문에 그는 단지 의무적인 수양의 차원에서 생각할 수밖에 없었을 것이다. 이 의무적인 수양은 전통적인 루터주의에서는 좀더 온건하고, 합리주의적인 칼뱅주의에서는 좀더 엄격하다. 그런데 아이러니하게도 우리 시대에는 일명 프로테스탄트 윤리인 합리주의, 금욕주의, 개인주의가 결합되어 쓸모없는 일과 사치품 소비가 만연하고 신분제가 양산되었다. 프로테스탄트 윤리를 거부하면서 말이다!

5

종교적 공동체의 소임을 포기하는 것은 막대한 손실이다. 하지만 이보다 끔찍한 일은 이 사회에서 자라나는 젊은이들이 지니고 있는 확신이 흔들리고 있다는 점이다. 엿새 동안의 창조 신화와 자의적인 사회 규칙이 지배하는 시스템이 아닌 진짜 세상이 존재한다는 확신을 흔들고 있다는 사실이다. 많은 것이 이러한 신념을 약화시키는 일에 일조한다. 예를 들어 도시 생활이 도시화Urbanism로 변할 때, 기계를 사용하는 일이 산업 시스템Industrial System에 매몰될 때도 마찬가지다.

비행기와 비행기 엔진은 멋지지만, 고대 인류가 별과 구름 사이를 날면서 육지와 바다를 내려다보고자 했던 꿈이 어떻게 창밖을 거의 내다보지 않는 승객들의 사회화되고 무신경한 행동으로 변질되었는지 생각해보라. 도시 생활은 훌륭한 인간의 생활 조건 가운데 하나이지만, 도시화가 진행되면서 아무도 출산하지 않고, 심각한 질병을 앓거나 죽지도 않는다. 계절은 고작 날씨의 변화에 불과하다. 왜냐하면 대형 슈퍼마켓에서는 계절에 상관없이 식품과 꽃들이 판매되기 때문이다. 우리는 산업 시스템의 성숙화가 어린아이들이 기계적 재능을 연마하는 것을 어떻게 방해하는지 지켜봤다. 과학의 발전이 절정을 이룰 때, 평범한 사람들은 인과성에 대한 감각을 잃게 될 것이다. 그리고 온갖 다양한 음색의 음악이 확성기 하나에서 흘러나온다. 그래서 성실한 음악가는 하는 수 없이 녹음테이프를 가지고 작곡한다.

그러나 이처럼 만물은 본성을 지니고 있다는 의식이 사회화되어 약화될 경우, 사회의 본질 자체가 타락한다. 신문에서는 이제 삶의 동기가 되는 시기나 앙심, 너그러움, 봉사, 곤혹, 혼란, 무모함, 수줍음, 동정심과 같은 단어를 찾아보기 어렵다. 정치인이나 자본가들의 행동은 다르기라도 한 것처럼, 보통 이런 단어들은 '사람들의 흥미를 유발하는' 하찮은 가십 기사에서나 등장할지도 모른다. 그런데 자본가들과 그 비슷한 부류의 행동은 시스템 안에서 합리적으로 조정하기 때문에 정말 다르게 나타난다. 의사결정을 할 때 삶의 '동기'를 고려할 여지는 전혀 없다. 문제는 이성적 순응의 주체이자 다른 직업에 종사하는 이 사회적 동물들에게 무슨 일이 일어날 것이냐 하는 점이다. 이 매력적인 질문은 대문호인 발자크, 졸라, 드라이저가 현실적인 주제로 다루기도 했다. 이후 카프카와 로베르트 무질이 '기괴하게' 다룬 바 있지만, 이후에는 그 전례가 없다.

범죄와 이혼에 관한 특종 기사에서나 마치 사람들이 영화 속 인물인 양 '열정'의 정형화된 이미지로 다뤄진다. 그러나 본성이 곧 예술을 모방하고, 사람들은 정형화된 이미지를 모방하며 더 강도 높은 특종

거리들을 양산한다.

근무 시간 중 사람들의 업무도 마찬가지다. 고용, 자격증, 노조 조합원증에 대한 기준과 범주가 있지만, 이러한 기준 및 범주는 구체적인 업무나 작업 수행에 필요한 능력과 별 관련이 없을지도 모른다. 하지만 그러한 기준이나 범주들은 객관화된 자료를 만들어야 하는 사람들에게는 편리함을 제공하며, 역할을 채우기 위해서 선택된 이들이 사실 그 일을 특별히 월등하게 잘할 수 있는 사람들은 아니라는 것을 어느 정도 뒷받침한다. 그리고 이렇게 선택된 이들이 자발적으로 하는 것은 아무것도 없다. 할 일은 업무의 특성에 따라 결정되지 않고 역할, 규칙, 지위, 및 연봉에 따라 결정된다. 그리고 이런 것들이 그가 어떤 사람인지를 규정한다. 일반적으로 제아무리 특정한 일이 하고 싶고, 돈에는 관심이 없다 할지라도 사람은 연봉과 직급이 더 낮은 일자리를 수락하기 어렵다. 자신에 대한 이미지를 잘못 심어줄 우려가 있고 그의 경력에 부정적 영향을 미칠 수 있기 때문이다. 또 다른 일례로, 유명 잡지인 『타임』지에 기고한 사람에게 호칭을 심리학자 아무개 혹은 작가 아무개 가운데 어떻게 불러주기를 원하는지 물었다. 그는 현재 그의 모습을 가장 잘 표현할 수 있도록 18세기의 의미를 담아 '문필가'로 불러주면 어떻겠느냐고 답변했다. 그러나 『타임』지는 그의 요청을 수락할 수 없었는데 왜냐하면 그 잡지사의 문체와 문필가는 어울리지 않았기 때문이다. 그래서 그는 문필가가 될 수 없었고, 그가 추구하고자 한 18세기의 느낌도 표현할 수 없었을지 모른다. 그렇지만 놀랍게도 『타임』지 스타일은 여전히 존재한다.

조직 구성원들이 학위와 각종 승인을 소지하고 있는 경우, 이 조직은 높은 기준을 갖추고 있는 것이다. 자격 요건을 보유한 연구소가 후원하거나 수행하는 연구 프로젝트는 중요하다. 조직이나 기업이 탈세 수단으로 활용할 수 있는 막대한 재단 지원금, 혹은 공적 자금을 획득할 수 있기 때문이다. 그러나 이런 자격 요건은 현실과 전혀 관련이 없는 경우가 많다. 스무 살 때 체육 교육을 전공했다고 해서 그가 풍부한 인생 경험을 바탕으로 레크리에이션 분야에 종사하기로 마음먹고, 서른다섯 살이 되어 청소년 혹은 성인 레크리에이션 분야에서 뛰어난 리더가 될 수 있을까? 프로이트는 오래전 자신의 저서 『비전문가 분석에 관한 문제점The Problem of Lay Analysis』에서 석사 학위를 취득하기 위해 세속과 접촉을 끊고 고역을 치르며 인생의 황금기를 투자한 한 젊은이가 훌륭한 정신분석가가 될 가능성은 지극히 낮다고 지적한 바 있다. 그래서 프로이트는 사람들과 자주 만난 이들, 작가나 법조인, 한 가정의 어머니들 중에서 정신분석가를 찾곤 했다. 그러나 빈과 뉴욕의 정신분석 연구소에서는 실리적인 면을 근거로 대며 프로이트의 말을 묵살했다.

대학이 창의적 연구를 후원해줄 적임자라는 생각은 대단히 잘못된 것이다. 그런 생각 때문에 학교의 제 기능인 교육은 질적으로 저하될 것이고, 연구 인력은 오직 학자들만으로 채워질 것이다. 이런 '프로젝트'에 대한 선심성 퍼주기는 부끄러운 일이다. 그러나 이러한 선심성 퍼주기의 폐해는 쓸모없는 것들이 득을 보는 게 아니라 진정 본성에 충실하고 창의적인 생각에 몰두하느라 현실 세계에 등을 돌린 사람들이 예술을 알게 될 가능성이 낮아지거나 아니면 지원받을 수 있는 인맥을 형성할 가능성이 매우 희박해지는 데서 나타난다. 그들은 어쩌면 '안전'할 수 없을 것이며 이상한 방향으로 흘러갈지도 모른다. 순탄하고 지속적인 경력을 쌓을 수도 없을뿐더러 몇 년을 내리놓아야 하거나 아니면 1, 2년을 페인트공으로 일하든가 택시 운전사, 피아노 조율사 일을 할 수도 있다. 이쯤에서 이야기를 듣고 화가 치밀었던 일화 하나를 소개하고자 한다. 먹고살아야 했던 한 젊은 친구가 꽤 성공한 어드밴스 가드Advance-Guard라는 뉴욕 출판사의 창고 직원 모집에 지원했다. 그는 합격해서 출근하라는 연락을 받았다. 그런데 그의 이름을 확인한 출판사 사장은 이렇게 말했다. "그 친구 작년에 우리가 출판을 거절했던 책을 쓴 시인 아냐? 시인을 창고 직원으로 채용하는 건 있을 수 없는 일이지. 그 친구에게 전화해서 나올 필요 없다고 해."

물론 여기에는 현실적이면서 어려운 질문이 잇따른다. '어떻게 하면 창의적인 사람들을 발굴해내서 그들에게 수단과 지원을 제공할 수 있느냐'는 것이다. 이것이 정말 힘든 일이지, 각종 인증서와 자기소개서가 포함된 지원서를 처리하는 게 힘든 일은 아니다. 최고의 지도자를 찾고 독창적인 연구에 성공적인 투자를 하기 위해서는, 누군가 도식화할 수 없는 구체적인 판단을 내릴 위험을 감수하고 심지어 다리품을 파는 수고도 해야 한다. 그러나 조직화된 시스템의 본질은 배후에서 수수방관하면서 어떤 위험도 감수하지 않고 도표를 작성하도록 내버려두고, 배타적인 인사 관리를 시행하며, 그런 다음 시스템 밖에는 아무것도 존재하지 않는다는 거짓말을 함으로써 시스템의 지위를 강화하는 것이다.

현장에서 이루어지는 실제 업무에 우리는 전혀 개입할 수 없기 때문에, 미국에서는 학장이 교수 한 명보다 더 우세하고, 신탁 이사회나 운영 이사들이 교수단 전체보다 더 우월하다. 책에 어떤 내용을 실어야 하는지는 작가보다 편집자가 더 잘 알고 있고, 이 둘보다는 출판사가 권한을 행세한다. 연구자가 아닌 최고 경영자나 전략가가 기본 연구의 방향을 계획한다. 다른 부문에서도 비슷하다.

이런 경우를 생각해보자. 대학이 신탁 이사회의 통제를 받는다면 교육의 최종 단계에 이른 젊은이들은 책임지는 위치에 있는 사람들과의 접촉이 거의 없는 상태로 방치된다. 초대형 출판사의 중역 한 명은 내게 어떤 책을 어떻게 출판할지 선택하는 기준은 출판사의 경영 권한이라고 조심스럽게 말했다. 다시 말해 책의 출판 기준은 대형 인쇄기를 가동시킬 만한 충분한 가치가 있느냐의 여부에 달려 있다는 것이다. 반면, 출판사는 인쇄기가 돌아가게 하기 위해서 뭐가 됐든 책을 찍어내야만 한다. 작가로서 나는 이 예시가 주목할 만하다고 생각하는데, 이리저리 뒤집다보면 다채로운 빛을 찾을 수 있었다.

초등학교 어린이들이 치르는 시험은 "예/아니요"로 답하거나 선다형 문제로 출제되는데, 이는 이러한 유형의 문제가 도식화하기 편하기 때문이다. 그래놓고 나중에는 아이들이 자신의 생각을 분명하게 표현할 줄 모른다고 불평한다. 하버드 대학의 스키너 박사는 우리에게 도구 하나를 만들어서 선물했다. 이 도구를 거치면 학생과 교사는 창의적인 관계가 사라지며 주제를 전개하는 능력도 없어진다. 또한 어린 학생이 덧셈, 읽기, 쓰기, 그리고 '다른 사실적 과제'를 배울 수 있도록 '학생의 속도에 맞춰' 문제도 출제한다. 그 결과 교사는 '교육의 개선, 학습의 사회적 측면과 철학, 그리고 진보적인 사고'를 가르치는 데 전념할 수 있다. 하지만 이와 같은 교육 방침으로는 어린 아이의 얼굴에 떠오른 당혹스러움을 주목하거나 그 어린이가 정말로 이해하지 못하는 문제, 현재 눈앞에 있는 문제는 파악할 수 없다. 어린아이의 눈에서 번득이는 빛을 알아차리고 다양한 지식에 대해 명확한 사실을 알려주어야 하는 것은 누구의 몫일까? 연속성의 본질이나 문법이 정말 무엇인지에 관해서는 누가 가르쳐줘야 할까? 통찰력이 있는 순간은 수년에 걸친 일상적인 교육 기간을 통해 나온다. 나는 어떻게 스키너 박사가 제안한 도구가 효율 면에서 플라톤의『메논』에 나오는 소크라테스의 교육 방식과 비견되는지 궁금하다. 스키너 박사는 사회적 연구를 위한 뉴스쿨New School for Social Research 방식으로 계획된 강의를 통해서 수집된 '사실들'을 정리할 것을 제안한다. 이는 철학과 과학은 구체적인 사항을 면밀히 조사해야 한다는 사실을 한심할 정도로 이해하지 못하고 있는 것임이 분명하다.

창조된 세계관을 잃어버려서 생기는 최악의 결과는 한 젊은이가 더 이상 자신과 친구들을 창조물이라고 생각하지 않게 되는 것이다. 이는 세 가지 치명적인 결과를 초래한다. 첫째, 이 젊은이는 사회적 역할이란 전적으로 학습을 통해 얻어지며 인위적인 것으로 생각한다. 그래서 어딘가에 소속되거나 자기 자신이 되어 본성과 일상적인 인간관계에서 오는 자극을 따라 역할 수행에 착수하기 어렵다. 둘째, 생명체로서 자연스럽게 지니게 되는 자신의 감정들이 그에게는 은밀하고 기이한 것처럼 보인다. 이러한 감정은 힘의 원천이 되는 대신 죄책감을 불러일으키거나 자신이 쓸모없고 버려졌다는 생각을 하게 하는 원인으로 작용한다. 마지막으로 무엇보다 중요한 것은, 그가 경외심과 겸손을 갖춘 창조물이 아니기 때문에 창조자의 참뜻을 열린 마음으로 받아들일 수 없고, 때로 자기 자신이 창조자가 되어버리는 점이다. 이례적으로 그가 무엇인가를 만들어낸다면, 그는 그것이 마치 자신만의 소유물인 양 우쭐거리면서 다른 사람들을 무시할 섯이나. 다른 한편 그는 마치 애초부터 자신에게 창조적 능력이 있었던 것처럼 그것을 잃게 될까 봐 노심초사하게 된다.

6

지금 우리 사회는 숭고한 명예욕을 조성하지도 못한다.

현대 교육의 두드러진 특징 가운데 하나는 수치심, 즉 얼굴이 화끈거려 쥐구멍에라도 들어가고 싶게 하는 강렬한 감정을 교육에 이용하는 데 만장일치로 반대한다는 것이다. 반대하는 사람들은 수치심이 개인의 존엄성에 흠집을 내고 어린아이에게 복수심을 심어주며 소외감을 느끼게 만들거나 혹은 아이의 기상을 꺾어버릴 우려가 있다고 주장한다. "이 날라리 새끼들"이라고 거침없이 독설을 내뱉는 경찰과는 대조적으로 비행 청소년들을 상담하는 청소년 지도사들은 그들의 자존심을 지켜주는 일에 집착한다. 그러나 소크라테스의 대화법 같은 고대 교육법에서는 일부러 수치심을 유발하곤 했다. 교사는 학생이 수치심으로 얼굴이 붉어지는 것을 그가 교육이 가능하고, 숭고한 목표를 품고 있다는 주요한 신호로 받아들였다. 그런 청소년은 수치심을 통해서 자존감을 되찾게 된다.

고대와의 차이점을 찾자면, 이 사회에서는 명예를 지킬 기회를 제공할 수 없다는 것이다. 우리에게는 그런 기회가 없다. 그러므로 우리는 청소년들이 지키고 있는 일말의 품위를 반드시 지켜줘야 한다. 아이들의 과거와 현재를 부끄러운 것으로 만든다면, 청소년은 미래가 없기에 쓸모없는 인간으로 전락한다. 다른 시대의 사회 공동체에는 명예를 지킬 수많은 기회가 있었고, 공동체의 일원이 된다는 것 자체가 명예였다.

현재 수치심은 자기 방어 기제인 자만심을 직접 공격할 수 있는 유일한 방법이다. 한데 묶어서 말하자면, 자만심은 조직인, 힙스터, 비행 청소년들의 공통점이다. 자만심은 보통 그렇게 민감하진 않지만, 순식간에 상처를 입을 수 있다. 그리고 사람들은 대개 자신이 우월하다고 여기는 동료 집단에 순응함으로써 이를 보호한다. 자기 과시적인 집단은 저마다 자만심을 확인하고 강화하는 방법이 다르다. 비행 청소년들은 특권을 누리는 무례한 외부 집단에 대해 짓궂은 파괴 행위를 함으로써, 힙스터는 퍼포먼스를 통해 조롱하는 방식으로, 그리고 조직인은 직위와 연봉으로 자만심을 확인하고 강화한다. 내부의 우상idol인 자만심을 지키기 위해 그들은 솔직한 감정을 드러내거나 자신을 표현하는 것을 포기한다. 솔직한 감정을 내보이거나 자신을 표현한다면 현실 세계에서 멋지거나 능력 있다고 평가받고 그를 사랑받는 사람으로 만들어줄 수 있지만 자칫 잘못 받아들여지거나 상황이 적절하지 않을 경우에는 수치심을 느끼게 할 수도 있기 때문이다.

수치심을 느낀다는 것은 한 젊은이가 그동안 고수해온 잘못이나 자부심이 강한 이미지를 포기하고, 존엄성은 잃지 않은 채 계속 전진해서 진짜 목표를 성취한다는 것을 의미한다. 이것이 바로 명예다. 공동체만이 명예를 수여한다. 명예는 공동체를 강화하고, 유용한 천직을 지키며, 새로운 문화를 이끌어내는 사람들에게 주어진다.

뉴욕에서 누군가가 30년간 교도소에 한 번도 간 적이 없다고 하더라도, 감사와 칭찬이 몸에 밴 뉴욕 시민들의 눈에 이것은 그리 대단한 일이 아니다. 철저한 준법생활이 힘든 일이기는 하지만 공공재처럼 당연한 것으로 여겨지며 그다지 존경받을 만한 일은 아니다.

피렌체는 청년들에게 경의를 표할 줄 알았던 도시다. 피렌체에서는 청년을 방치하거나 추방함으로써 자아를 되찾고 국가에 봉사하는 것을 어렵게 만들었다. 그럼에도 청년들이 이상적인 목표를 달성했을 때, 피렌체는 그들을 드높이 칭송했다.

오늘날 청소년들은 영원한 명예나 자아 실현을 갈망하지 않는다. 조직화된 시스템의 규범 안에서 명예는 그리 탐탁한 것이 되지 못한다. 대신 청소년들은 모욕을 당하지 않기 위해 '개인적인 명예'를 지키는 데 혼신의 힘을 다한다. 역으로 그들은 스스로도 미심쩍지만 자신이 '대단한 사람'임을 증명해줄 일시적인 불명예를 꿈꾼다. 그들이 지키려는 개인적인 명예에는 진실성, 정직, 대중적 효용성, 완결성, 독립성 등과 같은 덕목은 포함되어 있지 않다. 이러한 덕목을 갖추었다는 평판은 존경을 수반하지도 않고 그다지 알릴 만한 가치도 없다. 평판은 허위로 여겨지지만, 평판이 사실이라 해도 그 사람은 타인과 어울리기 힘들다. 앵그리 영맨은 이들을 대표하는 대표적인 작가인 존 오즈번의 작품 주인공처럼 비열한 인간이 되는 방식으로 저항했다. 하지만 바다를 건너와 미국에서 그렇게 한다면 별로 돋보이지 않을 것이다. 당연히 나쁜 평판은 대인관계에서 사람들을 신중하게 만들지만 언론이나 TV, 심지어 공직자에게 그다지 커다란 피해를 주지는 않는다. 평판의 내용보다 홍보 방식이 더 중요하기 때문이다. 반면 IBM 직원 카드에 올라가는 공식적인 나쁜 기록은 그것이 무엇이든, 그 혐의가 무엇이었든, 심지어 무혐의로 밝혀졌다고 하더라도 젊은 남성에게는 상당히 부정적인 영향을 미칠 가능성이 있다. 해당 조직을 떠나야 할 수도 있기 때문이다. 어느 누구도 무슨 이유로든 남자를 멸시하지 않을 것이고, 때론 자신을 취업 부적격자로 만드는 그 무언가 때문에 바라던 대로 악명을 떨치게 될지도 모른다. 청소년 소설에 등장하는 진부한 행정관이 "난 인사팀에서 뭐라고 보고하든, 네 정직한 얼굴을 믿고 너에게 기회를 한번 주려 해"라고 말한다고 상상해보자. 오히려 착하기만 한 사람은 홍보를 위해서 물러나달라는 요청을 받게 될 것이다. 이와 유사하게 교외 외곽에 거주하는 '착한 가족'은 이혼이나 청소년 범죄, 심지어 한 부모의 죽음(!)과 같은 문젯거리를 안고 있는 '나쁜 가족'을 점점 더 피하게 된다. 왜냐하면 그것이 그 가족을 평범하지 않은 가족으로 만들기 때문이다.

몇 년 전 『라이프』지의 한 사설에서 현재 미국 소설에는 알코올 중독자, 교도소를 제집처럼 들락거리는 전과자, 약물 중독자, 광인, 성도착자들이 단골로 등장하고, 이런 문제가 있는 가족 구성원이 포함되어 있지 않은 평범한 가정들에 대해선 묘사하지 않는다고 비난했다. 이에 제임스 패럴*은 이 비정상적인 사람들을 모두 합친 수가 평범한 가정의 수보다 훨씬 많다는 사실을 지적한다. 그리고 아마도

『라이프』의 편집자가 아주 비정상적이게도 현실의 가정에서 자라지 않은 모양이라고 덤덤하게 말했다.

평판에 대한 체계화된 시스템이 있는데, 이 시스템은 통계적으로 위험을 최소화하고 불안을 제거하도록 설계되어 있고, 성공할 가능성이 높다. 하지만 기업 전체를 덜 효율적으로 만드는데, 왜냐하면 이 시스템은 확실히 가장 유능한 인재를 배제하기 때문이다. 어쨌거나 중요한 것은 '개인의 명예'와 공동체 혹은 직업상의 업무 사이에 그 어떤 관련도 없게 됐다는 것이다.

간디, 슈바이처, 아인슈타인, 피카소, 부버와 같이 의심할 여지 없이 위대하고 쓸 만한 이들에게 우리 사회가 어떻게 경의를 표하는지 살펴보면, 사회가 이 위인들의 바이러스로부터 사람들이 면역력을 갖게 하려 한다는 것을 알 수 있다. 이는 사회학자에게 주목할 만하면서도 우울한 주제일 것이다. 이 위인들은 인상적인 이미지와 성품을 지닌 인물로 변화되고, 위대한 인물의 '역할'을 수행하도록 맡겨진다. 우리는 특히 위인의 출생과 관련된 이야기에 집중하며 그들을 VIP 집단으로, 오로지 기념 행사를 위한 존재로 만든다. 때론 더 이상 할 일이 없을 듯한 기업에 자금과 추진력을 제공하기 위해 위인들이 이용되기도 한다.

그렇게 함으로써 우리는 그들을 판단할 때 쓸 수 있는 실용적인 방법론 두 가지를 잃는다. 우선, 그들의 단순하고 두려움 없는 영혼이 인간 존재로서 합당하기에 본받으려 하지만 이내 실패하게 된다. 또

---

* 미국의 소설가. 도덕성이 와해된 도시에서 자라면서 정신적으로 불구가 된 한 젊은이의 자기 파멸 과정을 그린 『스터즈 로니건Studs Lonigan』 3부작으로 유명하다.

한 우리에게 궁극의 순수성, 관대함, 깊이 혹은 상상력이 필요할 때 그들의 행동이 더 나을 것이란 전제를 깔고 도움을 요청할 수도 없다. 우리는 그들의 이미지를 광고하지만, 그들이 정말 위대한 사람이었고, 현실 세계의 위험 요소였다는 걸 믿지 않기 때문이다. 사실 그들은 가장 별나고 어처구니없는 행동을 할 것 같은 사람들이다. 피카소는 공산주의자이고, 아인슈타인은 원자폭탄을 만들었으며, 간디는 반전주의자에 채식주의자이고 매우 기이한 차림을 하고 다녔다. 버나드 쇼는 거만했고 특히 성적 욕망이 없는 사람이었다. 프랭크 로이드 라이트는 매우 오만했고 성적으로 부도덕했으며 버트런드 러셀은 교도소에도 다녀온 반전주의자였고 사실상 자유연애를 옹호했다. 여기서 기업 '인사팀'의 검증을 통과할 수 있는 위인은 거의 없다.

군나르 뮈르달*에게서 인종 문제에 관한 사회학적 조언을 얻어낼 정도의 의식은 있지만 인종 갈등 문제에 개입할 현자를 찾으려 하지는 않는다. 인종 문제는 현자들이 '능력을 발휘할 수 있는 분야가 아니라고 생각하기 때문이다. 영국이 버나드 쇼를 활용했던 것처럼 문인들에게 미국의 형벌 제도에 대한 비판을 공개적으로 요청하지도 않을 것이다. 우리는 고등학교 교육 개선을 위해서 버젓한 자격증을 소지한 행정가를 선택하지, 실제로 무언가를 배웠고 이를 어떻게 활용할지 알 것 같은 사람, 즉 뛰어난 학자 혹은 자연철학자를 설득하려고 하지는 않는다. 훌륭한 행정 보고서는 당연히 눈에 보이지만 생각을 보여줄 수는 없기 때문이다. 몇몇 열정적인 사람이 존 듀이에게 러

---

* 흑인 문제를 객관적으로 분석한 저서를 발표한 스웨덴의 경제학자이자 사회학자.

시아 혁명가인 트로츠키의 죽음에 대해 공정하게 조사해줄 것을 요청했다. 이는 신중하고 청렴한 사람을 적절하게 활용한 좋은 사례다. 하지만 우리는 이 사례를 그다지 본받으려고 하지 않는다. 도시 미화와 같은 확실한 전문 분야의 적임자를 찾아야 할 때조차, 우리는 늘 그랬듯이 세계적인 예술가들에게 도움을 요청하지 않는다. 프랭크 로이드 라이트에 대해 아낌없는 찬사를 보내면서도 공동체와 관련해서 그를 활용한 적은 없다. 오히려 로이드 라이트가 공동체 프로젝트 문제에 참여할 수 있길 간절히 원했고 미국 정부를 설득해왔다.

위대한 인물들에게 어렵지 않게 일을 시킬 수 있다는 것이 내 견해다. 때로 그렇게 함으로써 그들의 자유와 혜택에 반하더라도 말이다. 그들은 자신들에게 부과된 임무, 노블레스 오블리주를 받아들일 준비가 되어 있기 때문이다. 그리고 우리는 그로 인한 결과 역시 받아들여야 한다.

위대한 인물들을 마치 유용한 공공재처럼 생각하는 게 관습에 비추어 낯선 일이라는 걸 알고 있다. 좁게 보면 이는 비민주적으로 비치기도 하는데, 몇몇 사람이 어떤 면에서 더 많이 안다고 생각하는 것 자체가 대부분의 사람의 눈에는 자의적인 것일 수 있기 때문이다. 하지만 시각을 확대하면, 남자로서 공동체에 봉사할 수 있게 하여 위대한 사람으로 승화한다는 면에서 분명 민주적이다. 위대한 이들을 외면하거나 활용하는 것 중 어느 하나를 선택하는 것이 무의미한 역할에 번드르르한 이미지만 조장하는 것보다는 낫다.

그렇다면 다시 미국의 보통 사람들에 관한 이야기로 되돌아가자.

7

이렇게 방해받기 일쑤이고, 하찮게 취급되며, 원대한 목표와 유용한 기회를 빼앗기고, 봉사를 조장하지 않는 환경에서 신념이 생기거나 존재의 정당성을 인정받으며 천직을 얻거나 명예를 획득하기는 힘들다. 그렇다면 무엇이 빈자리를 채우는가? 인간이 하는 모든 경험은 세계 안의 존재가 되도록 한다.

우선, 필요가 정당성을 부여한다. 반드시 해야 하는 일이 있다면, 할 일을 요구하는 문제는 해결된다. 그 행동이 명예로운 일일 수도 있고 아닐 수도 있다. 먹고살기 위해 최선을 다하는 것은 꼭 필요한 고귀한 행동이다. 한 젊은이가 잠시 넋이 나가 사랑에 빠졌다면, 하루종일 그는 온통 명청하게 그리고 영광스럽게 강압적으로 할 일을 통제한다. 창밖을 내려다보기만 하면 할 일이 있는 것이다. 착취에 반대하는 계급 투쟁이 활발히 진행될 때, 그 투쟁에 참여하는 것은 꼭 필요한 일이고 명예로운 일이었다. 실제로 현재 우리의 조직화된 시스템과 풍요로운 경제의 주요 문제점은 원대한 목표를 제공하지 않고 중요하며 실질적인 필요성을 빼앗아버려서 사람들이 할 일이 없게 만드는 것이다.

이 공허감은 곧 채워진다. 할부로 물건을 구매해서 빚을 지는 것과 같은 행동은 인위적이지만 실질적인 필요성, 즉 해야 할 일, 할부금을 갚아야 하는 의무를 제공한다. 이것이 쥐 경주다. 하지만 사람들에게 쥐 경주의 정당화된 필요성이 없어진다면, 이를 계속할지는 의문이다. 공산품 자체는 그다지 매력적이지 않기 때문이다. 젊은이들은 어쩌다 마약에 빠지면 하루 종일 해야 할 일이 있다는 사실을 깨닫고, 중계업자, 필요한 만큼의 마약, 그리고 이것들을 얻을 수 있는 방법을 찾는다. 충동적 섹스 헌팅도 해야 힐 일에 속한다. 오래전『군사론』을 쓴 카를 폰 클라우제비츠의 지적을 인용하자면 서로 경쟁관계에 놓이면, 상대 집단은 불확실한 상태에 놓이게 하고 자신은 긴장의 끈을 놓지 않아야 한다. 그래야 승산을 높일 수 있다. 당신이 경계를 유지할 계획을 세웠다 하더라도 상대방이 불리할 것이라 확신할 수 없기 때문이다. 스물여섯 대의 차를 훔친 아이와 스물세 대를 훔친 아이가 서로 상대에게 지지 않으려고 차량 절도를 저질렀다는 사건 등에서 행위 자체에 아무런 쾌감이 없는데도 청소년들이 자꾸만 쓸데없이 위험을 감수하는 이유가 경쟁 때문이라는 걸 알고 나면 조금은 이해가 간다.

린드너와 같은 심리학자들은, '사이코패스'는 목적이 없고, 산만하며, 두서없는 행동을 한다고 주장한다. 하지만 이 심리학자들이 경험과 성장의 바람직한 게슈탈트를 형성하기 위해서는 진정한 목표와 관심이 필요하다는 점을 충분히 고려했는지 의문이 든다. 계획한 행동을 여러 날에 걸쳐 하려면 적어도 어떤 점에서든 상당히 가치 있는 목표가 있어야 한다. 우리 사회에는 평범한 재능이나 성과로 추구할 수 있는 고도의 가치 있는 목표가 많지 않다. 몇몇 사람이 분주하고 끈기 있게 목표를 추구하긴 하지만, 좀더 본성에 따르고 더 상식적인 다른 사람들의 눈에는 그 목표가 수고를 감수할 만한 가치가 없는 듯 보일 수 있다. 정말로 '아무것도 하지 않는 것'이 목표일 수도 있는

데, 이처럼 목적 없이 시간 때우기용으로 자극을 추구하는 것은 만성적 지루함 때문인지도 모른다. 린드너에 따르면 이런 사람들이 사이코패스라는 진단을 받게 될 것이다. 일단 그들은 필요한 양만큼의 헤로인 찾아내기 위해서 혹은 자동차 폭주를 즐기기 위해서 전과가 있음에도 차량을 훔치곤 한다. 이처럼 필요하고 중요한 일을 찾아내기만 하면, 그들은 합목적성과 불굴의 의지를 보여주는 전형적인 표본이 된다.

이것이 천직이고 존재 이유를 정당화하는 과정이다. 명예란 자신의 남성성과 정상의 상태를 지키는 것이지 자신이 남보다 우월하다는 평판으로 입증되는 것이 아니다.

더 흥미롭고 그럴듯한 것은 비트 세대의 종교적 노력이다. 비트 세대는 어느 정도 나이가 있고, 쥐 경주를 포기했으며, 또 다른 쥐 경주에 휘말릴 의사가 없는 이들이다. 그들은 끈질기게 제기되곤 하는 존재의 정당성과 천직에 관한 물음에서 해답을 찾을 수 있을까? 비트 세대의 원칙은 고전적인 신비주의의 일환인 전통적인 것이다. 즉 '경험(쾌감)'을 이용해서 불평 가득하고 괴롭힘 당하는 자신을 완전히 초월하며, 자신을 감싸고 있는 껍질을 벗어던지고 어떠한 질문도 하지 않는 상태에 도달한다. 그 상태의 비트 세대에게 누구도 사회 안으로 들어오라고 확실하게 말하지 않는다. 사회에서 물러난 그들은 자발적 빈곤, 경건한 독서, 대마초 흡입과 더불어 순수한 경험을 함께 하면서 평화로운 형제애를 맺는다.

9

1장부터 7장까지는 미국의 평범한 소년들의 성장 환경인 '조직화된' 경제, 사회 계획, 도덕적 분위기에 대해서 기술하는 데 초점을 맞췄다. 물론 여기 기술된 것이 미국의 환경 전체를 구성하는 것은 아니며 중요한 부분을 차지한다고도 할 수 없다. 그랬다면 우리 모두는 이미 오래전 기아, 체온 저하, 권태감으로 죽어 없어졌어야 마땅하다. 대다수의 사람은 비교적 신속하게 자신의 일을 처리하고, 진짜 상품들을 생산하며, 진정한 만족과 좌절을 경험한다. 그리고 '조직'은 모든 것에 관여하고, 수준 높은 일 처리 방식을 수립했으며 '거대' 기업, 정치권, 대중문화를 지배한다. 조직의 영향력은 날이 갈수록 강력해져서 원대한 목표나 자연적 공동체 혹은 도덕적 공동체에 대한 의식이 없는, 의존적이며 순응적인 젊은이들로 미래를 채우고 있다.

그러한 환경 속에서 불행히도 자연 도태가 이루어진다. 보상 체계는 물론 공적인 활동의 기회와 수단 모두 조직화된 시스템에 귀속돼 있기 때문에, 영리한 소년은 시스템 안에서 남보다 앞서가기 위해 노력할 것이다. 그는 학교에서 열심히 공부하면서 말썽을 부리지 않을 것이며, 자신에게 맞는 직장에 지원할 것이다. 이런 점에서 판단하건대, 실제로도 그렇듯 조직화된 시스템은 영민한 젊은이들의 비율이 늘어나면서 촉발될 것이다. 반면에 예민하고, 강한 활력 혹은 위대한 정신을 소유한 똑똑한 소년은 순전히 자기 보호 차원에서 이 쥐 경주에 참여하지 않을 것이다. 두 가지 가능성이 있다. 하나는 (1)조직화된 시스템의 장점 때문에 이 젊은이들은 자신의 능력을 억제하고 냉소적인 딜러, 망상에 빠진 전문가 혹은 소심한 일벌레로 변한다. 이들은 이 시스템 내에서 중간급 지위를 차지한다. (2)천부적 덕목과 아마도 '잘못된' 교육의 영향이 지나치게 큰 나머지 그들은 어떤 곳에도 속하지 않는다. 어디에도 속하지 않은 이들은 이내 곤경에 빠지는데, 금전적 문제가 아니라 행동할 수 있는 방법이 없기 때문이다. 그래서 그들은 성격이 쉽게 포악해지고 별난 행동을 하는 것이다. 그러면서 자신들이 부정했던 시스템을 바꾸는 데 별로 효력을 미치지 못하는 인간으로 변할 것이다.

실상 '잘못된' 교육은 무고할지도 모른다. 자식에게 좋은 책을 많이 읽도록 하는 아버지가 있다고 가정해보자. 이 아이는 얼마 안 가서 텔레비전이나 영화를 보지 않게 될 수도 있다. 심지어 권위 있는 매체에서 선정한 필독서를 읽는 일도 그만둘 것이다. 왜냐하면 그것은 터무니없고 지루하기 때문이다. 청년이 되었을 때, 그는 모든 광고, 영화, 그리고 대부분의 출판업 분야에서 철저히 배제될 것이다. 왜냐하면 그에게 감동을 주는 것 혹은 그가 창조하는 것들이 실제 현실과 상당히 무관하기 때문이다. 이는 대단히 좋다. 다만, 이 아이의 아버지는 그를 얼간이로 키워왔을 뿐이다.

쥐 경주에서 소모당하는 총명한 젊은이 집단과 무소속을 선택하여 가용할 수 있는 인력풀에서 점점 더 소외되거나 방치되는 젊은이 집단, 이 두 부류의 젊은이들은 우리 미국 입장에서는 어마어마하게 낭비되는 자원이다. 하시만 '골칫거리'는 아니다. 젊은이들은 단지 불행하고 성취감을 느끼지 못할 뿐이다.

'골칫거리'라고 할 만한 흥미로운 집단은 바로 조직화된 시스템 내에서 자신의 몫을 수행할 수 없거나 근본적으로 시스템을 도외시하지도 못하는 젊은이들이다. 다음 장에서는 이런 부류의 젊은이들을 정의하고, 이어서 특별한 관심을 요하는 두 집단을 선정할 것이다. 이들 중 한 집단은 시스템 내에서 각자의 몫을 수행할 수 있는 능력을 갖췄지만 기회가 주어지지 않아 일찌감치 체념하는 젊은이로 구성되어 있고, 나머지 한 집단에 속한 젊은이들은 특권을 부여받지 못하고 기회를 잡을 수 없어서 조기에 운명론자로 전락한 이들이다.

폐쇄된 세계에 대한 환상이 젊은이들에게 굉장히 중요한 듯 보이므로 이를 고려하여 그들의 다양한 반응을 정리해보자.

지금까지 나는 사고에 대한 지배적인 시스템과 조직화된 사회는 그에 따라 행동한다는 주장을 했고, 사례를 보여주었다. 예를 들어 뉴욕 주지사가 통제하기 어려운 청소년 문제에 대한 해결책을 모색할 때, 대학이 기초과학 연구에 착수할 때, 언론이 근본적인 자유를 보호할 때, 빈민가를 재정비할 때, 혹은 한 사내가 공장에서 일을 하거나 사회과학자들이 인간 본성에 대해 생각할 때, 이 시스템에 맞춰서 행동한다. 레버 하우스Lever House, 포드 공장, 미 공군사관학교는 모두 똑같은 '기능주의적' 방식으로 건설된다. 거기에는 단 한 가지 기능밖에는 없기 때문이다. 바로 '홍보'다. (만약 우리가 정말로 홍보의 세상에 살고 있고, 미국이 바로 그런 세상이라면, 거기에는 먹을 만한 빵은 없고, 브랜드 이름이 새겨진 화려한 셀로판종이 포장지들만 있을 것이며 마실 수 있는 물은 없고 아무개 주지사, 아무개 시장, 아무개 수석 엔지니어가 후원하는 공공 사업만이 존재할 것이다.)

우리의 조직화된 사회의 모델을 생각해보자. 그것은 외관상 폐쇄된 방이다. 그 방 안에서는 모든 이의 관심이 쏠린 가운데 거대한 쥐 경주가 벌어지고 있다. 그런 곳에서 어떤 인간관계가 가능할지 생각해보자. 이를 통해 우리는 불안에 시달리는 젊은이들이 실제로 무엇을 하고 있는지 구체적으로 알아볼 수 있다. 어떤 젊은이들은 그 쥐 경주에 참여하기도 하고, 또 다른 젊은이들은 참여 자격을 충족시키지 못해 경주에서 실격당해서 하릴없이 배회한다. 또 일부는 쥐 경주 도중에 좌절하거나 일부는 그 시스템을 공격하기도 한다.

1

먼저 쥐 경주에 참가한 젊은이들의 이야기부터 시작해보자. 그중 가장 흥미로운 대상은 중간 계급에 속하는 다양한 종류의 조직인들이다. 이 조직인들은 쥐 경주에 참가했다는 사실을 인식하고 있는데, 이는 그들의 저술을 통해 증명된다. 하지만 그들은 쥐 경주를 중단할 용기가 없다. 쥐 경주가 벌어지는 공간이 폐쇄된 방이기 때문에 갈 곳이 아무 데도 없다고 생각하기 때문이다. 그리고 이 폐쇄된 방에서 쥐 경주를 중단할 경우, 낙오자들 대열에 끼게 되고 자신이 쓸모없는 인간이 될까 봐 두려워한다. 뿐만 아니라 낙오자들을 두려워하고 그들과 섞이는 것을 두려워한다. 그래서 조직인들은 계속해서 달린다. 이 중대한 요인은 흔히 간과되는데, 지금부터 좀더 자세히 살펴보기로 하겠다.

계급 구조를 연구하는 사회학자들은 중산층의 가치를 달성하고 유지하는 것이 어렵다고 여기는 듯하다. 뿐만 아니라 중산층 사람들이 그 가치를 바람직한 것으로 여기고 높이 평가한다고 생각한다. 하지만 이는 폐쇄된 시스템 내의 계급 구조에서 더 이상 사실이 아니다.

⑴많은 중견 간부는 낙오된 빈곤층을 낭만적인 감정으로 대하는 것이 아니라 진심으로 찬미하고 부러워한다. 이들은 낙오자들이 경쟁하지 않아도 되고, 고성을 지르거나 다툼을 벌이면서 공허한 보상을 얻기 위해 아등바등하지 않아도 되는 삶을 부러워한다. 하지만 정작 이런 상황이 자신에게 실제로 닥치는 것은 두려워한다. 그렇게 된다면 자신들이 속해 있는 빡빡하게 짜인 구조에 큰 지장을 주기 때문이다. 더욱이 상위 계급과 중간 계급은 이제 그 어떤 흥미로운 문화도 생산해내지 못하므로 조직의 문화는 가짜에 가깝다. 소외 계층은 적어도 흑인 재즈라도 만들어냈다. 그렇기에 뛰어난 전위 예술가들이 상위 혹은 중간 계급 사회로 들어가는 경우가 점점 더 줄어든다. 만약 그곳에 속한다면, 이는 그들이 타락했다는 증거다.

사회학자들이 고질적으로 저지르는 실수는 중산층과 노동자 계층의 가치를 대등한 경쟁 시스템으로 간주하는 것이다. 오히려 이들의 가치는 수직 관계에 있으며 상대 계층이 유발할 수 있는 위협에 대해 서로 방어하는 입장에 놓여 있다. 주요 가치는 인간적인 가치다. 중산층의 '가치'는 신분이 낮은 사람들 사이에서 통용되는 가치를 억제하려는 반동 형성*에서 나온다. 삶의 압박 혹은 환멸 아래서, 게으름뱅이로 전락하는 것 같은 양가적인 가치로 인해 이러한 억제는 쉽게 무너진다. 그리고 평범한 본성이나 공동체, 즉흥적 행동, 비순응성 등에 그저 너그러워질 수도 있다. 반면 노동자 계층의 '가치'는 현재 중산층만 향유하는 기업이나 문화에서 계급을 따지지 않는 인간적 가치에 분노하거나 체념하거나 또는 무지할 뿐이다. 많은 빈곤층 청소년은 그들의 미천한 계급의식에서 벗어나서 무언가를 성취한다. 간단히 말해 중산층 사람을 강박적으로 만들려면 노력이 필요하고, 빈곤층 청소년을 바보로 만들려고 해도 노력이 필요하다.

폐쇄적인 계급 구조 내에서 중산층의 가치가 점점 경시되는 것은 불가피한 일이다. 왜냐하면 그런 중산층 가치는 상향식 '개선'을 통해서만 보상받을 수 있기 때문이다. 좀더 철학적으로 이야기하자면 모든 가치는 뜻밖의 결과, 참신함, 성장을 허용하는 개방된 시스템을 필요로 한다. 폐쇄적인 시스템은 스스로를 가치 있게 만들 수 없고, 일상이 되도록 하며, 자기 영속화에만 전념하게 한다. 고위 관료 조직이 가치 있는 이유는 그 밑에서 뒷받침해주는 집단이 거대하고, 서로 소통이 없기 때문이다. 결국 관료 개개인은 황제를 상징한다.

그러므로 쥐 경주는, 멈추는 것이 두려워 그에 대한 소신은 없지만 똑똑한 젊은이들에 의해 필사적으로 이어진다.

(2)이 쥐 경주에 참가하지 않는 사람들은 **실격자다.** 먼저 비행을

---

* 사회적·도덕적으로 좋지 않은 욕구나 원망을 억제하기 위하여 이 욕구와는 반대되는 독단적 행동을 취하는 무의식적 행위.

저지르지 않는 평범한 코너 보이즈Corner Boys*를 생각해보자. (코너 보이즈란 용어는 윌리엄 푸트 화이트가 고안해냈으며 윌리엄 홀링스워스 화이트와 혼동하지 말기를 바란다.) 코너 보이즈는 혜택을 받지 못했지만 대학생에 비해 좀더 관계가 돈독한 공동체, 덜 억압적인 육체적 훈련, 그리고 여러 면에서 더 뛰어난 기량 등과 같은 선천적인 강점을 지니고 있다. 이러한 강점 덕택에 그들은 다행히 쥐 경주에서 탈락하지만, 여기서 문제는 왜 그런 강점들이 다른 환경에서 좀더 명예롭고 생산적인 삶으로 이어지지 않느냐는 것이다. 이 젊은이들이 폐쇄된 것으로 보이는 방에 갇혀서 쥐 경주의 상징과 문화에 완전히 사로잡혀 있는 데서 원인을 찾을 수 있다. 이들은 자신의 부모가 할부금을 갚기 위해서 그리고 노조의 요구에 따르기 위해 쥐 경주를 지속하는 모습을 목격해왔고, 그들이 받은 교육으로는 다른 일은 할 수가 없다. 그래서 그들은 할 일 없이 배회하는 부랑아로 전락하고, 운 좋게 느긋한 만족감을 얻어 마음 편하게 산다. 그들은 공장에서 일을 하면서 무심해지며, 어느 날 자기 부모들처럼 꼼짝없이 쥐 경주에 매여 있는 자신들을 발견한다.

(3) 실제로 사회에서 쥐 경주를 가치의 원천으로 철석같이 믿는 집단은 다른 소외 계층이다. 이들은 십대 범죄 조직을 형성하는 무지하고 불만에 찬 청소년들이다. 이 청소년들이 쥐 경주를 하는 배경은 미국의 모델이나 공식적인 발판 위에서가 아니라 자신들만의 리그라

---

* 윌리엄 푸트 화이트의 저서명으로 관용어로 굳어져 '거리의 부랑아'의 뜻으로 사용되기도 한다. 이 책에서 화이트는 청소년들의 공간적 위치와 상호 작용을 관찰하고, 이들의 계층적 기반과 그룹 내에서의 지위 등을 지역 사회 조직과 결부해 연구했다.

고 볼 수 있다. 그렇다면 과연 그들의 쥐 경주는 어떤 형태일까?

『비행 소년들Delinquent Boys』의 저자 A. K. 코언에 따르면, 전통적으로 비행 하위문화를 구성하는 내용은 중산층 문화에서 소외되어 악감정을 품은 청소년들이 주축으로, 중산층 문화에 대한 식섭석인 반작용이었다. 그러나 최근 몇 년간 조직화된 시스템인 중산층 문화와 비행 문화의 유사성이 두 문화의 차이점보다 훨씬 더 두드러지게 부각되고 있다. 윤리적으로 두 집단 모두 순응적이며, 상호 경쟁적이고, 냉소적인데, 이는 그들의 '남성성'을 보호하고, 쓸모없음을 은폐하며, 또 성실한 청소년들을 폄훼하기 위한 것이다. 어쩌면 훨씬 더 중요한 사실은 그들이 이런 것을 서로에게서 배우고 있다는 점이다. 매디슨 가나 할리우드는 청소년들에게 영웅상을 제공한다. 헤밍웨이 이후의 영웅들은 거친 청소년 혹은 웨이브 헤어스타일 때문에 오해를 받는 청소년의 모습으로 그려졌다. 의류업계나 마약 산업의 수익성 제고에 기여하는 이 영웅들이 입고 있는 재킷이나 헤어스타일이 체리 그로브 혹은 할렘에서 탄생된 것인지는 알 수 없다. 화려함과 스타일은 체리 그로브에서 만들어지고, 많은 남성 액세서리 소매상들을 통해서 유명 상점들로 퍼져나간다. 동성애자 디자이너들의 이상적인 자아는 궁극적으로 이들이 만든 옷을 입는 비행 청소년들이다. 동성애자 디자이너와 비행 청소년 두 집단 모두 똑같이 매스컴의 관심과 화려함을 갈망한다. 25초짜리 텔레비전 광고를 위해서 1년을 열심히 일하는 매디슨 가의 젊은 광고인처럼, 신문에 사진이 실리기 위해서 범죄를 저지르는 청소년들에 관한 수많은 기사가 쏟아지고 있다. 이 비행 청소년들은 화려함을 경험하기 위해 부득이하게 지름길을 선택한

8장 외관상 폐쇄된 방

다. 과연 이 비행 청소년들이 중견 간부들에게 지름길을 택하라고 가르치고 있는 것일까, 아니면 중견 간부들이 이 청소년들에게 지름길을 택하라고 가르치는 것일까? 이 두 집단 사이에 있는 중간 집단은 양쪽 집단으로부터 정치와 부정행위를 모두 수용한다는 점을 기억하자. 그러니까 이는 출세를 목표로 순진하게 애쓰는 선량한 소년들에 맞서기 위해 조직화된 시스템과 비행 청소년이 형성한 매우 강력한 방어 전선이다.

그러나 이 연합 전선에서 비행 청소년들은 손해를 보는 입장인데, 이는 그들이 보상을 얻을 수 없음에도 불구하고 쥐 경주를 높게 평가하기 때문이다. 당연히 그들은 자신들의 배경을 더욱더 경멸하게 된다. 게다가 실질적인 만족을 얻기가 훨씬 더 어려워진다. 달리 말하면, 십대 소비자들을 공략하는 110억 달러 규모의 시장에서 판매하는 쓰레기 상품들을 구매하는 것은 이 소년들이 아니다. 하지만 이 조직화된 시스템은 모두에게 온갖 압력을 가하면서 이 쓰레기들만이 가치 있다고 가르친다. 그래서 이 청소년들은 열심히 일하는 자신들의 아버지를 따라 일을 하는 게 아니라 차량을 훔친다. 만화책을 의회에서 조사해야 한다고 요구한 사람들이 이런 구매를 조장하는 『라이프』 지 등에 대한 의회 조사를 요청했다는 소리를 들어본 적은 없다.

이런 맥락을 명확히 인식하지 않고 마약 문제를 걱정하는 것이 무슨 의미가 있을까? 미래에 대한 기대도 없고 적극적으로 만족감을 표현할 수도 없는 빈민들은 이런 유의 희열을 경험하는 것에 언제나 유혹을 느낄 수밖에 없다. 그들이 즉각적인 만족을 추구하는 이유는 외적인 어려움과 내적인 불안으로 인해서 사실상 서서히 절정에 이르는 것 자체가 어렵기 때문이다. 한 청소년 지도사는 "헤로인은 과다복용하지 않으면 의학적으로 인체에 해를 끼치지 않는다고 볼 수도 있지만, 발전이 정체돼 있는 중국인처럼 헤로인이 청소년 자신의 능력을 제대로 발휘하는 것을 가로막는 것은 사실"이라고 말한다. 진심으로 아이들의 능력 실현을 우려하는 관심에서 우러나온 말인가? 아니면 마약 문제가 중산층으로까지 확산되는 것을 두려워하는 것일까? 물론 그 청소년 지도사가 청소년 문제에 관심이 없다는 의미는 아니다. 그들이 이 아이들을 진심으로 걱정한다는 것은 잘 알고 있다.

(4)미국식 모델에는 과거에 쥐 경주에 참가했다가 실패하고 낙오된 후 백수건달로 전락한 사람들도 있다. 이들은 양가적으로 두려움과 동경의 대상이다. 작은 동호회를 즐기며 조용히 살아가는 술주정뱅이 부랑자Winos를 전형적인 예로 들어보자. 황폐된 뉴욕의 길거리에서 술 한 병을 사기 위해 48센트를 구걸하는 건 어렵지 않다. 그렇게 해서 달콤한 와인을 마신 남자는 별로 배가 고프지도 않다. 누구든 거리의 술주정뱅이 부랑자에게 말을 걸어보면, 이들이 사회에 대한 철학적인 체념과 함께 해박하고 급진적이면서 비판적인 견해를 지니고 있다는 인상을 받을 것이다. 세계 산업 노동자 조합원Wobbly인 스물다섯 살짜리가 1910년 통계 수치를 줄줄 읊어대는 모습은 실로 놀라움을 금할 수 없는 광경이다. 그러나 곧 비이성적이고 무력한 분노가 뒤따르며 우리는 이 사람들이 폐쇄된 방 안에서 살고 있다는 사실을 깨닫게 된다.

(5)그러나 비트 세대는 정말로 체념한 집단이다. 그들은 쥐 경주에서 이성적으로 머뭇거리지도 않고 혹은 쥐 경주를 시작할 용기 자체

가 없었다. 그들은 개인적인 만족을 얻을 수 있는 에너지와 균형 잡힌 시각을 갖추고 있을 뿐만 아니라 가치 있는 문화 상품도 보유하고 있다. 우리가 목격했듯이, 그들은 실격자 집단에 쉬이 합류해서 사회 소외 계층들보다 더 빈곤을 활용한다.

그러나 쥐 경주의 매력과 폐쇄된 것처럼 보이는 방은 비트 세대의 사고에도 널리 퍼져 있다. 비트 세대는 소신대로 행동하지 않으며, 또한 자신들이 '소외'됐다고 느낀다. 그리고 기본적인 학술 문화의 대다수를 목적에 맞게 활용하지 못한다. 그리 당연히 그들의 결과물은 유치하고 편협할 수밖에 없다. 그러면서 그들은 악평을 추구하고 자기 이익만 생각하는 태도를 보임으로써 적나라하게 스스로를 드러낸다. 정치적으로 비트 세대의 세례자에 해당하는 요한 헨리 밀러가 명명한 "냉방이 된 악몽Air Conditioned Nightmare"에 대한 그들의 맹공은 반란을 일으킬 의사가 없는 군인들이 쏟아내는 불평과 매우 흡사하다. 사회학자 탤컷 파슨스는 어머니에게 지배당하고 아버지에게 동질감을 느끼지 못하는 중산층 청소년들이 어쩔 수 없이 비행을 저질러서 자신의 능력을 입증하려고 한다는 이론을 편다. 이를 일명 '중산층 청소년 비행'이라고 부르는데, 이 경우 법정에 서야 하거나 혹은 사회 기관으로 넘겨지는 이들이 거의 없기 때문에 통계 수치에 포함되지 않는다. 파슨스의 이론을 가장 잘 보여주는 것이 비트 세대이지 않을까? 그들은 아버지에게 대항하려는 노력을 포기했고, 평화를 사랑하며 예술적 감각을 지녔고 성적으로 자유분방하기 때문이다.

(6)폐쇄된 방 안에 있는 사람들 중 일부는 시스템을 좀더 적극적으로 공격해서 시스템을 멈추려 한다. 이들은 구시대적인 급진주의

청년들을 연상시키지만, 과거 급진주의적 청년들은 쥐 경주 모델에 매력을 느끼지는 않았으며, 대신 그들에게는 이를 대체할 다른 확실한 모델이 있었다. 만약 폐쇄된 방 안에 있는 사람들에게만 이용 가능한 에너지와 가치가 국한된다면, 이 시스템은 상당히 내구성이 있다. 이것이 영국의 앵그리 영맨들의 행동과 고통을 설명한다고 생각한다. 앵그리 영맨들은 체념한 것이 아니라 실망한 것이다. 그들은 기성세대가 자신들에게 제대로 된 리더십을 보여주지 못했다고 불평한다. 그리고 영국이 복지와 애국적 이상을 제공하지 못하는 유명무실한 복지국가로 전락한 것에 실망한다. 콜린 매클니스의 말과 비교해보자.

> 이 순간 나는 영국에 대한 나의 사랑, 어떤 면에서는 내 어머니처럼 사랑했던 런던에 대한 사랑까지도 거두기로 했다는 사실을 여러분에게 고해야만 한다. 나는 섬들로 이루어진 영국이 바다 밑으로 가라앉았다고 생각한다. 그래서 이제 나는 섬을 떠나서 어딘가로 날아가 거기서 귀화한 후 정착하고 싶다. (…) 모두 긴 여행 끝에 영국에 도착하게 된 것을 굉장히 기뻐하는 것처럼 보였고, 나는 그들이 이곳에서 곧 경험하게 될 온갖 실망거리를 생각하니 가슴 아팠다. 그래서 그들이 탄 배로 달려가 배 위에서 이렇게 외쳤다. '영국 런던에 오신 여러분을 환영합니다. 먼저 십대 청소년을 만나보시죠!'

미국의 젊은이들은 현대적인 삶에 익숙하고 그들의 아버지나 국가에 실망하기에는 지나치게 영리하다. 하지만 영국의 젊은이들은 틀림

없이 승리하리라 내다보았던 브리튼 전투*의 관점에서 시스템을 바라보고 있다. 그들의 어조는 분명 '성난' 것이 아니라 냉소적이고 냉정하다. 화가 났다면 장애물을 부수려고 공격하거나 좀더 제대로 작동하게 했을 것이다. 그러나 그들이 가장 선호하는 방식은 이익을 요구하는 것이 아니라 망나니처럼 행동하는 것이다. 어쩌면 영국 젊은이들은 실효를 거둘 수 있을지 모른다. 그들이 매우 유리한 장점을 지니고 있기 때문이다. 미국의 시스템과 달리, 그들이 공격하고 있는 시스템은 매우 불안정하다. 대영제국은 패망했고 계급 제도도 비교적 약화됐다. 영국 젊은이들은 미국 젊은이들보다 더 나은 교육을 받았다. 그들은 자국 문화와 역사를 포기할 준비가 되어 있지 않고 포기할 수도 없다. 그들은 인간답게 행동하는 것이 무엇인지를 잘 알고 있는 것 같다. 그래서 그들은 사람들이 인간답지 않게 행동할 때 경악하고 분노한다. 이것이 모범적인 망나니의 특징이다. 특히 이상하게 신중한 방식으로 성적인 접근을 하는 모습도 관찰된다.

(7)반면 프랑스의 '실존주의적' 젊은이들은 민중 저항의 오랜 전통을 계승했다. 레지스탕스 운동의 정신은 이제 퇴색한 것으로 보이는데, 사람들은 극작가 아누이의 작품에서 드러나는 냉소적인 주제에 당황한다. 프랑스 청년들의 항의 전략은 북아프리카 이민자와 친하게 지내는 것이다. 북아프리카 이민자는 미국의 급진적인 소수파들처럼 외면당한 소외 집단은 아니지만 전쟁에 참여했던 오만하고 자만심 강

---

* 영국본토항공전. 1940년 7월 10일부터 10월 31일까지 영국 잉글랜드 남동부 및 런던 상공에서 펼쳐진 영국과 독일 공군 사이의 전투. 영국 공군의 승리로 독일의 영국 본토 침공 작전은 실패했다.

한 적들이다. 영국의 젊은이들처럼 '사회 정의를 부르짖는 것'이 아니라 고압적이고 자기 경멸적인 태도가 프랑스 청년들이 항의하는 방식이다. 그들은 폐쇄된 방 한쪽에 서서 자신들이 속해 있는 그 방에 대해 신랄하게 비판한다. 따라서 미국의 모델이 마치 그들에게 장갑처럼 꼭 맞는 것 같다. 프랑스인을 대표하는 작가 장폴 사르트르의 말처럼 "출구가 없기huis-Clos, No Exit" 때문이다.

하지만 멀리 떨어져 판단해서는 절대 안 된다. 자기 경멸은 굉장히 오만한 자세다. 그리고 폐쇄된 위기에 대한 그들의 실존주의적 이론은 위기를 생산하기 위한 책략일지 모른다. 근대 혁명의 발명가들에게 어떻게 혁명적으로 될 수 있는지를 가르쳐서는 안 된다. 프랑스 청소년 범죄의 철학자 장 주네는 어쩌면 유럽 최고의 작가일지 모른다. 그리고 무는 무를 창조한다.

(8)폐쇄된 방 안의 구석구석에는 힙스터 정신이 배어 있고, 활기가 넘치며 온갖 역할 놀이가 수행된다. 폐쇄된 방은 굉장히 부산스럽지만 아주 제한적인 세상이다. 거기에 의외의 가능성이란 없다. 만약 실제로 무슨 일이 일어난다면, 그것은 파멸적인 폭발이 될 것이다. 힙스터들은 모든 게임에서 앞서면서 뜻밖의 일들을 미리 봉쇄한다. 노먼 메일러는 "힙스터들은 시험해본 적이 없기 때문에 입증된 적도 없는 신기한 무한 능력에 만족한다"라는 영국의 시인 캐럴라인 버드의 말을 인용한다. 이는 상당히 병리적인 심리 상태이며, 힙스터의 냉정함은 '호들갑 떨지' 않기 위해서는 꼭 필요한 자질이다. 그렇지만 신중하게 호들갑을 떠는 것이 비트 세대의 목표다.

힙스터는 필사적으로 실질적인 경험에 도전한다. 하지만 메일러가 힙스터를 묘사했듯이 모든 오르가슴 안에는 그 이상의 또 다른 오르가슴에 대한 갈망이 존재한다. 만약 스스로 오르가슴을 통제한다면 이런 실망감은 불가피하겠지만, 힙스터는 신념이 없고 어떤 지원도 받지 않기 때문에 통제를 포기할 여유가 없다. 힙스터는 쥐 경주 외에 아무것도 존재하지 않는다고 생각한다. 사랑도 하나의 쥐 경주다. 그래서 대신 힙스터는 냉정하고 활기차게, 강도를 높이면서 쥐 경주에 동참한다. 당연히 이러한 '증명'에 대한 환상은 비트 세대는 물론 폐쇄된 방 안에 있는 다른 모든 집단, 즉 조직인, 비행 청소년, 실존주의자들 사이에 널리 퍼져 있다. 그런데 비트 세대에게 그러한 환상은 치명적인 오류다. 반면 서로서로 힙스터 하위문화를 제공함으로써 그들은 폐쇄된 세계의 경계를 확장한다.

우리의 역사적 상황은 풍자적으로 보일 만큼 아이러니하다. 성장하고 있는 젊은이들이 당황스러워하며 혼란스러워하는 데는 충분한 이유가 있다. 이 공간 안에 있는 십대들은 모두가 힙hip하고 IBM 도표 작성기나 사회과학자처럼 이 상황을 잘 파악하고 있기에 이와 같은 반응을 보이는 것이다.

2

폐쇄된 것으로 보이는 방 안에서의 쥐 경주 모델은 과거의 진보 모델과는 동떨어져 있지만 본질적으로 계급 투쟁 모델과도 다르다. 계급 투쟁에는 쥐 경주와 마찬가지로 지배적인 집단과 소외된 집단이 존재한다. 하지만 계급 투쟁은 역사의 개방적인 무대에서 일어나는 것으로 여겨졌고, 새로운 가치가 끊임없이 등장하며 '인간적 가치'의 근원이 계속 변할 수 있었다. '인간석 가치'는 서서히 부상하는 계급에 존재하고, 과거 지배 계급에 대항할 수 있도록 강력하게 만든다.

하지만 폐쇄된 방 안에는 쥐 경주라는 가치 체계 오로지 하나만 존재한다. 그 방 안에 있는 모두가 쥐 경주를 공유하면서도 경멸한다. 이 가치 체계는 근본적인 변화를 모색해야 하는 동기를 크게 제공하지 못한다. 왜냐하면 싸울 만한 명백한 동기가 없고, 오염되지 않은 수단도 없기 때문이다. 주목할 만한 사실 한 가지는, 이 사회에는 번드르르한 말일지라도 고상한 목적에 대해 이야기하는 사람이 거의 없다는 것이다. 그런 사람들은 윤리문화협회Ethical Culture Society나 개혁파 랍비를 찾아가야 한다. 그렇기에 군비 축소와 같은 중요하고도 실용적인 목표들이 기본적으로 적용된다. '누구나' 군비 축소에 찬성하지만 아무도 그 누군가에 해당되지 않는다.

미 국무부가 내국인을 대상으로 설문 조사를 마치자마자 유럽 전역에 특사를 보내 미국인들이 미군만의 일방적인 군비 축소에 만장일치로 동의할지 물었다고 가정해보자. 세계적으로 한목소리를 낸다면 적국마저 이를 수용할 것이라는 전제 하에 우리는 군비 축소를 단행할 것이다. 그러한 미군 군비 축소안이 상정되면, 즉각적인 반응은 이럴 것이다. "제발 순진하게 굴지 맙시다. 군비 축소를 하면 곧바로 러시아인들이 공격해올 것이고, 그럼 우린 백기를 들어야 하니까."

폐쇄된 방의 존재는 냉소적 가치가 지배하는 시스템과 같고 여기에는 다음과 같은 명제가 지배적이다. "근본적인 변화는 아무짝에도 쓸모가 없다. 왜냐하면 다음 체제도 지금의 체제와 별반 다를 것이 없기 때문이다." 그렇기에 어른으로 성장하기 어렵다.

일찌감치 체념하는 사람들

1

비트 세대는 미국의 모델에서 생산과 판매의 조직화된 시스템과 그 시스템의 문화를 포기한 사람들이지만, 너무 히피적이어서 독립적인 일에는 관심이 없는 사람들이기도 하다. 비트 세대는 제2차 세계대전, 나아가 한국전쟁의 여파로 생겨난 하나의 현상이다. 비트족의 수는 징집으로 일자리를 잃은, 좋게 말해서 잠시 쉬고 있는 젊은이들로 인해 급격히 증가하고 있다.

비트 세대는 그 수에 비해 사회적으로 굉장히 중요하다. 그리하여 이들은 당연히 분에 넘치게 주목을 받았고 많은 젊은이에게 영향을 미쳤다. 비트 세대가 중요한 이유는 두 가지로 요약할 수 있다. 첫째 그들은 모든 이가 동의하는 조직화된 시스템에 대해 비판을 가한다. 더 중요한 두 번째 이유는 비트 세대를 들여다보는 것이 풍요로운 경제에서의 여가 활용에 관한 중요한 사례 연구와 마찬가지이기 때문이다. 비트 세대는 시스템에서 소외되거나 낙오된 사람들이 아니다. 정서적으로 장애가 있거나 비행을 저지르는 사람들도 아니다. 일부 젊은이는 성격 장애 때문에 그런 입장에 내몰렸을 수 있다. 하지만 그들이 형성한 하위문화는 가치 있으며, 성격 장애는 없지만 조직화된 사회에 대해 동일한 입장을 취한 다른 사람들에게도 매력적이라는 것이 입증됐다.

여러 면에서 비트 세대의 하위문화가 단지 중산층 혹은 조직화된 시스템에 대한 반발이라고 볼 수는 없다. 그들의 문화는 자연스러운 것이다. 소외 계층에 합류한 비트족은 괜찮은 삶을 살아가고 있다. 비트족의 집은 중산층 가정보다 더 살 만하고, 식생활도 더 나을 때가 많으며, 좋은 음반도 소장하고 있다. 하지만 무계획성, 허술함, 공동 사회주의 성향, 성적 자유분방함, 평판에 무신경함 등 비트 세대의 일부 특성은 중산층의 기질과는 맞지 않는다. 비트 세대는 분노보다는 오히려 이성적 판단에 따라 동기화된다. 자신에 대해 정확히 아는 대부분의 사람이 선택할 수 있는 가장 자연스러운 삶의 방식일 수도 있다. 적어도 예술가나 소작농들은 늘 그렇게 주장해왔다. 그들이 대중문화, 브로드웨이 연극, 계급을 상징하는 상품을 거부한다는 것은 정신적으로 건강함을 의미한다. 이상하게도 이런 이성적이고 자연스러운 비트족의 행동 방식은 터무니없이 부당한 대우를 받았다. 매디슨 가의 광고업자들은 그런 관심을 용케도 잘 빠져나가는 비트 세대에 발끈하기도 하고 매료당하기도 한다. 그래서 계속해서 비트 세대에 관한 글을 써대고 있다.

앞서 3장에서 언급했듯이 비트족은 자신들이 속한 집단이라고 규정한 사회 '밖' 계층의 고유한 특징을 공통적으로 지니고 있다. 이 특징 가운데 일부는 현재 빈곤층을 형성하는 특정 소수 집단에서도 발견되며 비본질적이다. 전반적인 기조를 형성하는 것은 프랑스와 마찬가지로 북아프리카 이민자들이다. 이외의 본질적인 특징은 사회라는 테두리 '밖에서' 살아가는 것과 관련 있다. 예를 들면 왕따 혹은 편견의 대상이 되는 것, 전통적 관습을 단순히 무시하는 것이 아니라 그에 저항하는 것, 내집단에 대한 충성심, 경찰에 대한 두려움, 무익한 일에 종사하는 것 등이 본질적인 특징에 해당된다.

이러한 본질적 특성과 지금 빈곤층의 특성들 외에 비트 문화는 조직화된 시스템 내의 중간 계급에서 발견되는 힙스터리즘hipsterism으로 가득 차 있다. 힙스터리즘은 앞서 3장에서 기술한 비트 세대의 몇몇 경제 행동에서 나타난다. 또한 그것은 순수 학문을 추구하는 문화에 대한 방어적 무지, 그리고 냉소주의 및 윤리적, 정치적 목표에 대한 무관심에서도 나타난다.

통상적인 애국심과 종교적 전통에 실망한 비트 세대는 상당히 먼 곳에서, 예를 들면 D. H. 로렌스의 레드 인디언이나 봉건적인 선불교도에게서 그 대체물을 찾는다. 얼마 전 비트 세대를 대표하는 작가 앨런 긴즈버그가 시인 월트 휘트먼의 생가와 그랜드 캐니언에 다녀왔다고 들떠서 자랑하는 모습을 보고 흐뭇했다. 장담컨대 그는 곧 크루즈를 타고 장대한 허드슨 강을 거슬러 올라가 베어 마운틴까지 가게 될 것이다.

우리는 비트 세대의 전형적인 특징으로 (1)중산층 가정에 대한 애정, (2)중산층 가정의 가치관에서의 탈피, (3)다른 유용한 가치관과의 결합 포기 등을 꼽았다. 비트족은 가족과 사이좋게 지내지만 그들의 모든 방식에 반대한다. 그들은 대학에서 뉴턴이나 베르길리우스를 배우는 대신 쓸모없는 조직화된 시스템의 일부분이 되어 교육을 경험한다.

마지막으로 비트족은 자신들을 형이상학적 위기에 빠져 있는 존재로 간주한다는 사실이 확인됐다. 그들은 시스템과 영원한 삶 사이에서 선택을 해야 하기 때문이다. 그래서 비트족의 발언은 좀더 철학적이며 긴즈버그가 『타임』지를 '바빌론의 창녀'라고 일컬은 것처럼 종교적이며 세상의 종말이나 옛 성인들과 관련된 말로 온통 도배되어 있다. 그의 말처럼 『타임』지는 정말로 바빌론의 창녀다.

그들은 대체로 강경론적 입장은 아니다. 체념했지만 여전히 애정을 느끼고 종말론적 수단에 의존한다. 그로 인해 어떤 결과물이 나올까? 먼저 흑인 은어로 쓰이는 영어 자이브jive에 대해 알아보자.

2

흔히 하는 말 가운데 '특정 분야에서 자리를 잡는다'는 의미의 '해내다make it'라는 표현이 있다. 사람들은 이 표현을 작가나 계산원 등의 직업 분야에서 일을 해내거나 여성과 성관계하다는 말로도 쓴다. '해내다'는 '그들이 그에게 계속해서 사격을 해댔지만 결국 그는 들판을 건너는 것을 해냈다'에서처럼 '역경을 이겨내다'라는 영어 어휘에서 기원한다. 이 말은 '변호사로 혹은 작가로 성공하다make good as a lawyer, a writer'라는 문장에서 '성공하다make good'와 비슷한 의미지만 그렇게 강렬하거나 긍정적이지는 않다. '계산원으로 성공하다Make good as a counter boy'라고 표현하는 사람은 없기 때문이다. 이때 동사의 주체가 극복한 역경은 일상적인 사회적 역할을 중도 '포기한' 사람이 자신의 입지를 다지고 어떤 것, 어떤 사람이 되려고 하는 과정에서 맞닥뜨리게 되는 장애물을 의미한다. 따라서 '해내다make it'는 말을 한다는 것은 체념을 인정한다는 것이다. 노먼 메일러는 자신의 소설 『하얀 흑인 The White Negro』에 사용된 이 어휘와 다른 은어들이 긍정적 에너지 혹은 남자다움을 표현한다고 생각했지만 이는 상당히 어리석은 것이다. '그가 그 책을 썼다he wrote the book, 그는 작가였다he was a writer, 그는 작가로 성공했다he made good as a writer, 그는 버텨서 작가가 됐다he made it as a writer'라는 일련의 문장을 살펴보자. '해내다make it'의 표현은 일반적으로 "너 해냈구나!You've got it made!" 혹은 "난 해낼 거야!I'll have it made!"와 같이 타인 혹은 자신에 대한 격려의 외침으로 사용된다. 이 격려의 말은 대부분 미래의 불가능한 일들에 적용된다. 이 말을 과거 완료(He had it made)로 표현할 경우, 어느 정도 애석해하며 제삼자에게 하는 말이 된다. 중립적인 사실 혹은 자랑스러운 과거 경험을 표현하려 한다면 단순히 '내가 그 책을 썼어'라고만 하면 된다.

역경을 견뎌내고 용인될 수 있는 사회적 관계를 수립하는 것과 관련한 이런 언어 사용은 조직화된 시스템의 중간 계급의 주요 기능인 역할 놀이에서 유래한다. 어느 시대건 흑인이라면 누구나 백인사회를 그저 흉내 내는 역할들만 있는 폐쇄된 시스템에 속해 있다고 여긴 것과 마찬가지다. 우리는 구체적으로 어떤 일을 하는지 말하지 않고 그 냥 "그 사람 IBM에 들어갔대He made it with IBM"라고 말할 수 있다. 무 슨 일을 하는지는 중요하지 않기 때문이다.

좀더 일반적으로 경험으로부터 물러나는 뉘앙스를 포괄하려 할 때 는 단어 'like' 하나면 표현이 가능하다. 예를 들어 "있지, 나 졸린 것 같아Like I'm sleepy"라는 말은 '만약 뭔가를 경험했다면, 그것은 졸립다 고 느끼는 것이다'라는 말뜻이다. "있지, 내가 뭐 뉴욕 같은 데 가게 되면, 만나자Like if I go to like New York, I'll look you up"라는 분명하고 친 근한 이 약속의 말은 여행에 별 뜻이 없다는 의미다. 기술적으로 여 기서 "있지like"는 "그리스어의 한편μέν, 정말로verily, 자, 봐δή"에서처럼 발언의 완전성 혹은 태도를 표현하는 일종의 불변화사다. 'like'는 청 년기의 어색함 혹은 수줍음을 표현한다. 그래서 내가 한 젊은이에게 말을 하면서 그에게 끊임없이 관심을 기울이고 있다는 안도감을 주려 면, 'like'라는 단어 대신 재빨리 그 자리에 "알지You Know" "내 말은I mean" "내 말 뜻 알지You know what I mean"와 같은 말을 문장마다 끼워 넣어 가며 말해야 한다.

하지만 비속어 같은 호칭 'man'은 사용하는 집단마다 뉘앙스가 다 르다. 비트족은 이 표현을 다르게 사용하는데, 다음과 같은 의미를 지닌다. "우린 꼬맹이들이 아니에요, 아저씨man, 그리고 어쨌든 우리 도 어른들처럼 같이 노는 거라고요." 흑인들 사이에서 이 표현은 좀 더 공격적으로 사용되곤 한다. "어이, 아저씨Man, 지금 나더러 애송이 라고 하셨나?"와 같은 경우다. 진정한 힙스터들 사이에서 이 표현은 "우리는 성적으로 무능하지 않다"는 의미를 지닌다. 내가 들어본 바로 이 표현은 화자를 절대 성인 남자로 인정하지 않는다. 또한 '어르신mensch'이란 말처럼 여성 혹은 영웅을 숭배하는 소년들이 존중이나 존경의 마음을 담아 부르는 것과도 다르다. 사실 대화 상대가 존경 혹은 두려움의 대상이라면 "아저씨man"라고 부르지 않는다. 아마 '보스boss'란 호칭이 사용되지 않을까?

'냉정을 잃지 않고 경계하는'이란 의미의 '쿨cool'도 같은 뉘앙스를 지니고 있다. 표준 영어에서 '어떤 사람이 비상 상황에서 냉정을 유지한다keep cool in an emergency'라고 말한다. 만약 늘 비상 상황이라면, 위험이 외적인 것뿐만 아니라 내적인 것이라는 의미도 내포돼 있어야만 한다. 즉, 환경이 위험해서 위험하다는 기분이 드는 것이다. 젊은 비트족이 포커페이스를 유지한 채 발로 재즈 리듬에 조용히 박자를 맞추면서 말하고 행동할 때, 쿨cool은 '이 자리가 어색하게 느껴지지 않아, 나는 버려지지 않았고 두렵지 않아, 나는 눈물을 터뜨리지 않을 거야'라는 것을 의미한다. 원조 흑인들의 언어에서 이 어휘는 '난 침착함을 유지하고 사건에 휘말리지 않을 거야, 이들은 위험한 사람들이므로 난 내 감정을 드러내지 않을 거야'라는 뉘앙스를 담고 있다. 어금니를 앙다물고 눈알을 이리저리 굴리면서 힙스터들이 사용하면, 이 표현은 '네 속셈을 다 알고 있다고, 그러니 날 이용해 먹을 생각은 마'라는 뜻이 된다. 전반적으로 쿨함과 포커페이스는 수줍음, 통제할 수 없는 불안함을 감추기 위해 미동도 하지 않고 가만히 있는 것을 의미한다.

비트 세대가 사용해온 전반적인 언어에 대해 한마디 하자면 내 생각에 이들의 은어에 담긴 흑인적인 바탕은 문화적 측면에서는 우연처럼 보인다. 하지만 이 자이브 은어에서 어휘와 구문이 부족한 현상은 규범이 되는 문명과 그것의 학습 포기를 표현하는 비트 세대와 어울린다. 반면에 이와 같은 결핍은 피그 라틴pig Latin*처럼 차용된 모든 단순한 언어가 그렇듯이, 사고 및 문세 해결의 기회를 제공하는 대신 말을 한다는 것 자체의 행위 및 에너지에 대해서 상당한 만족감을 제공한다. 그러나 이것이 약점이 될 수도 있다. 실망스럽게도 우리는 그들이 별 주제 없이 대화를 하고 그 자체를 자기 표현 수단으로 생각한다는 사실을 알고 있다. 한 비트족 집단 내에서는 참 혹은 거짓, 또는 가능 혹은 불가능으로서의 진술을 주장하거나 부인하거나 또는 그것의 의미를 탐구하는 것은 예의가 아니다. 개인에게 대화의 목적은 그저 말을 함으로써 자신이 존재하고 어딘가에 속해 있다는 사실을 아는 것이다. 그래서 완벽하게 지적이고 박식한 젊은이들끼리 서로 한 시간쯤 영화나 영화 배우에 관한 이야기를 하다 보면, 누구나 자신이 품은 환상을 투영해볼 수 있다. 그런데 이에 그치지 않고 누군가가 영화의 진실 혹은 가치와 관련해서 무엇인가를 주장하려고 한다면, 나머지 젊은이들은 모두 즉시 자리에서 뜰 것이다.

미국의 모든 청소년과 심지어 이십대 후반의 젊은이들은 '무슨 말을 해야 할지' 몰라 어려움을 겪는다. 예를 들어 그들은 "난 여자애한테 말을 걸어본 적이 단 한 번도 없어요"라든지 "걔들은 그림에 대해서 계속 말하는데, 난 한마디도 거들 수가 없죠"라고 토로한다. 즉, 말하는 것을 일종의 역할이라고 생각하는 것이다. 특정 주제에 관심

---

* 어두의 자음(군)을 어미로 돌리고 거기에 [ei]를 덧붙이는 일종의 어린이 은어.

　　　　　　　　　9장　일찌감치 체념하는 사람들

을 두게 된다면 뭔가 할 말이 생길 것이고, 만약 관심이 없다면 굳이 대화에 참여하지 않아도 된다는 것을 그들은 확신하지 못한다. 역시 비트 세대는 이 어려움을 견딜 만하게 만들고 구색을 갖추려 한다. 그냥 'like' 'cool' 'man'을 섞어 적당히 말하면 되는 것이다.

3

자이브 은어 이야기는 이쯤 하고 이제 체념 속에서 행해지는 예술활동과 관련된 문제를 살펴보자. 이런 예술활동은 그림, 시, 재즈와 더불어 독서하기, 주거지 장식, 드럼 연주 등등 매우 다채로울 뿐만 아니라 양적으로도 방대하다. 방해받지 않은 모든 아이가 창의적이라는 심리학자와 진보 교육자들의 주장을 입증이라도 하듯, 비트 세대는 누구나 창작 예술에 참여하고 있고, 스케치북 하나쯤은 들고 다닐 것 같다. 쥐 경주를 포기한 비트족은 창의력을 저해하는 장애물을 제거한 상태나 마찬가지다.

비트 세대는 마음을 다해서 정직하게 예술활동에 참여한다. 비록 끊임없이 서로에게 그리고 행인들에게 작품을 낭독해주고 "이건 최고야!"라는 찬사를 듣는 것으로 공동체를 고무하곤 하지만, 자신들의 소박한 창작물에 대해 지나치게 자만하지도 않는다. 그러한 창작활동은 의식을 날카롭게 하고, 감정의 분출과 정제, 그리고 공동체를 하나로 묶는 강력한 끈이 되기도 한다.

창작활동 그 자체는 예술작품 창작이나 예술가들이 걷는 비참한 희생의 삶과는 아무 관련이 없다. 창작활동은 개인 수양에 가까우며 핑거페인팅과 같은 미술 놀이와 그다지 다르지 않다. 앞서 기술했던 대화와 마찬가지로 창작활동의 목표는 행위와 자기 표현이지, 문화와 가치를 창조하기 위한 것이 아니며 미래 세상을 변화시키기 위한 것도 아니다. 물론 그래야 할 이유도 없다. 모든 인간은 창의적이지만 예술가가 되는 사람은 소수다. 예술을 하려면 특유의 정신적 기질이 요구된다. 개인적으로 예술가 특유의 정신적 기질은 이상을 지니고 자신과 세상의 결함에 대응하는 것이라 생각한다. 반동 형성을 통해 그 매체 안에서 충분히 단단하게 만드는 것이다. 그리고 나아가 다른 사람들에게 좀더 나아진 세상을 제공해야 한다. 이는 정신적 장치와 재능의 이례적인 조합이며, 이런 기질을 보유하고 있으면서 생색도 낼 수 없는 직업에 자발적으로 뛰어드는 사람은 드물다. 그 몇 안 되는 사람을 비트족이라고 할 수는 없는데, 그들은 천직이 있고, 체념하지도 않았기 때문이다. 예술가들은 자신들의 천직이 방해받더라도, 체념하고 다른 경험을 찾아 나설 수 없다. 그들은 예술을 창작하기에 절대 핑거페인팅을 하지 않는다.

그럼에도 비트족 사이에서 생활하는 예술가의 수는 필요 이상으로 늘어날 것이다. 이는 예술가들이 보헤미안에게 매력을 느끼는 것과 같은 이유다. 완전히 포기 상태가 아닌 예술가들 중 일부는 함께 살고 있는 비트족 공동체를 대변하는 예술작품을 만들 것이다. 다시 말해, '비트 세대' 예술가들은 스스로 생각하기에 비트족이 아니다. 왜냐하면 그들은 예술가이기 때문이다. 그러나 그들의 예술작품은 우

9장 일찌감치 체념하는 사람들

리에게 비트 세대에 대해 말해준다. 이러한 상황은 예술가와 그의 관객들과의 관계에 대한 흥미로운 문제들을 제기한다.

창의력이 뛰어나지만 경쟁관계에 있지는 않은 동료들이 가까이에 무리지어 살고 있다는 것은 예술가에게는 유리할 수도 있고 불리할 수도 있다. 이 동료들은 그에게 가장 가까운 관객이며 예술활동의 외로움과 예술적 책임감에서 오는 고통을 완화하는 데 도움을 준다. 반면 이 관객 집단은 객관적인 문화 기준이 없고, 오래된 국제적인 전통에 밝지 않기 때문에 다소 짜증을 유발할 수 있다. 그래서 이 관객들이 "이건 정말 최고야!" 혹은 "어이, 잘했어!"와 같이 탄성을 내질러도 이는 별다른 위안이 되지 못한다. 이 소심한 예술가는 "당신은 이 세상의 영웅입니다"라는 말을 듣고 위안을 얻고자 하지만 사실 그는 자신이 아주 작은 집단의 영웅이라는 것을 안다. 비트 세대 예술가와 비트 세대, 그리고 이 예술가가 궁극적으로 존재해야만 하는 실재적 문화 사이의 관계에 놓여 있는 이 매력적인 딜레마를 아주 잘 설명하는 몇 가지 일화를 소개하고자 한다.

비트 세대의 대표적인 미국 시인 케네스 패첸을 위한 한 파티에서 일어난 일이다. 패첸은 '이전' 세대의 시인이자 강직하기로 정평 난 인물이며 왕성한 활동으로 다수의 예술작품을 창작했고, 그의 작품 중 일부는 평단의 찬사를 받고 있다. 앞으로 추가될 작품이 많을지도 모르지만 그의 작품 전체가 모두 중대한 의미를 지니고 있는지는 아직 분명하지 않다. 어쨌든 패첸은 동료 작가들의 존경을 받았지만 대중의 찬사를 받거나 돈을 많이 벌지 못했고, 그의 작품이 출판에 용이하지도 않았다는 점이 중요하다. 이 파티에서 한 젊은 작가가 노시인인 패첸에게 비트 세대 시인들을 인정해줄 것을, 그리고 '그들에게 기회를 줄 것'을 요구했다. 광고계의 평판 덕택에 비트 세대는 다른 어떤 이들보다 대중적인 찬사를 받고 있었고, 대학 초청 강연이나 야간 독서회에 초청되기도 했으므로 이는 아이러니한 요구가 아닐 수 없었다. 하지만 패첸은 그 작가들의 이름이 무엇인지를 물었다. 젊은 작가는 비트 세대 작가를 대표하여 스무 명이나 되는 이름을 읊어댔지만, 패첸은 가치 있는 작가 단 두 명의 이름만을 언급했다. 그러자 젊은 작가는 격분했는데, 자신이 시인이라는 것을 스스로 확인하기 위해서, 자신을 영웅으로 보는 그의 관객인 동료 시인들에 대해서도 예술가의 인정을 받아내야 할 필요가 있었기 때문이다. 이 젊은 작가는 패첸에게 무례하게 굴었고, 패첸은 자리를 박차고 일어나 그에게 버르장머리 없는 친구라고 쏘아붙인 후 파티장을 떠났다. 술에 취해 있었던 이 젊은이는 바닥에 주저앉아서 눈물을 터뜨리더니 이내 자리를 떴다. 그 젊은 시인과 종종 동행했던 한 젊은 여성이 이 장면을 목격하고 내게 다가와 내 다리를 붙들고는 젊은 시인이 성장할 수 있게 도움을 달라고 애원했다. 그녀는 아무도 그에게 관심을 쏟지 않는다고 말했다.

비트 세대 관객들은 체념했고, 세상 속에 있지 않다. 하지만 이들은 열정적이고 창의적인 관객이며 그들의 영웅이자 대변인이 된 자신들의 시인에게서 사랑과 충성심을 얻으려 한다. 하지만 그 존경의 대상 역시 자신이 세상 속에서 살고 있는지, 천직에 종사하고 있는지에 대해 의구심을 품는다. 비트 세대의 대변인으로서 이 시인은 모든 시인이 원하고 필요로 하는 유명세를 얻고 다양한 층의 팬들을 만날 기회를 누린다. 하지만 그는 자신이 조직화된 시스템에 이용되어 대중성을 얻은 것만 같은 느낌을 떨쳐버릴 수 없다.

대변인 예술가와 실재하는 문화와의 관계를 잘 설명해주는 간단한 일례를 추가하겠다. 시인으로서 재능이 다소 떨어지고 비트족에 훨씬 가까운 굉장히 거만한 친구가 있다. 이 시인은 비트 시인이 아닌 다른 시인의 낭독회에 참석해서 "이런 쓰레기에 귀 기울이지 마세요. 대신 X라는 시집을 읽읍시다!"라고 외치면서 낭독을 방해하려고 했다. 그의 작전은 이 낭독회를 유일하게 존재하는 문화로 만들고, 그렇게 함으로써 스스로 예술가가 되는 것이다.

그리고 다음은 초보적인 반응을 보여주는 사례다. 재능이 없지는 않지만 많은 것을 성취하기에는 아직 미성숙한 비트 세대 작가가 극장에서 시를 낭송하고 있다. 휴식 시간에 그는 존경받는 뛰어난 한 비평가에게 특정 시에 대한 의견을 묻는다. 그러자 그 비평가는 그 시가 유치하다고 솔직하게 말한다. 이 말에 분노한 시인은 술에 취한 채 로비에 서서 이렇게 고성을 지른다. "난 당신이 죽었으면 좋겠어! 예술이고 예술가고 다 사라져버렸으면 좋겠어!"

이 사례들과 비트 세대의 대화를 분석해보면 모두 한 가지로 귀결된다. 젊은이들은 사회를 폐쇄된 방이라고 생각하고, 그곳에는 가치가 존재하지 않으며, 그들이 거부한 쥐 경주 아니면 그들의 직감으로 생산할 수 있는 것만 존재한다. 이렇게 체념이 팽배한 사회적 환경에서 객관적인 진실 혹은 문화를 추구하기란 극히 어렵다. 사람들이 직접 생산한 상품은 개인적이거나 편협한 것이 될 수 있다.

4

창의적 표현을 공유한다면 이는 치료 효과가 있기 때문에 감정 전이, 다시 말해 무의식적인 애정을 유발한다. 이를 잘 보여주는 한 가지 사례는 인상적이고 꽤나 흥미롭다. 바로 근육의 긴장을 푸는 아름다운 동작을 연습해 춤을 추는 어린 여성 무용수들이다. 이들은 모두 현대 무용의 개척자인 마사 그레이엄 혹은 도리스 험프리와 깊은 사랑에 빠져 있고, 극도로 충직하며 파벌적이다.

똑같은 상황이 젊은 비트족 사이에서도 일어난다. 다만 비트 세대에게는 '지도자'가 없기 때문에 새롭게 싹튼 사랑은 공동체 아니면 자기도취적으로 각자의 자아상으로 향한다. 카프카의 말처럼 이는 '옹기종기 모인 동물들의 체온', 즉 삶의 강한 온기를 만드는 데 기여한다. 하지만 그럴수록 세상 속으로 들어가는 일은 더욱 어렵다. 이 젊은이들은 일상적인 대인관계의 즐거움이나 조직에 순응함으로써 공허한 소속감을 얻기보다 더 많은 만족감을 느끼려 하고, 예술을 통해 고독을 느끼기보다 더 행복하기 때문이다. 하지만 그렇다고 해서 이들에게 '뭔가 할 일'이 주어지지는 않는다.

5

거대한 사회라는 세계가 크게 도움되지 않을 때 그렇다면 무엇으로 존재 이유를 정당화할 수 있느냐는 중대한 질문으로 돌아가보자.

비트 세대는 경험의 강도를 높이고 평범한 자아에서 벗어남으로써 본질적인 답을 찾으려고 했다.

경험의 강도를 높이는 것은 비트 세대, 힙스터, 비행 청소년들의 공통된 원칙이다. 하지만 차이점도 두드러진다. 메일러가 지적했듯이 힙스터들 사이에서는 흥분이나 자기 초월에 대한 갈망이 폭력이나 죽음에 대한 동경으로 어둡게 채색되어 있다. 그래서 그들은 극도의 흥분 상태를 두려워하며 이러한 상태를 나약함, 거세, 죽음으로 해석한다. 나이 어린 비행 청소년들에게 그러한 갈망은 운명적이며 그들은 경찰에 체포되어 다시 사회로 돌아가게 되기를 바란다. 하지만 비트 세대에게 그것은 새로운 일이 일어날 것이라는 기대, 다시 말해 부활이 가능하리라는 종교적 희망이다.

비트족은 자기 파괴적이지 않다. 비행, 범죄 행위, 상해의 위험은 그들 내면에 자리 잡고 있는 평범한 불안을 일깨운다. 그리고 그들은 자신들이 교류하는 사람 가운데 일부의 야만성과 무자비함을 발견하고 인간적인 경악을 표현한다. 새로운 경험을 위해 마약을 하면서도 대체로 중독의 위험은 피하려고 한다. 이 세상에서 도망치는 것을 목표로 삼지만 이를 안전하게 달성하기는 어렵다. 그래서 자극적 행위나 불면, 리드미컬하고 환각적인 활동을 밀어붙여서 일시적인 기억 상실 혹은 이성을 잃는 지경에 이르기도 한다. 로런스 립턴은 저서에서 주기적으로 시립 정신병원에 입원하는 어떤 사람에 대해서 이야기한다. 어쩌면 이러한 행태야말로 비트 세대가 추종하는 선불교에서 부족하다고 여기는 봉건주의적 지원일지 모른다. 젊은 현자들은 깨달음을 구하고, 그들이 정신적으로 허물어지면 이 정신병원이 그들을 도와준다.

이제 다시 은어 이야기를 해보자. 가장 중요한 어휘는 '미친crazy' '취한far out' '황홀한 상태인gone' '몽롱한high' '만취하다gas' '황홀하게 하다sent' 등이다. 이 단어는 대체로 이 세상에 있지 않고 다른 곳에 있다는 뜻이자 이성적이지 않고 다른 어떤 상태에 있다는 의미다. '꼭지가 돈다flip'는 말은 흔히 지독한 자기 비하의 의미와 함께 사용된다.

이것이 아닌 다른 어떤 것이 됐다거나 혹은 여기가 아닌 다른 어떤 곳에 있다고 생각될 정도로 '정신이 나가crazy' 있거나 '취해 있는far-out' 순간을 충분히 오랫동안 유지할 때, 이는 '매우 멋진groovy' 순간이다. 누군가 '그것을 잘 알고with it' 있거나 '거기에 빠진다falls in'. 물론 이때 '그것'이 무엇인지 혹은 '그 장소가 어디인지는 분명하지 않은데, 순수한 존재는 어떤 부류도 없고 본질적 차이도 없기 때문이다. '그것이 마음에 든다swinging with it'는 것은 여기를 지나서 이제 '그것'의 강화된 경험으로 옮겨가는 상황을 의미한다.

반대로 '어디에도 있지 않거나nowhere', '나가떨어지거나fall out(과다 복용하거나take an overdose)' 혹은 '마약에 빠지는 것drug(질질 끌기 dragging)'은 부적절하고 고통스러운 일이다.

세계 안의 존재가 되는 길은 쿨하게 감정을 드러내지 않거나 아무것도 경험하지 않는 것이다. 아니면 무아지경에 이를 정도로 취해서 무언가를 경험하는 것이다. 그러나 점잖은 중산층 청소년들의 쿨한 행동은 그들 또래보다 다소 어린 청소년의 쑥스러움이나 어색함과 같은 것으로 보인다. 그렇기 때문에 사람들은 정상적으로 경험하면서 성장하는 것이 오히려 더 유익하지 않은 것은 아닌지, 그리고 결국엔 이들을 좀더 일탈 행위에 빠지게 하는 것은 아닌지 의구심을 품게 된다.

흥미롭게도 비트 문화는 힘차고 활발한 혹은 걷잡을 수 없는 공동의 육체적 흥분을 이용할 가능성을 파생한다. 이러한 육체적 흥분은 올드 재즈 댄스나 신앙부흥회에서 발견된다. 이는 자이브가 에너지 넘치는 언어라는 메일러의 주장, 'go'나 'dig'와 같은 단어에 담겨 있는 한 가지 중요한 진실이다.

우리는 재즈 음악을 들으며 가만히 발가락으로 박자를 맞추는 것 이상의 노골적인 반응은 하지 않는다. 재즈 음악은 마치 최면을 거는 것처럼 변주되기도 하고, 수정공이나 분수 혹은 난롯불처럼 청중에게 말을 걸 수도 있다. 내가 음악에 문외한이긴 하지만 재즈 음악 감상은 굉장히 묽은 죽과 같은 느낌이다. 물론 공연을 하는 사람에게 그것은 그룹의 연대를 돕고 즉흥적으로 만들어진 간단한 변주곡들을 심도 있게 흡수하도록 하겠지만 말이다.

열광적인 신체적 리듬을 경멸하는 이유를 두 가지로 압축해봤다. 첫째, 이런 몸짓은 사실 몸의 중심부보다는 몸의 말단에서 과하게 일어나는 것이며, 이는 극도의 피상적인 흥분이라서 십대에게 좀더 잘 어울린다. 그 차이는 유치한 지르박에 열중하는 것과 동양 무용이나 마리 비그만*의 '중요한' 경험을 하는 것의 차이다. 일부 젊은 남성은 동양 무용에 빠지기도 했지만, 대다수 비트족은 마치 그들의 선禪에 호흡운동이나 자세 교정이 없는 것과 마찬가지로 요가를 행하지 않는다. 비트족이 올드 재즈 댄스와 신앙부흥회를 포기한 또 다른 이유는 어쩌면 정반대일지 모른다. 에너지를 드러내는 것이 그들의 쿨함을 무너뜨릴 수 있고, 이는 당혹스러운 일이며 그렇게 함으로써 자신들이 너무 어리다고 느낄 수 있기 때문이다. 나는 이것이 그들이 사교 댄스를 '건조한' 섹스라고 경멸하는 데 대한 간단한 설명이 아닌가 생각한다. 사교 댄스의 적절한 용도 중 하나가 신체 접촉과 전희sexual foreplay를 위한 것일 때가 종종 있기 때문이다. 하지만 이 젊은이들은 기꺼이 자신들이 입고 있던 옷을 벗어던지고 자신을 드러내려고도 하며, 또는 타인과의 접촉을 위해서가 아닌 타인에게 과시하기 위해서 공개된 장소에서 정열적으로 드럼을 두드리기도 하지만 발기가 되는 것, 공공연하게 감정을 드러내는 것은 부끄러워한다.

경험이 일천한 사람이 경험을 강화할 때, 혹은 잃어버릴 세상이 많지

---

* 독일의 표현주의 현대 무용의 개척자. 독자적인 동작 이론을 세웠으며 음악 없이 혹은 타악기 반주만으로 추는 춤의 형태를 발전시켰다.

않은 사람이 자기를 초월할 때 나타나는 난처한 결과는 그 이후에 자신들이 어디에 있었는지 혹은 뭔가를 새롭게 경험했는지에 대해 확신할 수 없다는 것이다. 만약 당신이 이 세상에서 별 볼일이 없는 사람이라면 '이 세상을 박차고 나갔다'는 것을 어떻게 알 수 있을까? 이는 비트 문학에 있어 매우 중대한 문제였다. 이 세상을 잃어버린 전형적인 신비주의자는 세상으로 다시 돌아왔을 때, 그것이 비참한 일이라는 것을 잘 안다. 또한 이 세상의 관점에서 현실을 기술하려고 애쓰는 게 부질없는 일이라는 것도 잘 안다.

비트 세대 소설가들은 "그러니까 우리는 시카고를 떠나서, 그거 뭐지, 뉴욕에 갔어Like when we left Chicago, we went to like New York"라고 말하지 않는다. 사무엘 베케트는 이러한 방식으로 말하며, 그래서 그의 소설은 극도로 이상하고 지루하다. 이 소설가들은 "시카고를 떠나서 뉴욕으로 갔어we did leave Chicago and did go to New York"라고 분명하게 말하고 싶어한다. 하지만 우리가 어떻게 알겠는가? 경험할 수 있는 구조가 별로 없을 때, 즉 시카고를 떠나야 할 명분도 없고 뉴욕으로 가야 할 동기도 없을 때, 이러한 것은 굉장히 의문스러운 일이 되며 그러한 진술을 믿음직한 것으로 들리게 만들기도 어렵다. 그래서 사건이 늘어나지만 결국 플롯으로까지 발전하지는 못한다. 사실에 관한 세부 사항들이 성격이나 해석으로까지 발전하지 못한 채 그냥 늘어나기만 하는 것이다. 그 결과 비트 세대의 소설에는 현란한 문장들과 감탄사만 있다. 사건이나 세부 사항만을 반복적으로 늘리는 행위의 목적은 무엇인가 일어났다는 사실을 주장하기 위함이다. 부록 E『길 위에서On the Road』의 서평을 참조하기를 바란다.

표현력이 있는 성인들이 이처럼 묘사에 어려움을 느끼는 것은 우리가 몰랐을 수도 있는 청소년 비행에 관한 것을 상기시키려고 할 때 중요한 문제가 된다. 아슬아슬한 모험과 쾌감을 극도로 강화할 때, 심지어 끔찍한 행동을 할 때조차 그들이 행동으로 옮기고 있는 것을 반드시 경험했다고 볼 수 없기 때문이다. 그러므로 마치 이 청소년들이 행동을 하고 있는 양 취급하거나 판단하는 것은 의미가 없다.

마찬가지로 비트족도 과거를 추억하거나 반복해서 이야기하기도 한다. 그들은 하나의 집단으로 만나서 과거에 일어난 일을 정확하게 다시 얘기하고, 각자가 기억하는 세부적인 사건들을 첨가한다. 이러한 행위의 목적은 어떤 일이 정말로 일어났다는 것, 그리고 만약 정말로 어떤 일이 일어났다면 과거의 그 경험을 되살릴 수 있다는 것을 증명하려는 데 있다. 그리고 이후에도 동일하게 과거의 일을 회상하던 지금의 이 만남을 다시 이야기하게 될 것이다. 이는 어떤 남자가 직장 상사와의 다툼을 아주 세세히 꿈으로 꾸는 것과 비슷하다. 그런 꿈을 꾸는 사람의 바람은 무엇일까? 그것은 바로 현실에서 상사와 싸울 때는 화를 내지 못했지만 꿈속에서는 화를 내는 것이다. 하지만 이례적으로 비트족은 회상 속에서 화를 내지 않는다.

내가 보기에 그런 경우 강화된 경험 역시 시들해지는 게 불가피하다. 왜냐하면 그들은 경험과 또 새로운 경험을 창조할 수 있는 자연발생적이고 사교적인 세상을 충분히 변화시키지 못하기 때문이다. 그들은 노련한 경험을 구성하는 데 필요한 요소인 지식을 축적하거나 더 나은 습관을 확립하지 않으며, 가설을 가능한 것으로 만들지 못하고, 그 이상의 프로젝트를 제안하지 못한다. 한 비트족이 당신에게 마약에 취했을 때 떠올렸던 놀랄 만한 생각 한 가지를 말해준다고 가정해보자. 하지만 당신은 그것이 그 사람을 위한 상상이라는 느낌을 받진 않을 것이다. 그 생각은 누군가의 실질적인 업무와 전혀 상관없는 초감각적인 인식의 경험만큼이나 쓸모가 없다. 그래서 젊은 비트족은 그들의 창작활동으로 시와 소묘가 가득한 두꺼운 공책들을 모은다. 하지만 예술에 관한 문제가 아니기 때문에 이런 것이 작품이 되지는 않는다. 그다음에 벌어지는 일은 육체에 충분한 영양분이 공급되지 않아 뒤이어 정신도 무너지는 것이다. 바람직한 습관이 확립되지 않아서 이 젊은 비트족은 나쁜 습관에 쉽게 무릎 꿇고, 점점 더 마약에 의존하며, 의미 있는 그 어떤 것에도 관심을 두지 못하게 된다. 결국에는 이러한 삶의 방식으로 살고 있고, 자신과 잘 맞으며 문제를 해결해주기도 한 나쁜 비트족 친구들 때문에 그 생활을 포기한다.

'성난angry'이라는 단어는 '억울하고bitter, 성을 잘 내는waspish'의 의미로 잘못 통용되었다. 그러나 '패배하고 체념한defeated and resigned'이라는 의미를 담고 있는 '비트'라는 단어는 더할 나위 없이 정확한 명칭이다. 비트 세대의 대변인들은 다양한 시각에서 봤을 때, '비트'라는 단어가 라틴어 Beatus, 즉 "축복받은blessed"을 의미한다는 말로 우리를 설득해왔다. 그러나 곧 '머리가 혼란한punchy'이라는 의미도 지니게 됐다.

7

로런스 립턴은 '일work'이라는 단어는 늘 '성교하다'의 의미를 지닌다고 우리에게 말한다. 해야 하는 일은 '일gig'이다. 이는 괜찮은 생각인데, 왜냐하면 섹스는 노력을 요하긴 하지만 강한 감정이 담겨 있고 생산적이기 때문이다.

예술가들이 하는 그런 성관계를 하는 비트 세대 화가들을 제외하면, 비트 세대의 성적 욕구는 형편없어 보이는 범법적인 성적 욕구와 달리 전반적으로 상당히 양호하다는 인상을 받았다. 동물의 육체는 그들만의 리듬과 자기 한계를 지니고 있다. 이러한 점에서 섹스는 마약을 하는 것과는 완전히 다르다. 그래서 억제력이 완화되고 경험을 얻고자 하는 용기만 있다면, 자연적인 만족감을 얻는 게 충분히 가능하다. 주변에서 젊고 예쁜 비트 커플을 많이 볼 수 있다. 물론 내 눈에는 그들이 예쁘지만, 추하다고 느끼는 사람들도 있을 것이다. 자만심이나 '자기 입증'의 욕구는 주요한 요소가 아니기 때문에 거기에는 애정이 존재한다. 동성애와 양성애는 대수롭지 않은 문제로 간주된다.

그러나 '여성들은 무엇 때문에 비트족과 함께 다니는 것일까?'라는 의문은 여전히 남아 있다. 특유의 비트 문화는 미국의 전형적인 삶과 달리 사실상 남성, 실제로 무엇인가를 '탐색하는' 젊은 남성을 위한 것이다. 이 젊은이들은 상냥하고, 독립적이며, 사고가 자유롭고, 다정할뿐더러 어쩌면 신의도 있고, 섹시하기까지 하다. 이는 대단한 미덕

　　　　9장　일찌감치 체념하는 사람들

인데 대체로 미국 남자들에게서는 찾을 수 없는 요소이기 때문이다. 하지만 비트족은 책임감 있는 남편이나 아버지가 되지 못한다.

몇 가지 성립 가능한 성적 유대관계가 있다. 패첸의 파티에 등장했던 한 여성을 기억할 것이다. 그녀는 자신이 동행했던 젊은이를 도와 달라고 부탁했었다. 그녀와 그 남자의 관계는 모성애적인 것이다. 그녀는 이 남성이 자신을 찾고 성인 남자가 될 수 있도록, 그리하여 어쩌면 성인 남자로 성장해 그녀와 결혼할 수 있도록 돕는 일에 헌신하고 있다. (일반적으로 그렇다는 이야기지, 이 사례가 정말로 그렇다는 뜻은 아니다.)

또 다른 가능한 관계는 뮤즈 혹은 모델이다. 비트족 청년은 그녀에게 시인이자 예술가이며 자신을 중요하다고 느끼게 해주는 사람이다. 이것은 그녀의 여성적인 자아도취 혹은 페니스 선망에 대한 만족감이다. 이 관계는 종종 이 남성의 미술 놀이를 터무니없이 과대평가하고, 현실적으로는 될 수 없는 예술가가 돼야 할 것 같은 무리한 부담을 이 남자에게 지운다.

간혹 술집 같은 데서 한심한 장면을 목격할 때가 있다. 그 술집에서는 품위 있고 체격이 좋은 젊은 노동자들이 쓸쓸하게 앉아 젊은 아가씨들을 찾거나 심지어 다정한 말 한마디라도 붙여보고 싶어한다. 젊은 노동자는 자신이 '보잘것없는 사람'이라고 느낀다. 그들은 비트족도 아니고 예술가도 아니다. 그들에게는 대화에 '낄' 만한 게 아무것도 없다. 한편 젊은 여성들은 큰소리로 자신의 의견을 말하는 비트족에게만 관심을 보인다. 하지만 비트족은 이 젊은 여성들을 위한 삶을 살지는 않을 것이다. 오히려 술집 안의 나머지 젊은이들은 남편이 될 수도 있고 아이의 아버지가 될 수도 있다. 그러나 만약 체격이 건장한 한 젊은이가 마침내 용기를 내서 한 아가씨에게 말을 건다면, 그녀는 무참하게 퇴짜를 놓을 것이다.

립턴은 여성들이 방랑생활을 하는 집시들을 따라다녔던 것처럼 비트족을 따라다닌다고 전한다. 하지만 그의 말은 별로 설득력이 없다. 왜냐하면 집시는 무소속으로 자신의 부족, 아내, 자녀들, 자기 소유의 동물들과 함께 이동했으며, 중세 발라드에서 집시는 재주가 뛰어난 캐릭터로 나온다. 집시는 비트족처럼 뭔가를 찾아 헤매는 체념한 젊은 남자와는 다르다.

마지막으로 비트족에 속하고 계급 척도에 반감을 품은 젊은 여성들도 있다. 아마도 이 여성은 불행한 결혼생활을 버리고 떠나왔을 수도 있고, 혼외 자녀를 낳았을 수도 있으며, 흑인과 사랑에 빠졌을 수도 있고, 사회 '안'에서는 아무런 지원이나 자선도 받을 수 없었는지 모른다. 그래서 그들은 좀더 관대한 비트족 사이에서 살아가는 삶을 선택하고, 함께 사는 이들을 위해 포즈를 취하거나 그들의 원고를 타이핑해줌으로써 그 안에서 의미를 찾고 있는지도 모른다.

8

다시 말하지만, 비트족은 유리한 위치에 있지 않기 때문에 결코 좋은 성과를 낼 수 없다. 비트족인 젊은 남성 개개인은 조직화된 시스템으로 되돌아가느냐 아니면 절망한 채 룸펜 프롤레타리아 계급으로 떨어지느냐의 기로에 서서 위협받고 있다. 그럼에도 문화적으로는 많은 장점이 있다.

단도직입적으로 비트족의 정치적 관점은 인상적이지 않다. 그들은 너무 힙hip한 데다 사회는 달라지지 않는다고 확고하게 믿는다. 명백하게 그들은 반전주의자이며, 특히 원자폭탄 문제에 대해 목소리를 높인다. 비트족과 다른 논평가들은 그들이 겪는 종교적 위기의 이유를 설명하고자 원자폭탄을 자주 언급하지만 이는 설득력이 없다. 그들의 비판은 대부분 논쟁적이고 자기방어적인 것처럼 보인다. 이를테면 "높으신 양반들, 당신들이 원자폭탄까지 투하해놓고, 내가 대마초 피우는 것에 대해 감히 뭐라고 할 자격이 있어?"라는 식이다. 「더 커넥션The Connection」에서는 극중에 헤로인을 옹호하는 변론으로 이런 말이 노골적으로 언급된다. 하지만 일반적으로 비트족이 한 가정의 어머니 혹은 상식이 있는 보수주의자만큼 핵무기 문제를 걱정한다고 생각하지는 않는다. 비트 세대를 대변하는 작가 중 한 명이 히로시마 원폭 투하에 관한 장문의 연설문을 썼는데, 이에 대해 비평가 조지 데니슨은 다음과 같이 논평했다. "그는 사람들이 자기가 아닌 히로시마에 떨어진 원자폭탄에만 관심을 둬서 화가 난 것처럼 보였다."

동시에 비트족의 평화주의는 진심이고, 심지어 그들이 보수주의자들에게까지 보여주는 다름에 대한 관대함은 존경스러울 정도다. 물론 『타임』지 같은 혐오스러운 계급의 적들, 주택 문제, 혹은 사기꾼 같은 직업 소개소는 예외다. 비트족은 도서, 특이한 음반, 그리고 섹스에 관해 높은 문화적 수준을 보이고 이에 더해 동물적 만족감을 바탕으로 빈곤에 전념한다. 또한 그들이 만든 공동체의 창의성은 독특하다. 비트족이 성취한 이러한 업적을 고려했을 때, 그들은 자본의 중요성에 대한 정치적 진술을 뒷받침하는 근거 그 자체인 것이다. 즉, 사람은 조직화된 시스템 안에서 행동하고 권위의 지배를 받을 때보다 혼자서 앞뒤 생각하지 않고 행동할 때 분노, 적대감, 나태함, 혹은 어리석음을 표출하지 않고 더 잘할 수 있다. 무엇보다 비트 세대는 소외 계층이 아니다. 그들은 유용한 교육을 받았고, 그들의 빈곤은 부분적으로는 자발적인 것이다. 다른 사람들이라고 그러지 말란 법은 없지만 그들은 더 발전하지 않고, 퇴보를 자초하며, 책임을 떠맡는 걸 매우 힘겨워하는 것 같다. 하지만 비트족은 흥미롭고 평화롭게 살아가고 있다.

한 가지 중요한 측면에서 그들의 공동체 문화는 훨씬 더 효과적인 것이 될 수 있다. 공동체 환경에서의 재즈와 드럼에 대해서라면 말이다. 비트 세대는 아이티처럼 원시적인 모델을 선택했다. 만약 그들이 발리인들의 춤에 대해서 좀더 빠져든다면, 무엇인가를 배우려 할 것이다. 말하자면 브로드웨이 무대에 올라오는 발리 댄스가 아니라 발리 댄스의 본고장에 존속하는 그대로를 배울지 모른다. 발리 댄스의 본고장에서는 구경꾼들이 인도네시아 전통 음악 연주에 맞춰서 갑자기 황홀경에 빠져 쓰러지거나, 아니면 무엇인가에 홀려서 자해를 하기도 한다. 그들의 이상한 행동은 공동체 친구들이 나서서 구해주기 전까지 계속된다. 프랑스 사진 작가 카르티에 브레송은 이 모습들을 사진에 훌륭히 담았고, 비트족 사이에서 성서본위주의자가 되어가고 있는 앙토냉 아르토는 그들의 열렬한 지지자였다.

9

비트 문학과 종교는 무지하고 천박하지만, 두 가지 중요한 특성을 보인다. 먼저, 비트 문학과 종교는 실존 상황에 기초를 두고 있으며, 어떤 상황이든 그것을 도덕주의적으로 혹은 부당하게 판단하지 않는다. 바로 이러한 면에서 헨리 밀러는 비트 문학의 아버지가 맞다. 그들의 경험은 틀림없이 중단된다. 밀러의 경험도 늘어나지 않기는 마찬가지다. 그들의 종교는 현실에서 실행하기 어려운데, 이는 애국적 충성심, 오랜 수련 기간, 안정적인 생계가 보장되지 않는다면 아무도 선불교의 관점에 따라 섬광 같은 현재를 호기롭게 마주할 수 없기 때문이다. 그럼에도 비트족의 글은 근사한 외관을 갖추고 있다. 그리고 그들의 글은 경험 그 자체이다. 그것은 허황된 것이 많지만 대체로 우리가 지금까지 미국에서 접해온 다른 글에 비해 더 근원적이다.

비트족의 문학 양식이 지니는 또 다른 가치 있는 특징은 반성이나 논평이 아닌 행동으로 옮기기 위해 노력의 일환이라는 것이다. 하지만 큰 차이를 만들어낼 만한 영향력이나 매력이 없기에 그들의 대화나 경험에서 이런 행동은 큰 도움이 못 된다. 그렇더라도 공동체 낭독회에 일상적인 차림으로 나타나거나 규칙을 위반하고 끊임없이 다른 사람들에게서 생생한 반응을 이끌어내려는 노력, 그리고 독창적인 연주, 특히 그 연주가 발리 댄스와 가까울수록 이것들은 이제까지 우리가 『케니언 리뷰Kenyon Review』나 『파르티잔 리뷰Partisan Review』에서 접했던 문학 비슷한 것이라기보다는 오히려 살아 있는 행동으로서의 예술과 문학을 향한 접근이라 볼 수 있다.

종교와 관련해서 비트족은 교정의 여지가 있는 실수를 저지르고 있다. 비트족이 지향하는 종교는 지나칠 정도로 품위가 있어서 그들 집단이나 이 시대에는 적합하지 않은 봉건주의석인 선불교보다는 선불교의 조상 격인 도교에 더 가깝다. 도교의 도道는 자발적인 빈곤에 대한 신념으로, 독자적인 고결함을 유지한 채 삶을 치열하게 살아가는 행위에서 뭔가를 얻어낼 수 있다는 가르침을 준다. 비트 세대가 의도한 대로 이는 독자적 무정부 상태 혹은 소집단 무정부 상태다. 만약 이 점을 충분히 생각하면, 비트 세대는 더 나은 조건에서 생계를 확보하는 방법을 깨닫게 될 것이다. 그리고 어쩌면 그들은 더 많은 세상을 얻게 될지 모른다. 도道는 또한 신체와 신체의 숨 쉬기에서 얻은 신성한 경험을 가르쳐준다. 이런 점에서 도는 비트족이 높이 평가하면서도 추종하지는 않는 독일의 정신분석학자, 빌헬름 라이히의 신조와 비슷하다. 그들이 좇고 있는 마법은 자연적이고 집단적이기에 고대 미신이나 현대 마약에 크게 의존할 필요가 없다.

가장 중요한 것은 도가 혼란의 축복에 대해 가르친다는 것이다. 도는 계몽이 된 것도 아니고 세상 이치를 잘 알지도 못한다. 혼란은 가능성의 상태, 뜻밖의 일이 또다시 일어날 수 있는 비옥한 무無의 상태다. 사실 혼란은 우리가 살고 있는 상태 그 자체이며, 이를 가꾸기 위해서 우리는 현명해져야 한다. 만약 젊은 사람들이 현재 몸부림치고 있지 않다면, 도the Way를 따라가지 않고 있는 것이다.

현자는 암울한 혼란에 빠져 있다. 말하자면 이런 식이다. "통로를 막아라, 문을 닫아라…… 그 어디에도 속하지 않았던 것처럼 나는 축 늘어져서 떠돌아다닌다…… 그래서 나는 우둔하다. 인간은 누구나 어느 정도 쓸모가 있다. 나 혼자만 고집이 세고 버릇도 없다."

힙hip한 것도 마찬가지로 혼란스럽다.

통용되는 은어의 기본 어휘는 "난들 아나" "농담이야" "네게 힌트를 줄 수 없어" "애매한데" "창조적 영혼이 나타나길!" 등이다.

_1_

비트 세대에게서 우리는 문화적으로 유용한 것을 배울 수 있다. 경제적 소외 계층인 이민자와 비슷한 지위의 대도시 소외 계층에서 나타나는 청소년 범죄에 대해 살펴보며 교육의 혜택을 받지 못한 아이들의 문제를 다뤄보자. 청소년 범죄자에 대한 합법적 구속 및 유죄 판결은 평균 15~16세부터 가능하다. 더 이른 나이에도 범법 행위는 가능하겠지만, 대개 열두세 살 때부터 일어난다. 이 시기의 아이들은 거의 학교에 나오지도 않으며, 학교에서 배우는 것도 거의 없다. 소위 '비행 청소년 하위문화'는 몇 가지 매력적인 특징을 띠고 있다. 하위문화 속에서 실행하거나 모방할 만한 것은 없지만, 비행 청소년들이 벌이는 싸움, 즉 그들이 저지르는 범법 행위의 기록은 우리 사회를 세세하게 살펴보는 데 유용하다.

청소년 범죄에 관한 분석이나 통계 수치는 대부분 사회복지 단체,

경찰, 소년원 등에서 제공한다. 어떤 의미에서 우리는 범죄 실패의 관점에서만 청소년 범죄를 알고 있는 것이다. 즉, 질풍노도의 시기를 심하게 겪고 있고 체포나 당하는, 능력이 다소 뒤떨어진 남자아이들에 대해서만 알고 있다는 뜻이다. 하여 정교한 조사를 하기에 부속하브로 지금부터 금지된 행위를 하고 반항의 차원에서 벌이는 범죄 행위와 체포당하기 위한 범죄 행위를 구분하기 위한 시도를 해보려 한다. (자연스럽게 '내 생각에는' 같은 표현이 자주 나올 것이다.)

2

지금까지 우리는 청소년 범죄에 완성도가 높은 표준적인 청소년 범죄 이론을 적용해왔다. 청소년 범죄 이론을 다시 한번 정리해보자. 어린 나이에 저지른 청소년 범죄는 관점에 따라 '관대'하거나 '대수롭지 않게' 치부된다. 비행 청소년은 학교에 무단결석하고, 가능한 한 빨리 학교를 중퇴하려 한다. 그렇게 하는 것이 이 아이들에게 실패를 의미하는 것은 아니다. 학교의 재정은 빈약하고 이 청소년들을 학교에 잡아두고 현대사회에서 자립 가능한 삶을 살 수 있게 교육하는 정책에 대부분 호의적이긴 하나 대체로 실패로 끝날 가능성이 높다.

학교를 그만둔다는 것은 가정의 감독을 덜 받고, 더 많은 자유를 누리며, 길거리에서 무엇을 할지 궁리하게 된다는 것을 의미한다. 중산층이나 규제가 더 심한 빈곤층 아이들에 비해 제약을 덜 받는 이

10장 어린 운명론자들

청소년들은 어린 나이에 좀더 화려한 성 경험을 하게 될 수도 있다. 이로 인해 일찍부터 곤경에 빠지기도 하며 이런 문제가 반복된다. 그러다가 다른 아이들보다 성적 모험심이 위축된 인간으로 성장할 수도 있다. 내 생각에 그러한 결과는 일반적이지만, 실제로 그런 일이 일어난다면 분명 심각한 문제임에 틀림없다. 억압된 성적 욕구는 그들로 하여금 돌파구가 될 만한 점점 더 강도 높은 흥분거리를 찾아 나서게 만들기 때문이다.

상대적으로 나이가 많고 여자아이들과 활발하게 접촉하는 비행 청소년이 경찰에 체포되어 통계 수치에 반영되지는 않았을 것이라 생각한다. 성적 모험이 집단 활동으로 이어지는 경우는 없기 때문이다. 그리고 성 경험이 성공한다면 비행 강도를 높여 처벌을 받아야 하는 위험에 처할 가능성을 줄여준다. 성 경험은 언제나 '해야 할 무언가'를 제공한다. 즉, 성적 표현은 '범죄 행위'와 양립 가능하며, 어쩌면 '범죄 행위'에 도움을 줄지 모른다. 하지만 체포당하는 것이 목적인 범죄 행위와는 양립하지 않는다. 어림짐작이지만, 프레더릭 밀턴 스래셔의 다음 두 가지 진술을 고려해볼 필요가 있다. "갱 조직 내에서 섹스는 명백히 이차적인 활동이다. 특히 이런 비행 청소년 집단 안에서 그것은 구성원들의 주요 관심사인 대립이나 모험에 예속돼 있다." 하지만 "성적으로 굉장히 적극적인 이런 집단은 생각보다 훨씬 규모가 클 것"이다. 다시 말해 그런 비행 청소년들은 경찰 당국에 잡히지도 않고 그래서 통계에 반영되지도 않는다는 뜻이다.

이런 청소년 대부분은 할 일이 없고, 앞으로도 의미 있는 일을 하게 될 가능성이 낮다. 그들은 자신이 쓸모없다고 생각하고 죄책감을 느낀다. 그리고 이러한 감정은 가족을 향한 비정상적인 반항심을 통해서 강화되곤 한다. 이때 이 청소년은 반항의 가해자이기도 하고, 부모에 대한 아이의 반항 행위는 심리학적 기제에 따라 자기 자신에게로 향하며 죄책감을 느껴 피해자가 되기도 한다. 이러한 감정의 반작용으로 청소년은 계속해서 스스로를 증명하려는 특유의 자만심에 취한 자아상을 개발한다. 자신은 어린아이가 아닌 남자이며, 무능하지 않고 유능하다는 것, 그리고 다른 이들 못지않게 자신도 쓸모가 있다는 것을 증명하려고 한다.

자만심과 반항적인 태도는 소외되고 불우한 그들의 사회적 상황과 맞닥뜨릴 때 모욕감으로 변한다. 반면 덜 적대적인 가정에서 성장하고, 학교에 대해 좀더 관대한 태도를 보이며 어쩌면 성적 고민에 휘말리지 않는 운 좋은 다른 빈곤층 소년들은 수월하게 적응한다. 소수 인종은 정말로 모욕을 당하기도 하고 혹은 모욕당했다고 느끼기도 한다. 적대적인 가정 분위기, 자만심, 소외 계층에 대한 모욕이 복합적으로 작용해서 청소년들은 불만을 품고, 평범한 사회와 전쟁을 하게 된다. 그리고 이들은 사회가 정한 법을 위반하면서 자신들만의 재미를 느끼고 승리감을 얻는다.

그들은 비행 청소년 집단에 스스로 뛰어든다. 긍정적으로 보면 이를 통해서 이 소년들은 자부심을 느끼면서 어딘가에 소속될 기회를 얻는다. 이와 같은 소속의 부정적인 측면은 순응을 통해서 각자의 자만심을 보호하려 한다는 점이다. 셸던 글뤼크과 엘레노어 글뤼크 부부나 다른 범죄학자들의 연구 결과에 따르면, 청소년 범죄자들은 보통의 청소년들보다 더 자유로운 편이다. 하지만 그들은 오히려 자신들의 집단 내에서는 철저히 체제 순응적이며 소속된 집단은 상당히 만족스러운 공동체적 특징을 보인다. 친구들끼리 함께 생활하고 일하며 공동체 구성원이 되어 성적 욕구를 그대로 공유하고, 세상의 재산에 무관심하듯 서로의 재산에도 무관심하다. 하지만 이 조직은 개인적인 애정이 결여되어 있고, 성인이 되면 갑자기 단절되는 공동체다. 성장할 수 있는 기반이 되어주지는 못한다. 이와 같은 갑작스러운 공동체 분계分界는 1세대 이민자 부모 집단에서 더 뚜렷하게 나타난다.

폐쇄된 방과 쥐 경주 모델을 이야기할 때 중산층과 노동자 계층의 성실한 청소년들에 대항하기 위해 결성된 비행 청소년들과 조직화된 시스템의 중간 계급 간의 은밀한 동맹에 대해 언급했다. 이 은밀한 동맹을 통해서 문화 영웅, 쿨한 행동 규범, 그리고 냉소주의적 가치를 교환한다. 요즘 세태를 고려하면 이 관점이 A. K. 코언의 주장보다 더 현실적인 듯하다. 코언은 "범죄를 저지르지 않는 코너 보이 문화는 중산층의 도덕성과 타협하는 반면, 비행 청소년들의 하위문화는 그렇지 않다. 비행 청소년의 하위문화는 고상한 계급 체계에 대해 부정적 입장을 분명하게 표시한다. 그래서 그들의 하위문화에서는 가장 모범적인 대학생보다 자신들을 위에 둔다"고 주장했다. 사실은 그 정반대다. 범죄를 저지르지 않는 덜 거만한 코너 보이는 일상적으로 변변치 못한 만족이라도 얻어왔기 때문에, 집단으로 몰려다니면서 체포될 필요가 없을지도 모른다. 코너 보이는 중산층의 도덕성과 '타협하는' 게 아니라 그것에 대해 별로 신경을 쓰지 않는다. 반대로, 성매매까지 하는 비행 청소년들은 자신이 스포츠카를 탄 영화 속 영웅이라는 환상에 빠져 있는 게 분명하다. 그리고 미국적인 화려한 삶을 동경하지만 자신들이 보유한 자원은 형편없는 현실과의 괴리에서 내적 갈등을 겪으며, 이것이 그들의 분노를 더욱 악화시킨다. 어쩌면 비행 청소년들만이 미국적 삶의 방식을 완전히 진지하게 받아들이고 있을지도 모른다. 바로 이 점을 비행 청소년 사회 내에서 청소년 문제를 바라보고자 하는 배런과 같은 연구자들이 있었다. 편법, 공허한 자극, 행동의 수위 강화, 그리고 정직한 노력과 목표에 대한 경멸 등과 같은 비행 청소년의 행동에 모델을 제공하는 것이 바로 조직화된 시스템의 힙스터적인 태도이기 때문이다.

요컨대 우리는 어린 나이에 경험하는 자유, 소외 계층의 좌절감, 반항적인 자만, 조직 안에서의 순응에 대해 살펴보았다. 글뤼크 부부가 심혈을 기울인 연구를 통해 체포된 비행 청소년들의 성격을 들여다보면, 우리가 이야기하고 있는 젊은 영웅의 성격과 굉장히 비슷하다는 것을 알 수 있다.

그는 쾌활하고, 외향적이며, 자제력이 약하고, 손으로 하는 일을 선호하며, 더 공격적이고, 실패와 패배를 덜 두려워하며, 좀더 독립적이고, 더 적극적이며, 덜 순종적이고, 일반적인 기대에 부응하려는 욕구도 적다. 이는 긍정적인 힘이며 유년기의 생존법에 가깝다. 하지만 좌절감은 '충동적이고 자아도취적인' 반응으로 나타나고, '적대적이고, 반항적이며 의심이 많고, 파괴적이고, 사교적이지 못하고, 인정받지 못한다고 느끼고, 방어적이며, 비협조적인' 자질들이 반항적인 자만심으로 나타난다. 우호적인 도움이 필요하다는 생각으로 놀이를 할 때는 사교적으로 변하는데, 이는 긍정적 특성으로도 혹은 부정적 특성으로도 해석할 수 있다.

하지만 명심할 것은, 이러한 자질이 소년원에 수감된 평균 이하의 소외 계층 청소년들의 특징으로 이는 꽤 비슷한 여건에서 살아가는 非비행 청소년의 성격적 자질과 비교된다. 그렇기 때문에 이는 평균보다 재능 있는 청소년들, 범죄 성향을 타고났거나 아예 지니고 있지 않은 청소년들에 대해서는 아무것도 알려주지 못한다. 이런 경우의 특성상 이들에 관한 통계 자료는 수집하기가 어렵다. 예를 들어 금지된 행동은 비밀 유지를 위해서 지능적으로 수행해야 하고, 공범자도 너무 많으면 안 된다. 그렇다면 얼마나 많은 재능 있는 아이들이 얼만큼 비행을 저지르고 있는지 우리가 어떻게 알 수가 있을까? 그리고 중산층 가정의 비행 청소년들은 소년원 대신 "당신의 아들을 남자로 만들어주겠다"고 장담하는 사관 학교와 같은 곳에 보내어진다는 점을 염두에 두자.

이런 관점에서 볼 때, 통용되는 청소년 범죄의 본질적인 특성은 체포당해서 처벌받고 통계 수치에 반영될 것이 확실한 성격과 행동이라고 할 수 있다. 이러한 특성을 나열하는 것이 유의어 반복이라고 생각하진 않는다. 이를 통해 금지된 것을 함으로써 반항하는 청소년 범죄와 체포당하는 것이 목표인 청소년 범죄를 구분할 수 있기 때문이다. 체포당하는 게 보장된 범죄 행위는 다음과 같다.

(1)만족감을 느낄 수 없다는 이유로 충동적으로 한 가지 행동을 반복하기. 이 반복된 행동을 일상적으로 시도할 때 경계심과 사려분

별력이 떨어지는 경향이 있다. 뿐만 아니라 체포당할 가능성도 배가시킨다. 그리고 이것은 다음과 같은 결과를 초래한다.

(2)감정을 강화하기 위해서 행위의 강도를 높임. 이는 십중팔구 비극적인 결과를 초래한다.

(3)반면 체포당한 청소년은 나쁜 짓이나 금지되거나 반항적인 행동, 또는 악의적인 행동에 빠지는 대신에 심오한 운명론적 태도를 보인다. 이는 그에게 일상화된 강박 행위 혹은 무가치한 경험에서 구출되어 '의미 있는' 권위와 처벌의 시스템으로 돌아가고픈 무의식적인 욕구가 있음을 의미한다. 범죄 행위는 마치 권위자를 괴롭히고 도발하기 위해서, 권위자의 관심을 끌어내기 위한 의도적 행동처럼 보인다. 자신이 혼자 생각하고 행동에 옮긴다고 생각하지만, 사실 그는 '독립적'이지 않다.

(이쯤에서 한 영국 소년에 관한 이야기를 하자면, 이 소년은 누군가가 그에게 착한 아이라고 불러주길 기대했기에 우선 시계를 훔친 다음 주인에게 주었다고 말하면서 시계를 돌려주었다. 이 소년이 두 번째로 기대했던 것은 누군가가 "그는 나쁜 애"라고 말하는 것이다.)

(4)패거리 집단은 심리적 지지를 위한 하나의 시스템이다. 하지만 그 집단에 동조하는 것 또한 체포당할 가능성을 높인다. 무리지어 다니기에 눈에 잘 띄고, 내집단 결집과 그로 인해 형성된 습관이 금방 주변의 관습과는 상당히 달라지기 때문이다. 그저 동료를 흉내 내던 소년은 안전한 행동이 무엇인지, 다른 사람들이 분노하게 되므로 숨겨야 할 행동이 무엇인지를 잊어버린다. 한없이 비밀스럽고 수상쩍은 소년은 구부정한 자세, 입고 다니는 옷, 그가 내뱉는 모든 말을 통해

서 자신의 본모습을 드러낸다. 또한 패거리 집단에서는 개인적으로는 하지 않는 도가 넘치는 일을 서로 하라고 부추기기도 한다. 당연히 이러한 상황은 애초에 무엇이 '올바른' 행동인지 모르는 문화적 소수 집단 사이에서 더욱 악화된다. 예를 들어 스페인계 청소년들은 자신들의 관점에서 완벽하게 수용 가능하리라 생각한 행동에 대해 부정적 평가를 받을 수 있다.

체포당하는 것을 확실하게 담보하는 이 네 가지 조건이 청소년 범죄를 흥미로운 문화 연구의 소재로 만드는 게 아닐까? 청소년 범죄는 받아들일 수 없는 세상 안에서 청소년들이 포기하지 않고 삶을 살아내고자 하는 무기력한 몸부림이기 때문이다. 얼핏 들으면 그럴듯하지 않지만 깊이 생각해보면, 이러한 운명론이 매우 종교적인 태도라는 것을 알 수 있다. 이러한 태도는 도스토옙스키가 우리에게 전달하려 했던 것과도 크게 다르지 않다. 하지만 그가 창조한 인물 대부분은 성인 범죄자들이다. 우리 시대의 프랑스 극작가 장 주네는 불운한 범죄 문화야말로 설득력 있는 시와 사고 체계라고 보았다. 청소년 범죄의 운명론은 종교적 열정과 내용 면에서 청소년기가 맞이한 종교적 위기와 같다. 길 위에 서 있는 그들은 자신들이 쓸모없고 버려졌다고 느끼며 소년원에 들어가면 집에 돌아온 듯이 받아들여질 것이다.

이런 운명론은 압도적이고 받아들일 수 없는 어떤 것에 직면했고, 한 범죄학자는 다음과 같은 신랄한 표현으로 설명한다.

걸으로 드러나는 증상과 같은 행동이나 즉각적인 관찰이 가능한 행동의 원인을 다루는 것이 청소년 범죄의 근본적인 원인을 도려내는 것보다 훨씬 쉬우며, 그래서 좀더 '실용적'이라는 것을 인정해야만 한다. 근본적 원인이 명백하게 드러났을 때, 이 문제를 뿌리 뽑기 위해 얼마나 깊이 들어가기를 원하는지 자기 자신에게 물어야한다. 예를 들어 우리가 많은 물질적 만족을 희생하거나 인종적 편견을 기꺼이 포기할 준비가 됐는지와 같은 질문 말이다.(도널드 태프트)

4

흔히 '청소년 범죄'라는 용어를 쓰지만 이 용어는 상당히 모호하다. 먼저, 앞서 이야기한 대로 금지된 것을 하는 반항적인 행동과 체포당하는 것이 목표인 행동을 구분해야 한다. 그다음, 사회적으로 금지된 행동 가운데 바른 생각과 정신을 지닌 소년이라면 당연히 해야 하고, 여건이 되면 언제나 할 법한 행동과 타인에게 해를 미치거나 사회를 혼란에 빠뜨릴 수 있는 행동을 구분해야 한다. 여러 관계 당국에서 지적했듯이, 이런 행위들과 관련하여 그들이 내린 판결과 우리가 알고 있는 정보 사이에는 상당한 차이가 있다. 중산층과 상류층 가정의 청소년 범죄는 재판에 회부되거나 사회 기관에 귀속되는 경우가 거의 없다. 백인 소년들은 대개 풀려나거나 보호 관찰에 처해지지만, 흑인이나 스페인계 소년들은 사회로부터 격리 수용된다. 소년들이 선도

10장   어린 운명론자들

불가능한 상태에 빠지거나 성범죄를 저지르면 가볍게 여기는 반면 비슷한 상황에 놓인 소녀들은 엄중하게 다룬다. 그래서 청소년 범죄에 관한 많은 통계 수치와 분석이 일치하지 않는 경우가 부지기수다. 체포당하는 것을 목적으로 하는 요소를 제외하고 청소년 범죄가 무엇인지에 대한 정확한 개념이 정립되어 있지 않다. 물론 이 한 가지 요소만으로는 불충분하다. 체포당하는 것과 금지된 것을 하는 행위는 모종의 불가분의 관계에 있기 때문이다.

그렇다면 다르게 접근하여 청소년 범죄의 개념이 무엇인지를 찾는 대신, 삶을 위해 몸부림치면서 성장하려 애쓰는 소년과 실질적인 기회가 없고 그 소년이 받아들여지지 않는 사회 사이의 간극에서 발생하는 일련의 처벌 가능한 행동으로 주제를 확대해볼 수 있다. 대략 이 행동의 주요 특징적인 단계를 6단계로 집약할 수 있다.

(1) 사회가 좀더 상식적이라면 반사회적이라 할 수 없는 행동

(2) 불순한 의도는 없었지만 그 결과가 파괴적이고, 따라서 통제가 필요한 행동

(3) 의도적인 반사회적 행동

(4) 붙잡혀서 처벌받는 것을 겨냥한 행동

(5) 범법 행위는 아니지만 반드시 통제가 필요한 패싸움

(6) 사회가 비행 청소년이 아닌 청소년을 비행 청소년으로 취급하고, 예방 및 교정을 시도하면서 부차적으로 생긴 청소년 범죄

5

(1)반사회적이지 않지만 처벌받는 행동은 가장 아싱적이고 어떤 행동은 기백이 넘치기도 한다. 여기에는 법원에 출두해야 하는 불편함과 약간의 손해배상금을 동반하는 무단 침입이나 소란 행위가 포함된다. 또한 대부분의 성적인 행동, 가출과 무단결석 등이 이 범주에 속한다. 명백히 심각한 '절도'까지도 포함된다.

무단 침입이나 소란 행위는 그 자체로 많은 것을 시사한다. 모든 것을 재산이자 질서로 여기는 경우, 규칙을 어기지 않거나 때론 사물을 부수지 않고서 쾌활하고, 적극적이며, 민첩하고, 캐기 좋아하며, 모험적인 성격이 형성되기는 어렵다. 이는 전반적으로 동의가 이루어진 부분이며, 대체로 경찰은 합리적이다. 그러나 여기서 문제 행동은 감정의 열기가 상승하고 청소년 비행을 유발한 일차적인 원인과 마주할 때, 즉 욕설을 주고받고 보복 행위가 필요할 때 발생한다. 예를 들어 경찰의 무례한 태도에 소년들이 화를 내는 경우, 혹은 한 바보 같은 경찰이 순찰차에서 뛰어내리려고 하는 아이들을 태우고 그냥 출발했을 때 아이들이 보복하기 위해 순찰차 타이어에 구멍을 내서 주저앉게 만든다면 이는 문제 행동이 된다.

대부분의 성적인 행동은 더 많은 만족감을 주고 상당히 오랫동안 지속되며, 설령 발생한다고 해도 경찰이 이를 완전히 무시하기도 한다. 성적으로 어떤 사회적 비난도 받지 않을 경우, 그 피해의 정도는 훨씬 덜하다. '미성년자의 도덕관념을 타락시키는 것'에 대한 무관심 혹은 해로움에 관해 논의가 필요할지도 모른다. 하지만 그런 생각 없이 지금까지 잘 버텨왔다. 유능한 관계 당국에서는 대부분 단순한 행동에 뒤따르는 감정보다 성적인 행위가 동반하는 두려움과 수치심이 더 많은 피해를 초래한다고 말한다.

> 일반적으로 자위는 그 자체로는 해로운 영향을 미치지 않는 습관 중 하나이지만 행동 장애의 근원 중 하나다. 이는 사회적으로 강한 비난을 받기 때문이다. (…) 단순한 청소년 성범죄자를 시설에 가둬야 하는 합당한 이유를 찾기 [어렵다.] 효과적인 대책이 되려면 [이런 여자아이들을 돕는 것과] 규제와 오명은 반드시 분리되어야 한다.
>
> ―도널드 태프트, 『범죄학Criminology』

무단결석의 잘못을 입증할 책임은 많은 청소년을 멍청이로 만들고 있는 학교에 있다. 청소년의 무단결석은 일종의 자기방어적인 행동이다. 당연히 길거리를 방황하면서 돌아다녀도 배우는 게 아무것도 없기는 마찬가지다. 해결책은 어렵지만 간단하다. 아이들이 옳다고 판단하고 어떤 대가를 치르든 좋은 교육을 제공하면 된다.

똑같은 생각을 부랑아 문제에도 적용할 수 있다. 어떤 아이가 거처나 지원 수단도 없이 가출했을 때, 술에 찌든 난폭한 부모의 집을 떠났다거나 가치 없고 지루한 상황을 견디기 힘들어 탈출했다거나, 혹은 어떤 이유로 수치심을 느끼고 있다는 추론을 하는 것은 그다지 어렵지 않다. 이런 경우, 그 아이에게 뭔가 가치 있는 일을 제공하고 위로를 해주면 된다.

그러나 차량 절도와 같은 훨씬 더 엄중한 범죄에 있어 입증 책임의 원칙을 생각해보자. 범죄로서 차량 절도가 중요한 이유는 순전히 가격이 비싸기 때문이다. 난폭 운전이 초래하는 진짜 사회적 위험은 차량을 훔친 청소년들뿐 아니라 자동차에 푹 빠진 모든 청소년에게 발생한다. 1959년 한 해 동안 발생한 모든 차량 절도 사건 중 68퍼센트를 차지하는 청소년 차량 절도는 훔친 차량을 타고 재미삼아 돌아다니는 게 목적이다. 예를 들어 스페인계 청소년 무리 하나는 훔친 차량을 타고 다니다 제자리에 다시 가져다놓는 무모한 게임을 즐겼고 이들 대부분은 투옥된 상태다. 지금 우리가 살고 있는 이 사회에서 자동차는 모든 계층에서 주요 이동 수단이고, 매디슨 가의 상징, 즉 권력, 남성성, 자유로운 이동과 행위의 상징이다. 과거의 청소년들은 어린 나이에 말을 몰았다. 시골 지역의 청소년들은 열네 살에 차를 몬다. 반면 도심에서는 어린 청소년들이 운전면허증을 딸 수 없고, 소외 계층 아이들은 운전할 수단을 절대 손에 넣지 못할지도 모른다. 그렇다면 어떻게 해야 할까? 부조리한 사회적 양식이 딜레마를 만들고 있는데, 이 청소년들이 반드시 처벌받아야 하는 게 옳을까? 자동차 절도와 같은 청소년 범죄와 관련한 허버트 블로흐와 프랭크 플린의 저술 『청소년 범죄Delinquency』의 논조와 같이 "18세 미만의 청소년 자동차 절도범들이 미국의 준법 안보를 해치는 가장 커다란 단일 위협"은 분명히 아니다. 하지만 현 상황에서 우리의 딜레마는 다음과 같은 결과를 낳는다. "지난밤 퀸즈에서 부부와 세 살짜리 아들이 탄 차량이 경찰에 쫓기던 도난 차량과 충돌한 후 전신주를 들이받았다. 이 사고로 차에 탄 부부와 아들이 모두 사망했다. 추격 과정에서 다섯

발의 총이 발사됐고, 이 중 두 발이 차에 명중했다."

(2)차량 절도는 두 번째 단계인 '불순한 의도는 없었지만 그 결과가 파괴적이고, 따라서 통제가 필요한 행동'으로 나아간다. 당연히 이 범주에 속한 행위 가운데 방랑 행위를 제외하고, 소년이 금지된 행동이란 걸 몰랐다는 측면에서 무고하다. 비정상적으로 보이지 않기 위해서 금지된 것을 하는 행위는 정상적이며 죄가 없다. 그리고 그 제한이 비정상적이라면, 금지된 행위를 하는 것은 종종 불가피하고 칭찬할 만한 일이 된다.

그러나 특히 그 동기는 강력하게 사회적 지지를 받지만, 절망스러운 상황 속에서 혹은 청소년들이 무지하거나 무능해서 도저히 이해할 수 없는 방식으로 처리해 스스로를 곤경에 빠뜨리는 행위를 주목해야 한다.

악의 없는 문제 행위의 가장 명백한 원인은 장난이다. 일부 현명한 관계 당국에서는 비행 청소년들의 행위를 장난에 비교해왔다. 그렇기에 중산층의 도덕관념에 대한 반항으로서 비행 청소년의 파괴적 행동이나 절도 행위 대부분은 '무익'한 것이라는 코언의 주장은 분명 과장됐다. 모든 장난은 '무익'하다. 그리고 모든 것이 사유재산이기 때문에 소외 계층의 청소년들은 다른 사람의 재산을 가지고 놀 수밖에 없다. 이는 매우 심각한 문제가 될 수 있다. 청소년 한 무리가 대형 트럭 바퀴에 밀림 방지를 위해 받쳐놓은 블록을 치워버려서 트럭이 경사로 아래로 굴러내려가게 한다면, 이로 인해 1만 달러 상당의 피해가 발생한다면 이들 사이에서는 그 행위가 근사한 일이라고 여겨질 것이다. 물론 그것은 타인을 괴롭히는 행위다.

훨씬 더 골치 아픈 실제 사례로 넘어가보자. 내 관점에서 이 문제를 바라보는 경우는 일반적으로 거의 없다. 돈을 벌지만 쓸 돈이 거의 없는 오늘날 빈곤층 청소년들이 겪는 고충이 그렇다. 우선 공식 대변인인 뉴욕 주 로체스터 교육감의 말을 인용해보겠다.

> 많은 부모가 어린 십대 자녀에게 육체적 노동이 필요한 얼마 안 되는 집안일 분담을 독려하는 노력을 포기한 지 이미 오래다. 학교 교육은 진정한 일을 성취함으로써 규율을 몸에 익히고 성숙해지거나 자존감을 얻을 기회를 제공할 수 없다. 진정한 일이란 어른들의 세계에서 가치를 높게 평가받고 정당하게 금전적 보상을 받는 일을 말한다.

전적으로 옳은 말이다. 이 글은 신문 배달 소년들을 칭찬하면서 "오늘날 신문 배달을 하는 소년 절반 이상이 중산층 혹은 중상위 소득층의 자녀들"이라는 한껏 들뜬 보도를 실은 기사에서 발췌한 것이다. 하지만 이는 놀라운 사실이 아니다. 현재 상황에서 신문 배달을 하려면 준비를 해야 하고 교외 지역에 거주해야 하기 때문이다. 이 기사는 전문적인 관리 방법을 배우지 못한 빈곤층 청소년들이 어떻게 규율을 몸에 익히고 성숙해지며 자존감을 얻을 것인지에 관해서는 문제를 제기하지 않는다.

하지만 이 문제는 상당히 중요하다. 십대 경제학 분야의 인구조사 전문가 유진 길버트는 이렇게 말한다. "10년 동안 일정한 직업이 있는 십대의 인구가 두 배로 증가했다. (…) 약 450만 명이 1년 내내 시간제 일을 하거나 이런저런 잡일을 한다." 그의 말은 얼핏 희망적으로 들리지만 이런 설명을 덧붙였다. "오늘날 뉴욕 시 록랜드 카운티의 펄 리버 고등학교의 재학생이나 졸업생들은 미국 십대의 전형(!)이다." 이들은 거의 100퍼센트가 대학에 진학한다. 반면 국가 전체 단위로 보면, 일반적으로 고등학생 중 겨우 절반만 학교를 졸업하고, 단 15퍼센트만이 대학에 진학한다. 빈곤층, 노동자 계층, 심지어 하위 중산층 소년은 사회에서 사라진 것처럼 보인다. 그들은 연간 10억에서 11억 달러의 매출을 올리는 청소년 소비 시장에 별다른 기여를 하지 못한다. 이러한 태도는 미국 십대들에게 진지한 관심을 쏟아야 한다는 점에서 **바람직하지 않다**.

어린아이에게 돈을 버는 행위는 스스로 어른이 되어가고 독립적이 된다는 점을 자각하는 데 상당히 중요한 부분을 차지한다. 모든 성인 남자가 돈을 버는 일을 하기 때문이다. 어른들은 돈을 벌고, 그렇기에 자유롭게 행동할 수 있다. (이는 베버의 '프로테스탄트 윤리 혹은 중산층 이념'과는 전혀 관련이 없다). 내키진 않지만 딱 맞는 실례를 하나 들어보자. 동성애가 도덕적 관습에 크게 반감을 불러일으키지 않는 국가에서는, 젊은이들이 동성애 행위에 참여할 수 있다. 이후 그 동성애자는 담배 다섯 개비 정도 살 수 있는 동전 몇 푼을 달라고 요구할지도 모른다. 이 돈은 성매매에 대한 대가가 아니며 그렇게 생각한다면 화를 낼 것이다. 자신들이 하고 있는 일을 온전히 즐기지 못한다면, 그 행위를 그만둘 것이기 때문이다. 오히려 돈을 요구함으로써 그들은 단순한 쾌락이 아닌 합당한 일, 정당한 행동으로 만든다. 그들이 요구한 동전 몇 닢은 여성의 결혼 반지와 같은 상징적인 기능을 한다. 돈을 번다는 것은 남자아이가 성인이 됐다는 것을 확인해주기 때문이다. 하지만 미국 사회라면 이 젊은이는 존재의 정당성을 '증명해야 하거나' 청소년 범죄로 내몰리게 될 것이다. 성관계를 했다는 이유로 멸시의 대상이 되기 쉽고, 그래서 강도나 폭력 행위로 반항할 가능성이 높아진다. 돈 많은 동성애자는 비행 청소년들의 이상적인 천직이다. 이는 쾌락, 돈, 도덕성, 그리고 과시할 거리가 있다는 점에서 자동차 정비공보다는 낫다. 그리고 경찰에게 쫓길 걱정도 없다.

미국 시스템이 점점 더 긴밀하게 조직화되고, 고도로 도시화가 이루어지면서 설 자리를 잃는 이는 바로 도시 빈곤층 청소년이다. 방과후 용돈 벌이용 일자리를 제공하는 지역사회의 전통 같은 것은 더 이상 없다. 일례로 대부분의 상점이 더는 배달 서비스를 제공하지 않고 체인점 배달 업무는 정규직 근로자의 몫으로 돌아간다. 깎을 잔디도 없고, 치울 눈도 없다. 도시에는 신문 배달도 줄었다. 아기 돌봄 서비스도 중산층 사업이 되었고, 어쨌건 그런 일은 여자아이들의 몫이다. 이런 사회적 배경에서 십대 초반의 청소년은 다음과 같은 어려움에 봉착한다. 학교에서 아무것도 얻는 게 없고, 숙제도 하지 않는다. 반면 취업 허가증을 받기에는 나이가 너무 어리다. 뉴욕 주지사가 제안한 몇 안 되는 청소년 범죄 예방 프로그램 중 하나가 이런 상황을 겨냥했다. 청소년들이 부모에게서 계속 돈을 받아서 쓸 수는 없다. 왜냐하면 현재 청소년의 용돈이 3~4달러에 달하고 부모에 의존할 때마다 이들이 모멸감을 느끼기 때문이다. 그렇다면 청소년들은 어떻게 돈을 벌어서 자신의 존재 정당성과 독립성을 입증해야 하는 것일까?

사회학자의 눈에는 '백해무익한' 위협처럼 보이고, 중산층 가치에

10장 어린 운명론자들

대한 반작용으로 해석되는 다수의 가벼운 절도와 주거 침입 강도 행위는 청소년 자신이 어른이 되어가고 있다는 것을 느껴보기 위한 필사적인 노력이다. 이런 경미한 범죄는 실질적인 딜레마에 의해 유발된다. 개인적인 생각으로는 당연히 그런 범죄들을 순수한 행동이라 할 수 없다. 그런 행동들은 극도의 흥분이나 긴장, 공포 때문에 그리고 궁극적으로는 체포의 불안감에서 벗어나기 위해 활성화된다. 하지만 전체적인 그림을 볼 필요가 있다. 이 범죄들은 '지름길'이지만 애초에 우회로가 없을지도 모른다. 이제 청소년들이 사회적으로 인정받을 만한 돈벌이 기회를 얻는다면, 그들이 이 기회를 활용할 수 있을지에 문제의 초점을 맞춰야 한다. 어떤 아이들은 그럴 수 있을 것이다. 시도해볼 만하다. 그들은 규율을 몸에 익히고, 성숙해지며, 자기를 존중하는 법을 배울 수 있을지 모른다.

뉴욕 시 미션 소사이어티 사무총장이 한 말을 고려해보자. "우리는 2년간 여름마다 청소년 범죄 발생률이 높은 지역의 십대 청소년 100명에서 150명을 대상으로 취업 프로그램을 실험했다. (…) 주급 10달러를 받는 일자리에 취업한 청소년들은 모두 문제를 일으키지 않았다. [하지만] 간혹 인력을 놀리지 않기 위해 일부러 '만든 일자리'를 제공했을 때, 아이들은 이를 이내 알아차리고 흥미를 잃었다."

(3)법원과 소년원을 가득 메우는 비행 청소년은 대체로 세 번째 단계인 '의도적으로 반사회적인 행동'을 하는 청소년들이다. 악의적인 파괴 행위, 현금, 종종 마약을 구매할 자금을 마련하기 위한 절도와 주거 침입, 보복 폭행, 성폭력 등이 이 범주에 해당된다. 일반적인 비행 청소년의 태도인 반항적인 적대감이 발동하기 시작하고, 이는 결국

체포로 이어진다. 한 가지 예를 들면, 열다섯 살 또래 몇 명이서 거동이 불편한 노인의 돈을 빼앗는다. 아이들은 갈취한 금액이 너무 적은 것에 실망하고, 그 실망은 곧 분노를 유발한다. 노인의 연약함이 자신들의 멋진 마무리를 망쳤다고 생각해서 노인을 집단 폭행해 죽음에 이르게 만든다. 조금 덜 끔찍한 사례를 들자면, 보행자나 다른 운전자가 어떤 젊은이에게 사소한 불편을 끼치면 이는 의도적인 모욕이나 그 사람이 사라져야 하는 명분으로 해석되어 쉽게 뺑소니 사건으로 이어지곤 한다.

금전과 관련된 전형적인 사례를 하나 더 들어보자. 한 젊은이가 차비 15센트를 아끼기 위해 800여 미터를 걸어가자고 제안한다면, 친구들은 곧바로 그를 '짠돌이'라고 놀릴 것이다. 일단 '증명하기'를 중시하는 태도가 자리 잡으면, 청소년들은 단순한 눈앞의 현실을 의식하지 못한다. 그 반대도 마찬가지다. 그들은 가장 단순한 현실을 의식하지 못하기 때문에 '증명'할 것을 요구받는다.

(4)이제 네 번째 단계인 붙잡혀서 처벌받는 것을 겨냥한 행동에 대해 이야기해보자. 여기에는 충동적인 반복, 과실 늘리기, 행동의 수위 올리기, 비이성적 분노의 통제 불능 등이 포함된다. 우리는 수면 위로 드러난 운명론을 볼 수 있다. 다음은 앞서 언급했던, 차량 절도를 저질렀지만 붙잡히지 않은 청소년들 중 한 명과 나눈 짧은 대화다.

"넌 어떻게 안 잡혔니?"
"경찰이 차를 세우자 겁이 났고, 그래서 도망쳤거든요. 그래서 안
 잡혀간 거예요."

10장 어린 운명론자들

"카를로스(두목)는 겁을 안 내디?"

"안 내더라고요."

"그러니까 경찰한테 붙잡히더라도 걘 겁을 안 먹는다 이거지?"

"걘 경찰에 잡히는 거 별로 신경 안 써요."

"걔가 그렇게 말한 거야? 아님 네가 그렇게 생각하는 거야?"

"카를로스가 그렇게 말했고, 저도 그렇게 생각해요."

"그럼 넌 왜 차량을 열 대나 훔친 거니?

"그것 말고 딱히 할 게 있어요? 걔들 다 차타고 돌아다닐 때, 저 혼자 어슬렁거리며 걸어다닐 순 없잖아요."

다시 말해 문제는, 한쪽에서는 운명론을 경험하고 다른 한쪽에서는 두려움과 신중함을 경험한다는 점이다. 운명론자는 더 능력이 있으면서 가정 환경이 좋은 아이다. 무관심은 확실히 운명론을 구성하는 일부분이다. 삶이 흥미로운 기대감을 주지 못하기 때문이다. 성적으로 가로막힌 경우가 그러하다. 운명론을 구성하는 또 다른 부분은 체포당할 필요성, 즉 계속되는 불안한 위협에서 벗어나야 할 필요성이다.

6

(5)『조직』의 저자 프레더릭 밀턴 트래셔의 주장에도 불구하고 비非비행 청소년 '조직gang'이 있다는 말에 의구심이 든다. 이 조직은 남학

생 기숙사 학생들의 원시적인 형태의 사교 클럽 같은 데서 시작된다. 하지만 이 원시 문화 안에서 조직은 사회적 승인 하에 결성된다. 반면 우리가 관습적으로 사용하는 용어인 조직을 규정하는 특징은 그것이 어른들과 그들의 승인이 갑작스럽게 단절된 공동체라는 것이다. 정점에 이른 조직은 성장하는 법을 가르치는 방식이 아니라 기본적으로 이미 '성장했다'거나 더 이상 성장할 필요가 없다는 사실을 강조함으로써 조직원을 만족시킨다. 조직은 공통의 자만심을 공유하는 공동체이기 때문이다. 조직원들은 조직을 자신의 정체성이라고 생각하고, 조직에 자신을 귀속시킨다. 그러나 이 청소년 조직은 그 기반이 자만심에 지나지 않기 때문에 취약하며, 따라서 행동이나 의견을 엄격히 순응시켜 보호되어야만 한다. 조직은 개인적인 관심사 혹은 독자적인 이탈을 허용하지 않는다. 성인 집단을 대신해서 존재하는 이 조직은 원칙적으로는 사회 관할권 밖에 존재하는 고립 지대다. 그렇기 때문에 조직은 영역 규범을 만든다. 이러한 치외법권적인 충성심은 비행 청소년들이 직면하고 있는 공동의 위험 때문에 극도로 강화된다. 이들은 모두 처벌받을 행동에 가담하여 한 배를 타고 있는 처지다. 그래서 배를 떠나려는 사람은 알게 모르게 협박을 받는다.

하지만 그렇다고 해서 비행 소년 집단이 반드시 체포당하기 위한 범죄 행위를 저지르는 그룹은 아니다. 오히려 그 반대다. 어떤 집단을 발견한다면 재앙으로 치닫는 운명적인 욕구에서 벗어날 기회가 된다. 그래서 아이들은 비행 집단에 마음을 빼앗기며 지원을 제공하는 든든한 시스템으로 여긴다. 이 집단이 반드시 어른들의 권위를 도발할 필요는 없다. 물론 우리가 아는 것처럼 비행 집단과 어울리려다니면 분명히 경찰에 붙잡힐 확률도 높아진다. 성인 범죄 조직들은 이미 그 진리를 터득했다. 집단에 일단 소속되면 조직원들이 저지르는 범죄 행위는 줄어든다고 할 수 있다. 비행 소년 집단의 주된 활동은 경쟁 조직과의 싸움이기 때문이다. 더 이상 금지된 행동을 함으로써 자아 성장을 도모하려 몸부림치지 않는다. 조직원들이 지속적으로 저지르는 '비행'은 이제 사회와의 전쟁인 범죄와 상당히 비슷해지기 시작한다. 이들의 비행은 더 이상 성장 과정에서 일어나는 단순한 사고가 아니라, 책임 있는 확립된 자아의 자의식적인 행동이다.

이런 분석이 갑작스럽게 집단 패싸움으로 번진 우위 다툼에 대한 이유를 설명하는 데 유용하다. 비행 소년 집단의 패싸움은 국가 간 전쟁에 비하면 범죄라고 할 수 없다. 최근 들어 집단 간 패싸움이 주목을 받게 된 이유는 기술의 발달로 싸움에 사용되는 무기가 전반적으로 크게 향상됐기 때문이다. 과거에 사용된 무기는 주로 몽둥이나 돌이 전부였다. 이와 같은 무기의 변화는 국가 간 전쟁도 마찬가지다.

만약 이 집단을 제외한 나머지 사회가 존재하지 않는다면, 집단 간 전쟁은 이 청소년들의 마음을 지속적으로 사로잡을 것이다. 하지만 나머지 사회가 존재하므로, 이는 약탈 행위의 배경이 된다. 마치 군대가 땅을 점령하는 것과 같다. 토머스 홉스의 철학을 공부하고, 『리바이어던』에 따라 교육받아온 치안 판사들은 불량 청소년을 최고사령관과 수상, 영토권을 갖춘 다른 나라의 시민인 것처럼 다뤄야만 하는 상황을 견디지 못해 격분할 것이다. 뉴욕 시 청소년위원회는 이 상황을 있는 그대로 인정하고 청소년들의 충성을 얻어내기 위해서 노력하고 있다.

이 같은 분석틀로 들여다보면 비행 소년 집단 간에 다툼이 벌어지는 이유는 분명해진다. 개별 집단의 시스템이나 그에 따르는 충성심은 집단 구성원들의 취약한 자만심에 기초한다. 구성원들은 집단의 명칭, 유니폼, 그리고 영역을 매개로 서로 가까워지고 단단히 결속되었다. 그래서 프로이트가 근사하게 이름 붙인 "사소한 차이에 의한 나르시시즘"이라는 것이 집단 차원에서 즉각 작동한다. 가장 위협적이면서 분노를 자아내는 대상은 스스로 위대하고 완벽하다고 생각한 자신의 자아상과 가장 사소한 차이를 보이는 것들이다. 그래서 다른 구역에 거주한다는 것만으로도, 피부색이 조금이라도 달라도 적으로 삼는다. 기억해야 할 사실은 비행 소년 집단이 긴밀한 구조와 강한 충성심을 지원해줄 만한 진정한 사회적·문화적 자원을 보유하고 있지 않다는 점이다. 이 집단은 '명예라는 관점'에서, 자신들의 영역이 침범당했다는 공식적 사실로부터 모든 것을 만들어내야만 한다.

진정한 좌절감이 축적되고 자극이 발산되지 않으며 성장에 실패하고, 사회에는 모욕적인 언사가 만연하다. 유례가 없는 사회적 평화 속에서 놀라울 정도로 주먹다짐도 거의 일어나지 않고, 아무도 태어나지 않으며, 심각하게 아프지도 않고, 죽지도 않는다. 사회적 평화 속에서는 고기가 소비되지만, 아무도 가축을 도축하는 장면을 볼 수 없으며 수천만 대의 자동차, 기차, 엘리베이터, 그리고 비행기가 각자 예정된 경로로 이동하고, 충돌 사고는 거의 일어나지 않는다. 생산 절차가 거대하고 질서 정연하게 효율적으로 진행되며, 상점의 선반은 때를 맞춰 깨끗하게 비워진다. 그럼에도 그 누구도 즐거움이나 비극적 슬픔을 느낀다거나 이익을 얻지 않는다. 설령 감정이 폭발한다고 해도 별로 놀라운 일은 아니다. 이 폭발은 비행 청소년 집단 간 다툼, 교도소 폭동, 외국과의 전쟁처럼 사회라는 조직화된 시스템의 경계선에서 일어난다.

이런 상태는 초기 마조히즘적 흥분 상태에서 구체적으로 나타난다. 자극이 거듭되고, 긴장은 부분적으로만 해소되며, 감당하기 어려울 만큼 무의식적 긴장이 고조된다. 이때 긴장을 의식하지 못하는 이유는 자신들이 무엇을 원하는지, 이를 어떻게 얻어야 하는지 모르기 때문이다. 궁극적 만족, 절정에 대한 욕구는 완전한 자기파괴에 대한 소망으로 해석된다. 그래서 대중이 거대한 폭발, 화재, 감전 등으로 인해 전 인류의 재난을 바라게 되는 일은 불가피하다. 그리고 사람들은 대재앙을 현실화하기 노력한다.

동시에 파괴, 전멸, 분노, 호전성에 대한 모든 노골적인 표현은 시민 질서를 위해서 억제된다. 또한 분노의 감정은 억제되고 심지어 억압된다. 사람들은 이래라저래라 휘둘림당할 때도 협조적이고, 분별이 있으며 관대하면서 예의 바르다. 그러나 분노를 유발하는 상황은 절대 줄어들지 않는다. 반대로 경쟁을 조장하는 사무실의 일상, 관료 조직, 공장 등에서 독창적인 행동이 억압받으면서 사소한 마찰이 생기고, 감정은 상처를 입고, 혼란을 겪는다. 작은 분노가 계속해서 자라나지만 절대 발산되지는 않고, 자발성이 높을수록 이에 수반되는 큰 분노는 억압된다.

그러므로 화가 나는 상황은 멀리 투사된다. 사소한 좌절감으로는 설명이 불가능한 분노의 압박을 설명하기 위해 사람들은 크고 먼

곳에서 분노의 원인을 찾아내야만 한다. 무의식적으로 느껴지는 증오에 걸맞은 대상이 필요한 것이다. 간단히 말해, 사람들은 '적'에게 성을 낸다.

－『게슈탈트 심리요법Gestalt Therapy』, 2장, viii, 8

7

(6) 마지막으로 거론되지만 앞서의 것들 못지않게 중요한 함의를 지닌 여섯 번째 행동은 비행 청소년 문제를 대처하는 과정에서 사회 스스로 범죄 행위를 조장하고 비행 청소년들을 만드는 경우다. 만약 자신의 정체성을 잘 모르는 한 소년이 "넌 비행 청소년이야"라는 위압적인 말을 듣는다면, 그는 비행 청소년이라는 역할에 고분고분하게 따를 것이다. 특히 얌전한 또래 친구들로부터 고립될 경우, 더욱 충실하게 그 역할을 수행한다. '소년원'을 뜻하는 영어 단어 'reform school'에서 '다시re'의 의미를 지닌 접두어 're-'는 비행 청소년들이 더 심각한 죄목으로 다른 교정 기관으로 되돌아올 가능성을 높이고, 비행 소년 집단에의 귀속을 보장한다. 소년원은 그들의 체념을 심화시키고, 그들에게 마음이 통하는 동료까지 덤으로 선사하기 때문이다. 오랫동안 철학자들은 교도소가 사라진다면 세상에는 범죄가 줄어들 것이라고 주장해왔다. 그러나 대중은 이 주장을 받아들이지 않는다.

　사회가 비행 성향을 조장하는 현상은 가장 심각하고 중요한 문제이며 그 자체만으로 책 한 권은 쓸 수 있는 사안이다. 어떤 일이 벌어질지 생각해보자. 청소년들은 굉장히 다양한 비행을 저지르는데, 어떤 행동은 정말로 해롭고 반사회적인 반면, 대수롭지 않고 순진하게 저지르는 행동도 있다. 하지만 이 모두가 금지된 행동이다. 이 금지된 행동을 모두 똑같이 붓으로 검게 칠한다면, 그 행동이 모두 반항이고 잘못이며 처벌받아야 하는 행위라는 사실을 명백히 하는 것과 같다. 비행은 '수직적'이다. 즉, 만약 한 소년이 자위를 하고, 담배를 피우며, 학교에 무단결석한다면, 그다음엔 물건도 훔칠 수 있고, 훔친 차로 난폭 운전을 즐기거나 사기를 치고, 마약도 하며, 절도도 저지를 수 있을지 모른다. 그 소년에게 더 이상 친구는 없고, 서로 협박하는 공범자들만 있다. 사회가 범죄자를 길러낸다는 사실을 뒷받침해줄 수 있는 가장 극적인 일례는 대마초 흡연을 불법 행위로 규정한 것이다. 그 결과, 중독성 마약을 불법적으로 판매하는 밀매상과의 접촉이 늘어났을 뿐이다. 헤로인 사용을 사회적, 의학적 문제가 아닌 범죄 행위로 규정하려는 완고한 태도가 더 비극적인 결과를 초래할 가능성이 높다.

8

비행 청소년들이 느끼는 체념은 과거에 기회를 얻지 못했고, 미래에 대한 희망이 없으며, 현재 의지할 구석이 없는 데서 나오는 감정이다.

그래서 재앙에 대한 충동을 느낀다. 이는 종교적 위기다. 앞서 프랑스 작가 장 주네를 문학의 선구자라 명명했다. 이제 장 주네의 작품에 관한 이야기로 10장의 논의를 마무리하고자 한다.

장 주네는 때로는 솔직하게, 하지만 늘 본질적으로 비행 청소년의 입장에서 글을 쓴다. 주네가 공감하는 범죄자는 도스토옙스키 혹은 셰익스피어 작품의 범죄자, 악령이나 이아고, 에드먼드처럼 다 자란 성인이 아니다. 주네의 소설 속 범죄자는 왕권, 결혼, 아버지, 정치, 부에 대한 독립적인 사회적 정체성을 지닐 수 있을 만큼 유능하지도 않고 가식을 떨지도 않는다. 주인공은 어린 사기꾼이거나 모선에 의지하는 선원, 교도소에 수감된 젊은 남자, 점령군이다. 작품 속 도둑들은 부자가 되려고 강도짓을 하는 게 아니라 용돈을 벌고 흥청망청 쓰거나 과시하고 싶어서 한다. 이렇게 좌절된 청소년기는 남성성 증명하기와 남근 숭배로 구성된 현실에서 그가 경험한 배타적인 동성애와도 일맥상통한다. 장 주네는 별 볼일 없는 이런 소재로 감성 넘치는 기적을 만들어낸다.

이러한 기적은 근거 없는 자만심이나 체제에 순응하는 태도, 우월의식을 벗어던짐으로써 가능하다. 주네는 주인공이 겪고 있는 수모, 굴욕, 쓸모없음, 공포 등의 실제 상황을 온전히 있는 그대로 인정한다. 이런 점에서 도스토옙스키와 비슷하며, 주네는 완벽한 인식을 통해서, 그리고 세심한 작가적 계산을 통해서 현실을 인정한다. 예를 들어 그는 과거에 "프랑스 중산층 독자에게 가장 모멸적이고 불쾌한 에피소드는 무엇일까?"라는 질문을 던지며 소설 『장례식Les Pompes Funébres』을 시작했다. 그러나 주네의 목표는 독자를 불쾌하게 하는 것이 아니며 그의 태도가 방어적이지도 않다. 다만 전형적인 극작가처럼 주네는 지체 없이 자신의 전제를 수립하려 한다. 주네 자신이 처해 있는 상황 속에서 이 전제들은 예술가인 그에게 유리하게 작용하는 것이고, 여전히 살아 있는 것들이다.

라디오 방송에서 청소년 비행에 관한 연설을 할 때 장 주네는 중산층과 그들의 처신에 관한 글을 쓰려고 하면, 할 말이 하나도 떠오르지 않아 펜이 꼼짝하지 않았다고 말했다. 반면 어린 범죄자들, 즉 진짜 비행 청소년들에 대해서 쓰려고 하면, 생각이 날개를 달고 문체가 빛을 발했다고 한다. 짐작건대 그는 비행 청소년이 좀더 영웅에 가까우며 더 우월한 인간이라는 사실을 알고 있는 것이다.

어른인 척 행동하는 빈곤층 청소년들에 대한 방어적인 태도를 접고, 뛰어난 예술가로서의 풍부한 재능에 전적으로 의지했다. 그리 대단하지도 않고, 허세도 없지만 이미지는 한층 더 강화되고 감정에 애정이 깃들고 고뇌에 찼으며, 사고는 좀더 깊어졌다. 그리고 사물에 대한 우리의 일반적인 평가는 완전히 뒤흔들리고, 살아 숨 쉬는 혼란이 뒤따른다. 그 이후 소설은 격변에 이르러 아주 짧은 문장으로 보상받는다. "넌 불행했었던 거야, 맞지?" 물론 이러한 진실은 난폭한 비행 청소년들이 단 한 번도 명확하게 입 밖으로 내뱉어본 적 없고, 성인들조차 할 수 없는 말이기도 하다. 우리는 완전히 자포자기한 상태에서 분노로 고함 지르는 것 말고는 아무 일도 하지 않고 있다.

자만심, 쿨함, 감정 감추기를 걷어내면 아이들은 이내 그들의 다양성, 개성, 서정적인 말, 우아하고 활기 넘치는 태도 등을 드러낸다. 이러한 모습은 대개의 비행 청소년이 드러내는 퉁명스러움이나 체념한 비트 세대의 상투적인 태도와는 아주 다르다. 그들을 바라볼 독자적인 관점이 없었던 주네는 당연히 그들을 현실적인 인물로 온전하게 그려낼 수는 없었다. 하지만 주네의 예술은 그들을 또다시 실망시키지는 않는다. 주네는 그들이 현존한다는 사실을 제시함으로써 이러한 형태가 상상의 대상으로서 서로에게 어떻게 보이는지를 알려준다. (마치 마르셀 프루스트의 계승자로서 글을 쓰는 듯하다.) 장 주네는 여학생과 청소년기 소년의 연쇄적인 몽상을 환기하여 서술 방식의 근본으로 활용하는데, 이때 이러한 몽상은 자위에 관한 것일 때가 많다. 이러한 서술 방식은 문학적 혁명이다.

장 주네의 의의는 그가 양심적으로 정직한 예술적 방식을 활용해서 이처럼 별 볼일 없는 소재로 흥미로움과 가치를 지닌 세계를 창조한다는 데 있다. 주네는 무지하고 자기 파괴적인 청소년들의 행동을 진솔하게 보여주면서 고귀함과 종교적인 의의로 빛나게 만든다. 다른 작가들의 일반적인 작품에 등장하는 성인의 행동보다 이 청소년들의 행동을 좀더 가치 있게 만든다. 한 예술가가 청소년의 세계를 보여주는 것이다. 만약 주네가 그들과 관련된 좀더 아름다운 작품을 쓴다면 그들은 내면을 사랑과 본성으로 채울 수 있을 것이다. 왜냐하면 무無는 무無를 창조하기 때문이다. 밀러와 비트 세대 작가들처럼 주네 또한 그것이 무엇이 됐든 받아들인다. 그러나 그들의 세계에서 '그것이 무엇이든'이 지칭하는 건 칙칙한 잿빛이다. 반면 주네가 창조한 불만에 찬 청소년 캐릭터는 조금씩 반짝이기 시작하고, 타다 남은 불씨들이 모습을 드러낸다.

그리고 정말로, 위대한 인간을 만들어내기에 적합하지 않은 환경 속에서 생존을 위해 몸부림치는 이 청소년들의 운명론적인 자기 파괴 행위는 그러한 사회에서 성공한 사람들의 행동보다 더 흥미롭다.

9

비행 청소년일 뿐이고 그 세계가 충분하지 않기에 그들의 행위는 흥미를 끌기에는 다소 부족하다. 위대한 문화와 사회로 이루어진 세계로부터 나온 질문을 이들에게 던지자마자, 로버트 린드너의 말처럼 이 소년들은 이유 없는 반항아가 되기 시작하고, 그래서 흥미를 잃어버린다.

라이어널 트릴링과 같은 문학 평론가들의 파토스는 소설이 지배적인 사회의 관습과 도덕률을 분명하게 보여주길 요구한다. 그렇지 않다면 소설은 우리에게 아무짝에도 쓸모없는 것이기에 트릴링 교수의 말은 옳다. 그러나 그는 입증의 부담이 소설가가 아닌 우리 사회에 있다는 것을 모르기 때문에 틀렸다. 지배적인 삶에 대한 그런 편리한 비판이 활자화되지 않는다면, 그 이유는 지배적인 사회가 충분한 영감을 주지 못하기 때문일 수 있다. 소설가가 애써 글로 쓸 가치가 있을 만큼 그 사회의 인간들이 충분히 위대하지 않고, 사회는 충분한 미래를 지니고 있지 않기 때문일 수도 있다.

현대 소설 창작의 역사가 이를 명확하게 말해준다. 헤밍웨이는 상당히 훌륭한 작가이며, 한 세대 전체의 젊은 청년들의 정신을 이해했다. 그러나 우리가 봐왔듯이 이러한 이상은 중견 간부와 비행 청소년 집단의 자만심 '증명하기'인 것으로 드러났다. 포크너는 상당히 훌륭한 작가이지만 그의 세계는 편협함을 근거로 한 체념으로 가득하고 그의 작품은 결국 상당히 복잡한 방식으로 결국 비트족이 되고 마는 것임이 분명하다. 졸저 『제국의 도시』에서 나는 문화와 인류에 대한 어떤 주장도 포기하지 않으려 했지만, 그 결과 작품 속 인물들은 현실 세계와 상당히 동떨어지게 되어버렸다. 한편 통합의 임무를 포기하고 대신 그것이 무엇이든 상황을 있는 그대로 묘사하는 반대 경향의 창작운동이 등장했는데, 셀린, 밀러, 주네, 버로스가 그 주역이다. 하지만 이 작가 집단의 여러 덕목 가운데 두드러지게 부족한 것은 계몽이다.

1

사회학자 벤저민 넬슨은 역사의 용도는 과거의 실패를 망각에서 구해내는 데 있다고 말했다. 그러한 과거의 실패들이 미완의 과업이 되어 우리를 현재까지 끊임없이 괴롭힐 때 특히 역사는 중요하다.

　이 책에서 나는 '우리가 물려받은 실패한 혁명들'에 대해 종종 언급했는데, 우리는 적당한 시기에 근본적인 사회 변화를 꾀하지 못한 책임에서 자유롭지 못할 것이라 생각한다. 시의적절한 사회 변화가 일어나지 않으면 다음 세대는 당혹스러워하며 혼란을 겪는다. 이 문제는 전문적인 연구를 요한다. 어떤 혁명은 애초에 일어나지 않지만, 대부분은 절반의 성공 혹은 타협안을 모색하여 애초에 기대했던 목표 중 몇 가지를 달성하고 궁극적으로 의미 있는 사회적 변화를 일궈내기도 했다. 그러나 다른 목표를 포기함으로써 사회 전체에 모호한 가치들, 좀더 근본적인 변화가 일어났을 경우 존재하지 않았을 그런 가치를 만들어냈다. 일반적으로 모든 분야에서 획기적이고 혁명적인 계획은 신선하고 실행 가능한 유형의 행동, 새로운 본성의 인간, 통합체로서의 새로운 사회를 제시한다. 혁명가들의 생각에 혁명을 통해서 바꾸려는 전통사회는 진부한 통합사회다. 그러나 타협을 선택한 혁명은 새로운 사회 균형을 달성하지 못하고 전통사회를 분열시키는 경향이 있다.

이 책을 통해서 주장하려는 바는 현대적 혁명이 계속 실패하거나 타협을 함으로써, 그리고 이에 따른 혁명의 모호성과 사회적 불평등이 드러남으로써, 그 피해는 성장을 제대로 하지 못하게 된 젊은이들에게 가장 크게 돌아갔고 앞으로도 그렇게 될 것이 분명하다는 점이다.

성숙과 자립을 성취한 남성은 근대 발전의 놀라운 결과물을 신중히 골라서 삶의 방식으로 활용할 수 있다. 빈곤한 사회에서 어른은 그다지 행복하지 않을 것이고, 분명한 목표를 세우거나 전형적인 결과물을 성취하지도 못할 것이다. 그러나 어쨌든 싸우고 일할 수 있다. 반면 어린이나 청소년의 경우, 이들이 성장하려면 일관성 있고, 꽤 분명하며 성공할 수 있는 사회가 필수 불가결한 요소다. 그런 사회가 존재하지 않는다면, 그들은 혼란을 느끼며 그들 중 일부는 주변으로 밀려날 것이다. 전통은 무너졌지만 지지할 새로운 기준이 아직 마련되어 있지 않다. 문화는 절충되기도 하고, 때론 선정적이며 혹은 속임수가 되기도 한다. (현재 우리 문화는 이 세 가지를 모두 갖췄다.) 성공한 혁명은 새로운 공동체를 창조한다. 반면 실패한 혁명은 존속하고 있는 공동체를 의미 없는 것으로 만들어버린다. 그래서 타협을 선택한 혁명은 적절한 대체 공동체가 없는 상태에서 기존 공동체를 와해

11장 잃어버린 공동체

시켜버리는 경향이 있다. 하지만 앞서 논의한 대로, 젊은이들이 부모를 떠나서 능력을 충분히 키워 그 바탕 하에 독립적으로 행동할 수 있을 때까지, 지리적·역사적 공동체, 그리고 공동체에 대한 충성심은 그들에게 중요한 성장 환경이 된다.

앞서 언급했던 실패했거나 중도에 타협을 선택했던 근본적인 사회 변화들을 모아서 살펴보려 한다. 달성한 것과 달성하지 못한 것, 그리고 그 때문에 생긴 혼란스러운 상황에 주목할 것이다. 사실상 그러한 혼란스러운 상황과 실제 직면하게 되는 장본인은 성장해야 하는 우리의 젊은이들이다.

2

먼저 물리적 환경부터 살펴보겠다.

테크노크라시 우리가 살고 있는 20세기의 소스타인 베블런, 게디스 혹은 버크민스터 풀러와 같은 신기술에 관심 있는 철학자들은 효율성과 기술을 대중의 가장 중요한 도덕적 가치로 만들어서 '생산'을 신비의 대상으로 만들고, 일종의 간소화된 미학을 창조하는 데 성공했다. 하지만 그들은 기업가에게서 경영권을 빼앗거나 기업가만의 세계인 깔끔하고 투명한 물리적 공장 및 생산과 분배의 실용적인 경제학을 창조하는 데는 실패했다. 그 실질적인 결과로 빈민가가 탄생하고, 혼란스럽고 쓸모없는 과잉 생산이 늘었으며, 자질구레한 각종 기구나 새로운 부류의 중간 상인, 프로모터, 그리고 광고인들이 등장했다.

도시화 도시 계획가 르코르뷔지에와 건축가 그로피우스가 주장했 듯이, 우리는 점점 기능적인 건축에 대한 계획과 양식을 늘리고, 주 택에 대한 생물학적 기준이나 교통 및 도시 서비스의 과학적 연구, 지역제, 대규모 건설 프로젝트 등을 더 많이 하게 되었다. 그러나 어디에도 종합적인 커뮤니티 계획과 개방형 녹색 도시, 혹은 일, 생활, 놀이의 유기적 관계에 대한 이상이 구현되어 있지 않다. 오히려 실질적으로 통근 거리와 교통량이 증가했고, 빈민 지역이 격리되었으며, 포장과 다름없는 '기능적' 스타일이 등장했고, 놀이와 교육 같은 몇몇 기본적인 도시 기능들이 한꺼번에 밀려나는 경향이 나타났다.

전원 도시 에버니저 하워드 이후 전원 도시 설계자들은 그린벨트로 둘러싸인 몇몇 계획 공동체를 창조하는 데 성공했다. 하지만 산업과 지역 상권, 생활이 통합된 도시를 건설하지는 못했다. 그 결과 교외 지역과 전원 도시는 어린이 중심의 문화를 갖췄지만 임금 노동자는 없는 교외 주택단지가 됐다. 그리고 소위 쇼핑센터와 같은 '계획'은 기존의 마을 공동체를 와해시켜버렸다. 인간의 발길이 닿지 않은 오지를 보전하려는 운동은 자동차들의 공격을 견뎌낼 수 없었고, 결국 모든 지역이 점령당하고 규제 대상이 되어버렸다.

3

경제 및 사회 변화를 살펴보자.

뉴딜 정책 뉴딜 정책의 기반이 된 케인스 경제학은 경기 순환을 완화했으며 거의 완전 고용을 유지하는 데 성공했다. 하지만 공공 사업과 민간 사업의 사회적 균형이라는 목표를 달성하는 데는 실패했다. 그 결과 점차 기업의 쓸모없는 활동으로 이루어진 생산 확대로 이어졌다.

생디칼리슴* 산업 노동자들은 노동조합을 결성하고 더 나은 임금과 근로 조건을 쟁취했으며 노동의 신성함을 천명했다. 그러나 자신들의 목표였던 노동자에 의한 경영, 기술 교육, 그들의 노동 활용에 대한 관심은 포기했다. 그로 인해 대부분의 노동자는 자신이 무엇을 만들고 있는지에 관해 전혀 관심을 기울이지 않게 되었고, '노동운동'은 힘을 잃어가고 있다.

계급 투쟁 노동자계급은 임금 철칙을 철폐하는 데 성공했으며, 최저 임금과 사회보장제도를 쟁취했다. 그러나 소외 계층의 결속을 포기하면서 평등주의적이고 유동적인 사회 건설에 대한 목표도 포기했다. 그로 인해 사회 계급은 더욱더 경직됐다. 일부 소외 계층은 완전히 사회 밖으로 떨어져나갔다. 반면 문화적 평등이 실현됨으로써 대중문화는 가장 낮은 단계로 전락하고 말았다.

---

* 국가의 통제를 거부하고, 노동조합에 의해 산업을 관리할 것을 요구하는 운동.

필요에 의한 생산 사회주의적 목표를 달성하는 데는 실패했으며, 그 결과 여기에 제시된 다른 여러 가지 목표의 실패로 이어졌다.

사회학 지난 100년 동안 사회학자들은 인간을 분리된 개인이나 얼굴 없는 대중이 아니라 자연 집단, 혹은 공동의 문제를 안고 있는 집단으로 다루려는 목표를 달성했다. 사회과학은 다수의 편견과 기득권자들의 이념을 대체했다. 그러나 전체적으로 볼 때, 사회과학자들은 근본적인 사회 변화를 이루기를 단념하고, 사회가 발전하는 과정에서 목표를 결정할 때 개방형 실험 방법을 수립하려 했던 지향을 포기했다. 즉 자유와 자기 수정적인 인류애를 위한 실험실이 돼야 할 사회에서 실용주의적 이상이라는 목표를 달성하는 데 실패했다. 이러한 사회학적 목표를 달성하는 데 실패함으로써 본성, 문화, 집단 유대감, 집단의 다양성, 그리고 개인의 우수성이 상실되며 이와 함께 '사회화'와 '소속감'을 강조하는 결과를 초래한다.

4

이제 정치 및 헌법 개혁에 대해 살펴보겠다.

민주주의 민주주의 혁명을 통해 출신, 재산, 혹은 교육 정도에 관계없이 거의 모든 국민에게 공식적인 자치권과 기회를 제공하는 데 성공했다. 그러나 주민 총회town meeting 실현의 목표는 포기했다. 주민 총회는 그 자체로 국민에게 자치를 훈련시키고, 정치적 사안에 관한 실용적인 지식을 제공할 수 있는 자주성과 개인의 참여를 가능하게 하는 창구다. 주민 총회가 실현되지 못했기 때문에 실제로 통치하는 정치인과 전면에 나서는 상징적인 정치인으로 구성된 정치 계급이 형성됐다.

공화국 미국 독립 혁명을 통해 지역 정부가 자결권을 획득하면서 그에 상응하여 실질적인 정치 실험이 이뤄졌어야 하는데, 이내 국가적 체제에 순응하는 쪽으로 굴복했다. 또한 국가 차원에서 자원을 보존하고 국가적 목표를 유지하는 데도 실패했다. 그 결과, 애향심도 애국심도 없는 무기력한 중앙집권 체제가 수립됐다. 가장 뛰어난 인재들이 공직에 나서지 않고, 공화국을 위해 봉사하겠다는 목표를 세운 사람은 아무도 없었다.

언론의 자유 예컨대 언론의 자유처럼 힘들게 쟁취한 헌법적 자유의 운명이 대표적이다. 편집자와 출판업자는 중요하지만 대중적이지 않은 사안에 목소리를 보태려는 노력을 관두었다. 물론 무엇이든 출판이 가능하지만, 영향력 있는 이익집단이 거대 출판사를 장악하고 있다. 안전한 의견만 공표되고, 다른 의견들은 사장된다.

자유주의 자유 혁명은 기업에 대한 정부의 과도한 통제를 거두는 데 성공했다. 하지만 자유로운 기업과 정확한 시장 정보에 근거한 선택의 결과인 진정한 공공의 부를 달성하려는 목표를 고수하는 데는 실패했다. 그 결과 독점 기업이 지배하는 경제가 등장했고, 공익 사업을 할 수 있는 정직한 기업인이나 발명가는 의욕을 잃었다. 그리고 소비 수요가 점차 인위적으로 창출되고 있다.

농지개혁운동 가족 윤리 및 협력적인 공동체 정신과 더불어 당당하고 독립적인 소지주 계급을 만들겠다는 제퍼슨의 이상은 사실상 서부 정착 프로세스에 활기를 불어넣었으며 풍요로운 미국 경제의 기반을 닦는 데 기여했다. 그러나 농지개혁운동은 기술 변화에 대처하지 못하고 투기 매매를 감당하지 못한 탓에 '삶의 한 방식으로서의 농업'은 원거리 시장 의존적인 현금 작물 재배로 전환되고 모기지, 소작 및 임금 노동에 꼼짝없이 묶이고 말았다. 그러나 농업은 여전히 편협한 농촌 윤리와 고립주의적 정치학을 유지하고 있고, 매디슨 가와 할리우드 대중문화에 말려들었으며, 농민들이 이주한 캘리포니아와 같은 신도시에서 농업은 진정한 도시 문화를 가로막는 방어벽 역할을 수행한다.

자유 개인은 헌법의 보호를 받을 수 있게 되었다. 그러나 국가 권한과 대중의 압력이 점진적으로 강화됨에도 불구하고, 헌법상의 보호를 받을 수 있는 새로운 수단을 개인이나 소집단에 제공하기 위한 그 어떤 노력도 기울이지 않았다. 이에 따라 자유를 쟁취한 사람들에게서 더 이상 타인과 차별화된 개성을 찾아보기 힘들어졌다. 심지어 조용하게 체제에 불순응한 사람들은 끈질기게 괴롭힘을 당했다. 미국 전역 어디에도 숨을 곳이 없다.

동포애 민족 전체에 생기를 불어넣었고 하나의 공동체로 모든 계층을 통합했던 프랑스 혁명의 덧없는 이상은 위험한 국수주의에 굴복하고 말았다. 혁명의 목표는 노동 계급의 연대를 통해서 어느 정도 부활했지만, 이것 역시 박애주의 혹은 '소속감'으로 희미해져갔다.

인종 간 형제애 남북 전쟁은 흑인들의 인권을 공식적으로 보장하지만, 사회 정의와 실질적인 민주주의를 실현하는 데는 실패했다. 그리고 이 실패는 분리주의, 백인과 흑인 양측에 대한 두려움과 무지를 초래했다.

평화주의 이 혁명은 완벽하게 실패했다.

5

현대사회의 좀더 보편적인 윤리 영역에 대해 이야기해보자.

종교개혁 종교개혁은 세속적인 세상에서 종교적으로 살 수 있는 가능성을 열어주었고, 종교 지도자의 지배로부터 개인을 해방시켰으며, 간접적으로는 개인의 양심을 용인하게 만들었다. 그러나 세속적인 권력을 극복하지 못했으며 공동체 역할로서 천직의 의미를 함양하는 데도 실패했다. 그리고 대부분의 종파에서 교회 정신은 살아 있는 신앙인에게서 비롯되지 않고, 교리 혹은 금욕적 수련법의 형태로 계승돼왔다. 이는 세속주의, 개인주의, 인간의 합리적인 경제 시스템 예속, 실질적인 공동체 생활과 무관한 교회의 등장을 초래했다. 한편 부정적인 세력으로 작용하는 배타적이고 종파적인 양심이 사회적 사고 밖으로 종교를 몰아냈다.

현대 과학 갈릴레이라는 이름으로부터 비롯된 과학혁명은 미신과 학문적 전통에 대한 생각을 해방시켰고, 자연 관찰에 대한 관심을 촉발시켰다. 하지만 사회적·도덕적 사안에 대한 연구 방법을 수정하고 확장하지는 못했다. 그리고 과학은 일상적인 경험에서 점점 더 멀어졌다. 현재 순수 과학과 응용과학이 지배적인 위치를 차지하고 있는 상황에서, 그 결과는 과학자와 기술자로 이루어진 전문가 계급의 등장, 평범한 사람들의 하향 평준화 심화, '중립적' 사실과 '임의적' 가치 사이의 극단적 이분법, 인간과 자연의 교감을 가로막은 과학만능주의를 초래했으며, 과학에 대한 적대감을 부추기고 있다.

계몽주의 계몽주의는 국가와 교회의 오랜 횡포를 근절하고, 권위를 누르며 이성이 승리하는 쾌거를 이루었다. 그러나 계몽주의가 표방하는 보편주의는 특히 전문 과학과 교육을 제외한 모든 분야에서 부상하던 민족주의에 굴복했고, 삶에 대한 열정적인 지침으로서의 백과사전식 이성은 과학과 교육으로 발전을 희망했던 19세기 수준으로 낮아졌다. 그리고 지금 우리는 형제애 혹은 평화가 전제되지 않은 국제주의를 경험하면서, 과학을 전략적 무기로 감추기까지 한다. 그리고 이성의 법칙은 매우 비실용적이라는 믿음이 일반적인 정서가 됐다.

솔직함 헨리크 입센이나 귀스타브 플로베르 또는 부정부패 고발자들이 솔직한 언사로 저항하면서 빅토리아 시대식의 내숭과 사회 중심 세력을 악용하는 위선을 무너뜨렸다. 이 저항은 토론을 재개했고, 언어를 쇄신했으며 공식적인 검열을 약화시키는 데도 기여했다. 그러나 이러한 저항이 정직한 표현과 그에 부합하는 행위 사이의 긴밀한 관계를 유지하도록 하지는 못했다. 그리하여 언행일치에 대한 의무감이 약화됐고, 아이러니하게도 그 어느 때보다 공적인 행동과 사적인 행동의 실질적 동기는 한층 더 비밀에 부쳐진다.

대중문화 흔히 우리가 문학은 샘 존슨이나 영국 언론인들, 조형 미술은 윌리엄 모리스나 존 러스킨 등과 같이 이렇게 연관 지어 생각하

11장 잃어버린 공동체

는 이상향이 있다. 이는 귀족적이고 속물적인 후원가들의 손아귀에서 문화를 해방시켰다. 대중문화는 관념과 디자인을 일상적 관습과 연결했다. 그러나 작가나 예술가와 관객 간의 직접적인 관계를 수립하는 데는 실패했다. 대중문화는 마치 판매용 공산품인 것처럼 광고꾼과 기획자들에게 조종당하고 있고, 문화 상품의 홍수에 잠식당한 우리 사회는 여전히 미개간 상태로 남아 있다.

6

마지막으로 어린이나 청소년과 직결되는 몇몇 개혁에 대해서 이야기하겠다.

미성년 노동 금지 이 개혁을 통해 공장에서의 열악한 저임금 노동 착취와 직업 훈련 등에서 어린이들을 구조해냈다. 그러나 확장 개방 경제에서 공립 학교와 도제식 훈련에 의존했던 개혁가들은 능력이나 직업에 대한 철학을 마련하지는 못했다. 작은 일자리가 많지 않았던 탓에 그들은 성장기 청소년들에게 용돈을 벌 기회를 제공해야 한다는 사실을 인식하지 못했다. 그로 인해 오늘날 젊은이들은 특별히 할 일 없이 빈둥거리고 직업인으로서 쓸모가 없으며, 경제적으로 절박한 상황에 직면하곤 한다. 반대로 학교는 정부 원조를 받고 도제식 교육을 제공하는 기관으로 전락했다.

의무교육 의무교육은 개방적인 산업사회의 모든 아이에게 일정 수준의 기회 평등을 제공했다. 교육적 환경과 발전의 기회들이 제공될 때는 언제나, 공식적이고 기본적인 훈육이 충분하게 이루어졌다. 미국의 현재 상황에서 공교육은 유의미하지 않고, 과밀 교육이 이뤄지며 당국이 공적으로 간섭하면서 학생 개개인에게 관심을 기울이거나 진정한 교육을 제공하는 것이 불가능하다. 그래서 학교는 교육을 담당하는 곳이기도 하지만 학생들을 멍청하게 만드는 곳이라고 해도 과언이 아니다. 더구나 의무교육은 교도소처럼 강제적일 때가 많다.

성 혁명 성 혁명이 이뤄지면서 제반의 동물적 기능을 해방시켰고, 억압을 깨트렸으며, 억제를 완화했다. 그리고 법률적·사회적 제재를 약화시켰고, 나이 어린 아이들에게 행해졌던 엄격한 육체적인 훈련을 감소시켰다. 물려받은 편견, 공포, 질투에 의해 강하게 거부당하고 있는 성 혁명은 실패라기보다는 여전히 진행 중이라고 봐야 한다. 하지만 전반적으로 성 혁명은 좀더 자란 아이나 청소년에게 실질적인 자유를 안겨주지는 못했다. 그 결과 그들은 일관성 없는 원칙에 갇혀 있고, 과도한 자극과 부적절한 성행위 때문에 고통당하며, 마치 이런 것들이 인생의 전부인 양 성적인 생각에 사로잡혀 있다.

관용 어린이들은 상대적으로 좀더 자유롭게 즉흥적으로 행동할 수 있다. 아이들의 품위나 정신은 학교나 다수의 가정에서 가해지는 굴욕적인 처벌로 짓밟히지 않았다. 그러나 그들을 위한 수단과 환경까지 제공할 정도로 관용이 확대되지는 못했다. 결과적으로 젊은이들은 성적으로 자유로워졌지만 사생활을 잃었다. 분노할 자유는 주어졌지만, 집을 벗어날 수 있는 피난처도 없고, 직접 돈을 벌 방법도 없다. 가정 교육이 관대한 경우, 가정이나 지역 공동체는 강력한 가치관과 존중할 만한 행동 양식을 마련할 필요가 있다. 그래야만 아이들이 자신의 경험을 구조화하겠다는 가치 있는 목표를 설정할 수 있게 된다. 물론 현재 우리 사회에는 이 가치 있는 목표가 결여되어 있다. 그래서 관용은 확신이나 강인함보다는 불안과 나약으로 이어지는 경우가 많다.

진보주의적 교육 산업화와 민주주의의 근대적인 환경에서 교육의 문제점들을 해결하는 것이 목표인 진보주의적 교육은 단 한 번도 기회를 잡지 못했다. 진보적인 교육은 전인 교육을 도모하기 위해서 능력심리학faculty psychology을 무너뜨리고, 집단적 경험을 강조하는 데 성공했지만 실질적인 문제 해결을 위한 방법으로 체험 학습을 도입하지는 못했다. 그리하여 학교의 교과과정이 약화됐고, 사회에 그대로 적응하도록 촉진했다.

7

앞서 언급한 두꺼운 활자로 표시되어 단락 전체를 요약하는 기능을 하는 소제목은 현대인을 위한 일종의 프로그램이기도 하다. 20여 개에 달하는 이 항목들 하나하나가 특수한 역사적 환경에 대한 대처 방안으로 고안되거나 혹은 발견된 것들이다. 이 정치적 입장은 전쟁 중인 봉건국가를 통일했던 왕들의 절대주의 체제에 반대하기 위해 전개되었다. 그리고 어린이와 청소년을 위한 프로그램은 근대 산업주의와 도시화 등에 대처하기 위한 것이었다. 일부 사회학자가 생각하는 것처럼 이 일련의 항목은 상황이 변한다고 해서 대체되거나 잊게 되는 것이 아니다.

라이트 밀스는 이렇게 말했다. "서양인들이 클래식하고 자유로우며 물질만능적인 현대 문화와 연관 지어 생각하는 이상은 지금 이 사회가 경험하는 이 시대에 깊게 뿌리박고 있을지도 모른다. 개인의 자유 및 문화적 자주성과 같은 이상은 문화적인 삶을 구성하는 본질적이면서 필수 불가결한 특징이 아닐 수도 있다." 이는 마치 비극적인 시학 혹은 수학이 고대 그리스의 삶의 방식에 뿌리박고 있었지만, 선천적인 인간적 자질은 아니라고 얘기하는 것과 마찬가지다. 이러한 사고는 최근의 사회적, 과학적 풍조가 낳은 결과물이며 문화를 인간 능력의 발명이나 발견의 결과가 아닌 평범한 동물에게 부가된 것으로 본다. 사실상 이러한 생각은 현대의 진취적인 정신을 모두 포기하는 것과 다를 바 없다. 그러나 우리는 이를 포기해서는 안 된다. 새로운 환경은 자신이 반드시 달성해야 한다고 배웠던 내면의 목표를 완고하게 고집하는 부류의 인간을 형성하는 조건이 될 것이다.

그러나 이런 현대적인 입장이 일관된 프로그램을 만들 수 있을 만큼 서로 쉽게 조화를 이루진 못한다. 자유와 평등, 과학과 신앙, 기술과 생디칼리슴 간에 첨예한 갈등이 있었다. 그럼에도 우리는 어느 하나도 포기하지 않고, 이 모든 목표를 달성하고 일관성 있는 프로그램을 만들기 위해서 끈질긴 노력을 기울일 것이다. 실제로 이런 목표 가운데 하나만 실패해도 곧바로 다른 목표 역시 실패로 이어진다는 사실을 경험으로 알 수 있다. 예를 들어 사회 정의 구현에 실패하면 정

11장 잃어버린 공동체

치적 자유 역시 약화된다. 그리고 이는 과학과 종교의 자주성까지 위태롭게 만든다. "만약 사회주의 운동의 부재가 지속된다면, 노동운동은 일어나지 않을지도 모른다"고 좌파 노동운동가 프랭크 마쿼트는 말했다. 진보주의 교육의 실패로 의무교육 제도는 더욱 절망적인 상황이 되었고, 관대함과 성적 자유 등이 위협받고 있다. 미국이 부여받은 특별한 현대적인 운명을 실현하고 싶다면, 우리는 이 모든 목표가 실현될 수 있도록, 그래서 한 목표가 다른 목표를 뒷받침할 수 있도록 피나는 노력을 기울여야 한다.

역경 속에서 새로운 현대적 목표들이 여기 제시된 목표에 추가될 것이고, 그러면 이 목표들은 또다시 절충되거나 좌절될 수 있다. 또한 이 목표들의 예언적 절박함은 관료화될 것이고 아이러니하게도 정반대의 목표로 돌변할 수도 있다는 것 역시 의심할 여지가 없다.

8

굉장히 고상한 투쟁에 관한 사실적이고 종종 아이러니한 결과를 모아놓으면, 미국 사회에 대한 분명하지만 과장된 사진 한 장을 얻게 된다. 이 사진 속의 미국은 공학이 추락하고, 쓸모없는 생산품으로 가득하며 무질서하게 혼잡하다. 게다가 다양한 부류의 중간 상인층과 무관심한 노동자들이 등장했으며, 실업수당에 의존해 살아가는 소외계층이 늘어났다. 기본적인 도시 기능을 상실했으며, 어린이들을 위한 전원 도시는 있지만 본질이나 문화가 부재한 상태에서의 공허한 '소속감'으로 가득하다. 여기에 정치인은 얼굴 마담 노릇을 하고 있고 애국심은 부재하며 재앙에 가까운 비극으로 끝날 수밖에 없는 공허한 민족주의로 점철되어 있다. 여기에 늪에 빠진 이성적인 의견, 독점 기업에 의해 방해받는 민간 산업, 편견의 득세, 아무짝에도 쓸모없는 종교, 수준이 떨어진 대중문화, 전문화된 과학, 과학 비밀, 평범한 시민의 무능화, 가난한 학교까지…… 이에 청소년들은 목표가 없고, 할 일 없이 빈둥거리며 학교에 무단결석하거나 성적으로 고통당하고 집착하기도 한다.

이 사진 속 미국의 모습이 부당한 것만은 아니지만, 앞서 말한 대로 과장되어 있다. 긍정적인 요소나 현재 진행 중인 성공 사례들이 모두 빠져 있기 때문이다. 우리는 불굴의 위대한 문화가 있다. 과학, 학문, 미술 분야에서의 지속적인 발전이 이루어지고 있으며, 보건 및 의학 분야 역시 꾸준히 발전을 거듭하고 있다. 경제적 풍요와 함께 여러 방면에서 진정한 시민 평화, 민주주의 체제에 대한 확고한 지지를 이끌어내는 데 성공했다. 무엇보다 우리에게는 인간에게 내재되어 있는 용기와 포기하지 않는 불굴의 의지가 있다. 또한 어리석은 행동과 체제 순응적 태도에도 불구하고 우리 미국인들은 놀라우리만큼 지적이며 위선에 대해서는 관대하지 않다.

그러나 이 과장된 사진조차 드러내지 못한 암울한 현실이 하나 있다. 그것은 서서히 고개를 쳐드는 패배주의와 국가나 준독점 기업의 조직화된 시스템에 아무 저항 없이 굴복하는 태도다. 우리는 사실상 IBM이나 조직화된 심리학자 집단에서 학교 시험과 인재 채용 방식을 결정한다는 것을 안다. 부동산 개발업체인 웹 앤드 냅Webb and Knapp 이나 메트로폴리탄 라이프Metropolitan Life가 임대주로서 가정의 관습을 결정한다. 그리고 이 기업은 '도시 개발자'로서 공동체 사회를 계획한다. 물론 이 기업의 목표는 수백만 명이 열악한 주거 환경에서 사는 것과 무관하게 '장기적으로 투자에 대한 일정 수익을 챙기는 것'이다. 윌슨 장관은 제너럴 모터스의 자동차가 도시는 물론 젊은이에게 파괴적인 영향을 미칠 것이 분명하지만, 그렇다고 하더라도 GM의 기여와 국가는 불가분의 관계라고 이야기한다. 매디슨 가와 할리우드는 관객들을 타락시킬 뿐만 아니라 소통 수단을 선점해버렸다. 그 결과 이 채널을 제외하고는 사용 가능한 소통 수단이 전혀 남아 있지 않다. 간헐적이지만 노골적인 법률적 위반과 함께, 점차 협력을 강화해가는 경찰과 FBI는 국민을 주눅들게 만들고, 입을 막는다. 미국이라는 국가가 힘센 사자의 앞발 공격과 같은 한 방으로 이런 상황을 제압하는 대신 그대로 두고 본다는 것 자체가 실패한 혁명의 심리가 작용한 결과다.

9

이 책이 긍정적으로 작용하기 위해서는 각 항목의 중간 부분, 다시 말해서 실패, 부족, 타협에 관해 좀더 심도 있는 고찰이 요구된다. 앞서 제시한 현대적인 목표들이 이미 완벽하게 달성됐다고 가정해보자.

그렇다면 지금쯤 우리는 이런 사회에서 살고 있을 것이다.

　기술 향상과 기능 위주의 단순하고 명확한 기술 양식을 최우선시한다. 공동체는 직장, 생활, 놀이가 유기적으로 통합된 완전한 독립체로 설계된다. 건물에는 가장 보편적인 기술과 더불어 건물 본연의 다양한 기능이 탑재되어 있다. 막대한 자금이 공공재에 투자된다. 근로자들은 기술 훈련을 받으며, 경영에 대한 발언권을 행사한다. 단 한 사람도 사회 밖으로 낙오되지 않으며, 계층 간 이동도 수월하다. 또한 생산품은 주로 사용을 목적으로 제작된다. 사회 단체는 우리가 직면한 문제를 실험적으로 풀어볼 수 있는 실험실 역할을 한다. 민주주의는 주민 총회에서 시작되고, 구체적인 계획이 있는 사람만 공직에 출마한다. 종교의 다양성을 장려하고 미합중국에 자부심을 느낄 수 있다. 그리고 젊은이들은 징병 제도에서 자유로워진다. 모든 이가 보편적인 이성 국가의 시민이라고 느낀다. 정책은 특이하고 인기 없는 의견에도 충분히 힘을 실어주며, 새롭고 모험적인 사업에 시험 무대와 시장을 제공한다. 사람들은 거리낌 없이 친구를 사귈 수 있다. 모든 인종이 실질적으로 평등하다. 보호하고 가꿔야 하는, 하늘이 준 능력인 천직을 찾고 이를 길러낸다. 그리고 교회는 신도들의 정신을 대표한다. 보통 사람들은 평범한 경험을 일상적이며, 과학적으로 시험해볼 수 있다. 이성적 제안은 실용적이라고 여겨진다. 그리고 말과 행동이 일치된다. 대중문화는 대담하고 열정적인 문화가 된다. 우리 아이들은 쓸모 있는 인간으로 성장하고, 용돈은 스스로 벌 수 있다. 이들의 성적 관심은 기꺼이 수용된다. 이런 사회에서 지역 공동체는 어른들의 중요한 일을 계속해서 수행하고, 아이들은 각자의 속도에 맞춰서 움직인다. 인간의 능력은 자라는 아이와 함께 발전하므로, 교육은 인간의 능력을 촉진시키는 것과 관련 있다.

현대 급진주의자들이 목표했지만 실현하지 못한 이 같은 유토피아 사회에서는 어른으로 성장하기가 매우 수월하다. 그러한 사회에는 미성년자들이 관찰하고, 수용하며, 직접 실행에 옮기고, 배울 뿐 아니라 필요한 것을 변통할 수 있는 객관적이고 보람 있는 일이 많다. 다시 말해 우리 사회가 미성년자들이 자라나기 어려운 곳이 된 이유는 현대의 시대정신 때문이 아니라 시대정신이 충분히 실현되지 않았기 때문이다.

이런 맥락에서 현재 젊은이들이 고통을 겪고 있다는 사실이 그리 놀랍지는 않다. 빠른 변화 속에서 사람들은 이 사회 안에 성장 중인 젊은이들이 존재하며, 세상이 그들의 욕구를 충족시켜줘야 한다는 사실을 충분히 인지하지 못하고 있다. 그래서 미국 사회에서는 심리학이나 교외 주택 단지에서 미성년자들에게 지나친 관심을 기울이고, 마치 '청소년 범죄'가 하나의 독립적인 사안인 것처럼 이 문제에 대처하고 있다. 어느 정도는 철저히 계획된 근본적인 변화를 위해 투쟁하는 어른들도 자신들이 성취한 몇 가지로 인해서 삶이 견딜 만해지고, 웬만큼 자신들이 기대한 것 이상이다 싶으면 슬그머니 투쟁을 포기해버린다. 하지만 젊은이가 자라기 위해서는 완성된 환경과 다시 완전해진 사회로 이루어진 세상이 필요하다.

10

앞서 제시한 이상적인 사회의 청사진에 내재된 문제는 많은 어른이 그런 사회가 만들어진다고 해도 그와 같이 안정된 현대사회에 불만을 품게 된다는 것이다. 어른들은 "자라는 아이들에게는 괜찮은 곳이겠지"라고 말할 가능성이 높으며 그들의 비판에 어느 정도 동의한다.

개인적으로 그들의 주장은 다음과 같이 정리된다. 문화에 관한 것이든 제도에 관한 것이든 상관없이 새롭고 통찰력 있는 모든 제안은 '인간 본성'의 새로운 자질을 발견하고 창조해낸다. 그때부터 이러한 환경 속에서 젊은이가 성장하고, 자신의 정체성과 천직을 발견하게 된다. 그리고 오늘날의 혁명적인 제안들을 모두 모아서 **현대 교육의 목표**라는 이름을 붙였다. 이 교육 계획을 끝까지 완수하는 것이 진보주의적 교육의 목표라는 것을 알고 있다.

그러나 교육은 삶이 아니다. 다 자란 성인의 현재 상황은 발견되지도 알려지지도 않은 현재와 맞서는 것이다. 불행히도 현재 그는 자신의 완성되지 않은 과거도 완성해야만 한다. 이 유산이 그리 달갑지 않지만 이 역시 현재 상황의 일부이며, 사회적으로 해결되어야 하는 문제다.

11

재차 강조하자면, 현대의 실패한 혁명들, 즉 혁명까지 가지 못하거나 타협으로 끝난 혁명이 결국은 우리 젊은이들의 성장을 방해하는 사회적 환경을 만들고 있다.

현존하는 지역 공동체, 지방, 그리고 국가가 젊은이들이 맞닥뜨린 환경이다. 공동체 정신과 애국심은 젊은이들을 성장 가능케 하는 신념이다. 패배감을 많이 경험하지 못한 독립적인 성인이 행동 무대로 역사적, 국제적, 우주적 환경을 마주하고 있다.

현대의 특징은 근본적인 변화가 전례 없이 빠른 속도로 일어나고 있다는 것이다. 이 변화는 전통을 무너뜨리지만, 온전하고 새로운 공동체를 건설하지는 못한다. 우리에게는 돌아갈 곳도 돌아갈 방법도 없다. 젊은이들이 완전한 어른으로 자라날 수 있는 안정적이고 온전한 공동체를 건설하고 싶다면, 각고의 노력을 기울여 우리가 지니고 있는 혁명적이고 현대적인 전통을 완성해야만 한다.

이와 같은 결의는 역설적이게도 안정과 사회적 균형을 지향하는 보수적인 명제다. 혁신을 하느냐의 문제가 아니라 적절한 균형에 도달해서 회복하느냐의 문제이기 때문이다. 그러나 우리의 한쪽으로 치우친 생활 방식에서 인간 자원을 보존하고 인간의 능력을 개발하자는 주장이 급진적인 혁신이 되었던 것만은 분명하다.

적절한 균형은 인구 증가에 맞춰 고작 교사 몇 명을 신규 채용하는 형식적인 조치로는 회복이 불가능하다. 교육을 맡기기 위해서는 어쩌면 100만 명 이상의 신입 교사가 필요할지도 모른다. 제임스 브라이언트 코넌트 박사는 자신이 원하는 시설이나 학교에 관한 예산을 고려하지 않더라도 오로지 교사 교육에 필요한 연간 지출 규모만 지금의 두 배로 늘려야 한다고 주장했다. 이 안에는 성인 여가를 이해하는 일과 같은 새로운 분야는 사실상 포함되어 있지 않다.

인구 증가 및 과밀화로 인해 인적 서비스의 수와 종류가 불균형적으로 늘어나고, 지리 및 사회 분야 모두에서 자유방임적 부분은 줄어들고 있음을 이해해야만 한다. 그러므로 학교 수업이나 환자 (심지어 선거구까지) 같은 인적 서비스 단위는 과밀화, 예컨대 과밀 수업, 과밀 진료실, 과밀 정신 치료실, 과밀 교정 시설, 군중 정치의 등장을 막기 위해서 점점 더 작아져야 한다. 그러나 현재 일반 학교나 의대에서는 산술적 증가마저 대처할 수 없는 실정이다.

적절한 균형을 유지하기 위해서는 직업 상담의 목표를 수정할 필요가 있다. 즉, 사람을 기계에 맞추기 위해 인간을 규격화하여 억지로 들이맞추는 직업 상담에서 사회 안에서 능력을 발휘할 수 있는 기회를 마련해주는 쪽으로 전환해야 한다는 뜻이다. 만약 그런 기회를 찾을 수 없다면 만들어야 한다. 그러기 위해서는 소규모 신생 기업들의 참여를 유도하고 창조 분야에 대한 규제를 풀며, 가능하다면 재정 지원을 해야 한다. 다시 이야기하지만, 현재 생산이 비인간적이고 비상식적이라면 이는 우리가 생산에 관심을 거의 기울이지 않기 때문이다. 이러한 문제는 노동자에게 생산과 관련해서 더 많은 발언권과 현명한 의견을 낼 수 있는 훈련의 기회를 제공한다면 해결될 것이다.

적절한 균형을 달성하기 위해 분산이 이뤄지고 도시와 시골의 비율이 조정되어야 할지도 모른다. 분명 이는 완전히 단조롭고 변함없는, 수만 개의 방치된 작은 마을을 누군가가 자부심을 느낄 수 있는 흥미로운 마을로 탈바꿈시키는 것을 의미한다. 공적 투자와 인구 증가가 이뤄지면서 공적 영역에서 사유 재산이 창출되고 향유되었던 사실을 잊게 되는 정도와 비례하여 공적으로 유용한 상품의 생산이 크게 증가했다. 과거 도시인들이 알고 있었던 바에 따라 도시와 광장에 속하는 것, 시장이나 동네, 혹은 고급스러운 문화에 포함되는 것이 공익이라는 사실을 우리는 다시금 깨달아야 한다. 이는 '장기적으로 일정 수익을 내는 투자'에 적합한 분야는 아니다. 공적 기금을 균형적으로 배분한다는 것은 자동차 편의를 위한 긴급대피용 도로 건설보다 도심부 개선에 더 많은 자금을 투입하는 것과 비슷하다. (한 가지 그럴듯한 제안을 하자면, 만약 신차에 사치세 10퍼센트를 부과한다면, 성인 여가 프로그램에 자금을 지원할 수 있다. 이 프로그램은 10억 달러 이상의 수익을 올릴 것이다.)

경제적 번영 그 자체가 불우한 이민자들이 새 삶을 시작하는 것을 더 어렵게 만드는 요인으로 작용해왔기 때문에, 적절한 균형을 이루기 위해서는 그들이 자신의 길을 찾고 새 출발을 하도록 자금과 창의력에 집중해야 한다. (그런데 그럴 경우 뉴욕의 일부 사회복지관의 모범적 사례에서 볼 수 있듯이, 창의력과 우호적 지원이 돈보다 더 중요하다.) 그리고 인간이 품위를 잃지 않고 가난하게 살 수 있는, 높은 수준의 종합 경제에 참여하지 않고도 생계를 책임지는 게 가능한 몇 가지 방도를 찾아내야 한다. 이를 달성할 수 있는 한 가지 방법은 종합 경제와는 별개로 생활 물자를 직접 생산하는 것이다.

미술과 문학 분야에서는 관습적인 사회 기준과 창조적 혁신 사이에서, 그리고 대중적 오락과 미학적 경험 사이에서 적절한 균형이 유지된다. 그러므로 할리우드와 매디슨 가의 영향력을 상쇄하기 위해서는 수천 개의 새 소극장, 소규모 잡지, 그리고 반대 의견을 유포할 수 있는 저널들을 보유하고 있어야만 한다. 그 이유는 오로지 그러한 환경에서만 새로운 일들이 일어날 수 있고, 현실 세계에서 앞으로 나아가는 것을 시작할 수 있기 때문이다.

우리의 민주적인 입법 기관과 대중 연설가는 좀더 정통하고 존경할 만한 의견을 냄으로써 균형을 유지해야 한다. 영국에서처럼 이러한 의견들이 공개 토론까지 이어질 수 있다는 확신과 효과를 낼 수 있다는 가능성을 지니고, 공동체 계획, 형법, 도덕성, 문화적 분위기 등과 같은 근본적인 사안들을 신중하게 거론할 수 있다. 최고의 재능을 지닌 인물이 확신을 가지고 열정적으로 전념할 수 있는 지도자가 되게 하고, 미국이 관리자, 개발업자, 그리고 정치인들의 손에 넘어가는 것을 막게 할 다른 방법은 없다.

긴밀하게 조직화되고 체제 순응적인 사회에서 적절히 조화를 유지한다는 것은 시민 자유의 확실한 안전 장치를 대폭 강화하고, 신에 대한 두려움을 지역 경찰, 지방 검사, 그리고 FBI에 대한 두려움으로 바꿔놓는 것을 뜻한다.

반드시 필요한 10여 가지 변화에 관한 계획은 모두 실현 가능하지만 또한 달성하기 어렵기도 하다. 더 현명하고 경험이 풍부한 작가들이 더 많은 제안을 하길 바란다.

12

그중 '성인 여가 이해하기'에 대해 좀더 상세히 들여다보자.

여가에 대해 철학하는 사람들, 예를 들어 전미 레크리에이션협회가 현재 추구하는 목표는 무엇일까? 그리고 현재까지 달성된 목표를 살펴보자. 여유 시간을 채워줄 취미가 있는 어른들이 1억 명은 족히 될 것이다. 어떤 이는 플루트 연주의 전문가가 됐을 것이고, 직접 조립해서 만드는 DIY 제작에 흠뻑 빠진 사람들도 있을 것이다. 장기나 바둑 실력이 뛰어난 사람이나 미국 전통 춤인 스퀘어 댄스에 마음을 빼앗긴 사람들도 있으며, 취미로 자연에서 캠핑을 즐기거나 다양한 운동을 하기도 한다. 전미 레크리에이션협회의 목록 전체를 훑어보고, 항목을 모두 종합해 성인 1억 명에게 적용해보라. 그러면 위의 상황이 그려질 것이다. (로버트 코플런은 자신의 저서 『인생』에서 현재 성인의 여가에 매년 40억 달러가 소비되고 있다고 추정한다.) 사회 지도층은 사람들을 여가활동에 참여시킴으로써 누구나 어딘가에 '소속'되도록 한다.

이제 이 모든 사람이 이러한 여가활동을 하여 개인적으로 충분한 만족을 얻고 있다고 해도, 이는 실망스러울 뿐이다. 그 만족감은 아무 의미도 없고 중요하지도 않다. 그것 안에는 도덕적 필요도 없고 기준도 없다. 어느 누구도 그런 방식으로 1억 명의 인간 자원을 낭비할 수는 없다.

문제는 전미 레크리에이션협회가 견지하고 있는 '레크리에이션'의 근본적인 개념에 있다. 다음은 최근 『레크리에이션』에 실린 한 논평의 일부다. "레크리에이션은 단순히 즐거움을 얻기 위해서 참여하는 활동을 말한다. 레크리에이션으로 얻을 수 있는 보상은 레크리에이션 활동이 개인적 흥미를 발산할 수 있는 배출구를 어느 정도까지 제공할 수 있느냐에 좌우된다." (뉴욕 주지사가 청소년 범죄를 해결할 수 있는 처방으로 언급했던 발산이 가능한 수단, '배출구'라는 표현이 또다시 등장한다.) 그러나 즐거움은 목표가 아니라 현재 진행 중인 어떤 중요한 활동을 할 때 따라오는 감정이다. 프로이트의 말처럼 즐거움은 항상 기능에 좌우된다.

여가에 대한 현재의 사고방식에서는 새로운 문화가 등장할 수 없다. 고대 아테네인들의 진정한 여가, 그리스어로 σχολή에는 공동의 필요성이 들어 있다. 현재 미국인들의 여가 속에는 그것이 극장 안이든, 놀이에서든, 건축이나 축제 혹은 대화를 할 때든 상관없이 공동체에 필요한 가치가 결여돼 있다.

이런 환경 속에서 사고하는 것이 어렵다는 사실은 우리 사회가 불균형적이라는 것을 단적으로 보여주는 예다. 그러나 앞서 인용한 더글러스 박사의 주장처럼 '새로운 윤리나 새로운 미학'이 우리에게는 필요가 없다. 왜냐하면 진지한 여가활동은 우리 공동체 안에 눈부신 빛을 발하며 수치심을 피하고 위엄을 달성하기 위해 바로 그곳에 있기 때문이다.

그러나 우리의 삶의 방식 가운데 일과 관련된 부분에 관심이나 명예, 남자다움이 없다면, 여가에서 많은 것을 기대하는 것이 가능한지 여부가 관건이다.

11장 잃어버린 공동체

13

이 장에서 전달하고자 했던 내용은 전형적인 보수주의적 사고를 대변하는 새뮤얼 테일러 콜리지의 책 『국가와 교회의 수립에 관하여On the Constitution of the Church and State』에 가장 잘 설명돼 있다. 콜리지가 주장하는 바는 단순 명료하다. 지도자들이 시민을 갖기 위해서 최우선적으로 해야 할 일은 바로 인간을 양성하는 것이다. 그러므로 공공의 부 가운데 상당 부분을 '자유와 문명'을 구축하는 데 할애해야만 한다. 특히 자라나는 청소년들의 교육에 투자해야 할 것이다.

GROWING UP

UP

ABSURD

1

내성적이고 자신감 떨어지는 어른들은 늘 젊은 세대에 대해 개탄하고 모든 게 엉망이 되고 있다고 느낀다. 냉철한 어른이라면 관대하게 그리고 약간은 부러움 섞인 마음으로 젊은 세대들의 탈선과 어리석음을 이해하려고 하는 게 정상이다. 탄탄한 기반을 구축했던 아우구스투스 황제 시대에는 1688년부터 산업혁명 시대까지의 영국과 마찬가지로 가정 교육을 잘 받고 자란 젊은이들이 도를 넘는 행위를 하는 것이 청춘기의 방종이라는 이름으로 용인되고 나아가 사회적 의무로까지 인식되었다. 19세기 후반의 러시아처럼 상황이 극도로 불안정한 시기에는 반항적인 젊은이들이 변화를 주도할 주역으로 기대를 한 몸에 받았다.

젊은이들의 반항을 바라보는 이 같은 태도는 모두 일리가 있으며, 우리 시대에도 적용된다. 나도 물론 그들의 태도를 관대하게 바라보기도 하고, 부러워하기도 하며, 개탄하기도 하고, 동의하기도 하며 높게 평가하기도 했다. 우리 시대 청춘들의 문제가 여느 시대의 그것과 근본적으로 다르든 그렇지 않든, 혹은 곧 사그라지든 계속되든 나에게 그다지 흥미로운 문제는 아니다. 비트 세대가 한때의 유행이든 그렇지 않든, 현재의 비행 청소년 문제가 1850년만큼이나 심각하든 아니든 그 역시 마찬가지다. 대신 이 책을 통해서 이야기하고 싶었던 것은 그러한 문제는 형태나 내용으로 그것이 발생한 사회라는 시스템을 테스트하고 비판한다는 사실이다. '잘못'의 책임 소재를 밝히는 입증 책임은 언제나 젊은이들이 아니라 사회라는 시스템에 있다. 이런 책임을 수월하게 떠맡는 사회도 존재한다. 우리 미국 사회가 말도 안 될 정도로 형편없는 것은 아니지만, 충분히 괜찮다고 평가하기도 어렵다. 문제를 일으키는 방식으로 제시된 테스트에 형편없이 대응하고 있기 때문이다.

젊은이들이 의미 있는 방식으로 '옳다'면 반드시 주목을 받듯이 그들이 한 집단으로서 전체적으로 주목받는다는 사실은 사회가 제대로 대처하지 못하고 있음을 입증한다. 그리고 거기에는 아버지와 아들, 성난 청춘, 청춘들의 문제가 있다. 미국에서 성난 청춘과 청춘들의 문제는 두 차례의 세계대전 이후에 등장했는데, 이는 그 당시 기성세대의 불명예스러운 행태 때문이었다(부록 F에서 이 두 시기를 비교한다).

2

오늘날 미국인이 젊은이들에게 쏟는 특별한 관심은 두 가지 형태로 나눠서 생각해야만 한다. 첫 번째는 기성세대의 실망과 체념에서 비롯된 것으로, 일종의 리어 왕 콤플렉스다. 기성세대는 남성과 여성이 되는 데 실패했다. 따라서 젊은이들 앞에 서면 자신이 없어지고 죄책감에 시달릴 수밖에 없다. 자녀 문제와 관련해서 기성세대의 체념은 아이들 중심의 교외 지역 건설과 '심리학'을 강조하는 풍조를 낳았다. 청소년 문제와 관련해서는 그들 스스로 젊음을 갈구한 나머지 젊은이처럼 행동하고, 젊음에 굴복한 것처럼 보인다. 젊음을 의미하는 십대의 어리석음은 여전히 어떤 활력을 간직하고 있다. 그 결과 십대 청소년이 주 구매층인 11억 달러 규모의 시장이 형성되기에 이르렀다. 젊은이들이 생각해낼 수 있는 일은 어른들의 행태를 모방하는 것 외에는 아무것도 없기 때문이다. 일단 이런 시장이 형성되면, 매출에 집착하는 홍보 전문가들은 당연히 십대에게 집중적인 관심을 기울일 수밖에 없다. 이런 십대들은 '문제아'와는 거리가 멀다. 지금의 십대는 그들의 부모보다 더 쓸모없는 인간으로 전락할 것이고, 그래서 신은 우리를 가엾게 여기신다.

그러나 두 번째 관심의 형태는 도덕적으로 잘못이 없는 문제아에게 쏟아지는 것이다. 그들이 문제아인 이유는 유해한 행동을 거리낌 없이 발산하려고 하기 때문이다. 이런 문제 행동을 억제하려고도 하지 않는데, 너무나 많은 불만을 억눌러왔기 때문에 지겨운 것이다.

소위 문제아들은 윤리적으로 명백히 아무런 문제가 없기 때문에 그들은 '정당하며', 이는 누구나 아는 사실이다.

3

1920년대 '성난 청춘Flaming Youth'은 긍정적인 영향을 미쳤다. 성 해방과 자녀 양육에 대한 관대한 태도에 가속도를 붙였다. 성난 청춘은 이 새롭고 단순한 문제에 쐐기를 박았다. 현재 우리가 목격하고 있는 청춘들의 문제는 전쟁으로 인해 생긴 불안과 환멸 때문에 기세가 꺾이고 뒷전으로 밀리긴 했지만 이미 긍정적인 영향을 미치고 있다.

젊은이들은 소위 액션 페인팅Action Paining과 같은 우리 세대에서 가장 강력한 회화운동에 심취해 있다. 음악계에서는 바레즈가 대표 주자로, 쳐서 소리를 내는 무조 음악*이나 뮈지크 콩크레트**가 대세를 이루고 있다. 액션 아키텍처Action Architecture라는 것도 등장했고, 앙토냉 아르토는 즉흥적·전위적 연극 기법인 액션 시어터를 주창했다. 나는 이처럼 물질적 요소와 실제 상황으로 회귀하려는 경향이 일부 젊은 예술가 집단의 미술 행위와 시적 행위의 본질적이고 자발적

---

* 無調音樂, atonalism. 조성의 법칙을 적극적으로 부정하고, 조와는 다른 구성 원리를 찾으려고 하는 음악.
** musique concrète. 녹음 음향을 재료로 사용하여 작곡하는 실험음악 기법. 구체음악이라고도 하며 1948년 프랑스 작곡가 피에르 셰페르와 그의 조수들이 프랑스 라디오 방송국 실험 스튜디오에서 개발했다.

인 현상이라는 것을 보여주기 위해서 노력했다. 이는 이 젊은이들이 주류에서 벗어난 것이 아님을 뜻한다. 물론 이러한 행위미술 속에는 콘텐츠가 없고, 충분한 인간애가 담겨 있지 않다고 말할 수도 있고 이러한 비판에 일면 동의한다. 행위예술은 정형화되거나 타락한 콘텐츠를 기피하지만 그럼에도 예술가 자신의 행위는 타락하지 않는 콘텐츠임을 확인시켜준다. 그것이 이러한 행위미술의 굶주린 그리고 과감한 인간애다. 다다이즘의 허무주의에서 벗어나려는 시도이자 시작인 것이다.

젊은이들은 면대면 집단으로 표현하는 방식과 규격화된 대중문화나 학문 문화보다 확연히 앞서 있는 대면 집단인 대중 관객을 자극하는 표현 방식을 고안해냈다. 그러나 이러한 표현 방식은 최고의 사회학자나 공동체 계획자들이 추구해왔던 것과 비슷하다. 바로 사회적무질서와 고독한 군중 현상을 거부하는 움직임이다. 당연히 그것은 술에 취해 있고 초라하다.

영국의 앵그리 영맨은 대중 연설가들의 사기성 발언을 꿰뚫어보는 데 전문이기에 그들에게 말만 하지 말고 행동으로 보여줄 것을 요구했다. 전후 세대 진보주의 작가 집단인 앵그리 영맨은 "부끄러운 줄 알아!"라고 외칠 줄 알게 되었다. 젊은이들을 포함해서 미국인 100만 명이 같은 행동을 하게 된다면 우리도 굉장히 긍정적인 변화를 이루어낼 수 있을 것이다.

불만에 찬 미국, 영국, 프랑스 젊은이들은 인종 관계에서 단호하게 직접적인 행동을 취했다. 그들은 다인종 형제애와 다른 인종 간 결혼을 기정사실로 받아들인다.

십대 문제아들이 보여준 모든 행동은 그들이 중산층 비행 청소년이든 소외 계층 비행 청소년들이든, 최소한 부분적으로 어떤 행동이든 실존적인 상황에서 비롯된 행동이라는 것, 그리고 겉치레를 하거나 단순한 역할놀이에 참여하는 대신 직접적인 행동으로 대응하고 있다는 것을 확실하게 보여준다. 그들도 무수한 위선적인 역할놀이를 수행하지만, 현재의 무난한 사회에서 이뤄지는 것보다는 적으며, 보통의 젊은이들 혹은 바르게 자라나는 청소년들이 하는 것보다는 오히려 더 적다. 비트 세대, 앵그리 영맨, 비행 청소년의 실존적 현실이, 불만이 없고 위선적이지 않은 다른 정직한 젊은이들이 그들에 대해서 더 알고 싶어하고 그들을 존중한다는 사실을 통해서 간접적으로 드러난다고 생각한다. 만약 대학에서 학생들을 만나게 된다면, 우리는 이 진보적인 젊은이들에 대한 질문을 수백 번은 듣게 될 것이다.

마지막으로 이들 가운데 몇몇 집단은, 적어도 미국에서 그리고 실로 오랫동안 우리가 지니고 있던 것보다는 좀더 분명한 동지애, 인간의 동물성, 그리고 성적 욕망을 달성하고 있다.

4

이 가치 있는 프로그램은 이 책에서 우리가 '조직화된 시스템'이라고 불렀던 관습, 즉 시스템의 역할 놀이, 경쟁력, 규격화된 문화, 대민 홍보, 그리고 위험 및 자기 노출 회피 등과는 정반대의 것이다. 그러한 시스템과 관습은 영혼의 죽음을 의미하므로, 반항적인 집단은 누구든 그와 상반된 기치를 올리려 할 것이다.

조직화된 시스템은 굉장히 강력하며, 시스템의 발생지인 경제 및 정치는 물론 과학, 교육, 지역 공동체 개발 계획, 노동, 예술 분야에서 그것에 걸림돌이 되는 것은 모조리 제거하면서 성공의 절정을 명백히 누리고 있다. 나는, 정직하고 진지한 노력과 인간적인 문화가 이러한 시스템에 침몰되는 모습을 보고 구역질을 하거나 극도의 분노를 표출했던 우리 세대가 성난 이 젊은 동지들을 보면서 용기를 얻는다고, 그래서 어쩌면 미래의 세상은 우리가 희망하는 것보다 더 상식이 통하는 곳일지도 모른다는 기대를 품는다고 전하고 싶다.

GROWING UP
ABSURD

부록 A

1959년 12월 12일
올버니 교육국장

앨런 박사님께

박사님께서 크로톤 폴스Croton Falls의 제임스 월리 관련 사안의 심의를 담당하게 되었다고 알고 있습니다. 제가 이렇게 편지를 드리는 이유는 제임스 월리를 대신해 드릴 말씀이 있어서입니다.

2주 분량의 교육 계획안을 미리 마련하라는 지시를 무시한 월리 선생의 불복 행위는 명백히 옳은 일이었습니다. 저는 열 살짜리 초등학생부터 박사 학위 예정자까지 다양한 연령대의 학생들을 가르쳤습니다. 이런 제 경험에 비춰봤을 때, 한두 시간짜리 수업을 일정 양식에 따라 미리 준비하는 것은 현실적이지 않을뿐더러 유용하지도 유연하지도 않다고 생각합니다. 수업 준비 양식에 맞추느라 더 주가 되어야 하는 교사와 학생 간의 접촉이 제대로 이루어지지 않을 수 있기 때문입니다. 윌리 선생이 그런 행정 명령에 불복했다는 것 자체가 그가 좋은 선생님이며, 교사와 학생 간의 바람직한 관계가 어떤 것인지를 충분히 인지하고 있다는 증거라고 생각합니다. 오히려 이번 행정 명령을 진심으로 따르는 이는 좋은 교사가 아닐 것입니다. 이상적인 교육 모델은 언제나 소크라테스의 대화법이어야만 합니다. 일부 정보만을 전달하는 것이 아니라 학생의 천성과 후천적 본성에 맞게 해당 정보를 이해시키며 개인적으로 그리고 창의적으로 이를 활용할 수 있게 해주는 것이 대화법 교육의 목표입니다. 행정 명령에 그다지 진심으로 따르지 않더라도 좋은 교사와 거리가 먼데, 시간 낭비를 할 뿐이기 때문입니다. 국장님께서도 잘 아시다시피 교사들은 행정 업무를 처리해야 하는 부담을 지고 있습니다. 물론 행정 업무의 상당 부분은 꼭 필요한 것입니다.

윌리 선생의 행위가 항명이라는 점은 부인할 수 없으나 각자에게는 복종과 과실 사이에 경계선을 그어야 하는 윤리적·사회적 책임이 있습니다. 윌리 선생은 굉장히 중요한 지점, 말하자면 행정 명령이 교사 본연의 가르치는 업무를 방해하는 지점에 경계선을 그은 것입니다. 주어진 업무를 수행하고, 또 잘 수행할 수 있게 업무 환경을 보호하는 것은 모든 직업인의 신성하고 궁극적인 의무입니다.

이는 굉장히 중대한 사안입니다. 인적 자원은 병적으로 낭비되고 있고, 이로 인해 우리 사회 전체가 무기력해지고 있습니다. 뛰어난 과학 인재들을 구제하려 코넌트 박사가 노력하고 있지만 이러한 근본적인 문제를 해결하기에는 턱없이 불충분합니다. 근본적인 문제란 발명가에게서 발명 재료를, 근로자에게서 정직한 노동을, 교사에게서 학생과 전공 과목을, 예술가에게서 관객을 떼어놓는 우리의 사회적 관계로 인해 발생하는 어려움들을 말합니다. 우리는 잘못을 저지른 행정가들의 체면이나 살려주자고 훌륭한 교사를 포기해버릴 만큼 여유 있는 상황이 아닙니다. 훌륭한 관리자의 미덕은 실질적 업무를 수행할 수 있도록 길을 닦아주는 것입니다. 그래서 저는 국장님께서 이 사안에 개입하여 월리 선생이 다시 교단으로 돌아올 수 있도록 도움을 주실 것을 거듭 촉구하는 바입니다.

록펠러 주지사 참조

폴 굿맨 드림

(올버니 교육국장은 월리 교사의 청원을 기각했으며, 그의 논리가 지극히 타당하지만 다른 방법으로 자신의 의사를 관철시켰어야 했다고 청원 기각의 이유를 밝혔다.)

부록 B

신新연극과 노조

극단적인 노조의 잘못된 정책에 대해 논의하고, 치료 방안을 제안하고 싶다. 최근 새로운 연극인 '오프브로드웨이off Broadway*'가 늘어나고 있다는 점에서 이 사안은 그 자체로 중요하다. 오프브로드웨이 연극은 진정한 연극이 될 가능성이 높은 공연이다. 하지만 노동조합의 정책은 실망스러웠고, 노동조합주의 자체에 동조하지 않는 집단의 조롱 섞인 공격을 계속 받았다. 특별히 이 사안에 주목하는 것은 현대 문화가 안고 있는 중요한 문제가 무엇인지를 작지만 단적으로 보여주기 때문이다. 다시 말해서, 이 문제는 한 사회의 기술과 조직이 모두 체제 순응을 조장하는 상황에서 어떻게 인간이 창의적으로 일에 몰두할 수 있을지 의문을 제기한다.

* 브로드웨이 연극이 대자본을 필요로 하는 상업 연극으로 변모한 것에 반발하며 제2차 세계대전 이후에 작은 극장에서 공연되는 연극이나 그 연극 운동을 가리킨다.

최근 우연히 내막을 알게 된 한 사례를 실명을 거론하지 않고 이야기해보겠다. 신연극new theater에 전념하는 한 극단이 있다. 이 극단은 소속 단원들과 그들의 친구들이 아주 힘든 상황임에도 불구하고 직접 짓거나 빌린 크고 작은 공간에서 거의 10년간 쉬지 않고 공연을 지속해왔다. 이 극단은 배우, 음악가, 무용수, 그리고 극작가로 구성되었고 이들 중 일부는 꽤 유명하기도 하다. 대부분 10년에서 15년 동안 미국 현대 예술의 발전을 위해 헌신해온 사람들이지만, 금전적으로 충분한 보상을 받지 못하고 있다. 그들은 프로빈스타운 극단*처럼 훌륭한 협력 정신을 발휘했던 집단에 비견될 수 있다. 그들이 돈벌이가 목적이 아닌 연극계 발전에 헌신하고 있다는 사실에 누구도 이의를 제기하지 않을 것이다. 하지만 한편으로 그들은 생계 유지를 위해 돈을 벌려고 노력하기도 한다.

현재 그들은 무대에 올릴 작품에 출연할 배우를 캐스팅할 때, 배우조합Equity에 가입한 이들 가운데서 고용하고 싶어 한다. 그리고 현재 사용 중인 공연장을 짓는 데 자발적으로 동참했던 배우들은 대부분 이 조합에 소속되어 있다. 직접 극장의 벽돌을 쌓아올렸던 이들은 당연히 그곳에서 연기를 하고 싶어 한다. 전문 배우 대부분은 조합원이고 가장 뛰어난 배우가 곧 전문 배우이므로 이들을 캐스팅하고 싶은 것은 당연하다. 현재 배우들이 처해 있는 상황을 정리하면 다음과 같다. (1)배우 가운데 약 95퍼센트는 만성적 실업 상태다. (2)배우는 연기에 대한 허기와 욕구가 있다. (3)이를 인지하고 있는 배우 조합은

---

* 새로운 실험극의 상연을 목표로 배우 및 작가가 1915년 미국 매사추세츠 주 프로빈스타운에 설립한 극단. 미국 현대극 운동의 출발점이 되었다.

조합원들이 고작 40달러밖에 안 되는 주급을 받고서라도 작업하는 것을 허용한다. 주급 40달러는 연극에 대한 배우의 열정이나 일에서 얻는 다른 만족감과는 상관없이 한 사람이 구차하지 않게 생활하는 데 필요한 최소한의 생활비라고 할 수 있다. 극단이 연극 전문 잡지에 배역 모집 광고를 실으면, 연극 무대에 등장해서 주목을 받고 경력을 키우려는 꿈을 안고 어떤 배역이든 갈망하는 수많은 배우가 연락을 한다. 이들은 뭔가를 배울 수 있는 비상업적인 문화적 환경에서 흥미로운 소재로 작업하기를 원한다. 다시 말해, 높은 수준의 비상업적인 소규모 극단과 훈련된 전문 배우는 서로에게 유용한 존재이다. 그리고 이 명백한 사실을 배우조합은 잘 이해하고 있다.

하지만 신연극 극단에는 배우든 스태프든 간에 조합에 가입하지 않은 극단이 올리는 연극에 누구도 참여해서는 안 된다는 원칙이 있다. 이 원칙은 옳다. 그러나 불행하게도 이 원칙은 다음과 같은 결과를 초래한다. 어떤 극단의 감독이 배우조합 조합원의 연극 참여를 허가하는 부서副署를 받기 위해 직군 노조 및 직원 노조를 찾아가면, 조합원 무대 담당자를 고용하기 위해서는 주급 137달러, 홍보 담당은 주급 145달러, 무대 디자이너는 일당 40달러를 지불해야 하고 최소 3일 이상 고용해야 한다는 말을 듣게 된다. 라이브 음악이 필요해서 조합원인 뮤지션을 참여시키더라도 이와 비슷한 금액을 지출해야만 한다. 극단의 다른 지출이나 예상 이윤에 비해서 과중한 재정 부담이 된다. 매우 비현실적인 제안인 것이다. 공연장의 좌석은 175석 미만이며 일부 좌석은 관람료가 1달러라서 학생들도 연극을 볼 수 있다. 이 사례에서, 감독은 뛰어난 재능을 갖춘 유명한 무대 디자이너라는 점에서 이러한 재정적 부담이 더욱 짜증났을 것이다. 다른 예술가 단체처럼 자신들만의 스타일로 보도 자료나 여타 홍보 자료를 만들기를 원했으며 무대 디자인은 소규모 극단과 연관된 거의 모든 사람들이 기쁜 마음으로 능숙하게 해내는 일이다. 그리고 연극에는 절대 라이브 음악을 뺄 수 없고, 녹음된 음악은 분위기를 망친다.

조합의 요구는 융통성이 없기에 극단은 그들의 요구를 충족할 수 없다. 이러지도 저러지도 못하는 사이 사람들은 즉각적으로 거친 비난과 멍청한 소리를 내뱉는다. "돈이 없으면 연극을 그만둬야지"라고 한 노조 간부는 말한다. 그러면서 감독에게 "자네 화가라면서? 그럼 계속 그림이나 그리라고!" 반면, 이 극단과 관련된 배우조합원들은 격분해서 회원증을 찢어버리기 일보 직전이었다. 정치적인 내막을 잘 아는 사람들은 조합이 협잡꾼들의 손아귀에 넘어갔다고 말했다. 자세히 들여다보면 이러한 편집증적 현상에는 새로운 것, 그리고 더 나은 것을 만들지 못하게 하려는 노조, 비평가, 극장 소유주의 음모가 있음을 알 수 있다.

조합의 필요성

그럼에도 배우조합을 비롯해서 극단의 노조주의 원칙은 정당하다. 이는 연극 예술의 특징 때문이다. 뉴욕은 예술적 재능이 있는 사람들로 넘쳐나며, 각자의 재능을 발휘하고 싶어하는 도시이다. 그런 사람들은 기질상 프리랜서로 일한다. 돈을 많이 벌기 전까지 이 프리랜서 예술가들은 어떤 사회적 지위도 없고 직업적인 안정도 보장받지 못한다. 뿐만 아니라 자신들의 권리를 지키거나 품위를 유지하기가 쉽지 않은 것이 순수 예술을 하는 사람들이 직면하고 있는 현실이다. 프리랜서는 일자리를 제공하는 제작자에게 이용당하거나 착취당하기 쉽다. 그리고 이용당하면서 정당한 고용 기준을 떨어뜨리기 십상이다. 엄밀해 말해 재주가 뛰어난 사람들의 타고난 기질, 일에 대한 목마름, 그리고 고립성 때문에 그들은 사회적 약자가 되고, 또 쉽게 사회적 기준을 떨어뜨린다. 가난한 음악가, 화가, 시인, 무용수, 그리고 배우 개인은 재능은 있지만 정말 힘이 없다. 그렇기에 노조주의 원칙에 입각해서 요구한다면, 심지어 그 요구가 융통성이 없고 비협조적이더라도, 그들은 어느 정도의 집단적인 힘을 획득할 수 있다.

그다음은 어떻게 될까? 노조주의의 원칙은 새롭고 실험적인 연극을 추구하는 극단에는 감당하기 힘든 부담이 된다. 이 원칙은 배우조합 회원에게 불리하게 작용하기도 한다. 그러나 원칙 그 자체는 필요하다. 냉정하게 생각해 보면, 이는 쉽게 해결할 수 있는 문제다. 연극의 특성을 신중하게 생각해보면, 대개 새로운 연극은 돈을 많이 벌기 어렵고, 살아남으려면 엄청난 장애물을 극복해야만 한다는 것을 깨닫게 된다. 결국 연극은 대중성을 획득하고 많은 돈을 벌어서, 상업성을 추구하는 연극계에서 참신함을 내세워 자리매김 해야할 것이다. 노조는 자신들의 이익을 위해 이중적인 태도를 취해야만 한다. 참신함과 예술성을 적극적으로 함양하는 한편, 상업적인 연극이 갖춰야 하는 기준들을 그대로 유지해야 하는 것이다. 대중성에서 나아가 상업성으로 향하는 과정을 표시하는 명확한 원칙이 반드시 마련되어야 한다. 이를 어렴풋하게라도 이해해야만 배우조합이 좀더 융통성 있는 정책을 수립할 수 있다.

신연극의 특징

공통적으로 관찰된 특징에 대해 생각해보자.

(1)연극은 바로 눈앞에 있는 관객을 위한 예술이며 다양한 재능이 집결된 공동 작업이기도 하다. 그렇기에 연극은 많은 사람의 참여와 일정량의 사회적 자본을 필요로 한다. 꼭 대규모 자본일 필요는 없다. 물론 자재 자체가 비싼 건축과 비교해보면, 그렇게 대규모 자본이 필요한 것은 아니지만, 사회적 노력은 건축에 비해서 훨씬 더 요구된다.

(2)다른 새로운 형태의 예술과 마찬가지로 급진적인 신연극은 대중적인 인기를 기대할 수 없다. 익숙하지 않고, 심지어 무의미하고 삐딱하며 위험해 보여 거부감을 주기 때문이다. 관객이 매력에 빠져들거나 역겨워서 뛰쳐나가고 싶은 충동 사이에서 망설인다면 신연극이 성공을 거두고 있다는 증거이다. 신연극에 대한 우려는 다른 새로운 예술에 비해 더 큰데, 이는 연극이 대중의 반응을 요구하고, 그 표현 수단이 사회적, 동물적 행동이나 삶과 굉장히 비슷하기 때문이다. 그런데 이러한 우려는 대중보다는 무대에 서는 배우가 훨씬 더 강하게 느낀다. 그러므로 상당히 개인적인 친분이 있는 사람들로 이루어진 소규모 집단과 생각이 비슷한 소규모 관객을 통해서만 신연극이 탄생한다는 것을 예상할 수 있다.

(3)하지만 일단 신연극이 발전을 이루고 나면, 굉장한 인기를 얻을 가능성이 높아지는데, 이는 연극이 즐거움을 공유하기 때문이다. 다른 예술 분야는 발전한다고 해도, 신연극처럼 대중적일 필요는 없다. 인간적으로 어떤 예술이든 중요하기는 하지만, 다른 예술은 전문적이고 학문적인데 반해 연극 예술은 보편적이고 단순하기 때문이다.

(4)일명 '소극단'에는 많은 사회적인 노력을 기울여야 하고, 공연장 대관부터 대인 관계에 이르기까지 수많은 장애물을 극복해야 할 과제가 있다. 그들은 무엇보다 이 과정을 수월하게 해줄 수입이 거의 없는 상태에서 예술적 숙명론에 이끌려 대담하고 완전히 새로운 것을 시도한다. 예술 애호가도 아마추어도 아닌 그들의 목표는 전문 오락거리인 연극이 주는 재미를 이끌어내는 것이다. 연극이 재미가 없다면 굳이 보러 갈 이유가 없다. 하지만 수단은 제한적이기에 소극단에서는 광범위한 선택지가 있을 때만큼의 여러 의미를 낼 수 있는 새로운 방법을 모색하고 있다. 이는 놀라운 결과를 초래하며 때론 대범하게 단순화를 시도하면서 성과를 거둔다.

신연극의 임무는 현재는 대중적이지 않지만 곧 그렇게 될 수 있는 소재를 찾아내고 키워내는 것이다. 신연극이 여러 장애물에도 불구하고 사회적으로 노력을 기울이는 이유는 이 녹록치 않은 임무 수행에 있다. 당연히 사람들은 이러한 임무에 그다지 흥미를 느끼지 못한다. 대부분의 오프브로드웨이 연극과 마찬가지로 대중은 현대 고전극 공연 같은 좀더 쉬운 것을 선호한다. 이를테면 이국풍의 유럽의 성공작을 수입하거나 박물관처럼 예전 작품을 보여주는 식으로 재공연을 하는 것이다. 이를 적절하게 표현하자면, 대학 연극이나 아마추어의 기능을 수행하는 것을 선호한다고 할 수 있다. 그 모든 것이 오프브로드웨이고 이는 비상업적이지만 신연극은 아니다. 그렇다고 해서 앞서 언급한 노조 중심의 극단이 신연극의 진정한 모델이라는 뜻은 아니다. 하지만 그나마 다른 극단들보다는 그 극단이 낫다는 의미다. 이 세상에서 완벽한 것은 아무것도 없다.

노동조합에 바치는 제안

이 모든 것을 알고 있는 노동조합에서 다음과 같이 말하는 것이 정치인 같은 약삭빠른 태도라고 할 수는 없다. "힘내십시오, 신연극! 우리는 신연극이 성공하기를 바랍니다. 만약 성공한다면, 새로운 유형의 대중적이고 돈벌이가 되는 연극이 탄생할 겁니다. 하지만 실패한다면, 죽어가는 극장만 남을 것입니다. 상업적 극단과 비상업적인 극단을 구분하는 배우조합의 정책은 적절합니다. 하지만 물론 우리는 그 배우들과는 다른 상황에 놓여 있습니다. 우리 노조의 목수, 전기공, 기자, 음악가들은, 반드시 극장에서만 작업해야 한다는 심리적 압박을 느끼지 않습니다. 극단에 고용되지 않는다면 다른 일자리를 얻을 수도 있습니다. 그러므로 그들이 고용 조건을 낮춰야 하는 아무런 이유가 없습니다. 하지만 대사, 동작, 음악에 관여하는 배우, 감독, 무대 디자이너, 창작 예술가들은 재능을 발휘하려면 관객이 필요하므로 우리는 그들의 길을 가로막아서는 안 됩니다. 반면 이 프리랜서 예술가들이 돈을 많이 벌기 시작하면, 상황은 완전히 달라질 것입니다. 그리고 우리는 연극계 안에서 우리의 존재를 인정받고 정당한 몫을 받아낼 권리가 있습니다. 모든 부는 사회 전체가 만든 사회적 부이기에 우리에게도 권리가 있습니다. 그리고 모든 부는 사회가 현재 시행하고 있는 규칙에 따라 분배되어야 합니다. 그래야만 일을 하면서 얻으려 했던 부를 얻고, 이 과정에서 많은 고통을 감내해야 했던 보상을 제대로 받을 수 있는 것입니다. 그러므로 우리는 합리적인 방법으로 따져 소득액 혹은 수익률 같은 수치를 수립해야 합니다. 이 수치가 달성되면 자유로운 예술이 상업적인 세계로 입성했음을 의미할 것입니다. 다시 말해 이 수치는 전혀 대중적이지 않다가 갑자기 대중적인 것으로 변하기 시작하는 일종의 경계선입니다. 그리고 여러분의 진취적인 생각이 이 경계선을 넘어선다면, 그때는 완전한 노동조합이 돼야만 합니다. 그러므로 우리는 여러분의 자격을 조사하고 회계장부를 검사할 권리가 있고, 신연극측에서는 노조를 동료로 받아들이고 소정의 회비를 지불해야 합니다."

노조 입장에서는 잃을 것이 아무것도 없지만, 한편으로는 연극의 발전을 촉진하는 현명하고 정치가다운 태도에서 나온 말이다. 지금의 추상적인 '정책'이나 '예외'를 두는 대안과는 달리 이런 태도는 사안의 본질에 부합하는 명확한 원칙을 수립하게끔 한다. 그렇게 함으로써 연극 노조는 대중문화 발전에 품위 있고 방어적인 역할을 할 수 있을 것이다.

새로운 책임감

국가, 자본, 생산, 노동, 통신, 교육, 도시화 등으로 이루어진 거대한 조직이 삶의 수단을 선점해 버린 것이 현재 미국의 상황이다. 이 상황은 불가피하며 여러모로 바람직하기도 하다. 물론 대다수가 생각하듯 썩 바람직하지는 않다. 모든 일이 특정 양식에 따라 이루어지는데 홀로 다른 양식을 따랐을 때 어떤 결과가 일어날지 가늠하는 일은 쉽지 않다. 동시에 그 특정 양식은 순응을 수반하는지만 이내 무의미하고 지루하며 곧 위험해질 수 있다. 왜냐하면 조직의 계획에 활력을 불어 넣을 만한 일이 전혀 일어날 수 없기 때문이다. 그리고 그 계획 밖에서 어떤 일이 일어난다고 해도 확장될 공간이 없기도 하다.

이 모든 것이 이제는 익숙한 불만이 되었다.

　간단하게 말하고 싶다. 조직은 새롭고 낯설면서 골치 아픈 책임을 떠안았다. 기존의 힘보다 더 강력한 힘을 사용하는 것을 제한하면서도 조직의 미래를 방해받지 않도록 막아서야만 하는 것이 바로 그것이다.

* 『디센트Dissent』 1959년, 가을호에 실린 글이다.

부록 C

떠날 자유

존 키츠의 『오만한 자동차들The Insolent Chariots』을 읽지 않았지만, 이 책과 그에 대한 맨프레드 맥아더의 비평이 최신 사회학의 이중적 접근을 보여주는 훌륭한 일례임을 잘 알고 있다. 이중적 접근법은 분석 대상인 미국 사회가 이중 구조 경제라는 점에서 불가피하다. 한 사회에서 우리는 두 종류의 화폐를 사용한다. 누가 최초로 이런 발상을 해냈는지 모르지만, 두 종류의 화폐를 부르는 방식을 빌리자면 하나는 경화hard money고 다른 하나는 연화soft money다. 경화는 구식 화폐를 의미하며, 우리는 사실상 이 경화를 벌기 위해서 일을 한다. 경화는 노동 시간과 잉여 가치에 의해 측정되고, 임금 원칙을 따르는 노동 시장 등에 적용된다. 연화는 이전에 준비금이나 어음 정도로 쓰였지만 현재는 그 사용량이 급상승한 화폐다. 연화는 매디슨 가나 할리우드에서 제공하는 턱없이 높은 연봉처럼 TV 출연금이나 조건 없이 주어지는 돈을 일컫는다. 뿐만 아니라 이 연화는 일반적으로 복리후생비, 유급 장기 휴가, 세금 감면을 노린 복지 재단의 기부금, 그리고 중요한 측면의 일환인 사회복지 제도에까지 흘러들어간다. 자연스럽게 이 두 가지 형태의 화폐에는 서로 다른 도덕률이 생겨났고, 맥아더나 키츠 같은 상반된 도덕주의자들을 탄생시켰다.

잉여 기술이 있기에 두 종류의 화폐가 존재하는 것은 불가피한 일이다. 미국이라는 시스템은 생산 능력의 아주 일부만을 가동시킨다. 그럼에도 막대한 규모로 잉여의 부가 창출된다. 이러한 부의 잉여는 연화에 의해 불어난 것이 분명하다. 동시에 생존에 꼭 필요한 핵심 물품도 생산된다. 인간에게 식량과 주거 공간이 꼭 필요하므로 이를 획득하기 위해 경화를 지불해야 하고 경화를 벌기 위해 일을 한다. 연화는 모든 계층으로 흘러들어가기에 계급 착취, 재투자, 금리 인하의 관점에서 이 독특하고 역사적인 괴물을 논하는 것이 충분하지 않다고 생각한다. 그러나 권력과 통제권이 있는 제도는 여전히 구식의 경제 원칙에 따라 작동한다. 사회 이론을 정리하거나 어떤 행동을 할 때 오래된 경제 분석을 제외한다면 손실을 입겠지만, 그것만 생각하고 행동한다면 당신은 관료적이고, 여가의 가치가 가장 중요한 현실과 상당히 동떨어지게 될 것이다.

그러므로 사회에 관한 저술은 서로 소통이 불가능한 두 가지 흐름으로 나뉜다. 밀스, 벤 셀리그먼, 맥스 러너, 룬드버그, 패럴은 여러 제도를 좀더 학문적이고 후기 마르크스주의적으로 분석한다. 리스먼, 레이츠, 래러비, 라인스, 스펙토르스키는 대중문화를 좀더 저널리즘에 가깝게 묘사하거나 프로이트 방식으로 바라본다. 신기하게도 두 집단은 서로 상대가 보수적이며 사회 변화의 가장 중요한 수단을 무시한다고 생각한다. 이 두 분류의 해석에 대한 중층결정을 피할 수 있는 통합 이론을 알지 못하며 들어본 적도 없다. 그리고 솔직히 말하면, 모든 저자가 각자 중요한 문제라고 판단한 사안을 성실하게 분석하는데 오류와 실수가 무성할 통합 이론이 군이 필요한지도 잘 모르겠다.

편견일 수도 있지만, 거대한 몸집과 긴 후부가 특징적인 자동차에 대한 키츠나 맥아더의 분석은 흠잡을 데 없이 정확하다. 그러나 두 사람 모두 미국 사회의 잉여 생산성이라는 중요한 문제를 간과하고, 미국의 자동차 문제를 편파적이며 야박하게 판단하고 있다. 키츠의 책을 읽지 않았지만, 그는 섹스, 스피드, 위신에 대한 갈망을 부추기는 바탕인 유행이나 시장이 필요하다는 사실을 무시하거나 충분히 강조하지 않는 듯하다. 올해 출시된 모델이 잘 팔리게 하려면 이전 모델과 약간 차이가 나야 한다. 소비자가 원하는 대로 연비가 정말 좋은 자동차가 생산된다고 하더라도, 수요보다 더 많이 판매할 수 있는 방법을 찾아내야 하는 숙제는 여전히 남아 있다. 이 숙제를 가장 잘 풀어줄 사람은 엔지니어가 아니라 '산업디자이너'다. 이 상황에서 키츠처럼 누군가 쓸모없는 차를 이제 그만 만들라고 말한다면, 미국의 생산성 문제는 어떻게 해결하라는 것일까? 이 질문에 답이 없다는 뜻이 아니라 이 질문 자체가 문제라는 것이다.

반면 맥아더는 돈을 아끼고 노동을 최소화하며 기차나 버스를 타라는 청교도적인 발언을 했다. 현실과는 동떨어진 이야기인 듯하다. 상류층의 소비를 비판하는 소스타인 베블런식의 도덕관은 희소성의 경제에나 적용된다. 돈과 노동을 아껴야 하는 이유는 뭘까? 여가 시간을 늘리려고? 그러나 에릭 래러비와 롤프 마이어손의 『대중 여가 Mass Leisure』에서 제시된 설문 조사에 따르면, 노동자를 극도의 무기력에서 해방시켜줄 확실한 구세주는 자동차라고 한다. 노동자에게 자동차는 여가용이며 근무 시간과 여가 시간을 통틀어서 집과 직장을 오가는 30분 동안의 드라이브가 하루 중 가장 귀중한 시간이다. 상황이 이럴진대 자동차를 공장 밖에 그냥 세워두면 안될 이유가 있을까? 오늘날의 잉여 경제에서 자동차는 노동자가 응당 누려야 할 몫이다. 과연 맥아더의 말에 따라 노동을 줄이고 대중교통을 탔을 때 노동자에게 무엇이 돌아갈까? 화창한 휴일, 이 노동자는 차를 수리하는 데 오랜 시간을 보내겠지만, 이 활동이 바로 그가 누릴 수 있는 떠날 자유다. 물론 영화관 밖 주차장을 제외하면 아무데도 갈 곳이 없지만.

맥아더는 '책임감 있는 종합 계획이 없기에 낭비가 발생한다'고 결론 내린다. 그가 의미하는 '계획'이 사회주의적 관점에 따른 생산과 분배의 계획을 의미하는 것이라면, 미국에선 말도 안 되는 소리다. 미국 사회는 이미 문화적 자원에 대해 너무 지나치게 효율적이다. 또는 그 '계획'이 수단과 목적을 유기적인 것으로 전제하고, 부를 실용적으로 사용하는 법을 교육하는 일이 가능하다고 여긴 채 나온 생각이라면 아마 당혹스럽겠지만 섹스, 스피드, 권력 등에 대해 되새겨봐야 할 것이다.

• 이 글은 『리베라시옹』 지의 1959년 1월호에 실렸다.

부록 D

학문의 자유

콜롬비아 대학의 특별 위원회는 3년 동안 학문의 자유에 관한 연구를 수행했고, 그 결과를 두 권의 책으로 출간했다. 하나는 리처드 호프스태터Richard Hofstadter와 월터 메츠거Walter Metzger가 공동 집필한 학문적인 '연구의 자유'의 역사를 다룬 책이고 다른 하나는 특히 사회과학 커뮤니티 내에서 비난에 맞서서 연구의 자유를 열렬히 옹호하는 로버트 매키버Robert MacIver의 저술이다. '연구'는 실용주의적 단어에서 유래한 용어로, 인생의 여정에서 마주하게 되는 문제점을 풀기 위해 탐색하는 것을 의미한다. 말하자면 학문적 문제나 협의의 공리주의적 문제에만 국한되지 않고 실존적 문제를 뜻한다. 하지만 이 저자들이 어디까지를 연구의 자유라고 생각하고 있는지, 이를 어느 정도로 옹호하려 하는지 의구심을 지울 수 없다.

1.

먼저 신경에 거슬리고 부당해 보이는 방법으로 문제를 제기해보겠다. 매키버MacIver 교수는 버트런드 러셀을 끌어들이며 이렇게 말한다. "사실… 러셀은 모든 영역의 사회적 관계에서 가장 문제가 많은 관계인 [섹스]를 아주 진솔하게 다루고 있다 (AF 156)*. 이 진술은 비교적 가벼운 맥락에서 지나가면서 한 말에 지나지 않지만, 이 진술을 있는 그대로 생각해볼 필요가 있다. 만약 성적인 관계가 모든 연구 영역에서 가장 문제가 많은 분야라면 굉장히 많은 사회과학자들이 이 문제를 연구하고 가르치고 있거나, 적어도 사회과학 학장들이 이 연구 분야의 전문가를 교수로 임용하기 위해 전력을 다하고 있어야 한다. 성적인 관계의 특성상 연구자들이 가설을 세우고 지지하는 것 대부분이 파격적이고 사회적으로 용인될 수 없을 것이다. 성관계만큼 공식적으로 인정된 도덕적 원칙과 사회적으로 용인된 방식 사이에 극복하기 힘든 커다란 간극이 존재하는 인간 행동은 없기 때문이다(AF 157). 그렇기에 매키버 교수의 책에는 이와 관련된 학문적 자유를 침해하는 사례를 소개하는 데 많은 부분을 할애했어야 한다. 그러나 그렇지 않았다. 300페이지 분량의 매키버 교수의 저술에는 단 여섯 페이지만, 그것도 대부분 간접적으로 이를 다루고 있다. 한편 500페이지에 걸쳐서 연구의 역사를 다룬 호프스태터와 메츠거 교수의 저

---

* 여기서 AF는 1955년 콜롬비아 대학 출판부에서 출간한 로버트 매키버의 저술 『우리 시대의 학문적 자유 Academic Freedom of Our Times』를 가리킨다.(304페이지 발췌)
　Dev.는 1955년 콜롬비아 대학 출판부에서 출간한 리처드 호프스태터와 월터 메츠거가 집필한 『미국의 학문적 자유의 발전The Development of Academic Freedom in the United States』을 가리킨다.(596페이지 발췌)-저자 주

술에는 이와 관련된 언급이 단 한마디도 없다. 이 저자들이 성관계라는 주제에 편견을 갖고 있거나 이를 다루는 것을 두려워하기 때문이라고는 생각하지 않는다. 특히 매키버 교수의 어조나 발언, 그를 몇 차례 만난 경험에 비춰봤을 때, 그는 똑똑하고 대단히 솔직한 사람이었다. 다만 그들이 가장 문제가 많은 관계를 대학에서 연구할 만큼 가치가 있다고 생각하지 않기에 이런 결과가 초래된 것이다.

> "명백한 비도덕적 행위로 유죄 판결을 받은 교육자가 자신의 입장을 변호하려고 학문의 자유 원칙에 호소하는 모습을 단 한 번도 본 적이 없다. 그런 변명이 부적절하다는 사실을 차치하더라도, 그의 주장은 그가 속한 기관이나 동료들로부터 지지를 얻어낼 수 없을 것이다." (AF 150).

절대 지지를 받을 수 없을 것이 확실한데도 자신의 주장을 끈질기게 고집한다면 그 교육자는 바보가 분명하다. 하지만 정말 그런 변명이 의미가 없다는 '사실'은 믿기 어렵다. 교수가 성적인 부도덕 때문에 해고당하지 않는다는 것을 나는 물론이고 매키버 교수도 알고 있다. 성적으로 부도덕하게 행동하더라도 이는 "사회적으로 허용된 행동" 중 하나일 테고 그의 동료들도 묵과한 사안이기 때문이다. 그들이 그런 사안으로 간혹 해고당한다면 대중에게 알려졌기 때문이다. 그렇다면 이는 처벌을 받는 대상이 행위 자체가 아니라 진술이라고 할 수 있지 않을까? 실제로 진보 성향의 소규모 대학에서 한 교수는 범죄 행위 때문이 아니라 자신은 잘못이 없다고 '노골적'으로 주장했기에 재임용에서 탈락했다. 사실 그의 행동은 해당 대학이 소재한 그 지역에서는 일상적이고 공공연한 일이었다.* 이런 사례가 학문의 자유 침해 사건으로 비화될 수 없었을까?

현 시대에는 성적인 관계 외에 훨씬 더 문제가 많은 영역이 있을 것이다. 전쟁과 전쟁을 둘러싼 복잡한 사안들, 징병제나 핵 연구, 국제 외교와 같은 사안들을 어떻게 다룰 것이냐의 문제다. 매키버 교수는 세 페이지를 할애해서 평화주의에 대해 논의하고, 여러 페이지를 할애해서 제1차 세계대전에 관한 사례를 소개한다. 그러면서 '제2차 세계대전 동안 학문의 자유를 침해한 사례는 상대적으로 적었다'고만 언급한다(Dev. 505). 그 이유는 무엇이었을까? 이 문제와 성과 관련된 문제가 근본적인 요소를 공유하고 있는 게 아닐까? 이 두 사안에서는 강한 확신이 단순한 말이 아닌 노골적이고 물리적인 행동으로 표출되는 경향이 있다. 확신에 따른 결과는 파격적이고 급진적인 편이다. 예를 들어 한 젊은 남성이 징집을 거부하거나, 물리학자는 직장을 거부할 수 있다. 이 문제들은 상당히 민감한 사안이기에 연구할 만한 가치가 있는 주제가 아니다. 이러한 억압은 직접적인 외압이 아니라 내적으로 이뤄지고, 학장이 아닌 교수진에 의해 행사된다.

골치 아픈 연구 주제는 언제나 알려지지 않는다. 사회심리학 분야에서는 혼란과 불안, 그리고 억압과 탄압에 관한 문제가 해당된다.

---

* 콜롬비아대학의 두 저작물이 보여주는 중대하고 흥미로운 결함 가운데 하나는 안티오크대학, 블랙마운틴대학, 고다드대학 등과 같이 좀더 진보주의적인 교육 원칙하에 설립된 작고 진보적인 단과대학들, 그래서 자유에 대한 좀더 극단적 기준을 가지고 있고, 일관성을 유지하는 데 어려움을 가진 대학을 언급하지 않은 것이다. 이 대학의 경력을 비교하고 대조했더라면 상당히 가치가 있었을 것인데 이를 실행하지 못해 아쉽다. ─저자 주

이런 문제들을 연구하는 것은 '행동으로 보여주든 보여주지 않든' 반드시 리스크를 수반하고 용기가 필요한데, 대개 행동으로 표출된다. 연구가 반드시 필요한 사회문제는 관련된 당사자가 철창 신세를 지고 있을 확률이 높다. 그렇기에 연구 활동에 제재를 가하겠다는 위협을 받는다면, 해야 할 일을 잘하고 있다는 징조다. 만약 해고된다면, 이는 더 좋은 징조일 것이다. 하지만 학교 울타리를 벗어나 '동료들의 지지를 받을 수 없게 된다면', 그때는 '현자의 돌', 즉 실현 불가능한 이상을 건드리고 있는 것이다. 대학이 쓸모가 없다거나 대학에 자유를 줘서는 안 되고, 대학이 태생적으로 자유로워질 수도 없다는 게 요지가 아니다. 대학만이 연구의 산실이라고 생각할 수 없으며, 연구의 자유에 근거한 학문적 자유를 세울 수도 없다는 뜻이다.

물론 동료들을 불안하게 만든 사람을 해고하지 못하게 하는 것은 비현실적이고 무자비한 일이다. 어쨌든 연구자들은 팀의 결정에 지지를 보내야 하고 자신들이 팀의 일부라는 생각을 가져야만 한다.

> 대체로 우리는 이런 편향적 애정이 그들만의 집단이나 특정 사회계급에만 머무르고, 영향력 있는 집단이나 권력을 틀어쥔 집단이 자신들이 선호하는 것을 공식적인 기준으로 만들기 위해 애쓰거나 그렇게 하는 데 성공하게 되는 상황을 우려한다. (중략) 또한 그런 집단이 통제를 가하고, 교육의 자유가 심각하게 침해되고, 해당 교육기관의 자주적이고 자유를 사랑하는 구성원이 큰 피해를 입게 되는 상황을 우려한다. 교사야말로 지적인 자유에 가장 고귀한 가치를 두고, 권위주의를 가장 혐오하는 이다. 교사가 책임감의 기준을

높이 잡으면 잡을수록 해당 집단이 그에게 표하는 존경심은 더 낮아진다.

매키버 교수는 엄밀히 말해서 대학 교수들에 관한 이야기를 하고 있는 것이 아니라, 캠퍼스 밖에서 압제하는 이들에 관해 이야기하고 있다. 곰곰이 생각해보면, 매키버 교수가 비난한 대상은 학문적 파벌 집단으로까지 확대할 수 있지 않을까?

2.

『우리 시대의 학문적 자유』와 『미국의 학문적 자유의 발전』이 두 책은 상당히 정직하게 그리고 선의로 집필된 듯하다. 물론 최근 공산주의자와 공산당원에 대한 조사가 이뤄졌기에 출간되었지만, 노련한 전문가들이 철저하게 검토해야 할 주제를 논의하면서 수사적인 뉘앙스와 함축된 의미까지 모두를 만족시키는 것은 불가능하다. 그러나 이를 감안하더라도 매키버 교수의 긴 설교는 하나같이 공허하게 들린다. 공연히 문제를 일으키고 싶지 않고, 분명히 곤란해질 테지만 다뤄야 할 사안이 하나 있다. 바로 지식과 행동 간의 관계에 관한 문제다. 훌륭한 콜럼비아대학의 위원들로 구성된 위원회에서 지금 여기서 드러난 것보다 철학적인 비판을 도출하지 못했다는 사실을 믿을 수가 없다.

반면 매키버 교수는 '사물에 대한 지식이 갖는 본질적인 가치, 즉 부단히 진실을 추구하는 진실한 마음의 도덕적 정신적 가치'(AF 14), 무한의 미지가 제공하는 자극, 위기에 처해 있을 때의 위풍당당함을 크게 강조한다. 종교적 열정을 지닌 채 이야기하기에 그를 믿게 되기도 한다. 하지만 그것이 일리노이대학이나 심지어 아이비리그대학에서 학문적 자유에 대한 논의가 이루어지던 상황과는 맞지 않는다는 점이 걱정된다. 이 정도의 신앙심을 부여받은 구도자는 대학 학장의 생각, 혹은 자신의 지위나 종신 재직권 여부에 구애받지 않고 신념에 따라 행동할 것이다. 그리고 학생들은 그를 찾아다닐 것이다. 나는 매키버 교수가 대학 교육이라는 평범한 과정을 통해서 그런 이상적인 가치를 학생들에게 심어줄 수 있으리라 지나치게 낙관한다고 생각한다. 대학에서 그것을 얻을 수 있는 학생들은 원래 그들의 내면에 그런 이상적 가치를 품고 있다.

두 책의 저자들은 모두 진실을 실용주의적으로 접근하는 방식에 매료되어 있다. 즉, 그들은 진실이 밝혀진다면 성공적인 연구이고, 연구는 주의를 끄는 문제를 공격적으로 처리하고 다루는 것이라고 생각한다. 연구는 실험적이고, 어떤 사안에 개입하게 마련이다. 이는 지식과 행동 사이에 긴밀한 관계가 있음을 암시한다. 연구의 결과가 아니라 연구 과정 그 자체에 대한 이야기다. 항상 그랬던 것은 아니지만, 사회과학에서 연구는 벽을 넘어서 골치 아픈 영역으로 씩씩하게 들어가거나 심지어 모든 게 평화로워 보이는 곳에서 문제를 일으키는 것을 의미할 때가 많다. 분명한 것은 우리 앞 세대인 19세기 스승들인 콩트, 마르크스, 프루동, 뒤르켐, 크로폿킨, 소렐, 베블런, 레닌, 프로이트, 듀이 중 누가 됐든 한 명만 떠올려 보면, 그가 실질적인 실험 혹은 계획된 실험을 시도했던 적극적인 행동주의자였음을 알 수 있다. 이 위대한 스승 가운데 몇몇은 학구적이라 보기 어렵고, 또 일부는 학자로서 순탄치 않은 길을 걸어야 했다. 오늘날 방법론에 집착하는 풍조는 학문적으로는 칭찬할 만하지만 그다지 흥미로운 제안을 이끌어내지는 못한다. 최근 활용되고 있는 통계 조사나 여론 조사의 장점은 특정 주제에 적극적으로 개입하지 않고도, 그 '분야'에서 활약할 수 있는 방법을 제공한다는 것이다. 이는 농기구의 성능이 월등하게 향상됐지만 농업의 발전은 없는 것이나 마찬가지다*.

메츠거 교수는 1890년대 노조 이론과 실행으로 인해 곤경에 빠졌던 리처드 일리와 에드워드 베미스의 사례를 구분하면서 내가 지적하고자 하는 바를 상당히 명확하게 설명하고 있다.

리처드 일리와 에드워드 베미스가 이론을 얼마만큼 행동으로 옮겼는가에 따라 이 둘은 차이가 난다. 일리 교수는 구체적인 개혁의 필요성을 주장했음에도 불구하고, 사회질서에 대한 비판은 구체적이지 않고 일반적이었으며, 강제적이지 않고 권고적이었다. 또한 따뜻한 인도주의적 사상을 지녔지만 일반 대중과 거리를 뒀다. 일리 교수는 "나는 평생 노동자들을 상대로 강연을 딱 두 번밖에 안 했다. 노동자 시위가 마치 나와는 늘 무관하다는 듯, 혹은 나와 맞지 않다는 듯 거리를 뒀다"라고 말했다. 그러면서 그가 노동자에 동조하는 마음으로 행동해왔다는 리젠트 웰스의 비난을 단호하게 부인했다. 일리 교수는 재판을 받으며 노동 운동의 역사에 대해 우호적

---

* 그러나 이러한 딜레마도 있다. 그러한 대규모 리서치와 실험에 대해 재단은 통제나 관리를 하지는 않더라도 자금을 지원해야 한다. 그리고 재단이 선정한 혹은 재단을 위해 결과물을 제공해야 하는 리서치와 실험 프로젝트들은 '안전'하지 않더라도 적어도 '문제는 없는' 것이어야 한다. ─저자 주

으로 기술하긴 했지만 자신의 집에서 노조 순찰 위원을 접대한 적이 없으며, 파업 노동자들에게 조언을 한 적도 없고, 노조에 적대적인 기업에 제품 불매운동을 벌이겠다고 협박한 적이 없으며, 클로즈드 숍* 원칙을 옹호한 적도 없다고 반박했다. 일리 교수는 기소 내용이 모두 진실이라면, "훌륭한 대학에서 젊은이들을 가르치는 교육자로서 책임감 있는 위치에 있는 자신이 하기에 절대 적합하지 않은 말"이라고 밝혔다. 그의 관점에서 기소 내용은 대학 개혁자에게나 걸맞은 것이었다. (Dev. 433)

일리 교수가 학문적으로 무죄를 인정받자 베미스 교수는 그에게 다음과 같은 편지를 썼다.

"이번 판결은 일리 교수님의 위대한 승리였습니다. (중략) 하지만 교수께서는 노조 순찰 위원을 접대하거나 시위 노동자들에게 조언을 한 적이 있느냐는 기소 내용에 대해 특정 상황 하에서의 의무가 아니라 마치 이 두 가지 모두 잘못된 행동인 양 강력하게 부인하셨습니다." 이것이 바로 이 두 사람의 차이였다. 베미스 교수는 노동 운동의 열렬한 지지자였을 뿐만 아니라 이에 적극적으로 가담했다. 일리 교수와 베미스 교수의 이후 경력은 두 사람의 차이가 얼마나 중요한지를 보여준다. 일리 교수는 노동 운동에 대한 자신의 말과 글의 상당 부분을 부인하고 결국 살아남았다. 이후 여생 동안 학자

---

* 오픈숍과 대립되는 것으로, 노동 조합에 가입되어 있는 자만 채용하며, 제명 혹은 탈퇴 등으로 인하여 조합원 자격을 상실한 자는 해고되는 공장 사업장이다.

로서 명예로운 삶을 살았으며 1925년에는 노스웨스턴대학에 그리고 1937년에는 콜롬비아대학에 교수로 임용되기도 했다. 반면, 베미스 교수는 당파적이고 불평분자라는 평생 씻을 수 없는 오명을 쓴 채 학계의 이단아로 낙인찍혔다. 캔자스 주립대학에서의 짧고 불운했던 교편생활을 제외하고 베미스 교수는 더 이상 대학 강단에 설 수 없었다. 공화당 성향의 교육 이사회는 베미스 교수와 같은 사회 참여적인 학자들에게 이와 같은 끔찍한 징벌을 가하곤 했다. (Dev. 435)

이야기하고자 하는 바가 아주 실감나게 잘 표현돼 있다. 그러나 이 사례는 60년 전의 일이고, 오늘날 교사는 "다른 시민들이 향유하는 것과 동일한 정치적·사회적 자유를 행사할 권리를 가지고 있다."(AF 238) 아쉬운 점은 이 저자들이 동일한 경계선상의 특징을 갖고 있는 오늘날의 문제까지는 추론하지 않았다는 것, 그리고 좀더 철저하게 학문적 자유와 관련된 사례를 찾아보지 않았다는 것이다. 물론 전미대학교수협회American Association of University Professors에 보고된 사례가 학문적 자유와 관련되었다고 생각하지 못했을 수 있다.

지식과 행동이라는 주제의 연장선상에서 가르치는 행위 그 자체와 결과에 대한 교사의 책임에 대해 이야기하려고 한다. 작가들, 특히 역사가들이 '젊은이들은 쉽게, 그리고 무비판적으로 생각을 받아들인다'며 젊은이들을 경멸하곤 한다.(Dev. 411) 그러면서 젊은이들이 배울 자유, 즉 모든 것을 들어보고, 옳은 것을 고르고 선택할 기회를 발전시켜야 한다고 강조한다. 하지만 이러한 것들이 실질적인 대안이 될 수 없다. 실제 젊은이들의 사고는 피동적이지 않고 오히려 굉장히 적극적이다. 이들의 정신 활동은 이상적인 것, 이상적인 것들로 이루어진 하나의 시스템, 혹은 가족 이외의 인물, 부모를 대신할 수 있는 대체물을 중심으로 구체화된다. 섹스를 하진 않지만 교사와 학생의 관계는 에로틱하다. 학생이 교사에게 매력을 느끼는 부분은 명제 체계가 주는 자극, 특히 저항적인 자극에 있다. 교사가 훌륭할수록 그 목소리가 전달하는 카리스마의 효과는 더욱 크다. 그 자체로 이는 무조건 훌륭한 일이고 당연한 것이다. 교조적 중립으로도 이를 막을 수가 없는데, 중립 역시 존경할 만한 것이 되기 때문이다. 그러나 카리스마의 효과를 막는다거나 혹은 그것에 대한 책임을 부인하려는 시도는 학생의 의욕을 꺾고 교사를 좌절시키고 비참하게 만든다. 하지만 우리의 현실은 한편으로는 부러운 감정을, 또 한편으로는 걱정스러운 마음을 품은 동료 교사로부터 영향력 있는 교사가 학생들을 나쁜 길로 유혹하는 사람이며 실은 학생들과 공모해서 학교와 다른 교사를 비웃는 사람 취급을 받는 것에 익숙하지 않은가? 이 영향력 있는 교사가 신중한 태도를 유지한다면, 욕구가 분명한 학생은 사실상 거절당했다고 느끼거나 자존심을 다칠 가능성이 높으며 따라서 실망하거나 혹은 화를 내게 된다. 추측건대 대학에서 이런 학문적 신중함의 계통에 따라 가르치는 자유를 침해하는 사례가 학문의 자유를 위협한 역사 전체보다 더 많을 것이다. 무엇보다 불행한 일은 천부적인 인적 자원을 낭비하는 일이 아닐까?

호프스태터와 메츠거 교수는 '교조적 도덕주의'에서의 해방에 대해 기술하고 있다(Dev. 353ff). 교조적 도덕주의란 무신론자인 한 남자를 술주정뱅이라 단정짓고 교육하기에 부적절한 인간으로 규정하는 것을 말한다. 교조적 도덕주의에서 해방됨으로써 과학적으로 비판할 때 인간을 그가 하는 일과 별개로 판단하는 것이 중요한 원칙 중의 하나가 됐다. 이는 실로 엄청난 진보라고 할 수 있다. 증거를 중시하고 정확한 증거 제시를 요구하고 비판을 강화하게 되었기 때문이다. 낭만적이고 희미한 과거에 호소하는 것을 싫어하지만 오래된 신학적인 관점, 즉 교조적 도덕주의는 다음과 같은 장점을 갖고 있다고 생각한다. 인생의 결과로 가득찬 명제는 극도의 진지함을 수반하며, 우리는 상대의 직업을 통해서 그를 판단할 수 있다. 연구라는 모험은 불명예, 투옥, 심지어 죽음의 위험에 처했을 때 자격을 얻게 되고, 때때로 종신 재직권 상실의 위험을 무릅쓰기도 해야 한다는 사실을 명심해야 한다. 세속적인 사회는 연구하기에 좋지만, 직업을 얻거나 남자다워지는 것이 전부는 아니다. 매키버 교수는 절대적 진리에 대한 헌신이라고 말하면서 스피노자를 떠올리고 있는데, 그가 과연 교수 모임에서도 그 말을 편하게 할 수 있을지 궁금하다.

지금까지 간략하게, 조금은 무례한 방식으로 두 책의 저자들이 경험론적 실험 방법의 한 단계로서 연구라는 기준에 부합하기에는 두 가지 면에서 부족함이 있음을 보여주려 했다. 그들은 문제가 많은 사안을 회피하고 있을 뿐만 아니라 수립한 가설을 입증하기 위한 실험도 수행하지 않았다. 게다가 연구의 학문적 자유에 대한 옛날 방식의 개념에 적용되는 것도 없다. 파르메니데스Parmenides에서 전형적으로 나타나듯이 모든 제안에 대한 지지와 반대가 영혼을 치유하는 치료법으로 사용되는 변증법적 자유라는 개념이나 최고의 행복으로서 이론theoria을 위한 아리스토텔레스의 호기심의 자유, 또는 세상에 새로운 공기를 유입시키는 토론을 강조한 중세 철학적 자유libertas philosophandi, 끝으로 칸트주의에서의 계몽적 개념인 비판의 자유(심문영장quo warranto?*) 등에도 부합하지 않는다. 이들은 하나같이 대학은 바깥 세상과는 다르고, 어쩌면 그보다 더 나아야 하고, 나머지 세상의 봉사자여야 한다는 명제에 기반하고 있다.

3.

앞서 문제제기를 시작하며 그것이 '부당하게 보이는' 방식임을 밝혔다. 별로 중요하지 않은 맥락에서 악의 없는 한 문장을 선택했고, 매키버 교수의 책에서는 거의 다루지 않은 논리를 집중적으로 다뤘기 때문이다. 현재 여러 정당에서 행하는 냉전 시대의 공산주의자 색출 작업은 정부 기관에서부터 자발적 자경단원에 이르기까지 퍼져 구체적이고 노골적으로 이루어지고 있고, 이러한 공격으로부터 매키버 교수의 연구는 변호를 요한다.

매키버 교수의 공산당에 대한 발견과 조사 결과는 많은 자유주의자에게 잘 알려졌다. 요약하자면 (1)공산당원 교사는 권위주의적이고 위압적이며, 음모를 꾀하므로 자격을 박탈당하게 된다. 그러나 그에게서 자격을 박탈할 수 있는 근거는 그의 행동이지 이론이 아니다. (행동을 강요하지 않는 정당은 없다는 점에서 솔직히 이 둘을 구분하는 것 자체가 멍청한 일이다.) (2)과거 당원이었다는 사실이 자격을 박탈할 근거가

---

* 옛날 직권이나 특권 남용자에게 해명을 요구하기 위해 낸 영장

될 수 없다. (3)수업 시간이나 학생들과의 개별 면담에서 선전적인 내용을 주입한' 공산주의자 교사는 '당원증 소지 여부와 상관없이' 해고될 수 있다. 그러나 역으로, 이 교사가 논란의 여지가 없는 과목을 가르치고, 신중한 태도를 보이면 교사 자격을 박탈하지 않는 것이 바람직하다. (4)해당 교사에 대한 수사는 행정부처나 외부인들이 아닌 교사협의회에서 이루어져야 한다. (5)존재하거나 존재하지 않는 공산주의자들을 색출하기 위한 전면적인 수사는 절대 바람직하지 않다. (6)충성 서약은 '경멸적이고 부적절하며 부질없는 일'이다. (7)학생협의회가 공산당 연설가를 초청하는 일은 허용해줘야 한다. (8)공산주의 사상을 접한다는 것만으로 학생 자격을 박탈해서는 안 된다.

위의 요약 목록을 두 부분으로 구분해보는 것이 바람직하다. 반反매카시anti-McCathy라 부를 수 있는 판단과 반-반-반-매카시anti-anti-anti McCathy라고 부를 수 있는 판단이 그것이다. 고압적이고 부당한 압박에 대한 거부, 고발에 대한 거부, 정당한 프로세스 부재에 대한 저항, 표현의 자유에 가해지는 거의 모든 제약에 대한 저항이 바로 반反매카시즘이다. 반反매카시즘에 대해 정치적으로 순진하다거나 매카시즘이 독특한 음모라는 사실을 파악하지 못한다거나 소 잃고 외양간 고친다와 같은 비난이 가해진다. 이러한 비난들에 대응하는 것이 바로 반-반-반-매카시즘이다. 즉, 수사를 할 만한 근거가 충분히 있다고 인정하지만 그 결과가 유용한 기능을 억제 및 위축하고 공포를 야기할 수 있으므로 그러한 수사를 통해 정치적 통일체를 정화하기보다는 오히려 약화시켜 적을 이롭게 한다는 논리다.

이러한 후자의 태도, 다시 말해, 정의로운 분노보다는 학계에 팽배한 불안으로 인해 지금 논의하고 있는 이 두 권의 출판물이 세상에 나올 수 있었다고 생각한다. 사실은 학계로 잠입한 공산주의자의 수가 미미하고, 그 수가 많았던 적은 한 번도 없었으며, 이마저도 수년간 서서히 줄어들고 있기 때문이다. 그리고 수사의 강도가 도를 넘었다. 그러니까 문제는 왜 그토록 근거도 없고 부적절한 것들이 침착하든 조소적이든 아니면 분노하든 간에 개인의 기질에 따라 거부되지 않고 그저 남자답지 못하게 수용되었는가 하는 것이다. 그리고 그토록 무거운 주제의 책이 세상에 나와야 했던 이유는 무엇인가? 그래서 매키버 교수의 책을 아무 데나 펴서 몇 문단을 임의로 발췌해 여기에 옮겨보았다.

불만이 많은 교수의 승진이나 종신 재직권이 없는 교수의 재임용을 막기 위해 대학의 학부나 교수 집단 내에 보이지 않는 미묘한 압력이 작용했다는 증거가 여럿 있다. 그러한 서약 요건을 거부한 학자들은 비순응적인 교수가 아니었다. 그중에는 선량하고 보수적인 교수들이 굉장히 많았다. 그러나 그들의 경제적 관점과 상관없이, 모두가 똑같이 학문적 자유가 점점 위협을 받고 있다는 사실을 걱정했다(AF178).

운영 이사회의 공격만큼 파괴력이 있는 것은 없는 듯하다. (중략) 그들은 학교를 뒤흔든다. (중략) 이사회는 그러한 지시들이 불러올 결과를 사전에 인지하는 못하는 일이 다반사다. (중략) 그에 따른 소란으로 운영 이사회는 종종 기습을 당하게 된다. 학자답게 진실 탐구에 헌신하지 않는 사람들의 검열적이고 심문하는 식의 행동은 진정한 학자에게는 중대한 위협이 된다.

여기서 우리가 걱정하는 것은 테니Tenny의 경고, 위협, 그리고 제안들이 주요 교육자들 사이에서 가장 심각한 불안감을 조성했다는 것이다(AF 179).

이사회가 한 교수에 대해 행사하는 권력 안에는 해당 교육자의 지위, 즉 교수라는 직업이 갖는 중요한 두 가지 이해관계에 대한 암묵적 위협이 담겨 있다. 반발하고 나선 교수들이 개정된 서약 요건에서 발견한 것은 학문적 자유에 대한 위협과 종신 재직권 보장에 대한 위협이었다. 개정된 서약을 지지하는 사람들은 그러한 위협이 있다는 걸 부정했다. (중략) 이러한 이해의 부족은 미국 대학에서 교수들과 운영 이사회가 상호 돈독한 관계를 형성하지 못해서 흔히 발생하는 두 가지 결과 중 하나다(AF177).

이 인용문은 매키버 교수의 저술에서 몇 페이지를 임의로 뽑아낸 것이다. 그의 저술은 이와 비슷한 논지로 가득 채워져 있다. 이 인용문을 발췌하는 걸 부끄럽게 여기는 이들도 있다. 어른들, 교수들, 헌신적인 학자들에게 이와 같은 불안감을 안겨준 실체는 무엇일까? 그 것은 '보이지 않는', '암묵적 위협', '학교를 뒤흔든다', '중대한 위협', '가장 심각한 불안감', '이해 부족', '사전에 인지하지 못하다' 등과 같은 태도일 것이다. 이러한 태도를 보였음에도 불구하고 실제로는 대부분 그 어떤 위험도 존재하지 않았다. 또한 이러한 태도가 극단적으로 나타나는 최악의 경우에도 큰 위험 같은 것은 없었다. 필사적으로 맞선다고 하더라도 이러한 오해를 불식시키기에는 역부족이지 않을까?

또한 암묵적인 위협을 노골화시켜 한바탕 싸움을 하게 만드는 것도 불가능한 일이 아닐까? 그들은 정말로 일자리를 잃을까 봐 그토록 걱정하는 것일까? 그리고 만약 이들이 원칙에 의해 그리고 절대적인 필요에서 자유를 진정으로 걱정한다면, 이것이 그렇게 걱정하는 사람들의 어조일까?

그들의 어조가 나에게는 마치 회의와 노골적인 적대감에 사로잡혀 있고, 불안에 떨며 최소한의 압력도 견뎌내지 못하는 비굴한 관리자의 어조처럼 들린다. 그렇기에 그들이 자신감을 심어주지도 못하는 연구에 전념한다는 것에 회의적이다. 또한 현재의 상황을 이토록 불안한 감정으로 바라보게 만드는 강도 높은 연구를 신뢰할 수 없다. 직업에 연연하는 것 자체를 한심하다고 천박하게 여길 수는 없지만 그들은 너무나 쉽게 자신들의 상황에 위축된다. 유능하지만 자부심이나 자신감이 없는 그런 엘리트에게 무슨 말을 해야 할까? 이것이 우리의 자랑스러운 학문적 자유라는 것인가? 학문적 자유가 고작 이런 거라면, 나의 박사학위증을 찢어버리고 싶은 게 솔직한 심정이다.

수사에 대한 두려움, 가공된 수사에 대한 편집증적인 의혹, 경제적 공황 상태, 지위에 대한 욕구, 안정에 대한 집착과 같은 말은 두 세대를 지나오며 미국의 중산층에게는 친숙해진 표현이다. 학계 전체가 추구해오고 있는 대의를 학계에서만 논의할 필요는 없다. 분명한 것은 이 엘리트들은 자랑스러운 전통을 잇고, 신성한 상징과 폭넓은 문화, 아름다운 주제를 이끌어내며 뛰어난 저서를 펴낸 박사들이라는 사실이다. 요컨대 자기 현시나 수치심을 느끼지 않고서는 결국 그들도(우리도) 과거 역사와 미래에 대한 자기 초월적인 책임감을 저버릴 수 없을 것이다. 비록 그 과정에서 내적 갈등이 드러나더라도 반격은 반드시 이어져야 한다.

4.

열정적으로 역사를 기술한 호프스태터 교수와 메츠거 교수의 저서 덕분에 수십 년에 걸쳐서 어떻게 근대 학자의 상이 형성되었고, 연구의 학문적 개념이 정의되었는지를 알 수 있다. 두 저자는 자신들의 저서를 하나의 '발전'이라고 부르고, 권리장전과 더불어 현재의 학문적 자유라는 개념을 당연히 하나의 업적이라고 평가한다. 꼼꼼하고 상당히 철학적이지만 절대 훈계조로 말하지 않는 두 저자는 그 과정에서 발생할 수밖에 없는 손실과 탈각에 대해 기술한다. 이러한 손실을 그저 기술하지 않고, 한데 모아서 하나의 그림으로 만들면 꽤 그럴듯한 그림이 나올 것이다. 우리는 서구 유럽 학자에 대한 이상적 환영이 미국의 현대 학자를 따라다니면서 영광의 빛을 비추고, 양심의 가책을 일깨워주기를 기대한다. 서로 상반된 발전과 손실을 여섯 가지 정도로 정리해봤다.

(1)호프스태터 교수는 다음과 같이 말한다. 최대의 독립성이 보장되었던 시기에, 대학들은 중세의 틈바구니에서 지방분권적인 지배구조와 충돌하는 세력 간의 균형을 이용해서 대학의 공동 관심사를 강화하면서 살고 있었다. [그들은 교사 혹은 학생들로 이루어진 조합이었다.] 대학은 교황에 대항하는 왕이나 평의회에 호소하거나 반대로 왕이나 주교에 대항하는 교황에게 도움을 요청하거나 반항적

인 시 정부에 대항하는 왕과 교황에게 접근하기도 했다. 뿐만 아니라 대학의 위치를 단순한 간청자 수준 이상으로 끌어 올리고, 그들에게 독립적인 협상권을 쥐어줄 수 있는 독자적인 무기를 갖고 있었다. 이 무기 중 하나는 근대의 학계 파업처럼 강의를 중단하는 것이었다. 또 다른, 그렇지만 훨씬 더 강력한 무기는 의외로 대학의 가난에서 비롯되었다. 물리적 장치, 거대한 도서관, 세속적인 재산, 막강한 재단에 굴복하지 않았던 그들은 대규모 학생들과 수익성이 있는 일거리를 가지고 다른 곳으로 이주할 수 있었고 실제로 그렇게 한 적도 있다*.

이와 같은 모습은 학문적 자유의 절정으로 간주해도 무방하다고 생각한다. 중앙 집권 국가의 국방부에서 연구 방향을 지시받으며 80퍼센트 이상 재정 지원을 받는 장치를 운용하고 비밀 연구 승인을 담당하는 '직원' 역할을 하는 과학 분야의 교수 집단을 학문적 자유의 최악으로 간주될 수 있듯이 말이다.

(2)대학의 역사상 학문적 선택, 사고 및 행위에 대한 교파적 통제는 감소하고 있으며, 교육의 세속화는 늘어나는 추세다. 다른 측면에서 생각과 행동이 좀더 가벼워지는 것은 손실이다. 물론 전혀 없는 것은 아니지만, 누구도 이론의 구체적인 표현을 걱정하느라 밤잠을 설치지는 않는다. 비록 이 이론이 대중이 인식하지 못하는 사이에 종

---

* 블랙마운틴대학은 1930년대 초반 이주를 통해서 설립된 대학이었다. 그래서 이주한 교수들은 신탁관리자로 구성되어 이사회가 없는 대학의 주인이 되었다.-저자 주

국에는 행동의 불일치로 이어지지만 말이다.

호프스태터 교수는 헨리 던스터 하버드 초대 총장의 퇴임에 관한 감동적인 이야기를 전하고 있다. 헨리 던스터는 평소 유아는 제대로 세례를 받을 수 없다고 생각했고 그 생각을 공표하지 않을 수가 없었다. 교육과 연구를 중시해야 하는 대학 교수에게 이는 불가피한 선택이었을 것이다. 그가 받아들일 수 없는 신념에 대해 침묵하겠다고 약속했다면 별 탈 없이 총장직을 그대로 유지할 수 있었을 것이다. 던스터 총장이 해고되지는 않았다. 정황상 치안 판사와 성직자들이 던스터 총장에 대한 개인적인 신뢰를 접지 않았기 때문이다. 그러나 던스터 총장은 사직서를 제출했다. 이 사직서에는 종교적인 문제가 분명하게 언급돼 있지는 않았다. 대신 하버드대학에 대한 최근의 수사와 감독 기관의 권력 확대로 인해 대학을 희생시킨 사례에 대해 자세하게 기술돼 있었다. 주 의회는 던스터 총장에게 한 달 간 다시 생각해볼 기회를 주었는데 그들은 그가 이단적인 신념을 포기할 것이라는 기대를 걸고 있었던 것이 분명했다. (중략) 그러나 한 달 후 던스터의 총장 임기는 극단적이면서 결정적인 행동과 함께 막을 내렸다. 그는 캠브리지대학에서 유아 세례와 '교회에 잠입한 병폐들'을 반대하는 연설로 좌중을 놀라게 했고 결국 세례식을 중단시켰다. (Dev. 89)

감동적인 것은 진지하고 극적인 총장의 증언이 아니라 다른 사람들이 총장을 형제로서 여기고 자신이 믿는 신과 맞붙어 싸울 수 있는 권리를 존중하며 이후 그를 염려하는 방식이다. 여기에 오늘날의 대조적인 사례를 언급할 필요는 없다.

(3) 19세기 독일의 훌륭한 대학이 미국에 미친 영향을 논의하면서 역사학자 메츠거는 한편으로는 체계적인 철저함, (대학의 이해관계를 위한 것이 아닌) 특정 능력, 편협한 공리주의로부터의 자유, 절대적인 진리의 자유에 대한 헌신 등 미국의 대학이 계승한 것들을 훌륭하게 분석하고 있다. 한편으로 그 과정에서 떨어져 나가거나 획기적 변화를 겪은 것들은 다음과 같다.

> 내적 자유와 외적 자유에 대한 미국의 개념과 독일의 개념을 비교해보면 근본적인 차이를 발견할 수 있다. (중략) 독일인은 학생들에게 확신을 심어주거나 설득해서 교수 개인의 학설과 철학적 관점에 동조하게 만드는 것을 용인하지만, 미국 대학에서는 이를 용인하지 않는다. 오히려 강의 활동 중에는 민감한 사안에 대해 중립을 지키고, 대학 교수의 능력 밖에 있는 중요한 사안에 대해서는 침묵하는 것이 교수가 취해야 하는 적절한 행동으로 여긴다. 수없는 발언에서 이러한 제약을 확인할 수 있다. T. S. 엘리엇은 연설을 통해 대학은 자유로워야만 한다고 천명하고 중립성이 그러한 자유의 일부라고 주장하기도 했다. "철학적으로, 정치적으로 논란이 되는 문제를 학생 대신 해결해주거나 혹은 특정 의견이 다른 의견보다 더 낫다고 추천하는 것이 교사의 역할은 아니다. (중략) 모든 학설의 두드러진 특징을 학생에게 알려줘야 한다." (Dev. 400)

메츠거 교수는 이러한 중립의 기준이 미국인의 사상적 편견, 실증주의, 직관, 추측이나 상상에 대한 저항, 그리고 신속하게 제대로 확인될 수 없는 진술에 대한 의심에서 야기된다고 주장한다. (이 '중립'이라는 개념은 분명하고 전통적인 기원을 가지고 있다. 지식인과 경험이 풍부한 사람들의 객관성, 그리고 지식인과 경험이 풍부한 사람들의 고향으로서의 태연자약한 태도를 모토로 하는 아카데미의 전통이 그 기원이다. 물론 그러한 태도 역시 결코 중립적이지 않지만, 논란이 되는 의견을 펼치기 앞서 안전한 배경을 제공한다. 여기에만 의존한다면 젊은이는 한정된 의견만을 접할 위험이 있다.) 나는 메츠거 교수가 독일인들이 지지하는 '설득'의 개념에 대립되는 개념으로서 '중립'의 한계가 갖는 단점을 충분히 고려하지 않았다고 생각한다. 유능함은 거의 무의식적으로 전문화를 의미하는데, 어떤 사실이 금세 검증이 가능하다면 다양한 학문 분야와 관련성을 맺을 수 없다. 사실로 이루어진 학설은 없으며 다만 생각만으로 학설을 구성할 뿐이다. 엘리엇이 이상적이라 평가하는 중립적 발언이 교실 안에서 가능할까? 확신에 찬 철학자가 칸트의 철학을 설명하기 위해 애쓰는 것을 본 적이 있는가? 본 적이 없다면, 교사는 자신만의 확고한 생각을 가져서는 안 되는 것인가? 학교는 중립을 지키면서 여러 기능을 할 수 있지만 교사가 어떻게 중립적일 수가 있을까? 그리고 무엇보다 엘리엇이나 메츠거 교수 모두 중립성과 능력이라는 문제에 직면한 학생들의 상황을 현실적으로 판단하지 못하고 있다. 학생 개개인의 도덕적 본성은 나름대로의 문화를 배경으로 한다. 그래서 대학에서 관념적인 혹은 도덕적인 관계가 형성되지 않으면, 이 문화는 외부 선전원 혹은 정규 과목 이외의 과목을 강의하는 교내 선전원에 의해 무너질 것이다. 그리고 심할 경우 어린아이 같은 편견과 무의식적인 관례가 고착화될 것이다. 학생의 지적인 삶은 이에 상응하여 활력 없이 무미건조하게 변하며, 상원 위원회 혹은 선동가들 앞에서 극심한 공황 상태에 빠질 수 있다. 앞서 언급했듯이 교사의 영향력이 자유롭게 발휘되든 혹은 억눌리든 양쪽 모두 책임이 있다. 교사는 과학적 확실성이나 공평성의 기준에 대한 걱정은 하지 말고, 자신이 믿는 진실성에 의존해 모든 가능성을 열어두고 솔직하게 행동하는 편이 더 낫다. 물론 교사가 논란을 제압하고 그 격렬함을 완화할 수 있는 지혜가 있다면 금상첨화다. 이는 '입장'이 아니라 사실이다. 만약 교수에게 세련된 객관성이나 해박한 식견, 집요한 탐구 정신, 정확성에 대한 고집이 있고 논쟁 자체를 흥미롭게 이끌 수 있다면, 이를 통해 해답을 얻고자 하는 학생에게 마음을 움직이는 도전거리를 지속적으로 제공하는 것이 하나의 사실이 된다. 그러나 이 학생이 '중립'의 한계를 느낀다면 하나의 입장에 불과하다. 사실 대다수의 선생이 이 정도로 훌륭하다고 생각하지는 않는다. 마지막으로, 미국인들이 교수의 중립을 강조하는 이유는 독일 대학생들과 달리 당시 미국 대학생들이 성적으로 미성숙하고 무분별하다고 생각했기 때문인 듯하다. 미국 대학생들은 감수성이 예민하긴 하다. 하지만 미국인들이 한편으론 낡은 온정주의를 내던지거나 행정관에게 떠넘기면서 다른 한편으로는 제자의 의욕을 꺾는 논리를 이해하기 어렵다. 대학생들은 더 이상 어린아이가 아니라는 말을 듣지만 젊은이들의 육체적 혹은 지적인 연애는 금기시된다. 하지만 연애를 좀더 안전하게 할 수 있는 곳이 대학 말고 또 있을까? 이런 모순이 때때로 더욱 나쁜 것이다. 이스턴 칼리지에서 발생한 사건이 하나 있다. 이 대학의 학장은 캠퍼스 내에서 진한 연애 행각을 벌인 학생을 경찰에 신고했다. 그러자 유럽에서 대학 총장을 지낸 적이 있는 저명한 외국인 교수가 분개하며 소리쳤다. "우리는 학생들의 부모 대신까지는 아니지만 학생들을 보호했다. 하지만 학장 당신은 부모처럼 굴지만 학생들을 보호하지는 못했다!"

(4)학자들이 직면한 또 다른 심각한 손실은 변해가는 사회 환경에 발맞춰 선택 강좌를 정비할 때 고전 교양 과목을 제외시킨 데서 비롯됐다. 메츠거 교수는 이 사안을 다음과 같이 다루고 있다.

> 사회적 세력의 강력한 활동으로 대학의 '보호' 기능은 더 이상 중요하게 여겨지지 않는다. 도시생활에 따른 도덕적 확실성의 혼란, 복음주의 열정의 쇠퇴, 산업 발전 과정에서 야기된 인간관계의 몰개인화로 인해서 보호자 역할을 하는 교육 기관에 요구되는 확고한 믿음, 완전한 통찰력이 무너지고 있다. (중략) 독립 전쟁 이전에 대부분의 대학 교수가 세속적인 직업 교육에 초점을 맞춘 교육 과정에 반대했는데, 이는 험악한 사회의 압박에 취약한 가치관을 지켜내고 싶은 바람 때문이었다. 그들은 시대의 속물주의에 굴복하지 않을 자유를 추구했다(Dev. 317).

이 글은 잘못 기술되었다. 마치 "원상태로 돌려놔!"라고 당당하게 요구한 앨런 테이트Allen Tate의 목소리가 들리는 듯하다. 매키버 교수는『우리 시대 학문의 자유』에서 학문의 자유를 반대하는 진영의 분위기를 분석하고, 공통 문화와 근본적인 소통을 부족하게 만드는 주요인 하나를 찾아낸다. 그러나 대학이 그러한 부재를 치유할 수 없을 뿐더러 오히려 상황을 더 악화시키고 있다. 공통적이고 필수 불가결하며 인문학적인 것은 시대착오적으로 간주되고 취약하며 보호를 필요로 하지만 대학은 서둘러 새로운 연구로 눈을 돌린다. 이러한 맥락에서 허친스, 아들러, 맥키언, 부캐넌과 같은 인물들이 연상되는 '고전 운동Great Books movement'은 공통 문화가 구시대적이라는 주장을 인정하지 않았다. 고전 운동은 공통 문화가 '영원하다고' 여기며 '명작'으로서 고전에 존재한다고 주장하는 상반된 실수를 저질렀다고 생각한다. 모든 것이 온통 뒤죽박죽이며, 부적절한 지점을 들여다보고 있는 것이다. 진정한 고전은 명제, 방법 혹은 습관과 같은 체계로서 도시화, 산업화, 몰개성화된 현 시점에서 효력이 발생한다. 고전적인 교육 과정은 언제나 존재한다. 고전적이라는 것 자체가 이미 구체적이며 인과적으로 영향을 미치고, 근간을 이루기 때문이다. 실제로 어떤 새로운 상황에서도 고전은 절대 '고전'처럼 보이지 않을 뿐더러 문학의 현 상태에서 고전은 책이 될 가능성도 없다. 소크라테스의 대화법은 고전적이며, 현대 정신분석적인 집단 치료 세션에서도 그의 대화법을 활용한다. 소크라테스 대화법을 통해서 우리는 곧 총체적이고 인도적이며, 소통 가능한 상태에 이르게 된다. 이 실험적인 방법은 뛰어나며 우리를 단련시키고 하나로 결속시킨다. 그렇기에 대화법을 실험 실습의 일종이나 논리학의 한 과정으로 교육할 것이 아니라 실제의 실용적인 행동에 적극적으로 적용해야만 한다. 유리드믹스*나 스포츠도 고전이다. 수학화 실습도 고전적이다. 문법 교육은 고전적이지 않지만 특정인의 화법을 문법적으로 규명하는 것은 고전적이다. 현재에도 고전을 창작할 수 있다고 말하려는 게 아니라 그리스, 중세, 17세기 등의 고전 유물을 연구하는 것이 실수라는 것이다. 지금 우리가 처한 상황에 철학적으로 대처하며 고전적인 방법과 공통의 문화를 찾아내고 창조하는 것, 이것이 존 듀이가 말한 '재구성'이 아닐까? 하지만 대학은 이러한 역할을 하지 못하고 있다. 대학에서 어느 누구도 고전을 가르치지 못하고 우리는 우리 자신이 어떤 고전을 보유하고 있는지도 모른다.

(5)미국 학자는 좀더 큰 사회에서 자신의 능력에 걸맞은 다른 역할과 지위를 수행하려 하지 않고 그저 학자로만 자신을 규정하면서 또다른 손실을 껴안았다. 학문의 자유에 관한 역사를 서술한 이들은 상당히 만족하는 어투로 교사라는 소명을 한시적으로 수락했던 성직자들이 전문 '직업인'으로 발전한 사실을 이야기한다. 분명 교수가 하나의 직업이고 특수한 자질과 재능이 요구되는 것은 맞지만 대학 수준에서 가르치는 일은 전문 직업이라 보기 어렵다. (대학에서 가르치는 일은 초급 수준의 학생들을 가르치는 일과 다른데, 이는 초급 수준의 교육 기관에서는 주제 분야를 가르친다기보다는 학생을 가르치는 데 교육의 초점이 모아지기 때문이다. 교육에 종사하는 것을 의료계에 비유하자면, 교육학에서 치료를 담당하는 분과는 심리 치료다.) 대학에서 가르치는 일은 본

---

* 1905년경 제네바 음악학교의 화성학 교수였던 에밀 자크 달크로즈가 개발한 것으로, 음악적 리듬을 표현하기 위해 신체 동작을 사용하는 음악 교육 체계를 뜻한다.

연의 주제가 없다. 본연의 주제에 적용된 보편적인 기술만 있을 뿐이다. 교수를 '전문 웅변가'라고 이야기하기도 한다. 교수가 본연의 주제 영역을 연구하기는 하지만 교사는 아니다. 그런데 왜 그렇게 오랫동안 대학 캠퍼스를 배회하고 다닌 것일까? '행동으로 옮길 수 없다면, 가르쳐라'라는 고대 격언에 의구심이 든다. 가르치는 일은 분명히 하나의 직업이 될 수 있고 모든 전문인에게 주어진 하나의 책임이다. 훌륭한 교육보다 더 아름다운 일은 드물며 남을 가르치는 것보다 전문인 자신이 성장하고 재창조될 수 있는 직업도 없다. 교사는 실생활에서 벗어나 일반적으로 불가능한 것을 가르치기도 하고, 자신의 직업을 새로운 눈으로 바라볼 수도 있기 때문이다. 그렇지만 젊은 세대가 한데 어울려 다니는 것에 비해 나이든 어른들이 모여 방황하는 모습은 혐오감을 살 수 있다. 직업인이라는 상황의 단점은 교수직이 경제적인 측면과 연관되어 있다는 것이다. 교수는 종신 재직권을 잃는 것을 두려워하기 마련이며 압박감 때문에 긴요한 존재로 군림하는 본연의 일, 즉 가르치는 일로 옮겨갈 수 없다. 어쩌면 더 큰 손실은 학문의 모든 영역이 그냥 대학 안에만 머물러 있고, 성숙한 어른들로 구성된 학계와 지식인 공동체의 자산이 사라진 것이다. 그 결과, 학계와 지식인 공동체는 그저 상을 수여하고 사교 모임을 후원하는 명예 회원 모임으로 전락했다. 학문이 대학을 벗어나면 산업으로 발전하지만, 교외 학문 공동체는 존재하지 않는다. 그러나 그러한 활동이 대학 도서관과 실험실, 그리고 그들이 받는 급료 안에 갇혀 있는 것은 순전히 우연이며, 따라서 제약이나 의무는 '학문적 자유'를 주장함으로써 완화되어야만 한다. 역사, 언어학, 문학 연구를 충분히 장려하지 않는 사회에서 대학의 분위기에 저지당했던 학자들에게 어떤 조언을 해야 할지 모르겠다. 그럼에도 이상적으로 여기는 자유로운 학자의 모습에 직업인으로서의 학자가 아니었던 17세기, 18세기 인문학자와 과학자의 영웅적인 모습을 추가하고 싶은 바람이 있다(Dev. 49, 195).

(6)마지막으로 대규모 대학의 등장하면서 초래된 손실을 언급해야 겠다. 메츠거 교수는 소스타인 베블런이 『미국의 고등 교육The Higher Learning in America』에서 제기한 비난을 인용한다.

> 사실 베블런은 관료화가 대학의 인적 자원, 구조, 그리고 행태를 변화시키고 있음을 간파했다. 이러한 변화는 대학의 행정 업무를 처리하기 위해 영입된 학장, 이사회 임원들, 교무 과장, 사무관 등과 같은 직원 집단 내에서 이미 분명하게 나타났다. 또한 하나의 계급화된 서열 체제인 교수 집단 내에서도 분명하게 변화가 감지됐다. 그 안에서 다른 서열로의 이동은 공식적인 승진체계를 통해서 통제된다. 교수와 대학 이사들의 권리와 의무를 규정한 정관에서도 이러한 변화는 명백하게 드러난다. 물론 그 때문만은 아니었지만 이 변화는 학문적 시대의 종말을 의미했다. 그러한 시대에 대학은 하나의 공동체였으며, 교수진은 또래 집단이었다. (Dev. 453)

메츠거 교수는 베블런의 넋두리를 다루면서 거대 기업, 대학이 잘못을 저지른 주체가 아니며, 그러한 변화는 사회적으로 보편적이고 불가피한 것임을 입증하기 위해 노력한다. 그러나 그러한 사실을 침묵으로 묵인하는 그의 태도를 도저히 이해하기 힘들다. 교직원이 곧 학교라 여기며 만약 대학이 없어진다면, 연속성을 지닌 역사적 주체로서 무엇을 내세울지 생각했어야 했다. 지금 우리는 바퀴가 하나밖에 없는 기계를 돌리고 있고, 그 기계가 성공적으로 작동하려면 전용 연료와 원칙이 필요하다. 하지만 이 기계에 독창적인 창작의 정신이 전달되기를 기대하는 것은 무리다. 만약 형제애로 뭉친 교수들이 공동체적으로 결정하지 않으면, 그 관계에서 나올 결과는 아무것도 없다. 학자도 다른 미국인과 똑같아지는 것이다. 매키버 교수의 책에 담긴 불안과 관련된 글에서 추론한 바이다. 즉, 교수들도 다른 겁쟁이들과 똑같이 행동하고 있다. 그런 교수들에게 예외적인 비난을 가하고 철저한 감독을 받게 하는 것은 야박하다. 하지만 그렇다면 앞서 언급한 특유의 헌신에 관한 그 모든 이야기는 뭐가 되는 것일까? 교수들은 이 질문보다 덜 극단적일 것이라 확신한다.

이 두 권의 책 속에 담긴 내용과 어조를 통해 나는 미국에 이중적인 학자가 존재한다는 사실을 유추할 수 있었다.

눈에 띄지 않는 곳에서 이런 유령과 같은 학자의 존재가 점점 커지고 있다. 우리는 잃어버려선 안 될 명분이 쌓이면서 이런 존재 혹은 부재를 파악하게 된다. 지금까지 학자의 교내 혹은 교외 관계에서, 개인적인 책임이나 공동체에서 혹은 그의 교육 과정이나 생계 수단에서 요구되는 자질을 골라내려고 노력했다. 중세 역사학자 포윅Powicke이 말했듯이 교수는 '자의식이 강하고 거만한' 집단의 일원이며 교수 집단은 수치심을 느끼지 않고 깃발을 치켜들거나 문장이 새겨진 방패를 지니고 있다. 또한 스스로를 서양 문화의 전달자 혹은 발명의 수호자라고 생각한다. 더불어 전통에 엄격한 사람이라거나 쓸모없는 혁신을 조장해서 결국 분란을 일으키는 사람이라는 응분의 평판도 듣는다. 상호 존중을 바탕으로 동료들과 극도의 경쟁을 겪기 마련이고, 학생에 대해 관대하거나 위험하게 에로틱한 헌신을 하기도 한다. 그리고 자신의 경력을 쌓아 세상으로 나가서, 독립적인 인간으로서 교수단의 일원이 된다. 그런데 이 유령 같은 학자가 계속해서 현실로 침입해서 주도권을 쥐려 한다. 하지만 다행히도 여러 가지 방식으로 저지당한다. 마치 유령이 살아 있는 몸에 섬뜩한 매력을 느끼고, 내면의 꿈을 일깨우고, 몸의 주인을 예민하고 짜증이 많은 인간으로 바꾸기라도 한 듯이 갑자기 수치심을 느끼거나 반항적인 태도를 보이기도 한다. 그리고 때때로 매키버 교수처럼 최면에 걸린 듯한 설교를 할 때도 있다.

우리 곁에는 소란스러운 정치인으로 인해 잔뜩 겁먹은 다른 학자가 눈에 띈다. 관료주의에 발목 잡히고, 상부의 권력자들에게 시달리고, 아래에 있는 다른 사람들을 괴롭히면서 부정적인 인사 고과를 받는 것을 두려워하는 모습이다. 만약 일자리를 잃게 되면, 다른 곳으로 옮길 때 좋은 추천서를 받기 어렵기 때문이다. 게다가 학문 공동체는 단 하나밖에 없고, 그에게는 그곳이 유일한 현실 세상이기 때문이다. 그는 살아 있는 교수진을 하찮은 세력으로 전락시키는 법인 조직이 보유한 거대한 영구 소유물에 짓눌린다. 경상비를 부담하고 비용을 댐으로써 결정권을 획득한 외부 이익집단에 의존하게 된다. 비성애적이고 적어도 대외적으로는 성행위에 반대하는 그는 자연스럽게 불안을 경험하게 된다. 고상한 윤리적 조건들을 이용해서 다른 사람에게 망신을 주지만, 가장된 현실에서 어떤 힘이나 활력도 얻지 못한다. 또한 교묘하게 좋은 위치를 차지하려고 숱한 언쟁을 벌이지만, 멋진 싸움은 절대 하지 못하며 강박적으로 계산하고 바쁘게 일했지만 묵주를 굴리면서 기도하는 것과 별반 차이가 없을 것이다. 그는 존재감이 없으며, 외적 행위로 존재감을 드러내는 것을 의도적으로 피한다. 그와 그의 동료들은 토템신앙 때문이 아니라 단순히 추워서 한데 모여 있을 뿐이다. 이것이 매키버 교수의 저술에 담긴 학자의 모습이다.

• 『케임브리지 리뷰』 제5호에 이 글이 실렸다.

부록 E

『길 위에서On the Road』의 서평

300페이지에 걸쳐 젊은이들이 미국을 여덟 차례 횡단하면서 주로 친구나 친척 집에서 머무는 이야기가 이어진다. 이 과정에서 그들은 짜릿한 흥분을 경험한다. 소설 속 화자는 어떤 일로 완전히 서글퍼지지만, 그 이유를 이해시킬 수 있는 증거는 거의 제공하지 못한다. '아내와 헤어지고 얼마 되지 않아'라는 문장을 보고 판단하건대 이 젊은이들은 모두 20대 중반에서 후반으로 보인다. 놀랍게도 젊은이들이 경험한 흥분은 우리가 십대 무렵 방학 기간에 재미삼아 놀던 때 느꼈던 것과 비슷하다. 이들 대부분은 중산층 출신이다. 요즘 많은 이삼십대 젊은이들이 소설의 내용이 마치 자신들의 역사라도 되는 양 『길 위에서』를 최고의 멋진 책이라고 칭송한다. 소설 속에 자신들이 있기 때문이다. 이제 이 소설을 들여다보자.

　무비판적으로 읽으면 『길 위에서』는 실제보다 더 엉망인 글처럼 보인다. 소설에서 수백 가지 사건이 소개되지만, 작품 전체를 통틀어서 어떤 이야기를 들려주거나 무언가를 제시하지도 않고, 모든 것이 그냥 쓰이기만 했다. 설상가상으로 화자는 '그날 저녁, 큰 혼란이 일어났다'와 같은 문장으로 긴장감을 조장하려고 애쓰는 듯하다. 하지만 사실 그 혼란이란 술에 취한 선원 몇 명이 선장의 명령에 반기를 든 사건이 고작이다. "이건 내가 타본 것 중에서 가장 멋져!"라고 말했지만, 사실은 한 젊은이가 달리는 트럭 위에서 소변을 보려다 바지가 젖었을 뿐 그 외에는 아무런 일도 일어나지 않는다. '정말 흥분되고 멋진 일이다'라고 묘사하는 문장이 있지만, 사실 그렇게 흥분되거나 멋지지도 않다. 화자가 됐든 등장인물이 됐든 '가장 멋진'이라고 말하면 독자들은 '꽤 근사한'이란 의미로 해석할 것이다. 하지만 유감스럽게도 그 말은 그런 의미가 아니라, 그저 이 가엾은 청년들에게 익숙해진 무익한 경험 대신 뭔가 조금 의미 있는 경험의 대상이 나타났다고 말하고 싶었던 것뿐이다.

그렇기 때문에 자동차를 타고 미국 횡단을 하면서 벌어지는 이야기를 그려낸 이 소설이 표현하고자 했던 것이 무엇인가라는 질문을 스스로에게 던졌을 때, 외로움과 어렴풋한 불만으로부터의 해방이 주는 슬픈 공허함이라는 답을 내리게 된다. '흥분된' '미친 듯한' '최고'와 같은 어휘들은 어떤 대상이나 감정을 가리키는 것이 아니라 비트 세대가 자신들이 거기 있었다는 사실을 서로에게 확신시켜주는 수단이다. '내가 접수했다 dig it'는 '그것을 이해한다 I understand it'는 뜻이 아니라 '저곳에 무언가 존재한다는 것을 인식하고 있다 I perceive that something exists out there'는 의미인 것이다. 독자의 입장에서 그 효과는 실망스럽다. 내가 알고 있는 이런 부류의 몇몇 소년들을 보자. ('소년'이 라고 말한 이유는 잭 케루악이 겨우 서른다섯 살이기 때문이다.)

지난여름 케루악의 친구 앨런 긴즈버그가 그의 시집 『울부짖음 Howl』의 한 구절을 낭독하는 것을 들었다. 그는 온통 저주로 나열된 그 구절을 피아니시모로 시작해서 천둥소리와도 같은 포르티시모로 마무리했다. 그 자리에 모인 사람들은 흥분했으며, 그것은 '최고'였다. 하지만 애석하게도 나는 흥분에 공감하지 못하고 앨런에게 발상, 심상과 리듬 중 크레센도는 어디에 넣을 수 있겠느냐고 물었다. 그리고 그 구절을 연속체처럼 들리게 하는 것이 무엇이냐고 물었다. 그러자 앨런은 맥이 빠졌고, 몹시 화가 났다. 이런 생각을 결코 해본 적이 없는 모양인 듯했다. 하지만 분명 그 자리에 모인 사람들은 앨런이 낮은 목소리에서 시작해서 점차 목청을 높여가면서 시 구절을 낭독하는 그 몇 분 동안 다함께 단세포적인 흥분을 느꼈다. 대단히 시적인 경험은 아니었지만 무언가 의미 있었고, 이는 아무것도 느끼지 못하는 것보다는 더 나았다. 케루악이 잘한 것은 단순히 무엇에 대해 쓰는 것에 그치지 않고 '그 무엇'을 생각해낸 재즈 뮤지션에 대해 묘사한 것이다. 그리고 모두들 "좋아, 좋아!"를 외치며 열광한다. 하지만 그들은 이유를 말할 수 없다. 안타깝게도 그 소년들은 아무것도 모르기에 제대로 표현할 수 없다. 그럼에도 그들은 굉장히 큰 목소리로 많은 말을 하는데, 아는 게 별로 없는 기성세대로 인해 모욕감을 느끼기 때문이다.

"불만을 울부짖음으로 토로할 수는 없잖은가, 앨런. 고통이나 분노 때문에 울부짖을 수는 있지만, 지금 자네의 행동은 투덜거리는 것에 지나지 않아." 이렇게 덧붙였지만 어쩌면 그들은 고통으로 인해 너무나 아픈 나머지 아무런 소리도 낼 수 없을지 모른다. 그리고 분명 그들의 정당한 분노는 너무도 위험해서 전혀 표현할 수 없는 것이다. 이와 같은 맥락에서 『길 위에서On the Road』 속의 모든 행위는 개인 간의 갈등을 회피하는 것에 지나지 않는다.

우리는 중산층 가정의 고독한 젊은이들이 관습에 잘 따르고 법을 두려워한다는 사실에 깜짝 놀란다. 그들은 충실하게 합법적으로 결혼하고 이혼한다. 윤간의 기미가 보이면 발기부전으로 이어지고, 자위나 동성애 행위를 해본 적이 없다. 그들은 병역을 기피하지도 않고, 마약에는 손대지 않으며 식생활에 대해서도 위생적이다. 제대로 보수를 받지 못하더라도 억울해하지 않고, 이 사실을 입 밖에 내지도 않는다. 경찰의 지시에 불복종하는 것은 '아주 큰일 날 일'이다. 그들이 생각하는 범죄는 십대들이 담배를 훔치거나 다른 사람의 차량을 훔쳐서 폭주하는 사소한 행동이 전부다. 사람들과 안면이 있어야 그에 대한 대항이 가능하고, 좌절감을 느끼고 화를 내려면 무언가를 절실히 원해야 한다. 그들은 무관심해지는 것이 궁극의 반항이라고 생각하지만 이는 환상이다. 길들여진 눈으로 보면, 표면 아래의 화끈거리는 수치심, 감정의 상처, 무능에 대한 두려움, 할 말을 잃은 무력한 짜증, 아버지 앞에서 위축되고 엄마에게 거절당하는 모습이 분명하게 보이기 때문이다. 그리고 이러한 고민거리가 위기 때마다 그들의 행동을 지배한다. 그들이 보여주는 행동은 남의 일에 당사자보다 더 마음을 졸이는 순응의 결과이다.

어느 날 저녁 스물한 살짜리 한 아이가 『길 위에서』를 들고 집으로 찾아왔다. 무표정한 얼굴에 무의식적으로 경계심을 드러낸 각진 턱,

적의 없이 뚫어지게 쳐다보는 눈이 특징적이었고, 어렴풋이 도사리는 위협에 대해 간혹 어금니를 깨물곤 했다. 그렇다고 적개심이 공공연하게 드러나진 않았고, 내가 그에게 관심을 보이자 굳게 닫혔던 입술이 어린아이 같은 웃음과 함께 살짝 벌어졌다. "자네가 관심을 가지고 그에 응하지 않는 한, 전국을 돌아다녀도 흥미로운 건 아무것도 없을 걸세. 아마 얻는 게 있다면 자네가 쾌감이라고 부르는 것과 여러 도시에서 경직된 몸을 활발히 움직이는 것 정도겠지." 그 젊은이는 사람이 잘못된 선택을 하지 않도록 어떤 활동에 빠지지 않도록 해야 한다고 대답했다.

이 무표정한 얼굴과 천진한 쾌감을 우리의 문학계보 속에 넣어볼 필요가 있다. 증조할아버지의 자리는 헤밍웨이 소설의 의연한 주인공이 차지한다. 헤밍웨이 소설 속 젊은이는 어른들의 세상이 부패하고 파괴적이라는 사실을 알고 있다. 하지만 그를 비트족이라 할 순 없다. 그는 과묵하며 가슴 털을 길게 기르고 코끼리 사냥을 함으로써 자신이 다 큰 남자라는 것을 증명할 수 있기 때문이다. 또한 '가치관'이 있으므로 책을 몇 권 쓸 수도 있다. 그의 계승자는 루이페르디낭 셀린의 주인공답지 않은 주인공이자 훨씬 기민한 젊은이다. 그는 어떤 가치관을 갖는 것이 부패한 어른들에게 속아 넘어가는 일에 지나지 않음을 안다. 그래서 그는 모든 사람들이 죄책감과 역겨움을 느낄 수 있도록 투덜이와 울보라는 역할을 수행한다. 그의 기나긴 불평의 문제점은 너무 단조롭고, 글을 쓸 기회가 많았지만 단 한 권의 책도 쓰지 못했다는 데 있다. 개인적으로, 방황하는 청춘의 직속 조상이라 생각하는 이 다음 주인공은 어른인 양 행동하는 것을 포기한다. 가장 좋은 예가 제롬 데이비드 샐린저의 『호밀밭의 파수꾼Catcher in the Rye』이다. 이 소설의 주인공은 어른들의 위선적 행동에 치명적인 상처를 입은 소년이다. 그 끔찍한 순간이 바로 한 권의 책에 담겨 있다. 그러나 영원히 울고 있을 수만은 없으므로 가면으로 얼굴을 가리고 길을 나서야 한다. 이 청소년은 자기 자신을 죄인이라고 생각해버린다. 그렇게 생각하는 게 상처 받은 기억보다 덜 고통스럽기 때문이다. 그러므로 떠나는 편이 더 낫다.

사회학적으로 다음 명제들은 관련 있는 듯 보인다. (1)우리의 풍요로운 경제에는 잉여 인력이 존재하며 그리고 거기에는 방황하는 젊은이들도 포함돼 있다. 사실 그들이 할 만한 남자의 일은 없다. (2)우리는 19세기에 선진 산업국가로서 갖춰야 할 합당한 사회제도를 마련하지 못한 채 실패만을 유산으로 물려받았다. 더 이상 열심히 일하고 자본을 축적해야 할 동인이 없지만 대안적인 삶의 방식을 개발하지도 못했다. (3)현재 우리가 갖고 있는 '매디슨 가' 방식은 지나치게 위선적이어서 젊은이들이 성장할 수 없다. (4)그 대신에 상대적으로 권리를 박탈당한 흑인들, 그리고 지금은 푸에르토리코 인들만이 활력에 매력을 느낀다. 이들은 언어, 음악을 제공하지만 이 문화는 원시적이고, 그마저도 매디슨 가의 문화에 점점 오염된다. (5)가정생활 역시 혁명에 실패하고 혼란을 겪고 있기에 많은 젊은이가 냉정하고 위선적이거나 결손 가정에서 성장한다. 감정을 표현하고 단련할 수 있는 기본적인 환경이 부족하므로, 젊은이들은 부차적인 환경에서 냉담하고 고지식하다. (6)우리가 젊은 세대에게 기대하는 자발적이고 '야생적인' 창의력은 베트남 전쟁과 냉전에 대한 불안감으로 인해서 심각하게 손상됐다. (7)이 모든 것에서 비롯된 삶의 방식은 이념적 목표든 부나 권력이든 상관없이 강박적인 순응을 요구하며 목표에 대한 어떤 욕구도 없이 분주하게 움직인다. 자주 장소를 이동한다는 점에서 '길 위의 젊은이'들과 '조직인'은 별 차이가 없다.

애플파이를 하나 더 먹고 아이스크림도 먹었다. 사실상 이 음식이 미 전역을 횡단하는 내내 먹은 것의 전부인데, 그것들이 영양가도 높고 맛도 좋다는 사실을 알고 있었다.

가끔 프랑크 소시지와 콩을 먹고, 드문 일이기는 하지만 물론 햄버거, 맥아유도 먹는다. 즉, 응석받이 어린애들이 단숨에 마실 수 있는 단 음식 그리고 씹는 걸 싫어하는 여섯 살부터 열 살짜리 아이들이 좋아할만한 썰어 놓은 고기를 먹는다. 뜯어 먹는 것은 하나도 없고, 씹어 먹을 것도 거의 없다. 동물적인 에너지원이라 할 수 있는 당분은 많지만 먹고 성장할 수 있는 고형 식품은 많지 않다. 『길 위에서』를 읽은 독자라면 발견할 수 있는 중요한 관찰 포인트다.

앞서 잠깐 이야기하긴 했지만, 다른 독자들 역시 이 소설의 거의 3분의 2에 해당하는 부분을 읽으며 글쓰기 실력이 부족하다는 느낌을 받을 것이다. 소설의 대부분은 "그게 언제인지 기억나?" 혹은 "우리가 어땠는지 기억나?" "그거 정말 끝내줬지?" 처럼 친구들 간의 대화에 지나지 않는다. 게다가 마치 킬로이Kilroy*처럼 그들이 거기 있었

---

* 제2차 세계대전 당시 미군 병사들이 점령지마다 '킬로이 다녀감Kilroy was here'이라는 문구가 적힌 낙서를 남긴 데서 유래한 것으로, 킬로이는 가상의 미군 병사를 가리킨다.

다는 사실을 확인할 뿐이다. 여기서 독자들이 얻을 수 있는 간접 경험은 많지 않다. 그런데 제대로 된 글쓰기라고 할 수 있는 한 페이지(173쪽)가 있다. 물론 그렇게 훌륭하다거나 독창적이지도 않고 셀린과 헨리 밀러의 랩소디 형식에서 따온 것이기는 하지만 분명 글쓰기의 일종이다. 마침내 화자가 배신당하고, 버림받은 다음 한 낯선 도시에서 돈 한 푼 없이 굶주린 자신의 모습을 발견하는 장면이다. 랩소디의 주제는 윤회다. "내가 죽었다가 수도 없이 다시 태어났다지만 이를 기억하지 못한다는 사실을 깨달았다." 그리고 이 주제를 다룬 문장은 짧지만 그가 걸어온 길을 형이상학적 판타지로 격상시켜준다는 점에서 행복한 창작이다. 그리고 소설은 절정에 이른다.

> 진열대에서 샌프란시스코의 모든 음식의 냄새를 맡는다. (중략) 버터 녹는 냄새와 랍스터 집게발의 향을 음미하고 싶다. 육즙이 살아 있는 두툼한 로스트 비프 혹은 와인에 잰 로스트 치킨을 전문으로 하는 식당도 있었다. 단돈 5센트면 그릴에 구운 햄버거와 커피 한 잔을 먹을 수 있는 식당도 저기 있다. 그리고 아, 그 프라이팬에 볶은 차우멘…

희망사항이 나열되었으나 여기에는 단순한 흥밋거리나 '최고'가 아닌 현실의 한 부분이 있다. 화자는 이 음식이 먹고 싶은 것이다. **빵과 포도주**, 성찬식을 의미하는 어휘들을 다시 배워야만 한다고 했던 이냐치오 실로네의 말은 옳았다.

• 『미드스트림Midstream』 1958년, 겨울호에 실린 글이다.

'세기의 범죄'

『충동Compulsion』 메이어 레빈 저
『오직 그날 밤Nothing But the Night』 제임스 야페 저

최근 메이어 레빈Meyer Levin이 '세기의 범죄'라고 부른 레오폴드–로엡Leopold–Loeb 사건을 다룬 두 권의 책이 출간됐다. 이 사건이 일어난 1924년 당시 레빈은 대학생이었다. 제임스 야페James Yaffe는 레빈보다 어렸으므로 이 사건의 심각성을 그나마 덜 인지하고 있다. 이 사건은 20세기를 대표하는 범죄이지만, 1950년대를 대표하는 이 두 작품과 비교할 수 있도록 1920년대 작품 하나를 더 소개하고자 한다. 1925년에 출간된 시어도어 드라이저의 『아메리카의 비극An American Tragedy』은 드라이저의 젊은 시절에 일어난 살인 사건인 1905년 체스터 질레트 사건을 모티브로 한 소설이다. 이 소설들 간의 비교를 통해

서 1920년대와 1950년대에 관해 무엇인가 할 이야기가 있다.

여기서 이 작품들의 문학적 가치를 평가할 의도는 없지만, 문학적 차별성에 관한 이야기로 시작하려 한다. 야페의 작품은 정말로 가치가 떨어진다. 그는 사건과 인물을 순화하며 시간적 배경을 최근으로 바꾸고, 정형화하고 아동화해서 예술적 개연성은 물론 다른 어떤 흥밋거리도 찾을 수 없게 만들었다. 반면, 메이어 레빈의 작품은 그렇게 형편없지는 않은데, 저널리즘적이고 의학적이며 법학적인 소재를 원문 그대로 해석한 이 작품은 흥미롭고 신빙성 있는 한 편의 보고서 같다. 그리고 『충동』에서는 화자가 행위에 관여하는 것을 감동적이고 의미 있게 표현했다. 하지만 1920년대 드라이저의 소설은 장르가 다르고, 하나의 예술 작품이다. 개인적인 취향으로는 훌륭하다 평가할 수 없지만, 작품 자체가 하나의 세상이고, 이 세상이 '사건'보다 더 중요하다는 점에서 그리고 그것이 실제 상황이라는 것이 예술 작품으로 평가받게 한다. 드라이저처럼 작품을 쓴다면 1950년대 '세기의 범죄'를 다룬 소설은 어땠을까? 그 작품이 세상에 나와서 독자들에게 인정받을 수 있었을까? 레빈이나 야페는 어떤 의도로 소설을 썼을까? 1950년대와 1920년대에 관해 우리에게 해주고 싶은 말은 무엇일까?

드라이저가 자신의 이야기 속에 들어가 참여하는 방식은 즉각적, 그리고 지속적으로 눈에 들어온다. 어떤 면에서 야페와 레빈은 이야기 속에 들어가지 못했다. 드라이저는 모든 동기와 행동을 작가 혹은 관객의 입장에서 볼 때 타당한 것으로 보이게 만든다. 따라서 사건을 설명할 필요 없이 그냥 제시하기만 하면 된다. 그가 인과론을 따랐을 수 있고 아닐 수도 있다. 하지만 그는 어떤 인과론도 필요치 않다고 생각했고 그래서 이를 제시하지 않는다. 그는 처음에 주인공인 클라이드 그리피스가 어떻게 행동했고 어떤 고통을 받았는지 계속해서 그냥 보여주기만 한다. 인과관계를 설정하거나 책임을 지우고 강요하는 대신 여러 가지가 더해져서 결국 하나의 진짜 세계를 형성하는 확실하고 완고한 개연성을 획득한다. 정말 그랬고, 삶은 좀더 그렇다. 드라이저는 이 과정을 놀라울 정도로 훌륭하게 완수해 나간다. 내 눈에 유일하게 불완전하고 어설프게 보이는 일화는 살인 계획의 유혹에 넘어가는 부분이었지만, 드라이저는 곧 본연의 모습으로 돌아온다. 주도면밀하게 선택한 '실제와 같은' 재현을 제외하고 드라이저는 교조적인 자연주의자처럼 모든 문학적 사고 방식을 배제한다. 그 결과 그의 작품 속에는 시점이나 아이러니, 불가사의, 유머, 교훈, 연민이나 찬사나 경멸이 없다. 상징도 없고 형식적인 놀라움이나 감정이입도 없다. 그러나 지나치지 않을 정도의 세심함에 대한 사랑은 있다. 이 모든 방식을 통해서 드라이저는 범죄에 가담하지 않는다. 반면에 레빈과 야페는 각자의 방식으로 범죄에 가담하고 있다. 두 작가는 자연주의적 개연성으로 사건을 제시하지 못한다. 레빈은 그렇게 하기 위한 별다른 노력을 기울이지 않고, 교묘하게 증거 자료에 의존해서 자신의 이야기를 전개해나간다. 언론을 통해서 그런 방식으로 보도가 되었기에 그럴 수밖에 없다. 야페 역시 같은 방식을 시도하지만, 그의 이야기는 전혀 진척이 되지 않는다.

드라이저가 이러한 스타일의 문학 작품으로 성공을 거두면서, 문화적으로 중요한 두 가지 결과가 뒤따랐다. 드라이저는 처음부터 자신의 예술 행위 자체의 정당성을 당당히 입증한다. 그의 소설은 예술이므로 클라이드 그리피스의 인간적 모습을 공정하게 보여줄 수 있다. 여기서 드라이저는 자신이 현재 무엇을 하고 있는지 정확하게 의식하고 있다. 살인자 클라이드 그리피스를 이해하고 중립적으로 바라보기 위한 다양한 시도, 즉, 재판, 재심 청구, 온정적인 목사, 현명한 주지사, 애정이 깊고 희생적인 어머니에 대해 묘사하고, 마지막으로 정체성의 혼란을 겪는 주인공 청년 클라이드가 자기 평가를 해보려고 애쓰는 모습을 그리는 데에 소설의 결말 부분을 오롯이 할애한다. 무슨 일이 일어났는지 정확하게 아는 사람은 아무도 없다. 하지만 저자는 "그게 아니라, 여길 읽어보라고. 이런 일이 일어났던 거라니까"라고 말할 수 있다. 사실 이 훌륭한 소설에서 한 가지 애석한 지점은 바로 드라이저가 이처럼 정곡을 찌르는 문제를 충분히 전면에 내세우지 않는다는 것이다. 저자는 클라이드가 어떤 사람인지를 독자 스스로 이해하기를 바라면서 극단으로 치달을 때까지도 정체성 혼란을 겪는 주인공의 모습을 독자에게 보여주지 않는다. 주인공의 우유부단하고 겁먹은 모습만을 보여줄 뿐 그가 얼마나 도덕성에 대해 혼란을 겪는 인물인지는 충분히 보여주지 않는다. 한 인간의 인생이 어떤 모습인지를 보여주는 데 천착한 나머지 모든 인간의 삶이 갖고 있는 초월적인 비극을 간과한다.

드라이저가 일상적인 가정을 받아들이고 개연성 있는 범죄를 만들어내는 데 성공하면서 사회적 영향력은 커졌고, 이는 이 책의 주제와 훨씬 더 밀접해졌다. 사람들은 결과가 마음에 들지 않는다고 해서 이를 간단히 거부할 수는 없다. 대신 결과 전체를 송두리째 거부해야만

한다. 모든 단계가 합당하고 이치에 맞는다고 여기면서 마치 자신들의 삶처럼 받아들여 참을성 있게 한 단계 한 단계를 거치며 여기까지 이끌려왔으므로, 결과를 거부하면 지금까지의 경험이 송두리째 흔들릴 것이 분명하다. 왜 안 그렇겠는가? 저자는 "이게 네가 이해하는 방식이야. 그런데 그건 실행 가능성이 없어"라고 말한다. 무엇인가 잘못된 것이다. 그저 클라이드를 파멸시킨 도덕적 규범을 대체할 새로운 대안적인 도덕 규범을 받아들이는 것은 성장하면서 유지해온 도덕적 체계를 부정하는 것과 마찬가지다. 이렇게 드라이저의 작품은 역사적으로 성적인 도덕관을 획기적으로 변화시키는 데 일조해왔다.

레오폴드-로엡 사건을 다룬 두 소설의 작가 메이어 레빈과 제임스 야페는 자신들이 잘 모르는 이 사건 속에 들어가지 않는다. 하여 도저히 받아들일 수 없는 행동을 하게 되기까지의 일련의 행동 하나 하나가 불가피한 것이었다는 상호 공유된 가정이 작가와 독자 사이에 전혀 존재할 수 없다. 그럼에도 독자는 이 이해할 수 없는 행동을 받아들여야 한다. 그렇지 않으면 우리의 모든 상식을 송두리째 거부해야만 하기 때문이다. 야페의 소설은 부모의 특정 태도 때문에 청소년 자녀가 범죄를 저지르게 되었다는 식의 단순한 인과론에 근거하고 있다. 다시 말해, 기본 전제가 정형화되어 있고 미학적 효과는 그저 형식적으로 책을 완성하기 위해 '이만저만한 일이 벌어질 것'이라는 가능성을 수립하면서 유발된다. 하지만 거기에는 어떤 개연성이나 내적 동기 같은 것은 없다. 상대적으로 레빈은 프루스트가 그랬듯 훨씬 더 능숙하게 명분 즉, 근사한 주제를 찾아야겠다는 목적을 최우선 사항으로 둔다. 하지만 레오폴드와 로엡의 명분은 지나치게 많은 반면 작가 자신인 메이어 레빈의 명분은 거의 없다. 범죄가 유발하는 미학적 효과는 가장 많은 비중을 차지하고, 불쾌한 신문 기사들은 잔혹하게 다가온다. 레빈과 야페 둘다 독자와 함께 과정을 재현하려고 하는 대신 설명함으로써 진행되는 프로세스를 전달하려고 하는 철학적 실수를 저지른다. 그들의 명분은 과거 소급적이다. 매순간 주인공들은 다른 선택을 할 수 있지만 그런 일은 벌어지지 않는다. 이후 우리는 "그렇게 할 수밖에 없었던 이유가 분명히 있었을 거야"라고 말을 하듯이 주인공이 따라간 궤적을 뒤따라간다. 그러면서 우리 자신의 문제, 현재 당면한 문제에 대해서 여전히 아무것도 모른다.

이제 다음과 같은 질문을 던져본다. 이 두 작가가 자신들이 익숙하지 않은 내러티브에 그토록 많은 노력을 기울이고, 심지어 둘 중 한 명은 '세기의 범죄'라고까지 명명한 이유가 무엇일까? 그리고 이 이야기를 다룬 이유는 무엇일까? 이는 중요한 문제다. 두 사람 모두 분명 이 사건에 매력을 느낀 듯한데, 대체 무엇에 이끌렸을까? 물론 여러 가지 면에서 두 저자의 책은 닮은 점이 없지만, 놀라울 정도로 공통된 태도 두 가지를 보여준다. 그리고 우리는 이를 통해 1950년대와 이 두 소설의 관련성에 대한 단서를 찾을 수 있다.

레빈과 야페 이 두 작가는 레오폴드-로엡 사건에 대해 잘 모르지만, 사건이 일어나게 된 사회적 배경에 대해서는 더더욱 모른다. 이야기의 배경을 현대로 바꾼 야페의 소설에서는, 초반부부터 불만이 노골적으로 드러난다. 침울한 주제를 다루고 있지만, 그의 태도는 주인공들을 제외한 거의 모든 등장인물에 대해 풍자적이고 냉소적이다. 한 아버지는 인정머리 없는 고집쟁이고, 다른 아버지는 유약한 얼간이다. 어떤 어머니가 병약하고 소심한 반면, 다른 어머니는 권위적인 사교계 여성이지만 한심하다. 교장은 젠체하는 멍청이고, 변호사는 허영심 많은 방관자며, 심리치료사는 무관심하다. 판사는 감상적인 바보다. 그리고 이야기가 절정에 이르면, 야페는 갑자기 자신이 추구해온 패턴인 '아무도 가장 중요한 사건에는 관심이 없음'을 떠올린다. 어떤 이는 골프 스코어에 관심이 있고, 혹자는 자신의 새로운 기사에만 관심을 쏟으며, 또 다른 이는 자신이 운영하는 사업체의 명성에 신경쓸 뿐이다. 야페는 그것을 납득시키기 위해 이 기계적 절차를 다시 한 번 반복한다.

레빈의 소설에 드러나는 불만은 좀더 애처롭다. 한 남자로서의 그의 경력이 얼마나 무의미한 것이었는지를 더디게 인식하면서 드러난다. 다음은 결말의 일부를 발췌한 것이다.

그 일이 일어났을 때, 나는 다시는 나의 첫 과제에 열정적으로 관여하지 못했고, 만일 그것을 달성이라고 부른다면, 이를 달성하지도 못했다. 사회 초년병 시절에 중대한 일을 앞두고 있다면, 우리는 남보다 뛰어나거나 혹은 우리 스스로를 뛰어넘고 싶다는 기대를 한다. 그러나 어떤 사람들에게 이런 일은 절대 일어나지 않는다. 이는 마치 누군가에게 나중에 하는 사랑이 첫사랑만 못한 것과 마찬가지다. 나는 결혼을 했었고, 이혼을 경험했으며, 전쟁 기간에는 종군 기자로 활약했다. 그 사건이 일어난 건 내가 귀국하기 몇 주 전이었다.

미국으로 돌아와서 그는 그의 첫사랑을 만났다.

그녀를 바라보면서 나는 이런 생각을 하고 있었다. "그녀와 결혼했어도 괜찮았을 텐데…." 그렇지만 난 하던 일을 계속했고 다시 다른 사람과 결혼했으며, 지금 노워크에 살고 있다.

두 작가가 사회에 품은 불만은 소설의 주인공들을 대하는 그들의 태도에서 극명하게 드러난다. 레빈과 야페는 까무잡잡하고 우스꽝스러운 외모에 지성과는 거리가 먼 유대인 부적응자를 동정하고 찬미한다. 한 명은 안경을 쓰고 있다가 잃어버리기도 하고 또 다른 음울한 분위기의 주인공은 쓸 만한 노예가 되는 공상을 한다. 두 작가는 나름대로의 도덕적 기준에 따라 주인공의 죄를 변호하려 하며 특히 야페는 초자연적인 구원까지 계획한다. 하지만 스포츠, 춤, 연기에 능하고, 또래 남녀에게 인기도 많은, 잘생긴 다른 젊은이에 대한 두 작가의 태도는 냉정하고 심지어 적대적이기까지 하다. 이는 무엇을 의미하는가? 그들은 자기 자신과 세상, 그리고 세상이 해야 하는 바람직한 역할에 대해 생각해보았지만 찬양하고 사랑할 만한 것을 아무것도 찾아내지 못했고, 기껏해야 부럽고 옹호해주고 싶은 대상을 찾아낸 것이다. 하지만 그 어떤 것도 열정적으로 '참여할 수 있는 것' 혹은 거기서 무언가를 '성취할 수 있는 것'으로 이어지지 않았다. 나이가 상대적으로 어린 야페는 이러한 현실을 아주 당연한 것으로 받아들인다. 한편, 레빈은 경력을 쌓으며 이 사실을 알게 됐고, 자기 자신 혹은 현실, 별 차이가 없는 이 두 가지를 이해할 수 없음을 깨달았다.

그러나 1920년대에는 '모든 것을 가졌던' 부유하고 총명한 두 명의 젊은이가 있었고, 그들은 이미 그 사실을 깨달아 행동으로 옮겼다. 둘 중 한 명이 다른 한 명을 꾀어 재미삼아 아무런 의미도 없는 무엇인가를 하게 만든 것이 그것이다. 그들은 세기의 범죄를 저질렀다.

작가가 자신의 습관적인 변론을 전개하기 전에 『충동』의 첫 페이지에서 사건과 실제 상황에 대해서 구구절절 설명한다. 한 교수가 다음 날 있을 법학대학원 입학 시험에 대비해 학생들에게 족집게 강의를 하고 있다. 그 전날 한 소년을 살해한 주드는 수업 내용을 받아 적지는 않지만 강의에 집중하고 있다. 자신의 '슈퍼맨 이론'으로 교수와 나머지 학생들을 방해할 수 있는 첫 번째 기회를 잡았기 때문이다. 하지만 그들이 자신의 주장을 이해하지 못할 것만 같은 느낌이 든다. (중략) 여기서 레빈은 범죄에서 벗어날 수 없는 젊은이를 묘사하고 싶어 한다. 그런 그의 시도는 상당히 괜찮다. 하지만 이 장면이 갖는 두드러진 심리학적 특징은 이러한 '무의식적인' 것들이 아니라 훨씬 단순하고 노골적인 것들이다. (1)족집게 강의나 입학 시험과 같이 '객관적'으로 중요해 보이는 것이 주드는 물론 다른 학생들이나 교수에게는 중요하지 않다. 그들은 이내 시간 낭비인 논쟁에 돌입하기 때문이다. (2)청년 주드의 목표는 마치 관심에 굶주린 양 관심을 받는 것이고, 설령 인정받지 못하거나 어쩌면 반박을 당하더라도 자신이 진심으로 받아들여지길 원한다. (3)그러나 그가 내놓는 것에는 즉각적이며 실용적인 콘텐츠가 없기에 그를 이해할 방법은 없다. 그 자신의 유일한 창조적 활동인 상상을 공유하고 싶어하지만, 그것은 공상일 뿐이다. 우리는 시험과 같이 사회의 객관적인 일에 무관심하고, 다른 사람들과 친해질 수 없는 그가 실제로는 허황된 상상에 자신의 에너지를 무수히 쏟아 부으리라는 것을 어렵지 않게 예상할 수 있다. 이는 실제 레오폴드와 로엡에 관해서 이야기하는 것이 아니라 마이어 레빈의 상상 속에 그들이 어떻게 존재하고 있는지를 보여준다.

이제 다시 첫 번째 질문으로 되돌아가보자. 드라이저가 『아메리카의 비극』에서 그랬듯 메이어 레빈이 이 사건의 실제 세상을 만들려고 한다면, 사회적 행동으로 이루어진 이 장면들과 주인공들이 어떻게 그 장면들 속에 들어가 있거나 빠져 있는지가 소설 내용의 절반을 차지할 것이다. 외향적이고 사회적으로 성공한 아티가 특히 그렇다. 레빈은 독자에게 아티가 뛰어난 테니스 선수라고 소개한다. 야페의 작품에서 아티 역에 해당하는 주인공은 야구팀 매니저다. 그런데 주인공들은 어떻게 이런 스포츠를 하게 된 것일까? 독자는 알 길이 없다. 하지만 레빈은 아티가 발기불능임을 간략하게 알려준다. 그다음에 우리는 아티가 경기장에 있는 모습, 핫재즈에 맞춰 춤을 추는 모습, 육체 활동의 흥분을 분출하려고 그것에 극도로 빠져드는 모습을 상상한다. 자신의 성적 능력을 증명해 보여야 할 필요 때문에, 그리고 그렇게 함으로써 경험하는 승리의 쾌감 그리고 수치심 때문에 남보다 더 뛰어난 능력을 발휘한다. 하지만 결코 단 한 번도 완전한 오르가슴에 도달하지는 못한다. 그리하여 늘 마무리하지 못한 느낌으로 다음번에는 좀더 열정적으로 반복하고 싶은 욕구를 갖게 된다. 하지만 그 어떤 넉넉한 보상도 얻어낼 수 없다. 할 수 있고 또 증명하려 하지만 또다시 이는 아무 의미가 없으므로 그는 갑자기 등을 돌리고 만다. 좀더 깊숙이 파고들면, 그는 통제력을 잃고 눈물을 터뜨릴지도 모를 불안감에서 신속하게 벗어난 것이다. 레빈은 설명하는 데 관심이 있고 등장인물에게 온정적이다. 그렇지만 그가 실제 장면을 상상해보고 그 장면들을 구성했다면 설명 따위는 필요하지 않았을 것이다. 드라이저가 그의 작품에서 제공한 설명 정도면 충분하며 작품 안에서 바로잡고 채워져 완전하게 될 것이다. 그리고 이것이 온정적인 행동이다.

　실제 사건을 재구축하는 일의 나머지는 환상, 특히 내향적인 젊은이에 대한 환상을 풍부하게 만들어내는 부분에 할애될 것이다. 우리 세대 소설가들이 그러한 자위적 상상을 문학적 형식으로 재구성하는 법을 배우게 된 것은 우연은 아니다. 이와 관련해서 가장 뛰어난 능력을 보여주는 이는 장 주네다. 한편, 헨리 밀러는 평범하다. 그러한 재구성의 본질은 물리적이고 사회적인 현실과 타인의 현실이 뚜렷하게 변화된 채 제시된 세계로 들어가거나 혹은 가장자리에만 머물러 있는 것이다. 재구성의 의미와 가치는 환상을 시작하고, 유지하고, 강화할 때 어떻게 하는지에 따라 좌우된다. 이는 분명 우리가 비교하고 있는 작품들에서 레오폴드-로엡 사건을 다루는 방식과 다르지 않다. 그러나 이 소설의 작가들은 공상에 머무르지 않고 거기서부터 우리를 실제 범죄가 일어나기까지의 과정으로 차근차근 인도한다. 그러면서 구조적인 틀로 사회적 평가를 받기를 고수한다. 그리고 나서 노골적인 행위들이 환상처럼 낯설게 일어나고 인과적인 설명을 요구한다. 앞서 이야기했듯이 이 작가들은 사회적 현실을 절대 진지하게 받아들이지 않는다. 그렇다면 이 작가들은 도대체 뭘 하고 있는 것일까? 그들은 매료되어 있지만 동시에 외면하는 것이다.

드라이저를 최대한 비슷하게 따라 하려면, 이 소재를 다음과 같이 구성할 수 있다. 사회적 현실에 대한 불만족을 드러내는 장면은 존경받는 역할과 직업, 게임과 데이트, 가족과 형제들의 냉정함, 그리고 남보다 뛰어나야 한다는 고통스러운 욕망이 궁극적으로는 무의미하다는 것을 분명하게, 그리고 그럴듯하게 보이도록 만들어야 한다. 다른 한편으로 외부에서 무엇인가 환상 세계의 풍요로운 현실 속으로 불쑥 들어와 환상과 계속되는 외현적인 행동이 나타나기 시작한다. 그리고 이 모든 과정을 차근차근 따라가지 않았던 사람들에 의해 신문에 범죄라고 보도된 사건들이 발생해야 한다.

젊은이들은 뚜렷한 이유 없이, 하찮은 행동에나 어울릴 시시한 이유로 임의로 어린 소년을 골라 살해했다. 하지만 그들에게는 그 행위가 중요하지도 않고 하찮지도 않다. 이들의 행위는 다른 행동을 하기 위한 정해진 수순일 뿐이다. 그들의 동기는 사소하지 않다. 그들은 발각되고 노출되어 처벌 받게 될 위험을 감수한다. 레빈이 의미하는 '충동'이 무엇인지 분명하지 않지만 죽음에 대한 동경을 쉽게 포기할 수 없음을 말하고 싶어하는 듯하다. 그러나 일반적인 심리학적 상식에 따르면 황홀할 정도의 흥분, 즉 충동은 다른 사람들과의 대립 관계에서 발생한다. 이 때문에 냉혹한 짓을 되풀이하는 것이다. 특히 야페와 레빈은 위험을 감수하는 행동에 마음이 움직인 것처럼 보인다. 하지만 이들은 지속적인 불만 혹은 불화의 원칙이 한 개인을 얼마나 비정상적으로 몰고 갈지 잘 알지 못하는 듯하다. 부정적인 것은 물론 미친 세상에서의 상식 혹은 건전한 욕망과 같은 긍정적인 자질도 결국에는 한 인간이 기이하고 극악무도한 범죄를 저지르게 만든다. 잘

난 척하는 타락한 독자에게 진솔하게 감동을 줘야 하는 예술적인 필요는 다다이즘에서 끝났다. 하지만 이 작품에서는 극악한 행위를 전면에 배치해 그들의 범죄를 고립된 단일 사건으로 만들었다. 우리는 계속해서 그들의 범죄와의 줄다리기를 미완성 과제처럼 느끼게 된다. 사실 레빈도 여러 차례 그렇게 말하고 있다.

저자는 행위자를 실재하게 만들 수 없고 행위를 불가피한 것으로 만들 수도 없다. 하지만 그들은 스토리에 지나치게 개입하고 계속해서 설명하고 있다. 이쯤에서 이 세 작품을 비교·요약해보기로 하자. 이 작품들 속에서 우리가 부인하는 것은 범죄이지 가상의 세계가 아니다. 하지만 우리는 가상의 세계를 직시하지 않고 회피하고 있다. 『아메리카의 비극』은 살인이 하나의 사건이 되어버린 한 사회의 전반적인 삶의 방식을 재창조했다. 삶에 대한 우리들의 개인적 경험 덕분에 우리는 이 일련의 사건을 있을 법하게 받아들였다. 그 결과, 우리는 다른 대안을 생각하는 것 자체를 철저하게 거부해야만 했다.

하지만 용인된 제도나 행위와의 괴리를 그럴듯하고 있을 법한 것으로 묘사하고, 사악한 행위에 공감하면서 이에 대한 환상을 키우는 그런 소설은 인정받기가 어렵다. 사람들은 우리가 관습적으로 바람직하다고 인정하는 현재의 세상을 감히 드러내놓고 부정하지 못하기 때문에, 실제 장면일지라도 그럴듯하다고 인정하려 하지 않는다. 그리고 욕망 속 환상이 누군가 정말로 바라는 것일지 모른다는 것도 받아들이기 쉽지 않다. 그 모든 것이 너무나 현실 같아서 전부 받아들일 수 없는 게 아니라 억지스럽고 이치에 맞지 않다고 여길 것이다. 그래서 범죄를 전면에 배치한 작품들은 상당한 흥미를 유발한다.

이제 30년의 시간차가 존재하는 1920년대와 1950년대를 비교하고 일반화해보기로 하자. 두 시기 모두 공통적으로 생산성이 크게 증가했고, 소비할 돈이 풍족해지고, 생활 수준이 향상되었다. 또한 장밋빛 미래를 약속한 획기적인 기술 혁신이 몰고 온 변화에 문화적으로 적응해야 했던 순간이기도 하다. 라디오 시대에서 텔레비전 시대로, 과거 대양 횡단 비행 시대에서 지구 물리 관측년 시대로, 상대성 물리학과 심리 분석학의 시대에서 지금은 핵공학과 심리 치료의 시대로 바뀌었다. 또한 국가 간 이동과 문화 교류가 크게 증가했으며 이러한 변화들은 성장 콘텐츠를 제공하고 뒷받침한다. 동시에 1920년대와 1950년대는 우리 사회가 스스로를 타락시키는 방식에 심각한 환멸과 반감을 표출한 시기라는 특징도 있다. 제1차 세계대전은 야만 행위에 이력이 난 우리의 도덕적 편견에 큰 타격을 입혔고, 우리는 화장터와 원자폭탄에 눈을 떴다. 이러한 경험은 전쟁의 충격을 극복하려 하는 사람들을 길러낸다. 사람들은 정화되었고, 노골적 거부감이 있었다면 더욱 그랬다. 그런 다음에는 좀더 과감하고 급진적인 생각들을 양심에 거리낌 없이 표현할 수 있다. 개인의 생각이 모든 사람의 집단적인 생각보다 더 사악할 수는 없기 때문이다.

그런데 이 두 시기는 정반대의 특징도 있다. 1920년대는 사람들이 세계대전이 발발할 가능성이 전혀 없다고 진심으로 믿었던 시대였다. 강대국들은 합의한 대로 자국의 전함을 해산했고, 국제 문제 해결을 위해 전쟁을 수단으로 사용하지 않을 것을 다짐하는 켈로그 브리앙 조약Kellogg-Briand agreement에 서명했다. 외적인 압박이 없을 때 안보라는 요소가 성장 기조를 이어가는 데 중요하기 때문이었다.

1920년대의 예술적 창작품은, 성장과 반감의 시대에 우리가 기대하고 희망한 것을 표현했다. 대중에게 수십 년간 심오한 노력을 들여 실험적이고 공격적이며 충격적인 전위적인 작품들이 공개되었다. 그래서 당시 『아메리카의 비극』으로 대변되는 표준적인 글쓰기 양식은 마치 필요한 모든 급진적인 의견들은 이미 가뿐하게 제압되기라도 한 듯, 설명을 해야 한다는 의무에서 해방되어 차분한 자신감을 드러내는 식으로 변화했다. 정치와 마찬가지로 예술에서도 참신함에 필요한 세 가지 요소, 즉 에너지 확장, 과거 거부, 혼돈과 불안을 견뎌낼 수 있는 안정을 모두 확보했다.

오늘날, 잠재성은 있지만 대중성이 없는 예술 작품들에 대한 창작의 기회가 가로막혀 있는 듯하다. 내심 확장을 막아서고 창작의 기를 꺾으려는 반대 세력이 존재하기 때문이다. 거기에는 평화도 없고, 그 것을 쟁취하려는 직접적인 노력도 없다. 국제 공동체는 사라지고 이 제 과학도 심지어 무상으로 교류하지 않는다. 향상된 생활 수준은 더 이상 자부심과 즐거움을 안겨주지 못한다. 사람들이 위험을 회피하고 있기 때문이다. 안전 보장이 충분하지 않기에 불안을 견딜 수 있 는 능력도 충분하지 않다. 따라서 극도로 참신한 것을 얻으려는 위험 감수도 하지 않는다. 동시에 기성세대에 대한 혐오감이 너무나 크고, 발산할 새로운 에너지가 너무나 많아서 대중적이고 전통적인 상품들 을 허용하지 못한다. 물론 과감하게 지지를 보내지는 않지만 대신 뭔가 다른 것에 대한 소극적이고 진지하지 못한 관심은 이어진다. 이러한 분위기 속에서 『충동』이나 『오직 그날 밤』같은 소설들이 환상에 이끌려 구상되고, 수동적으로 생산되고, 그래서 고정 독자로부터 많은 사랑을 받고 있다고 생각한다. 이 작품들이 널리 사랑을 받는 이유는 모두가 같은 상황에 처해 있기 때문이다. 누구나 잘 알고 있긴 하지만 그것을 과감하게 믿거나 목격한 사람은 없다.

끝으로, 사건 이야기로 다시 돌아가 보기로 하자. 1920년대에는 성난 청춘이 있었고 1950년대는 비행 청소년이 있다. 레오폴드와 로엡은 성난 청춘이 아니라 자신들의 시대보다 한 세대 뒤에 등장하는 비행 청소년이었다. 그렇게 따지고 보면 그들이 '세기의 범죄'를 저지른 듯 보인다. 성난 청춘은 반항적인 젊은이며 자신들이 거부하는 의견에는 놀라울 정도로 무관심하고, 본인이 다 큰 어른이고 구속받지 않는 자유로운 사람들이라고 주장한다. 한편으로 그들은 자신들이 권리를 주장하는 것이 실수일 수도 있음을 인정한다. 하지만 그들의 목표인 섹스, 스피드, 억압을 완화해줄 술, 이상적인 정치적 신조 등 까다로운 도덕적인 딜레마를 해결해줄 짧고 명쾌한 해답도 갖고 있다. 한 마디로 성난 청춘들은 자신들의 잘못을 지적해줄 정직한 어른을 찾고 있는 어린아이들인 것이다. 메이어 레빈의 작품 속 주인공들은 이런 어른을 찾는 열의를 보여주지만, 그런 정직한 어른을 찾고 있는 장본인은 다름 아닌 레빈 자신이라고 나는 생각한다. 우리 시대 비행 청소년들의 행동 양식은 반항이 아니라 체념이다. 그들은 덫에 걸린 채 자포자기하고 있다. 이 어린아이들은 자신들의 에너지를 어디에 써야 할지 모르기에 못된 장난을 시도하곤 한다. 스피드와 술, 그리고 팬클럽 문화는 평온한 즐거운 시간을 위한 전조가 아니라 흥분을 얻기 위한 필사적인 편법의 전조다. 그들의 철학은 실존Existenz과 동기 없는 행위L'Acte Gratuite이며, 개별적으로 행해지는 동기 없는 행위가 아니라 이성적 동물의 자질인 것이다.

드라이저 소설 속 클라이드 그리피스는 어리석은 반항아의 전신이다. 그는 자신이 뭔가를 빼앗기고 있다고 느끼지만, 어떻게 그리 됐는지는 알지 못한다. 무엇이 잘못됐는지 스스로 안다고 믿었던 시대, 그리고 정말로 알았던 시대, 그리고 잘못을 바꾸기 위해 노력했던 시대인 1920년대를 배경으로 클라이드 그리피스는 사랑스럽게 묘사된다. 그러나 1950년대 작품의 주인공은 모든 것을 가졌지만, 아무짝에도 쓸모없는 인간이다. 아버지에 대한 그들의 반항은 납득이 불가능하다. 그들이 전혀 이유 없는 반항을 하고 있기 때문이다. 베스트셀러가 되었던 이 두 작품 속에서 누구도 주인공들에게 새로운 어떤 것을 제시해주지 않는다. 그래서 그들은 이유 없는 반항아가 되었다.

몇 년 전 뉴욕의 한 예술 명문고의 졸업식이 생각난다. 당시 주 지방 검사였던 상원 의원 재비츠는 졸업생들에게 연설을 하면서 주변의 비행 청소년들이 문화 활동에 흥미를 갖도록 유도함으로써 청소년 범죄를 척결하는 데 동참해줄 것을 촉구했다. 관념적으로 보면 이 제안은 그리 터무니없는 것은 아니었고 졸업식 연설치고는 내용이 상당히 충실했다. 하지만 십대 청소년들을 직접 만나보니 그들은 재비츠의 제안이 말도 안 된다고 생각했다. 또한 비행 청소년들이 대체로 도덕적으로 문제가 없고, 상대적으로 더 강하기도 해서 역으로 착한 청소년들에게 감화를 줄 수 있다고 덧붙였다. 또한 청소년들은 주 지방 검사의 저의에 의문을 품으며 순수하게 음악과 미술이 경찰의 일을 대신하는 도구로 전락해서는 안 된다고 생각했다.

• 『미드스트림Midstream』1957년, 여름호에 실린 글이다.

옮긴이 **한미선**

이화여자대학교 통번역대학원을 졸업하고, 현재 대학에서 학생들을 가르치면서 전문 번역가로 활동하고 있다. 『지워진 기억을 쫓는 남자』 『사랑과 기도를 담아』 『통역학 입문』, *Hangeul: the Korean Alphabet*, *A Tour of Changdeokgung Palace: Explained by Cultural Heritage Commentators* 등을 번역했다.

바보 어른으로 성장하기

초판 인쇄	2017년 11월 3일
초판 발행	2017년 11월 10일

지은이	폴 굿맨
옮긴이	한미선
펴낸이	강성민
편집장	이은혜
편집	박은아 곽우정 김지수 이은경
편집보조	임채원
마케팅	이연실 이숙재 정현민
홍보	김희숙 김상만 이천희

펴낸곳	(주)글항아리 | 출판등록 2009년 1월 19일 제406-2009-000002호
주소	10881 경기도 파주시 회동길 210
전자우편	bookpot@hanmail.net
전화번호	031-955-1934(편집부) | 031-955-8891(마케팅)
팩스	031-955-2557

ISBN	978-89-6735-457-2 03300

글항아리는 (주)문학동네의 계열사입니다.

이 도서의 국립중앙도서관 출판시도서목록(CIP)은 서지정보유통지원시스템 홈페이지(http://seoji.nl.go.kr)와 국가자료공동목록시스템(http://www.nl.go.kr/kolisnet)에서 이용하실 수 있습니다. (CIP제어번호 : CIP2017028327)